Festschrift für Karl Schäfer
zum 80. Geburtstag

K. Schäfer

FESTSCHRIFT FÜR KARL SCHÄFER ZUM 80. GEBURTSTAG am 11. Dezember 1979

herausgegeben

von

Helwig Hassenpflug

1980

Walter de Gruyter · Berlin · New York

CIP-Kurztitelaufnahme der Deutschen Bibliothek

Festschrift für Karl Schäfer zum 80. [acht-zigsten] Geburtstag: am 11. Dezember 1979 / hrsg. von Helwig Hassenpflug. – Berlin, New York: de Gruyter, 1979.
ISBN 3-11-008265-9

NE: Hassenpflug, Helwig [Hrsg.] ; Schäfer, Karl: Festschrift

Printed in Germany
Satz und Druck: Saladruck, 1000 Berlin 36
Buchbindearbeiten: Lüderitz & Bauer, 1000 Berlin 61

Inhaltsverzeichnis

Zum Geleit

Wenn *Karl Schäfer* am 11. Dezember 1979 seinen 80. Geburtstag begeht, wird er dies als eine wenig willkommene, aber unvermeidliche Unterbrechung seiner unermüdlichen Arbeit ansehen. Zu diesem 80. Geburtstag ehren die Autoren dieses Bandes einen Mann, dem auch der Verlag mit besonderem Stolz verbunden ist. Seine Beiträge zu den großen Kommentaren des Strafprozeßrechts („*Löwe-Rosenberg*") und des materiellen Strafrechts („Leipziger Kommentar") gehören zu den bedeutenden Kommentierungsleistungen unserer Zeit. Ist schon die herausragende Kommentierung sowohl des materiellen als auch des Verfahrensrechts als Besonderheit erwähnenswert, so hat sich der Jubilar darüber hinaus durch seine 1975 abgeschlossene umfassende Kommentierung des Rechts der unerlaubten Handlungen in der 11. Auflage des – im Schweitzer Verlag erscheinenden – „*Staudinger*" die Bewunderung der wissenschaftlichen Welt verdient. *Karl Schäfer* arbeitet unermüdlich, ohne Kenntnis zu nehmen von den Jahren, in denen Wissenschaftler von den Früchten der Lebensarbeit zu zehren pflegen. Gerade Anfang Oktober ist der Ergänzungsband zur 23. Auflage des „*Löwe-Rosenberg*" erschienen, in dem *Karl Schäfer* die Kommentierung wesentlich neuer Bestimmungen der Strafprozeßordnung und des Gerichtsverfassungsgesetzes zufiel. Er hat sich der Aufgabe der Neukommentierung völlig neuer Vorschriften gestellt, und die Praxis ebenso wie die Wissenschaft haben die gewohnte zuverlässige, umsichtige, praktikable Kommentierung vorgefunden. Zum „Leipziger Kommentar" werden zum Geburtstag des Jubilars weitere schwierige Partien erscheinen, während er längst schon wieder tief in die Arbeit an anderen Teilen des Kommentars zum Strafgesetzbuch vergraben sein wird und sich der Neubearbeitung der §§ 823 ff. BGB für die 12. Auflage des „*Staudinger*" widmet.

An der Grenze des biblischen Alters verläßt *Karl Schäfer* täglich früh das Haus, um in „sein" Zimmer im Oberlandesgericht zu fahren; angrenzend an die mit Rauchverbot belegte Bibliothek hat man ihm für seine Arbeit in einem Raum Unterkunft mit Raucherlaubnis gewährt. Da findet man ihn fast täglich bis zum Abend – „fast" aber nur, weil es Tage gibt, an denen er das Erarbeitete für die letzte Durchsicht vor der Absendung zum Druck draußen in seinem Haus in Praunheim zur Hand nimmt. Da ist dann nur noch wenig zu ändern und zu richten – der Text ging schon durch die kritische und helfende Hand seiner Frau *Ilse Schäfer,* die seit langen Jahren unschätzbaren Anteil an diesem Schaffen hat und alle Manuskripte schreibt. Sie kann stets genauestens Auskunft geben über den Stand einer Sache und über die Mühe, mit der *Karl Schäfer* die Ergebnisse erarbeitet, die er doch aus seiner Sicht immer nur zu früh und unvollkommen weggibt, weil ein Termin drängt. Sie ist es auch, die dann den unentbehrlichen und unterschiedlichsten Formalien Beachtung schenkt, die *Karl Schäfer* zuweilen als ein ärgerlicher Hemmschuh erscheinen mögen.

Eduard Dreher hat Leben und Persönlichkeit *Karl Schäfers* zu seinem 75. Geburtstag einfühlsam nachgezeichnet und gewürdigt (NJW 1974, 2315). Daher sei hier zur Abrundung aus den Lebensstationen des Jubilars das folgende erwähnt, das die von *Dreher* vermittelten Daten in dem einen oder anderen Punkt ergänzt*.

Nach seiner 1921 mit Auszeichnung bestandenen ersten juristischen Staatsprüfung begann *Karl Schäfer* in Frankfurt am Main die Referendar-Ausbildung und wurde nebenberuflich zum Fakultätsassistenten an der Universität Frankfurt bestellt; er übte die Tätigkeit von 1921 bis 1925 aus und war abwechselnd tätig bei dem Zivilrechtler und Romanisten *Ernst Levy* (1881 bis 1968) und dem Strafrechtler *Berthold Freudenthal* (1872 bis 1929). Bereits zu dieser Zeit also konnte der Jubilar seine Vielseitigkeit unter Beweis stellen. Seine Dissertation – die Nummer 1 des Schriftenverzeichnisses auf S. 285 – war seine erste Arbeit zu Grundfragen des Bürgerlichen Gesetzbuchs im Zusammenhang mit Problemen des Konkursrechts; er wurde mit „vorzüglich" promoviert (die Urkunde wurde seinerzeit in Frankfurt in deutscher Sprache abgefaßt). Diese 1923 abgeschlossene, neben den beiden beruflichen Tätigkeiten erstellte Doktorarbeit folgte dem bereits 1921 abgelegten Rigorosum: als Teilnehmer am ersten Weltkrieg war *Karl Schäfer* die Vergünstigung zuteil geworden, zunächst die mündliche Prüfung abzulegen; damit war die Auflage verbunden, binnen bestimmter Frist die schriftliche Arbeit nachzureichen.

Bald nach dem mit Glanz bestandenen Assessorexamen wurde *Karl Schäfer* als „Hilfsarbeiter" in das Preußische Justizministerium nach Berlin berufen, wo er dem Generalreferat für Strafrecht und Strafprozeß zugewiesen wurde. Seine Hauptaufgabe bestand zunächst in der Mitwirkung an der Stellungnahme Preußens zu der Vorlage an den Reichsrat, die 1925 als „Entwurf eines allgemeinen Deutschen Strafgesetzbuchs" eingebracht wurde. Hier schon liegt der Beginn seiner sich über Jahrzehnte erstreckenden Mitwirkung an den Strafrechtsreformvorhaben dieses Jahrhunderts; über *Karl Schäfers* Mitwirkung in der Großen Strafrechts-

* Der Jubilar selbst hat über seinen Werdegang in seinem Beitrag „Erinnerungen" in der Festschrift zum 100jährigen Bestehen des Oberlandesgerichts Frankfurt am Main (1979) manches Interessante in amüsanter Form beigesteuert.

kommission berichtet *Eduard Dreher* auf S. 5ff. Daß ihn der Weg aus dem Reichsjustizministerium nach dem Krieg nicht an eine leitende Stelle im Bundesjustizministerium oder zum Bundesgerichtshof geführt hat, lag an *Karl Schäfer* selbst; er hat diese Angebote aus altruistischen persönlichen Gründen abgelehnt. Er blieb in Frankfurt, wo er 1964 als Senatspräsident in den Ruhestand getreten ist.

In die Berliner Zeit fallen auch die ersten literarischen Arbeiten. Zunächst war er in den Jahren 1925 bis 1927 Hilfskraft des früheren Staatssekretärs im Preußischen Justizministerium Dr. *Mügel* bei dessen eigenen wissenschaftlichen Arbeiten; sein Mentor *Fritz Hartung*, damals Mitherausgeber der „Juristischen Rundschau", hat ihn dann 1926 zu seiner ersten eigenen Arbeit mit einem Aufsatz in der „Juristischen Rundschau" ermuntert (Nummer 46 im Verzeichnis seiner Schriften). Mit dieser ersten literarischen Arbeit also begannen schon die Kontakte zum Verlag.

Karl Schäfers wissenschaftliches Werk zu würdigen, kommt mir nicht zu. Das haben andere in den zahllosen Rezensionen seiner Kommentierungen getan, denen durchweg der Tenor der Bewunderung eigen ist. Auch *Dreher* hat in seiner Laudatio dazu Treffendes formuliert. Betrachtet man das eindrucksvolle Verzeichnis der Schriften des Jubilars, so fällt auf, daß sein letzter Aufsatz im Jahre 1956 geschrieben wurde. Er selber berichtet, daß er sich bald nach dem Kriege ganz bewußt ausschließlich der Kommentierungsarbeit gewidmet habe. Neben den Beiträgen zu den erwähnten Großkommentaren sind vor allem seine großen Anteile an den Nachkriegsauflagen des „*Dalcke*" und die in diesem Bereich maßgebende Kommentierung des Jagdrechts („*Mitzschke/Schäfer*") hervorzuheben. So entstand ein gewaltiges Œuvre, das in seiner Vielseitigkeit, seiner Fülle und Tiefe in der juristischen Literatur unserer Zeit ohnegleichen ist.

Gleichwohl würde man der Persönlichkeit des Jubilars nicht gerecht, spräche man nur von seiner Arbeit und seinem Lebenswerk. Mir ist in lebhafter und deutlicher Erinnerung meine erste Begegnung mit ihm, in deren Verlauf wir gemeinsam einen kurzen Weg durch Frankfurt gingen. Selten ist mir gelegentlich einer „Stadtführung" so eindringlich und lebendig Geschichte vermittelt worden. *Karl Schäfer* hat schon in frühen Jahren begonnen, Kunstgegenstände und Münzen zu sammeln; sein Haus ist ein kleines Museum. Wer ihn erlebt hat, wenn er hiervon etwas zeigt und erläutert, dabei nicht nur die Geschichte des einzelnen Stückes, sondern wiederum weite historische Zusammenhänge und Epochen der Kunstgeschichte lebendig werden läßt, dem wird auch dies bleibender Eindruck sein.

Verehrer und Freunde, die *Karl Schäfer* diese Festgabe darbringen, möchten ihm für sein bisheriges Lebenswerk danken – stellvertretend für all diejenigen, die aus dieser großartigen wissenschaftlichen Leistung und dem Beitrag zur Fortentwicklung des Rechts Lehre und Nutzen gezogen haben. Zugleich wünschen sie ihm noch viele Jahre der Gesundheit, in denen er sich nur weniger der Arbeit, vielmehr eher und mit mehr Muße dem Leben und der Pflege seiner persönlichen Interessen hingibt.

Helwig Hassenpflug

Karl Schäfer in der Großen Strafrechtskommission

EDUARD DREHER

Die Geschichte der Großen Strafrechtskommission, die von 1954 bis 1959 tagte, um ein neues Strafgesetzbuch aus einem Guß zu erarbeiten, ist bis heute nicht geschrieben worden und es besteht Grund zu der Annahme, daß sich auch künftig niemand finden wird, der sie schreibt. Das wäre schade, schade vor allem aus zwei Gründen. Einmal deshalb, weil die Arbeit dieser Kommission, die in 16 Protokollbänden festgehalten ist, nicht nur das vorzüglichste Seminar darstellt, das in diesem Jahrhundert auf dem Gebiet des Strafrechts gehalten worden ist, sondern auch das heutige Gesetzeswerk, das man nur zögernd als neues Strafgesetzbuch zu bezeichnen wagt, entgegen einer verbreiteten Meinung maßgeblich beeinflußt hat. Prüft man dieses Gesetz einmal unvoreingenommen durch, so wird man finden, daß es, soweit es neu ist, aus drei Massen besteht, von denen eine den Anteil der Großen Strafrechtskommission, die zweite den des sogenannten Alternativentwurfs der zunächst vierzehn Strafrechtslehrer von 1966 enthält, während die dritte einige Partien umfaßt, die erst nach diesen beiden Entwürfen im Sonderausschuß des Bundestages für die Strafrechtsreform erarbeitet worden sind. Als Ergebnis wird man finden, daß im kriminalpolitischen Bereich des Allgemeinen Teils der Anteil des Alternativentwurfs gegenüber dem des Entwurfs 1962 ein gewisses Übergewicht aufweist, während dieser im dogmatischen Bereich deutlich dominiert. Im Besonderen Teil, zu dem die Verfasser des Alternativentwurfs nur zu einzelnen Themenkreisen Vorschläge gemacht haben, treten sie schon deshalb zurück, während hier die Arbeit des Sonderausschusses, vor allem durch die Reformen des Demonstrationsstrafrechts, des Staatsschutzrechts und des Sexualstrafrechts eine bedeutende Rolle spielt, sich daneben aber auch der Entwurf 1962 weitreichend niedergeschlagen hat, vor allem in den Bereichen, die durch das Einführungsgesetz zum StGB erneuert worden sind. Wenn man noch hinzunimmt, daß die Verfasser des Alternativentwurfs, wie sie im Vorwort vom 24. 10. 1966 schrieben, „auf den Vorarbeiten aufbauen konnten, die dem E 1962 zugrundeliegen", und wenn man weiter berücksichtigt, daß auch in die Neuarbeit des Sonderausschusses immer wieder Elemente aus dem Entwurf 1962 eingeflossen sind, so wird deutlich, daß eine Geschichte der Großen Strafrechtskommission nicht etwa der Bericht über ein breit aufgezogenes, aber letztlich gescheitertes Unternehmen wäre, sondern eine Darstellung, die große Teile des geltenden Gesetzes in ihrer Entstehung und Bedeutung höchst aktuell aufzuhellen vermöchte.

Der zweite Grund, das Fehlen einer solchen Darstellung zu bedauern, liegt darin, daß sich in der Kommission ein Kreis ausgesprochener Persönlichkeiten der strafrechtlichen Sparte zusammengefunden hatte, die in ihrer Eigenart und ihrem Zusammenwirken zu schildern, den Einsatz einer erstklassigen Feder wert wäre. Dieser Kreis war anders als der der Verfasser des Alternativentwurfs, die sämtlich Strafrechtslehrer, also Theoretiker waren, aus prominenten Vertretern aller strafrechtlichen Bereiche zusammengesetzt. Einer Gruppe von Strafrechtslehrern, die den überwiegenden Teil der damaligen theoretischen Elite repräsentierte, stand eine vielfältige Gruppe von Praktikern gegenüber, Vertreter verschiedener Landesjustizverwaltungen, des Bundesgerichtshofs, des Generalbundesanwalts, des Richterbundes, der Anwaltschaft, Abgeordnete des Bundestages und dazu noch einige wenige Persönlichkeiten, die niemanden repräsentierten, sondern nur ihrer eigenen Bedeutung wegen in die Kommission berufen worden waren. Zu ihnen gehörte vor allem *Karl Schäfer*, der mit dieser Festschrift geehrte Jubilar, der die Aufmerksamkeit des Bundesjustizministeriums nicht nur deshalb gefunden hatte, weil er der letzte Angehörige der sagenhaften ,,Schäferei" im Reichsjustizministerium war, jener drei bekannten Juristen gleichen Namens, die seinerzeit dort beisammen waren. Man hatte *Schäfer* schon vor seiner Berufung in die Kommission – wenn auch vergeblich – die Leitung der strafrechtlichen Abteilung des Ministeriums angetragen und damit die hohe Wertschätzung für ihn zum Ausdruck gebracht.

In der Großen Kommission bildete sich sehr bald der Flügel der Theoretiker heraus, die auch beieinander zu sitzen pflegten, und zwar links vom Vorsitzenden her gesehen, während sich der Flügel der Praktiker in seiner Mehrzahl zu seiner Rechten gruppierte. Unter ihnen hatte ganz vorn *Karl Schäfer* von der ersten bis zur letzten Sitzung seinen traditionellen Platz. Ich möchte dahingestellt sein lassen, ob man in Parallele zum Parlament den linken Flügel als den mehr liberalen, den rechten als den mehr konservativen bezeichnen durfte. Jedenfalls spielte sich die Diskussion sehr häufig und lebhaft zwischen den beiden einander gegenübersitzenden Gruppen ab.

Unser Jubilar war einer der herausragenden Vertreter des Flügels der Praktiker. Er verkörpert den seltenen Typus des theoretisch umfassend gebildeten und von langjähriger praktischer Erfahrung geformten Allround-Juristen. Ich wage zu behaupten, daß diesem Typus gerade für die Gesetzgebungsarbeit als solche eine besondere Bedeutung zukommt. Sie muß eine Synthese aus theoretischer Fundierung und praktischer Erfahrung sein. Theorie kann man aus Büchern lernen, die Praxis aber nicht. Auch das Studium der veröffentlichten Urteile kann den Reichtum an Fallgestaltungen, wie das Leben sie dem Praktiker immer von neuem liefert, nicht ersetzen und die Fälle, die der Dogmatiker sich ausdenkt, um daran seine Theorien zu erproben und anschaulich zu machen, erscheinen oft genug konstruiert und phantasiearm gegenüber der Fülle überraschender Konstellationen aus dem Leben selbst, das nach den Worten des Jubilars „die blühendste Phantasie überflügeln kann"[1].

Diese besondere Verbindung von umfassender Theorie und weitreichender Praxis in seiner Person zeigte sich sehr bald, als *Schäfer* in der Großen Kommission seine Beiträge zu liefern begann. Ein Strafgesetzbuch kann man nicht mit bloßer Kenntnis des Strafrechts machen, sei sie auch noch so komplett. Zahlreiche andere Rechtsmaterien wirken bei einem solchen Unternehmen wesentlich mit hinein, vor allem Zivil- und Verwaltungsrecht, das Recht der Verfassung ebenso wie das der Wirtschaft und nicht zuletzt auch internationales Recht, um nur einige dieser Gebiete zu nennen. *Schäfer* beherrschte sie alle souverän. Das zeigen nicht nur die zahlreichen Diskussionsbeiträge, die er im Laufe der Kommissionsarbeit geleistet hat, sondern vor allem seine großen Referate, von denen er eine ganze Reihe gehalten hat.

Schon das erste, das sich zu seinem größeren Teil mit der Abgrenzung von Straftaten und Ordnungswidrigkeiten befaßte, einem Thema, das damals noch weitgehend Neuland betraf, bewies den Scharf- und Weitblick des Praktikers. Er stellte damals sehr entschieden die These auf: „Ein begriffliches Unterscheidungsmerkmal des Kriminalunrechts gegenüber dem Ordnungsunrecht gibt es nicht[2]." Dieser damals kühnen These widersprachen nicht nur, wie das zu erwarten war, *Eberhard Schmidt*, sondern auch *Welzel* mit großer Verve, ja unter den damaligen zehn Diskussionsrednern fand sich nicht einer, der *Schäfer* zugestimmt hätte[3]. Heute kann man seine Meinung als die weitaus herrschende bezeichnen[4], und zwar, wie langjährige Gesetzgebungserfahrungen seitdem gezeigt haben, vollauf mit Recht. *Schäfers* zweites Referat[5], dem vielverzweigten und intrikaten Thema von Täterschaft und Teilnahme gewidmet, zeichnet sich einmal durch eine meisterhafte Darstellung des Problems der Anstiftung zu vorsatzloser Tat aus. Vor allem aber enthält es er-

[1] Niederschriften über die Sitzungen der Großen Strafrechtskommission Bd. II, S. 81. Im folgenden werden die Niederschriften nur nach Band und Seite zitiert.
[2] I, 71, 74.
[3] I, 84 ff.
[4] Vgl. nur *Jescheck*, AT, 3. Aufl., S. 46 mit Nachw. in Anm. 32; ferner BVerfGE 27, 30.
[5] II, 75 mit Anhang Nr. 15.

ste Hinweise auf die Schwierigkeiten, die uns Jahre danach der jetzige § 28 Abs. 1 StGB sowohl theoretisch wie praktisch in so reichem Maße bescheren sollte, Hinweise insbesondere auch schon auf die Einordnung der Mordmerkmale in diesem Zusammenhang. Wieder zeigte der Praktiker sein feines Gespür, nicht zuletzt mit dem von ihm gegebenen Rat, hier nur eine fakultative Strafmilderung vorzusehen[6]. Hätte man diesen Rat befolgt, wäre uns viel Ärger erspart geblieben.

Nach einem Kurzreferat zu dem damaligen § 49a StGB (heute §§ 30, 31), in dem *Schäfer* dessen Fassung grundsätzlich billigte[7], folgte ein umfangreiches Referat über ein Thema, das gerade in diesem Jahr die Gemüter wieder erregt hat, das Thema der Verjährung[8]. *Schäfer* wandte sich damals in eindrucksvollen Ausführungen gegen die rein prozessuale Verjährungstheorie und schilderte, wie das Reichsgericht erst in der nationalsozialistischen Zeit zu ihr übergegangen sei, um eine Rückwirkung neuer Verjährungsvorschriften selbst in Fällen begründen zu können, in denen bereits Verjährung eingetreten war. Angesichts des vom Deutschen Bundestag am 3.7.1979 gefaßten Beschlusses, die Verjährung bei Mord und vor allem bei den Mordtaten der nationalsozialistischen Zeit zu beseitigen, sollen drei Stellen aus *Schäfers* Referat hier ausführlicher wiedergegeben werden. An seinem Anfang standen die Sätze: „Daß es auch im künftigen Strafrecht eine Verjährung geben wird, ... steht außer Zweifel ... Der Verjährungsgedanke ... hat sich überall durchgesetzt und ist jetzt einfach nicht mehr wegzudenken." *Schäfer* schilderte dann, wie alle Entwürfe zu einem neuen Strafgesetzbuch bis 1930 am materiellrechtlichen Charakter der Verjährung festgehalten hätten und erst der Entwurf 1936 die Verjährung als ein verfahrensrechtliches Institut in die Prozeßordnung habe einstellen wollen, und zwar in der Weise, daß es Verjährung als Verfahrenshindernis nur noch für die mittlere und kleinere Kriminalität geben sollte. Zur Begründung hieß es in dem Bericht über die damalige Kommissionsarbeit u. a.: „nach der sittlichen Grundanschauung des deutschen Volkes, die insoweit mit der Weltanschauung des Christentums übereinstimmt, kann grundsätzlich nichts, was einmal als Tat in die Welt gesetzt ist, also auch keine Schuld jemals untergehen[9]." *Schäfer* wies mit Recht darauf hin, daß es bei der Verjährung nicht um den Untergang der Schuld, sondern um einen Verzicht auf die Strafbarkeit gehe. Die Machthaber von damals fügten jedoch als erste Frucht ihrer Auffassung 1943 einen § 66 Abs. 2 in das StGB ein, wonach es in das Ermessen des Staatsanwaltes gestellt wurde, die Strafverfolgung ohne Rücksicht auf Ablauf der Verjäh-

[6] II, 87.
[7] II, 205 mit Anhang Nr. 40.
[8] II, 332.
[9] *Reimer* bei *Gürtner,* Das kommende deutsche Strafrecht, 2. Aufl., 247.

rungsfrist einzuleiten, wenn Todesstrafe oder lebenslanges Zuchthaus zu erwarten war. Der Bundestag hat diese Vorschrift 1953 mit dem 3. StÄG aufgehoben. Das hat ihn aber nicht gehindert, 1979 Mord für unverjährbar zu erklären. Auch dabei hat der Gedanke von der Unvergänglichkeit schwerster Schuld eine Rolle von Gewicht gespielt. Man sagte es mit etwas anderen Worten. Aber im Grunde war dasselbe gemeint wie 1936.

Wie schließlich *Schäfer*, ein Mann von lauterster rechtsstaatlicher Gesinnung, im Jahre 1955, als er sein Referat hielt und es noch keinen Streit um die Verjährung nationalsozialistischer Mordtaten gab, sine ira et studio über die Rückwirkung verschärfter Verjährungsvorschriften dachte, zeigt folgende dritte Stelle aus seinen Ausführungen: „Abschließend sei hier nur noch bemerkt, daß sich heute, wenn es wieder einmal dazu käme, daß eine Verjährungsfrist verlängert würde, die Rückwirkungsfrage nach § 2 Abs. 2 Satz 2 in der Fassung des 3. StÄG von 1953 bestimmen würde. Heute gilt wieder, wie vor 1935, der Satz, daß bei einer Verschiedenheit der Gesetze von der Zeit der begangenen Handlung bis zu deren Aburteilung das mildeste Gesetz anzuwenden ist, und diese Vorschrift wird heute wieder wie früher dahin ausgelegt, daß unter dem mildesten Gesetz die nach den gesamten Umständen für den Täter günstigste Rechtslage zu verstehen sei. Wird also das Gesetz hinsichtlich der Verjährung verschärft, so ist ganz unabhängig von der Frage, ob die Verjährung auch dem materiellen oder nur dem prozessualen Recht angehört, die für den Täter günstigere Verjährungsfrist maßgebend[10]." In der Diskussion stimmte *Jescheck* dem zu[11]; Gegenstimmen gab es keine. Das Bundesverfassungsgericht war freilich später anderer Meinung[12]. Wenn es auch nicht so weit ging wie seinerzeit das Reichsgericht, das auch nach schon eingetretener Verjährung rückwirkend weitere Strafverfolgung zulassen wollte, so bleibt doch eine fatale Ähnlichkeit.

Bei dem dann folgenden Referat war der Jubilar ganz in seinem Element. Es ging um das Thema „Verfall und Einziehung", um das, von rühmlichen Ausnahmen abgesehen, Theoretiker gern einen weiten Bogen machen, obwohl es von eminenter Bedeutung für die Strafrechtspflege und die Angeklagten ist, weit wichtiger als etwa die Unterscheidung zwischen Diebstahl und Betrug. *Schäfer* lieferte hier eine umfangreiche schriftliche Darstellung[13], in der sich seine erstaunliche Beherrschung dieser diffizilen Materie von den Grundsatzfragen bis hin in die letzten Verästelungen polizeilicher Landesvorschriften in vollem Glanze zeigte, und er wies an Hand einer Fülle eindrucksvoller Beispiele aus der Praxis nach,

[10] II, 341.
[11] II, 348.
[12] BVerfGE 25, 269.
[13] III, Anhang Nr. 30.

daß der vom Bundesjustizministerium zunächst unternommene und wissenschaftlich gewiß begrüßenswerte Versuch, das bisher rechtlich schillernde Institut der Einziehung systematisch sauber in die Strafe der Einziehung und die Maßregel des Verfalls aufzuteilen[14], praktisch nicht durchführbar sei und nicht erträgliche Lücken aufreiße. Das Ministerium zog darauf seinen bisherigen Vorschlag zurück und legte einen neuen vor, der *Schäfers* Linie folgte[15]. Ich kann hier nicht im einzelnen schildern, wie die noch lange dauernde Diskussion um die diffizile Materie verlief. Sicher ist, daß in den 7. Titel des geltenden Strafgesetzbuchs, mindestens soweit es sich um die Einziehung handelt (gegen die später als Verfall bezeichnete Gewinnabschöpfung hatte *Schäfer* sich zunächst gewandt), Geist von seinem Geiste eingegangen ist. Der Jubilar hat ja diesen Titel auch im Leipziger Kommentar meisterhaft kommentiert.

Das letzte große Referat *Schäfers* betraf wiederum ein höchst intrikates Thema, nämlich das der Organhaftung, das heute in § 14 StGB unter der auch schon damals gewählten Überschrift „Handeln für einen anderen" seinen Niederschlag gefunden hat. *Schäfer* legte dazu eine umfangreiche schriftliche Stellungnahme vor[16], die der damalige Staatssekretär *Strauß* des Bundesjustizministeriums für „ganz ausgezeichnet" erklärte und die von der Kommission als so vollständig angesehen wurde, daß man auf einen mündlichen Vortrag verzichtete[17]. *Schäfer* gab in diesem schriftlichen Referat einen umfassenden und sachkundigen Überblick über die Entwicklung des Problems in der höchstrichterlichen Rechtsprechung seit der Plenarentscheidung des Preußischen Obertribunals von 1874, über die Versuche der Gesetzgebung, der Problematik wenigstens in Teilbereichen Herr zu werden, und über das vor allem von *Bruns* in Gang gebrachte Schrifttum und plädierte dann für eine generelle Regelung im Allgemeinen Teil, wobei er allerdings vor damals erwogenen Ausweitungen des Anwendungsbereiches warnte. § 14 StGB hat ja dann auch eine ziemlich restriktive, damit aber zugleich auch komplizierte Regelung gebracht.

Der Jubilar hat später, als die Große Kommission den Besonderen Teil des Entwurfs in drei Unterkommissionen beriet, in der zweiten dieser Kommissionen noch weitere Referate gehalten, und zwar über Wucher und Preistreiberei, über das Glücksspiel und über unberechtigtes Jagen und Fischen, ein Thema, für das er als Spezialist des Jagdrechts besonders qualifiziert war[18]. Auch diese Referate haben ihre Spuren im Gesetz hin-

[14] III, Anhang Nr. 31.
[15] III, Anhang Nr. 32.
[16] IV, Anhang Nr. 49.
[17] IV, 312.
[18] Niederschriften über die Sitzungen der Unterkommissionen, 2. Bd. S. 66, 71, 80, 86, 440, 447.

terlassen. Würdigt man sie und die Referate vor der Vollkommission in ihrer Gesamtheit, so zeigt sich schon, auch wenn Gehalt und Anregungskraft der Schäfer'schen Ausführungen hier nur in Andeutungen zum Ausdruck gebracht werden konnten, in welchem Maße der Jubilar an Arbeit und Erfolg der Kommission beteiligt war.

Zu seinen Referaten kommen aber noch zahlreiche Beiträge hinzu, mit denen sich *Schäfer* an den Diskussionen der Kommission lebhaft beteiligt hat. Sie können hier nicht einmal aufgezählt werden. Immerhin möchte ich doch wenigstens auf einen solchen Beitrag hinweisen, der mir noch in lebhafter Erinnerung ist. Als es um die Neugestaltung des § 113 StGB ging, warnte *Schäfer* unter Heranziehung eindrucksvoller praktischer Beispiele vor einer Konstruktion, die das fahrlässige Verkennen der Rechtmäßigkeit der Diensthandlung als Ergänzungstatbestand neben dem eigentlichen Vorsatztatbestand vorsah, und setzte sich für die Lösung ein, die das Risiko für das Verkennen der Rechtmäßigkeit der Diensthandlung grundsätzlich dem Täter aufbürdete[19]. In dieser Richtung hat sich denn dann auch die Reform des § 113 StGB vollzogen.

Alles in allem: Wenn man die Beiträge liest, die der Jubilar zur Arbeit der Großen Strafrechtskommission insgesamt geleistet hat, Beiträge, die hoffentlich noch lange Lektüre der Juristen sein werden, so wird sehr deutlich, daß sie alle gewichtige Bausteine zu dem Denkmal sind, das sich *Karl Schäfer* mit seinem imponierenden Lebenswerk selbst gesetzt hat.

[19] V, 108.

Zur Beweislastverteilung im Rahmen von § 823 Abs. 1 BGB

GOTTFRIED BAUMGÄRTEL und ARNO WITTMANN

I. Einleitung

Fragen der Beweislast finden zunehmend das Interesse zivilprozeßrechtlicher und materiellrechtlicher Abhandlungen. Dabei bilden sowohl die rechtstheoretischen Grundlagen der Beweislastlehre als auch die rechtsanwendungsorientierte Herausarbeitung von konkreten Richtlinien für die Beweislastverteilung in einzelnen Haftpflichtbereichen den Gegenstand wissenschaftlicher Untersuchung. Zum Teil ist in neueren Untersuchungen versucht worden, die seit langem unangefochten gebliebene *Rosenberg*sche Normentheorie durch andere Kriterien für die Beweislastverteilung zu ersetzen oder zumindest den Anwendungsbereich der Normentheorie einzuschränken[1].

Im folgenden wird am Beispiel des deliktischen Haftungstatbestandes in § 823 BGB untersucht, inwieweit die Rechtsprechung auch heute noch auf dem Boden der *Rosenberg*schen Normentheorie steht. Dabei soll an einigen typischen Fallgruppen aufgezeigt werden, in welchem Umfang die Rechtsprechung von den allgemeinen Beweislastgrundsätzen, die sich unter Anwendung der *Rosenberg*schen Normentheorie ergeben, abgewichen ist und eine Beweislastumkehr vorgenommen hat. In diesem Zusammenhang soll auch nach den Gründen, die zu einer solchen Beweislastumkehr geführt haben, gefragt werden, um die wertungsmäßigen Grundlagen für die Abkehr von der *Rosenberg*schen Formel erfassen zu können.

II. Beweislast und Beweiswürdigung

Nach der *Rosenberg*schen Formel hat derjenige, der einen deliktischen Schadensersatzanspruch geltend macht, alle Voraussetzungen des § 823 Abs. 1 BGB als anspruchsbegründenden Klagegrund zu beweisen. Von diesem allgemeinen Grundsatz der Beweislastverteilung geht auch die

[1] Vgl. zu der Abkehr moderner Beweislastlehren von der Normentheorie den gleichnamigen Beitrag von *Schwab*, Festschrift für Hans Jürgen Bruns, 1978, S. 505 ff.

Rechtsprechung aus. Das für den Geschädigten hierbei bestehende Beweisrisiko wird freilich nicht selten dadurch herabgemindert, daß im Rahmen der Beweiswürdigung zugunsten des Geschädigten Beweiserleichterungen eingreifen. Hierbei ist vor allem an die Grundsätze über den Anscheinsbeweis und die freie richterliche Schadensschätzung gemäß § 287 ZPO zu denken. Diese Beweiserleichterungen lassen zwar die Beweislastverteilung im engeren Sinne unberührt, weil Beweiswürdigung und Beweislastentscheidung getrennte Stationen bei der Urteilsfindung bilden. Freilich wirken die Anforderungen, die im Rahmen der Beweiswürdigung an den Nachweis des entscheidungserheblichen Sachverhalts gestellt werden, insoweit auf die Beweislast zurück, als eine Herabsetzung des Beweismaßes eine Beweislastentscheidung gegebenenfalls umgeht. Hierdurch wird u. U. der eigentliche Anwendungsbereich der Beweislastentscheidung verkürzt. Eine allzu großzügige Verwendung der Grundsätze über den Anscheinsbeweis oder eine zu weitgehende Ausdehnung des Anwendungsbereichs von § 287 ZPO enthält in Wahrheit eine – verdeckte – Beweislastentscheidung. Wo hier die Grenzen liegen, müßte freilich einer genaueren Untersuchung unterzogen werden, die in diesem Zusammenhang nicht geleistet werden kann.

III. Die Beweislast für die Handlung

Die Geschädigte hat als haftungsbegründenden Tatbestand zunächst eine Handlung zu beweisen. Hierzu hat der Anspruchsteller das Vorliegen ein der Bewußtseinskontrolle und Willenslenkung unterliegendes, beherrschbares Verhalten nachzuweisen[2]. Der Geschädigte muß ausschließen, daß der Verletzungsvorgang unter physischem Zwang erfolgt ist oder als unwillkürlicher Reflex durch fremde Einwirkungen ausgelöst worden ist. Aus der Ausnahmeregelung in den §§ 827, 828 BGB, wonach der Schädiger den Ausschluß der Zurechnungs- und Schuldfähigkeit beweisen muß, kann nach der Rechtsprechung ein allgemeines Prinzip der Beweislastverteilung mit dem Inhalt, daß derjenige, der einen vom gewöhnlichen abweichenden Sachverhalt behauptet, diesen auch beweisen müsse, nicht abgeleitet werden. Zu Recht hat die Rechtsprechung hier keine andere Beweislastverteilung z. B. unter Zugrundelegung eines „Regel-Ausnahme-Prinzips" oder des Wahrscheinlichkeitsprinzips oder im Hinblick auf ein Näher-dran-sein des Schädigers vorgenommen. Zwar mag das Fehlen eines vom Willen getragenen menschlichen Verhaltens durchaus ein Ausnahmefall im Vergleich zum „Normalfall" haftungsbegründenden Verhaltens darstellen oder der Schädiger mag näher daran sein, seinen eigenen Bewußtseinszustand aufzuklären. Dennoch führt die Beweislastvertei-

[2] Vgl. BGHZ 39, 103 = NJW 1963, 953.

lung auf der Grundlage der *Rosenberg*schen Formel nicht zu einer ungerechtfertigten Verschiebung des Beweisrisikos zu Lasten des Geschädigten. Die von der Rechtsprechung praktizierte Beweislastverteilung bedeutet nämlich nicht, daß der Geschädigte nun generell das Fehlen einer den Handlungswillen ausschließenden physischen oder psychischen Einwirkung ausschließen müßte. Ein solcher Beweis negativer Tatsachen würde die Rechtsverfolgung für den Geschädigten erheblich erschweren. Der Geschädigte muß vielmehr nur bei Bestehen einer ernsthaften Möglichkeit für das Fehlen eines Handlungswillens das Vorliegen der subjektiven Voraussetzungen einer Handlung nachweisen. Anhaltspunkte für das Fehlen eines vom Willen getragenen menschlichen Verhaltens muß umgekehrt in der Regel der Schädiger darlegen und gegebenenfalls nachweisen.

IV. Die Beweislast für die Rechtsgutverletzung

Weiterhin muß der Anspruchsteller bei der Geltendmachung eines deliktischen Schadensersatzanspruches auch die Verletzung eines seiner durch § 823 Abs. 1 BGB geschützten Rechte oder Rechtsgüter beweisen. Auch insoweit können freilich zugunsten des Geschädigten Beweiserleichterungen eingreifen. So gilt z. B. auch im Rahmen von § 823 Abs. 1 BGB die Eigentumsvermutung des § 1006 BGB[3].

V. Die Beweislast für den Kausalzusammenhang

Der Anspruchsteller trägt nach allgemeiner Meinung grundsätzlich auch die Beweislast für den Ursachenzusammenhang zwischen der Handlung oder dem Unterlassen des Schädigers und der nachgewiesenen Verletzung eines der durch § 823 Abs. 1 BGB geschützten Rechte[4]. Bekanntlich macht der Nachweis der haftungsbegründenden Kausalität in der Praxis nicht selten erhebliche Schwierigkeiten. Hier befindet sich der typische Anwendungsbereich für die Regeln über den Beweis des ersten Anscheins.

1. Eine mittlerweile in der Rechtsprechung des Bundesgerichtshofs gefestigte Beweislastumkehr im Hinblick auf die haftungsbegründende Kausalität hat sich im Arzthaftungsrecht entwickelt. Schon in der reichsgerichtlichen Rechtsprechung war anerkannt, daß eine „gerechte Interessenabwägung" dazu führen könne, dem Arzt die Beweislast wegen der Ursächlichkeit oder Mitursächlichkeit eines von ihm schuldhaft begangenen Fehlers aufzuerlegen, wenn er „den Kranken durch unsachgemäße Be-

[3] Vgl. BGH JR 1978, 18, 19 m. Anm. *Baumgärtel/Wittmann.*

[4] Vgl. *Erman/Drees,* vor § 823 Rdn. 78; *Palandt/Thomas,* §§ 823, 13a; *Arens,* ZZP 88, 2; *Stoll,* AcP 176, 181/182; *Geigel,* Haftpflichtprozeß, S. 1408.

handlung bewußt oder leichtfertig einer Gefahr ausgesetzt hat, die den äußeren Umständen nach gerade die Schädigung herbeiführen konnte, die dann eingetreten ist"[5]. Der Bundesgerichtshof hat die Rechtsprechung des Reichsgerichts übernommen[6] und weiter fortentwickelt[7]. Die Rechtsprechung des Bundesgerichtshofs hat sich mittlerweile zu einer tatbestandsmäßig umschriebenen Beweislastsonderregel verfestigt. Danach muß ein Arzt, dem schuldhaft ein grober Behandlungsfehler unterlaufen ist, der geeignet ist, einen Schaden der eingetretenen Art herbeizuführen, beweisen, daß es dazu auch ohne seinen Fehler gekommen wäre.

Diese Beweislastumkehr gilt sowohl im Rahmen der vertraglichen als auch der deliktischen Haftung des Arztes. Zu Recht weist *Stoll*[8] in diesem Zusammenhang darauf hin, daß eine unterschiedliche beweismäßige Behandlung beider Haftungstatbestände im Hinblick auf die gleichgelagerte Interessenlage und das Schutzbedürfnis des Patienten nicht gerechtfertigt wäre.

2. Die Beweislastumkehr setzt nach der Rechtsprechung u. a. das Vorliegen eines groben Behandlungsfehlers voraus[9]. Ein grober Behandlungsfehler ist bei einem eindeutigen Verstoß gegen die anerkannten Regeln der ärztlichen Kunst gegeben[10]. Für die Feststellung eines groben Behandlungsfehlers trägt grundsätzlich der Patient die Beweislast, es sei denn, insoweit käme eine Beweislastumkehr aufgrund einer speziellen Beweislastsonderregel in Betracht.

Die Beweislast des Patienten für das Vorliegen eines groben Behandlungsfehlers drängt diesen nicht in eine aussichtslose Beweislage, die gegebenenfalls im Hinblick auf das Erfordernis der Chancengleichheit zwischen Arzt und geschädigtem Patient zu einer anderen Beweislastverteilung nötigen würde[10a]. Die Beweislast des Patienten für das Vorliegen eines Behandlungsfehlers wird nämlich durch andere Beweisgrundsätze gemildert, die von der Rechtsprechung gerade im Zusammenhang mit der Feststellung eines Behandlungsfehlers entwickelt worden sind. Hingewiesen sei in diesem Zusammenhang zunächst auf die Beweiserleichterungen, die sich für die beweisbelastete Partei aus einer schuldhaften Vereite-

[5] RGZ 171, 168 (171).

[6] BGH LM Nr. 25 zu § 286 (C) ZPO.

[7] Vgl. BGH NJW 1959, 1583 (1584); NJW 1967, 1508; NJW 1968, 1185; NJW 1968, 2291 m. Anm. *Hanau;* NJW 1969, 553/554; NJW 1970, 1230 (1231); NJW 1978, 2337 (2338).

[8] *Stoll,* AcP 176, 168.

[9] Vgl. dazu *Baumgärtel/Wittmann,* JA 1979, 113 (115).

[10] Vgl. BGH NJW 1968, 2291 (2292); zu einer Typologie des Arztverschuldens vgl. *Deutsch,* VersR 1977, 101 ff.

[10a] Auch stehen Verfassungsgrundsätze nicht entgegen, vgl. BVerfG Beschl. v. 25.7.1979 – 2 BvR 878/74.

lung der Beweisführung durch den Gegner ergeben[11]. Welcher Art die sich hieraus ergebenden Beweiserleichterungen sind, ist allerdings umstritten. Es kommen Auswirkungen auf die richterliche Beweiswürdigung und/oder auf die Beweislastverteilung in Betracht. Die Rechtsprechung dazu ist schwankend[12]. Bei einer Beweislastvereitelung durch eine nicht ordnungsmäßige Dokumentation hält die Rechtsprechung eine Beweiserleichterung zugunsten des geschädigten Patienten „bis hin zur Umkehr" der Beweislast für möglich[13]. Die Pflicht des Arztes, eine sorgfältige und vollständige Dokumentation im Interesse des Patienten anzulegen und zu führen, besteht nicht nur im Rahmen vertraglicher Beziehungen zwischen Arzt und Patient, sondern auch im außervertraglichen Bereich. Der Arzt ist aus dem Gesichtspunkt der Wahrung der Chancengleichheit im Prozeß verpflichtet, dem klagenden Patienten Aufschluß über sein Vorgehen in dem Umfang zu geben, wie ihm dies ohne weiteres möglich und auch zumutbar ist[14]. Seiner insoweit bestehenden Beweispflicht genügt er in aller Regel durch Vorlage einer ordnungsgemäßen Dokumentation im Operationsbericht, Narkoseprotokoll, Krankenblatt oder Patientenkarte, wie sie auch gutem ärztlichen Brauch entspricht[15]. Diese Pflichten des Arztes, bei der Aufklärung des Sachverhalts mitzuwirken, stellen im Hinblick auf die prozessualen Nachteile, die sich für den Arzt im Rahmen der Beweiswürdigung, bzw. auf der Ebene der Beweislastverteilung bei ihrer Nichterfüllung ergeben können, prozessuale Lasten dar.

Die vorgelegte ärztliche Dokumentation bildet in der Regel die Grundlage für die Beurteilung, ob ein Behandlungsfehler des Arztes vorgelegen hat. Jedenfalls dient sie als Ausgangspunkt für eine eventuelle weitere Aufklärung des Sachverhalts. Dabei spricht für die Richtigkeit der ärztlichen Dokumentation eine Vermutung, wenn sie in unmittelbarem Zusammenhang mit der dokumentierten Tätigkeit und vor Bekanntwerden eines eventuellen haftungsbegründenden Zwischenfalls angelegt worden ist[16]. Im Hinblick auf die prozessuale Last des Arztes, bei der Aufklärung des haftungsbegründenden Sachverhalts mitzuwirken, ist es dem Patienten zumutbar, die Beweislast für die Feststellung eines Behandlungsfehlers zu tragen. Der Patient wird dadurch nicht in einen Beweisnotstand gedrängt. Die Chancengleichheit im Prozeß bleibt gewahrt.

[11] Vgl. z. B. *Rosenberg/Schwab*, Zivilprozeßrecht, 12. Aufl., § 118, 6 a; *Gerhardt*, AcP 169, 289 ff.; *Musielak*, Die Grundlagen der Beweislast im Zivilprozeß, S. 133 ff.

[12] Vgl. die Nachweise bei *Gerhardt*, AcP 169, 293 f.

[13] Vgl. BGH NJW 1978, 2238; vgl. dazu auch *Baumgärtel/Wittmann*, JA 1979, 113 (118).

[14] Vgl. BGH NJW 1978, 1682.

[15] BGH NJW 1978, 1682.

[16] Vgl. BGH NJW 1978, 1681; NJW 1978, 2337.

3. Der sachliche Umfang der Beweislastumkehr bei Vorliegen eines groben Behandlungsfehlers ist auf den unmittelbaren haftungsbegründenden Kausalzusammenhang begrenzt. Die Beweislastumkehr erfaßt nach der Rechtsprechung nur die unmittelbaren durch den Behandlungsfehler verursachten Gesundheitsschädigungen[17]. Geht es daher um den Nachweis der Ursächlichkeit des Behandlungsfehlers für weitere Folgeschäden, die sich aus der Primärverletzung ergeben haben sollen (haftungsausfüllende Kausalität), kommt eine Beweislastumkehr nicht mehr in Betracht.

Die Begrenzung der Beweislastumkehr auf den haftungsbegründenden Zusammenhang bedeutet für den Patienten keine wesentliche Verschlechterung der Beweislage. Denn für den Nachweis der haftungsausfüllenden Kausalität gilt § 287 ZPO[18]. § 287 ZPO erleichtert den Nachweis der haftungsausfüllenden Kausalität dadurch, daß der Richter eine freiere Stellung bei der Feststellung der Kausalität hat. Freilich ist auch im Rahmen des § 287 ZPO dem Richter keine willkürliche „Schätzung" des Kausalverlaufs gestattet, sondern es muß für die Ursächlichkeit zwischen Primär- und Sekundärverletzung zumindest eine überwiegende Wahrscheinlichkeit sprechen.

Weiterhin setzt die Beweislastumkehr voraus, daß der Behandlungsfehler geeignet gewesen ist, einen Schaden der tatsächlich eingetretenen Art herbeizuführen[19]. Das Merkmal der Eignung begrenzt die sachliche Reichweite der Beweislastumkehr. Sie erstreckt sich nur auf solche Gesundheitsschäden, für die der Behandlungsfehler als geeignete Ursache in Frage kommt. Dazu ist nicht erforderlich, daß die Verursachung des eingetretenen Schadens durch den Behandlungsfehler wahrscheinlich ist[20]. Freilich ist vereinzelt in der Rechtsprechung die Beweislastumkehr auch auf typischerweise mit dem Behandlungsfehler verbundene Gesundheitsschäden beschränkt worden[21]. Die darin liegende Begrenzung der Beweislastumkehr zu Lasten des Patienten ist nicht gerechtfertigt. Soweit es um typische Folgen eines Behandlungsfehlers geht, greifen in aller Regel schon die Grundsätze über den Anscheinsbeweis ein, die dem Patienten den Nachweis der haftungsbegründenden Kausalität erleichtern. Die Anwendung der Grundsätze über den Anscheinsbeweis setzt freilich nicht voraus, daß ein grober Behandlungsfehler des Arztes vorliegt. Als Erfahrungsregeln sind sie von solchen normativen Erfordernissen unabhängig. Den prima facie erwiesenen Ursachenzusammenhang kann der Arzt schon durch den Nachweis der ernsthaften Möglichkeit eines ande-

[17] Vgl. BGH NJW 1978, 1683.
[18] Vgl. BGH LM Nr. 21 zu § 823 (Aa) BGB.
[19] Vgl. z. B. BGH NJW 1978, 1683.
[20] So aber *Musielak*, Die Grundlagen der Beweislast im Zivilprozeß, S. 148.
[21] Vgl. BGH VersR 1965, 91.

ren Verlaufs erschüttern. Bei Vorliegen eines groben Behandlungsfehlers verstärkt sich demgegenüber die Beweisposition des Patienten. Nunmehr wird bis zum Beweis des Gegenteils von der Ursächlichkeit des Behandlungsfehlers für alle unmittelbaren Gesundheitsschäden, die der Behandlungsfehler verursacht haben kann, ausgegangen.

Die Geeignetheit eines Behandlungsfehlers setzt lediglich die Möglichkeit voraus, daß der Behandlungsfehler einen Schaden der eingetretenen Art verursacht haben kann[22]. Hierbei reicht die allgemeine Eignung des festgestellten Behandlungsfehlers zur Herbeiführung des Schadens aus[23]. Aus dem konkreten Geschehensablauf hergeleitete Zweifel an der Ursächlichkeit vermögen die allgemeine Eignung nicht in Frage zu stellen. Sie haben bei der Erwägung ihren Platz, ob der dem Arzt obliegende Beweis für die Nichtursächlichkeit erbracht ist. Andernfalls würde die von der Rechtsprechung entwickelte Umkehr der Beweislast nur selten zu der erstrebten Verteilung der Beweislast in dem Bereich führen, der infolge eines schwerwiegenden Behandlungsfehlers unaufklärbar ist[24].

4. Die von der Rechtsprechung entwickelte Beweislastumkehr hat in der Literatur im wesentlichen Zustimmung gefunden[25], wenn auch die Beschränkung der Beweislastumkehr auf grobe Behandlungsfehler mitunter nicht für gerechtfertigt gehalten wird.

Die Rechtsprechung sieht die wertungsmäßige Grundlage der Beweislastumkehr in einer „gerechten Interessenabwägung“[26]. Der Arzt habe durch einen schwerwiegenden Verstoß gegen die anerkannten Regeln der ärztlichen Kunst eine Lage geschaffen, die nicht erkennen lasse, wie sich der Gesundheitszustand des Patienten bei sachgerechter Behandlung entwickelt hätte. Er sei daher „näher dran“, mit dem Beweisrisiko belastet zu werden als der Patient[27]. Mit der Formulierung „näher dran“ wird zur Grundlegung der Beweislastumkehr freilich nicht auf die Gefahrenbereichslehre zurückgegriffen[28]. Den Sachgrund für die Beweislastumkehr erblickt die Rechtsprechung vielmehr darin, daß der Arzt die Unaufklärbarkeit des Sachverhalts durch seinen groben Behandlungsfehler verschuldet hat[29]. Denn in allen Fällen der Beweislastumkehr hätte sich der

[22] Vgl. *Nüßgens*, Festschrift für Hauß, 1978, S. 287 (296 ff.).

[23] Vgl. BGH NJW 1978, 1185.

[24] Vgl. BGH NJW 1968, 1185.

[25] Vgl. z. B. *Soergel/Zeuner*, § 823, Rdn. 359; *Staudinger/Schäfer*, 10. 11. Aufl., Rdnr. 130 vor § 823; *Deutsch*, VersR 1977, 104; *Laufs*, Arztrecht, S. 90 f.; *Uhlenbruck*, NJW 1965, 1062.

[26] RGZ 171, 171; BGH NJW 1959, 1583 (1584).

[27] BGH NJW 1967, 1508.

[28] Vgl. *Prölss*, Beweiserleichterungen im Schadensersatzprozeß, S. 97; kritisch zur Gefahrenbereichslehre *Musielak*, AcP 176, 465 ff.

[29] Vgl. *Hanau*, NJW 1968, 2291.

Arzt „bei pflichtgemäßer Prüfung" sagen müssen, „die von ihm verursachte Gefahr könne gerade eine solche Schädigung des Patienten herbeiführen", wie sie später eingetreten ist[30]. Die Rechtsprechung führt daher die Beweislastumkehr auf dasselbe Zurechnungsprinzip zurück, das auch dem bürgerlichrechtlichen Schadensersatzrecht zugrunde liegt. Das ist das Verschuldensprinzip, das über die Schadenszurechnung und damit auch über die Zurechnung des Beweisrisikos entscheidet. Auf das Verschuldensprinzip ist auch die sachliche Reichweite der Beweislastumkehr abgestellt. Denn Schäden, die eine geeignete Folge eines groben Behandlungsfehlers sind, sind für den Arzt regelmäßig vorhersehbar.

Neben dem Verschuldensprinzip stehen auch Billigkeitserwägungen hinter der Beweislastumkehr. Die Rechtsprechung nimmt bewußt zur Behebung der Beweisnot des Patienten die Beweislast des Arztes in Kauf[31], weil bei ärztlichen Behandlungsfehlern von erheblichem Gewicht die Beweislast dem Patienten billigerweise nicht mehr zugemutet werden könne[32].

Im Schrifttum wird teilweise versucht, die Wertungsgrundlage für die Beweislastumkehr mit Hilfe anderer Rechtsgedanken zu erfassen. Vor allem *Stoll* ist bestrebt, hierfür den Normzweck fruchtbar zu machen. Die Beweislastumkehr sei durch den Schutzzweck der verletzten Verhaltenspflicht gerechtfertigt[33]. Bezwecke die verletzte Verhaltenspflicht neben dem Schutz des Verletzten vor einer bestimmten physischen Gefahr zugleich die Abwendung einer regelmäßig damit verbundenen Beweisnot, erfordere der Normzweck eine Beweislastumkehr.

Es ist aber zweifelhaft, ob mit der Normzwecklehre der Grundgedanke der Beweislastumkehr zutreffend erfaßt wird. Die Sorgfaltspflichten des Arztes dürften kaum den Sinn und Zweck haben, den Patienten vor Beweisnachteilen zu schützen[34]. Auch der von *Prölss* herangezogene Gedanke einer schuldhaften Beweisvereitelung[35], vermag die Beweislastumkehr nicht zu rechtfertigen.

Ein anderer Rechtfertigungsgrund für eine Beweislastumkehr zugunsten des Patienten liegt darin, daß die Chancengleichheit im Prozeß bei der Durchsetzung von Schadensersatzansprüchen auch im Hinblick auf die Beweislage gewahrt bleiben muß. Die Beweislastverteilung darf nicht dazu führen, daß dem Geschädigten praktisch eine Durchsetzung seiner

[30] BGH LM Nr. 21 (Bl. 2) zu § 823 (Aa) BGB.

[31] Vgl. *Dunz*, Zur Praxis der zivilrechtlichen Arzthaftung, S. 30.

[32] Vgl. *Dunz*, a. a. O., S. 30; *A. Blomeyer*, Verhandlungen zum 46. Deutschen Juristentag, Gutachten, S. 12.

[33] *Stoll*, Festschrift für von Hippel, S. 558, 559.

[34] *Hofmann*, Die Umkehr der Beweislast in der Kausalfrage, S. 68 ff., 70; *Prölss*, ZZP 82, 474.

[35] *Prölss*, Beweiserleichterungen im Schadensersatzprozeß, S. 96 f.

Rechte wegen unüberwindlicher Beweisschwierigkeiten, die typischerweise bei der anderen Partei im selben Maße nicht bestehen, unmöglich gemacht wird.

VI. Die Beweislast für die Widerrechtlichkeit

Die Beweislastverteilung für die Voraussetzungen der Widerrechtlichkeit beurteilt sich grundsätzlich nach der *Rosenberg*schen Formel. Nach allgemeinen Beweislastgrundsätzen muß daher der Schädiger das Vorliegen eines Rechtfertigungsgrundes für den von ihm verursachten Eingriff in eines der durch § 823 Abs. 1 BGB geschützten Rechte oder Rechtsgüter nachweisen.

Diese Beweislastverteilung ist gerechtfertigt, soweit die Tatbestandsmäßigkeit des Eingriffs in den Schutzbereich der in § 823 Abs. 1 BGB genannten Rechte zugleich die Widerrechtlichkeit des Eingriffs indiziert. Diese Rechtswidrigkeitsvermutung greift aber nicht bei den generalklauselartigen Rechten, wie das allgemeine Persönlichkeitsrecht und das Recht am eingerichteten und ausgeübten Gewerbebetrieb ein[36].

Bei den durch § 823 Abs. 1 BGB geschützten Rahmenrechten hängt die Konkretisierung des tatbestandsmäßigen Schutzbereichs und damit auch die Feststellung einer Verletzung im Einzelfall von einer Güter- und Interessenabwägung ab[37]. Z. B. indiziert eine Beeinträchtigung des Gewerbebetriebes noch nicht die Rechtswidrigkeit der hierfür ursächlichen Handlung[38]. Das gleiche gilt für das allgemeine Persönlichkeitsrecht, bei dem es ebenfalls keinen deutlich umrissenen Verletzungstatbestand gibt[39]. In beiden Haftungstatbeständen fällt das Urteil über die Rechtswidrigkeit und das über die Tatbestandsmäßigkeit zusammen. Für die Beweislastverteilung ergibt sich daraus, daß der Anspruchsteller Tatbestandsmäßigkeit und Rechtswidrigkeit eines Eingriffs in die durch § 823 Abs. 1 BGB geschützten Rahmenrechte beweisen muß.

Die Tatbestandsmäßigkeit eines Verletzungserfolges indiziert aber auch bei den geschlossenen absoluten Rechten, die durch § 823 Abs. 1 BGB geschützt werden, nicht in allen Fällen die Rechtswidrigkeit. Eine solche Rechtswidrigkeitsvermutung ist nur gerechtfertigt, wenn der Verletzungserfolg noch im Rahmen des Handlungsablaufs liegt[40]. Liegt dagegen der Verletzungserfolg außerhalb des Handlungsablaufs, so setzt das Rechtswidrigkeitsurteil weitergehend die Feststellung voraus, daß die den Verletzungserfolg auslösende Handlung gegen ein Verhaltensgebot ver-

[36] Vgl. *Larenz,* Schuldrecht Besonderer Teil, § 71 I c.
[37] Vgl. *Larenz,* Schuldrecht Besonderer Teil, § 72 III, S. 551, 559/560.
[38] Vgl. BGHZ 45, 296, 307; BGH NJW 1970, 187; *Larenz,* Schuldrecht BT, S. 559/560.
[39] Vgl. *Larenz,* a. a. O., § 72 III, S. 551.
[40] Vgl. *Larenz,* Schuldrecht BT, § 72 I, S. 541.

stoßen hat. Da in diesen Fällen die Rechtswidrigkeit nicht vermutet wird, trägt der Geschädigte die Beweislast dafür, daß für das Geschehen der Verletzung ein den Anforderungen der Rechtsordnung nicht genügendes Verhalten ursächlich geworden ist.

Eine von den dargestellten Gründen abweichende Beweislastverteilung hat das OLG Bamberg[41] für die Beweislast bei Sportunfällen angenommen. Danach hat der bei einem Sportunfall Verletzte die schuldhafte Übertretung sportlicher Regeln durch den Schädiger zu beweisen. Der Schädiger sei nicht verpflichtet, die Rechtmäßigkeit seiner Handlungsweise unter Beweis zu stellen. Diese Beweislastverteilung ist dadurch gerechtfertigt, daß sich der Geschädigte bewußt dem mit der Ausübung des Sports verbundenen Verletzungsrisiko ausgesetzt hat. Er trägt daher auch das sich aus dieser Selbstgefährdung ergebende Beweisrisiko dafür, daß eine eingetretene Sportverletzung durch ein Verhalten verursacht worden ist, das durch die Sportregeln nicht mehr gedeckt wird.

Die dargestellten Beweislastgrundsätze führen dazu, daß der Schädiger z. B. die Beweislast für den Ausschluß der Widerrechtlichkeit trägt, wenn er eines der in dem § 823 Abs. 1 BGB genannten absoluten Rechte unmittelbar verletzt hat[42]. Dies gilt grundsätzlich auch im Rahmen der Arzthaftung, wenn der geschädigte Patient geltend macht, der Arzt habe ohne wirksame Einwilligung die ärztliche Behandlung durchgeführt. Da der ärztliche Heileingriff als Körperverletzung qualifiziert wird, ist seine Widerrechtlichkeit nur bei Vorliegen einer wirksamen Einwilligung ausgeschlossen. Für die Voraussetzungen einer solchen Einwilligung trägt grundsätzlich der behandelnde Arzt die Beweislast. Eine den ärztlichen Eingriff in die körperliche Integrität rechtfertigende Einwilligung setzt eine sachgerechte Aufklärung des Patienten durch den Arzt voraus. Diese Aufklärung dient dazu, das Selbstbestimmungsrecht des Patienten zu verwirklichen und ihn vor eigenmächtigen ärztlichen Eingriffen zu schützen[43]. Der Arzt trägt daher die Beweislast dafür, daß er den Patienten in dem erforderlichen Umfang aufgeklärt hat[44].

Diese für den Arzt nachteilige Beweislastverteilung wird bei der Durchsetzung von Schadensersatzansprüchen in der Praxis mitunter dazu ausgenutzt, daß die Arzthaftung von vornherein nicht auf einen behaupteten Behandlungsfehler, der vom Patienten nachzuweisen wäre, gestützt wird, sondern auf die Behauptung unterlassener Aufklärung. Solchen Tendenzen ist durch eine hieran angepaßte Beweiswürdigung entgegenzuwirken.

[41] NJW 1972, 1820.

[42] Vgl. z. B. BGHZ 24, 21 (27/28).

[43] Vgl. *Nüßgens*, Festschrift für Hauß, S. 288; BGH NJW 1978, 586 (587/588).

[44] Vgl. *Nüßgens*, Festschrift für Hauß, S. 289; *Laufs*, Arztrecht, Rdn. 67; ders. NJW 1969, 529.

Dabei kann von der Erfahrung ausgegangen werden, daß Ärzte Patienten in der Regel nicht schlechthin gegen ihren Willen zu behandeln pflegen. Der Tatrichter sollte daher bei der Beweiswürdigung nicht zu kleinlich verfahren, wenn der Arzt sich rechtlich auf ein unter vier Augen geführtes Aufklärungsgespräch beruft[45]. Eine in diesem Sinne vorgenommene Beweiswürdigung kann eine Stütze in einer sorgfältig angelegten ärztlichen Dokumentation finden[46]. Hierbei ist auch die Prozeßlage zu berücksichtigen, in der die nicht ordnungsgemäße Aufklärung von dem Patienten geltend gemacht wird. Wird der Vorwurf der Aufklärungspflichtverletzung erst erhoben, wenn dem Patienten der Nachweis eines Behandlungsfehlers nicht gelingt, muß sich dieser Mißbrauch der Aufklärungspflichtverletzung als Klagegrund im Rahmen der Beweiswürdigung zugunsten des Arztes auswirken[47].

Wendet der Arzt ein, der Patient hätte bei hinreichender Aufklärung in den vorgenommenen ärztlichen Eingriff eingewilligt[48], so trägt er hierfür die Beweislast[49]. Als Sachgrund für diese Beweislastverteilung kommt dabei vor allem die Erwägung in Betracht, daß der Arzt es war, der durch seinen Eingriff ohne Einwilligung die im konkreten Fall gegebene Unaufklärbarkeit darüber hervorgerufen hat, ob der Patient eingewilligt hätte[50]. Haftungsrechtlich betrachtet ist die Unaufklärbarkeit gewissermaßen Bestandteil des vom Arzt zu tragenden Schadens[51]. An den vom Arzt zu führenden Nachweis sind strenge Anforderungen zu stellen. Hierin liegt ein Schutz gegen eine Überspielung des Selbstbestimmungsrechts auf beweisrechtlichem Gebiet[52].

VII. Die Beweislast für das Verschulden

Die Beweislast für das Verschulden trägt im Rahmen von § 823 Abs. 1 BGB grundsätzlich der Geschädigte. Eine Abkehr von diesem Grundsatz würde letztlich im Falle eines non liquet zu einer Haftung ohne Verschulden und damit zur Statuierung einer Gefährdungshaftung führen. Eine solche Haftungsverschärfung kann ohne zwingendes Gerechtigkeitspostulat nicht durch richterliche Rechtsfortbildung eingeführt werden.

45 Vgl. *Dunz*, Zur Praxis der Arzthaftung, S. 16.

46 *Dunz*, a. a. O., S. 16.

47 Vgl. *Dunz*, a. a. O., S. 16.

48 Zur materiellrechtlichen Zulässigkeit dieses Einwandes *Nüßgens*, Festschrift für Hauß, S. 290 m. w. N.

49 *Nüßgens*, a. a. O., S. 294.

50 Vgl. *Nüßgens*, a. a. O., S. 294.

51 Vgl. *Nüßgens*, a. a. O.; *Stoll*, AcP 176, 159.

52 Vgl. *Nüßgens*, a. a. O.

Das wohl bekannteste Beispiel für eine Beweislastumkehr im Bereich des Verschuldens bildet die Produzentenhaftung. Wird bei der bestimmungsgemäßen Verwendung eines Industrieerzeugnisses eine Person oder eine Sache dadurch geschädigt, daß das Produkt fehlerhaft hergestellt war, so muß der Hersteller beweisen, daß ihn hinsichtlich des Fehlers kein Verschulden trifft[53]. Sache des Herstellers soll es sein, die Vorgänge aufzuklären, die den Fehler verursacht haben, und dabei darzutun, daß ihn hieran kein Verschulden trifft.

Es dürfte heute weitgehend geklärt sein, daß diese Beweislastumkehr sich rechtstechnisch nicht nur auf die Voraussetzungen für das Verschulden des Herstellers erstreckt. Zwar hat der BGH gemeint, die Beweislastumkehr setze voraus, daß der Geschädigte nachgewiesen habe, daß sein Schaden im Organisations- und Gefahrenbereich des Herstellers, und zwar durch einen objektiven Mangel oder Zustand der Verkehrswidrigkeit, ausgelöst worden sei[54]. Tatsächlich hat der BGH aber von dem Geschädigten nicht den Nachweis eines verkehrswidrigen Zustandes im Gefahrenbereich des Herstellers, etwa in der Form, daß der Hersteller bei der Fertigung die im Verkehr erforderlichen Sicherungs- oder Kontrollmaßnahmen zur Vermeidung von Produktionsfehlern der aufgetretenen Art nicht durchgeführt habe, gefordert[55]. Die von dem BGH praktizierte Beweislastumkehr bedeutet daher materiellrechtlich, daß die haftungsbegründende Handlung des Herstellers letztlich im Ausliefern eines fehlerhaften Produktes liegt. Sache des Herstellers ist es, seine Schuldlosigkeit hieran aufzuklären, indem er die Umstände, die zu der Fehlerhaftigkeit geführt haben, darlegt und seine Schuldlosigkeit hieran nachweist[56].

Der Entlastungsbeweis des Herstellers hinsichtlich seines Verschuldens setzt im Falle eines Fabrikationsfehlers nicht nur den Nachweis voraus, daß ihn im Hinblick auf die Fertigung kein Organisationsverschulden trifft, sondern er muß auch nachweisen, daß der Fertigungsprozeß keine Möglichkeit von Fehlerquellen für menschliches Einzelversagen enthält. Kann der Hersteller nicht den Nachweis erbringen, daß eine Störung des Produktionsablaufs durch individuelle Fehlleistungen seiner Bediensteten ausgeschlossen gewesen ist, dann muß er die mit der Fertigung des schadensursächlichen Produkts seinerseits befaßten Arbeitnehmer – bei Ungewißheit alle die in Frage kommenden – benennen und sich bezüglich der Auswahl und Überwachung jedes einzelnen nach § 831 Abs. 1 S. 2 BGB entlasten[57].

[53] BGHZ 51, 91.
[54] Vgl. BGHZ 51, 91; BGH NJW 1973, 1602.
[55] Vgl. BGH NJW 1973, 1602; NJW 1975, 1828; *Larenz*, Festschrift für Hauß, S. 225, 228 ff.
[56] Vgl. dazu u. a. *Larenz*, a. a. O., S. 228 ff.
[57] Vgl. BGH NJW 1973, 1602 f.; NJW 1968, 247.

Die von der Rechtsprechung praktizierte Beweislastumkehr greift schon dann ein, wenn der Geschädigte nachgewiesen hat, daß sein Schaden durch den mangelhaften Zustand der Ware ausgelöst worden ist[58]. Dabei muß die Mangelhaftigkeit des Produkts zur Zeit der Auslieferung vorhanden gewesen sein. Die von Rechtsprechung entwickelte Umkehr der Beweislast gilt für Fabrikations-, Konstruktions- und Entwicklungsfehler[59]. Eine unterschiedliche Beweislage des geschädigten Verbrauchers wäre in der Tat nicht gerechtfertigt, zumal die Beweislastumkehr nach der Rechtsprechung noch nicht einmal voraussetzt, daß ein bestimmter schadensursächlicher Mangel des Produkts feststeht[60].

Die von der Rechtsprechung für die Produzentenhaftung entwickelte Beweislastumkehr führt zu einer materiellrechtlichen Haftungsverschärfung zu Lasten des Herstellers. Im Ergebnis hat der Geschädigte lediglich nachzuweisen, daß der geltend gemachte Schaden durch einen Fehler des Produkts verursacht worden ist. Das Beweisrisiko für die ordnungsgemäße Organisation und Ausgestaltung des Fertigungsprozesses und das Fehlen eines Individualverschuldens eines Arbeitnehmers, bzw. die ordnungsgemäße Auswahl und Überwachung aller mit dem Produktionsablauf befaßten Arbeitnehmer trägt der Hersteller. Damit wird ihm im praktischen Ergebnis eine garantiemäßige Einstandspflicht für die Fehlerfreiheit der zur Auslieferung gelangten Produkte auferlegt.

VIII. Zur Problematik allgemeiner Beweislastgrundsätze

Die angesprochenen Fallgruppen, in denen eine Abweichung von den allgemeinen Beweislastgrundsätzen in der Rechtsprechung befürwortet wird, zeigen, daß dadurch zugleich die materiellrechtlichen Haftungsvoraussetzungen beweismäßig modifiziert werden. Zutreffend spricht *Stoll*[61] in diesem Zusammenhang von einer ,,Haftungsverlagerung durch beweisrechtliche Mittel". Diese Rückwirkung der Beweislastverteilung auf die materiellrechtlichen Haftungstatbestände macht es erforderlich, Abweichungen von den allgemeinen Beweislastgrundsätzen durch normative Kriterien zu rechtfertigen. Insbesondere die Rechtsprechung zur Beweislastverteilung im Arzthaftungsrecht macht deutlich, wie differenziert hierbei die Erwägungen sind, die hinter einer Beweislastumkehr stehen. Die Vielfalt der rechtlichen Wertungen wird verschüttet, wenn man die Beweislastverteilung in diesen Fällen lediglich auf einzelne Prinzipien – wie z. B. ein ,,Wahrscheinlichkeitsprinzip" oder ein ,,Schutzprinzip" –

[58] Vgl. BGH NJW 1973, 1602.
[59] Vgl. BGH JZ 1971, 29 (30).
[60] Vgl. BGH NJW 1975, 1602 (1603).
[61] AcP 176, 145 ff.

zurückführen oder mit Kategorien wie dem „Gefahrenbereich" erklären will. Methodisch kann eine Abkehr von den allgemeinen Beweislastgrundsätzen nur durch eine umfassende Interessenabwägung anhand der in der Rechtsordnung zum Ausdruck gekommenen Wertmaßstäbe gerechtfertigt werden. Monistische Versuche, die *Rosenberg*sche Normentheorie durch andere Beweislastverteilungsmodelle zu ersetzen, dürften dabei an der Rechtswirklichkeit und dem heutigen Stand der juristischen Methodenlehre vorbeigehen.

Zum Begriff des Verfahrens

HANNS DÜNNEBIER

I.

Die Strafprozeßordnung verwendet den Begriff „Verfahren" in verschiedener Weise. Einmal wird die besondere in der Strafprozeßordnung geregelte *Art und Weise* des (strafrechtlichen) Vorgehens gegen eine Person (oder zugleich gegen mehrere Personen) so genannt. So ist der Begriff gemeint in § 262 Abs. 1[1]. Danach hat das Strafgericht, wenn die Strafbarkeit einer Handlung von der Beurteilung eines bürgerlichen Rechtsverhältnisses[2] abhängt, über dieses nach den Vorschriften zu entscheiden, die für das Verfahren (und den Beweis) in Strafsachen gelten. Zugleich grenzt der Begriff ab gegen andere Verfahren, besonders solche nach der Zivilprozeßordnung[3], dem Gesetz über Ordnungswidrigkeiten (vgl. § 444 Abs. 1) und Disziplinarverfahren (vgl. § 154 a Abs. 1). Diese werden, wenn sie die Möglichkeit einer Verteidigung kennen, in einem Fall „andere gesetzlich geordnete Verfahren" genannt[4]. Auf die Art und Weise des Verfahrens wird auch in § 5 abgestellt. Nach dieser Vorschrift ist für die Dauer der Verbindung zusammenhängender Strafsachen (§ 2 Abs. 1, § 4 Abs. 1) „für das Verfahren maßgebend" der Straffall, der zur Zuständigkeit des Gerichts höherer Ordnung gehört. Da es – anders als im Zivilprozeß – außer der Notwendigkeit der Verteidigung in allen Sachen, die in erster Instanz vor dem Oberlandesgericht oder dem Landgericht verhandelt werden (§ 140 Abs. 1 Nr. 1), grundsätzlich keine verfahrensrechtlichen Unterschiede gibt, gleichviel ob der Prozeß in erster Instanz vor dem Amtsgericht (§§ 24, 25 GVG), der Strafkammer (§§ 74 Abs. 1, 74 Abs. 2,

[1] Vorschriften ohne Gesetzesbezeichnung sind solche der Strafprozeßordnung.

[2] Dasselbe gilt für Vorfragen aus anderen Rechtsgebieten; vgl. *Löwe-Rosenberg*, 23. Aufl. (künftig abgekürzt LR) *Gollwitzer* § 262 Rdn. 3, wegen Ausnahmen Rdn. 5, wegen der Bindung an andere Hoheitsakte Rdn. 8 ff., wegen der Tatbestandswirkung anderer Urteile oder sonstiger Hoheitsakte Rdn. 16 ff.

[3] Von denen werden einzelne Vorschriften für anwendbar erklärt in § 37 Abs. 1 Satz 1 (entsprechend) § 111 c Abs. 3 Satz 2 (sinngemäß), § 111 l Abs. 5 Satz 1 (unmittelbar) und § 464 b Satz 3 (entsprechend).

[4] § 138 a Abs. 4 und dazu LR *Dünnebier* § 138 a Rdn. 41.

74a, 74b, 74c GVG) oder dem Oberlandesgericht (§ 120 Abs. 1 GVG) stattfindet, ist die Auswirkung des § 5 gering, erläutert den Sinn des Begriffs aber deutlich. So ist, wenn eine Berufungssache mit einer erstinstanzlichen Strafsache verbunden ist, das gesamte Verfahren ein erstinstanzliches, d. h. auch auf die verbundene Berufungssache finden der eben erwähnte § 140 Abs. 1 Nr. 1, § 222a und § 222b (Einwand, daß das Gericht vorschriftswidrig besetzt sei) Anwendung, § 325, der im Berufungsverfahren die Verlesung gewisser Schriftstücke[5] gestattet, nicht, und das Rechtsmittel richtet sich allein nach der Zuständigkeit des höheren Gerichts, zu dem die Strafsache des niedrigeren Gerichts verbunden ist[6].

Der Gebrauch des Worts Verfahren als Ausdruck für die Verfahrensweise kommt in der Strafprozeßordnung selten vor. Meist wird mit Verfahren, wenn auch die Art und Weise, wie es durchzuführen ist, davon mit umfaßt wird, der *Gegenstand* dessen bezeichnet, mit dem sich die Strafverfolgungsbehörden[7] befassen. Das Wort sagt dann in erster Linie nicht, *wie* diese Behörden etwas tun, sondern *was* ihnen etwas zu tun gibt, deutlicher, was der Gegenstand[8] ihres Handelns ist. Mit anderen Worten wird das dahin ausgedrückt, daß das Gericht mit der Sache befaßt ist[9]. Das Wort *Sache* hat daher, wenn es auch in anderen Bedeutungen gebraucht wird[10], in den meisten Fällen den Sinn von Verfahren[11]. Diese kommt

[5] Wegen des Umfangs und der Ausnahmen vgl. LR *Gollwitzer* § 325 Rdn. 1 bis 6.

[6] Einzelheiten LR *Dünnebier* § 5 Rdn. 3 und 5.

[7] Wie sich herausstellen wird, fällt in Wirklichkeit auch ein Teil dessen darunter, das derzeit noch als Strafvollstreckung bezeichnet wird.

[8] „Jeder wirkende Ursache muß etwas vor sich haben, darein sie wirket ... dieses nennet man das Objekt oder den *Gegenstand*." *Gottsched*, wiedergegeben in Teubners Wörterbuch 1939. Zuweilen wird davon gesprochen, daß das Verfahren etwas zum Gegenstand hat (z. B. in § 153 Abs. 1), doch heißt das natürlich nicht „Gegenstand des Gegenstands", sondern Thema (Stoff) des (Untersuchungs-)Gegenstands; das Wort wird hier in verschiedener Bedeutung gebraucht (vgl. Teubner). Meist wird vom Gegenstand der Untersuchung gesprochen (Beispiel: § 60 Nr. 2, § 69 Abs. 1 Satz 1, § 138a Abs. 1 Nr. 1), auch wenn – wie im letzten Fall – (vgl. § 138c Abs. 3 Satz 2: Vor Erhebung der öffentlichen Klage und nach rechtskräftigem Abschluß des Verfahrens) das Wort Untersuchung keine einschränkende Bedeutung hat, sondern mit Verfahren völlig bedeutungsgleich ist.

[9] Vgl. z. B. § 111l Abs. 3 Satz 1, § 111l Abs. 6 Satz 2, § 125 Abs. 2, § 126 Abs. 2 Satz 1, § 147 Abs. 5, § 462a Abs. 1 Satz 1.

[10] Vgl. z. B. § 6a Satz 3, § 16 Satz 2, § 25 Abs. 1 Satz 1, § 136 Abs. 1 Satz 2, § 161a Abs. 1 Satz 1, § 217 Abs. 2, § 243 Abs. 4 Satz 1, § 391 Abs. 1 Satz 2, § 415 Abs. 3; § 103 Abs. 1 Satz 1, § 111c Abs. 1, Absatz 6, § 111l Abs. 4 Satz 1, Absatz 5 Satz 1, § 222a Abs. 2, § 222b Abs. 1 Satz 1, § 459g Abs. 1.

[11] Z. B. in § 22 Nr. 4, 5; § 46 Abs. 1, § 68 Satz 3, § 122 Abs. 6, § 138c Abs. 5 Satz 1, § 169 Abs. 2, § 212b Abs. 1 Satz 1, § 225a Abs. 1 Satz 2, Absatz 2 und 4, § 243 Abs. 1 Satz 1, § 269, § 270 Abs. 1 erster Halbsatz, Absatz 4 Satz 2, § 328 Abs. 2 Satz 1, § 354 Abs. 1 Satz 1, Absatz 2 Satz 1 und 2, § 355, § 358 Abs. 1, § 359 Nr. 3, § 362 Nr. 3, § 373 Abs. 1, § 375 Abs. 3, § 384 Abs. 5, § 416 Abs. 1.

auch dem Wort Strafsachen[12] zu und dem nur in § 5 verwendeten Wort Straffall.

Die etwas abstrakte Aussage, das Verfahren sei der Gegenstand, das Objekt, der Strafverfolgungsbehörden[13], gewinnt Inhalt in der Bezeichnung *Untersuchung*, die zuweilen[14] für Verfahren, zumindest für Verfahrensteile, verwendet wird[15]. Untersuchung ist, wenigstens nach dem Wortlaut des Gesetzes, das gerichtliche Verfahren, das zur gerichtlichen Entscheidung führt (§ 14). Nach einzelnen Bestimmungen[16] wird bei Handlungen im vorbereitenden Verfahren auf die Bedeutung für die Untersuchung abgestellt. Damit ist zunächst nur gesagt, daß Handlungen vorgenommen werden, um die spätere (gerichtliche) Untersuchung zu sichern. Indessen kommt dieser Eingriffsermächtigung eine weitergehende Bedeutung zu. Denn alles, was im vorbereitenden Verfahren geschieht, dient auch zur Entlastung des Beschuldigten (§ 160 Abs. 2), so daß es oft, statistisch häufiger, nicht zur gerichtlichen Untersuchung kommt. Die Bedeutung der einzelnen Handlungen besteht dann in Wirklichkeit nicht für die (gerichtliche) Untersuchung, sondern für das (staatsanwaltschaftliche) vorbereitende Verfahren. Demzufolge wird in § 138a Abs. 1 Nr. 1 von dem Gegenstand der Untersuchung gesprochen, obwohl eindeutig ist, daß der Tatbestand schon „vor Erhebung der öffentlichen Klage" Bedeutung gewinnt (§ 138c Abs. 3 Satz 2), wobei keineswegs sicher ist, daß es je zur gerichtlichen Untersuchung kommen wird. Mag das Wort Untersuchung auch in einzelnen Fällen sich nur auf die Tätigkeit der Gerichte beziehen[17], so steht es doch sonst bedeutungsgleich mit Verfahren[18], ein Wort, das durchaus und öfter als das Wort Untersuchung für das gerichtliche Verfahren verwendet wird[19]. Das Wort Untersuchung, der deutsche

[12] § 2 Abs. 1 Satz 1 und 2, Absatz 2, § 4 Abs. 1, § 13 Abs. 1 Absatz 2 Satz 1, § 237. Das Wort *Sache* knüpft hier an die Grundbedeutung des Worts „Streit vor Gericht" (Teubner) an.

[13] Wie nachzuweisen sein wird, auch der Strafvollstreckungsbehörden.

[14] § 12 Abs. 1 und 2, § 14, § 15, § 69 Abs. 1 Satz 2, § 94 Abs. 1, § 108 Satz 1, § 162, § 163 Abs. 2, § 163a Abs. 1 Satz 1, besonders § 151 und § 155.

[15] Das Wort Untersuchung wird auch – für die Darstellung ohne Interesse – für körperliche Untersuchungen gebraucht. Vgl. z. B. § 81c Abs. 1 Satz 1, Absatz 3 Satz 1, § 81d Abs. 1 Satz 1, Absatz 2, § 90, § 91 Abs. 1 und 2.

[16] Z. B. § 94 Abs. 1, § 99, § 101 Abs. 3, § 114b Abs. 2, § 163c Abs. 2.

[17] § 12 Abs. 1 und 2, § 14, § 15, § 151, § 155, § 262 Abs. 2. So wurde das Wort ursprünglich aufgefaßt. *Löwe* 1. Aufl., rügt bei § 108 die Verwendung des Worts Untersuchung, weil die Bestimmung keineswegs die Eröffnung der Untersuchung voraussetze.

[18] Beispiele: § 124 Abs. 1, § 138a Abs. 1 Nr. 1, § 148 Abs. 2 Satz 1, § 163c Abs. 2.

[19] Beispiele: § 26a Abs. 1 Nr. 3, § 70 Abs. 4, § 140 Abs. 1 Nr. 3, § 153 Abs. 2, § 153a Abs. 2, § 153b Abs. 2, § 153e Abs. 2, § 154b Abs. 4, § 199 Abs. 1, § 205 Satz 1, § 206a Abs. 1, § 206b Satz 1, § 266 Abs. 1, § 285 Abs. 1 Satz 2, Absatz 2, § 294 Abs. 1 und 2, § 375 Abs. 2, § 383 Abs. 2 Satz 1, § 385 Abs. 1, § 395 Abs. 1, § 396 Abs. 2 Satz 2, § 397 Abs. 2, § 407 Abs. 1, § 430 Abs. 1, § 435 Abs. 2, § 442 Abs. 2 Satz 2, § 459d Abs. 1 Nr. 1 und 2, § 464 Abs. 2, § 465 Abs. 1 Satz 1, § 467 Abs. 4, § 471 Abs. 1, 2 und 3.

Ausdruck für Inquisition[20], gibt die Rolle des Gerichts, wenn auch der Strafprozeß noch nicht von allen inquisitorischen Elementen befreit ist[21], ohnehin nicht richtig wieder. Das Gericht leitet zwar, von der Eröffnung des Hauptverfahrens an (§ 199 Abs. 1, § 203, § 207 Abs. 1 und 2), „die Untersuchung", doch werden Inhalt und Gang des Verfahrens, soweit die Strafprozeßordnung Raum läßt, von Gericht, Staatsanwaltschaft und (meist) Verteidigung gemeinschaftlich bestimmt. Daher ist das Wort Untersuchung überholt; sein Gebrauch ist willkürlich und zuweilen falsch (vgl. die Angaben Fußn. 18) und sollte allenthalben durch Verfahren ersetzt werden, wobei man für Abschnitte, die allein das gerichtliche Verfahren betreffen, einen Zusatz anfügen könnte.

II.

Das Verfahren wird in verschiedene *Arten* und *Abschnitte* eingeteilt. Diese werden nicht immer ausdrücklich nach ihrem Thema in Verbindung mit dem Wort Verfahren benannt, doch wird die ausdrückliche Benennung meist in einer gesetzlichen Bestimmung verwendet. Die umfassendste Unterscheidung ist die zwischen dem *Strafverfahren* gegen einen Schuldfähigen[22] und dem *Sicherungsverfahren*[23] gegen den, der eine Tat im Zustand der Schuldunfähigkeit begangen hat (§ 413).

Bei der Einteilung des Verfahrens in Abschnitte ist der erste das Ermittlungsverfahren[24]. Es ist[25] identisch mit dem vorbereitenden Verfahren[26], das zuweilen auch noch *Vorverfahren*[27] genannt wird. Das war die alte,

[20] „Untersuchungen, wie die Kriminalprozesse bei dem damals geltenden Inquisitionsverfahren genannt wurden"; *v. Bismarck*, wiedergegeben im Grimmschen Wörterbuch.

[21] Löwe-Rosenberg, 21. Aufl., Ergänzungsband *Dünnebier* Einl. Nr. 3 Abs. 2.

[22] § 111 d Abs. 1, § 111 k (*Straftat*), § 112 Abs. 2 Nr. 2, § 132 Abs. 1, § 138 a Abs. 3 Nr. 3, § 154 e Abs. 1, 2 und 3, § 206 b, § 364 Satz 1, § 403 Abs. 1 und 2, § 405 Satz 2, § 431 Abs. 1 (vgl. Absatz 2: *Schuld*), § 439 Abs. 3, § 444 Abs. 1, besonders § 413, § 414 Abs. 1, § 416 Abs. 1, Absatz 2 Satz 1. Das Strafverfahren kann dabei auch das staatsanwaltschaftliche Ermittlungsverfahren sein (BGH GA 1979, 223). Anders wird der Begriff verstanden bei § 81 b (vgl. LR *Meyer* § 81 b Rdn. 6: jede einer *rechtswidrigen Tat* verdächtige Person). Auch bei § 111 k ist nicht recht ersichtlich, warum die durch eine rechtswidrige Tat entzogenen Sachen nicht erfaßt werden.

[23] 6. Buch 2. Abschnitt; § 413, § 414 Abs. 1, § 415 Abs. 1 und 3, § 416 Abs. 1, 2 und 3, § 140 Abs. 1 Nr. 8.

[24] So genannt in § 98 Abs. 2 Satz 4. Hauptbestimmungen: § 163 Abs. 1 StPO, § 152 Abs. 1 GVG.

[25] § 98 Abs. 2 Satz 4: Die Staatsanwaltschaft, die das Ermittlungsverfahren führt.

[26] Das Verfahren ist geregelt im 2. Buch 2. Abschnitt mit der Überschrift Vorbereitung der öffentlichen Klage. Der Ausdruck wird verwendet in § 26 a Abs. 2 Satz 2, § 65, § 81 Abs. 3, § 111 l Abs. 2 und 6, § 126 Abs. 1 Satz 3, § 138 c Abs. 1 Satz 2, § 147 Abs. 5, § 169 Abs. 1 Satz 1, § 430 Abs. 2, § 432 Abs. 1.

[27] § 51 Abs. 3, § 67, § 70 Abs. 3, § 80 a, § 82, § 141 Abs. 3, § 149 Abs. 3, § 304 Abs. 1, § 306 Abs. 3 und – der einzige Fall des Vorbereitungsverfahrens im Sicherungsverfahren – § 414 Abs. 3.

dem Hauptverfahren gegenübergestellte Bezeichnung, eine Einfachheit, die dem wortreichen modernen Gesetzgeber mißfällt, aber – als Gegenstück zu dem noch zu behandelnden Nachverfahren – wieder zu Ehren kommen sollte. Wie weit das vorbereitende Verfahren reicht, ist nicht ganz klar. § 202 gehört nach Ansicht der meisten Autoren zum sogenannten *Zwischenverfahren*[28], ein Ausdruck, den das Gesetz nicht kennt. Da das Gericht aber über die Eröffnung des Hauptverfahrens „nach den Ergebnissen des vorbereitenden Verfahrens" entscheidet (§ 203) und dabei die von ihm nach § 202 Satz 1 durchgeführte Beweisaufnahme mit berücksichtigen muß, wird man sich wohl entscheiden müssen, § 202 mit zum vorbereitenden Verfahren zu zählen[29]. Zum Zwischenverfahren, auch Eröffnungsverfahren genannt[30], gehört das *beschleunigte Verfahren*[31]. Weil es als Eröffnungsverfahren ausgestaltet ist, unterbleibt vor dem Hauptverhandlungstermin die Nachprüfung des hinreichenden Tatverdachts[32]. Dem Zwischenverfahren schließt sich das *Hauptverfahren*[33] an mit der Hauptverhandlung als dem „Kernstück des Strafverfahrens"[34].

[28] Der 4. Abschnitt des 2. Buchs heißt Entscheidung über die Eröffnung des Hauptverfahrens. Die Bezeichnung Zwischenverfahren ist allgemein. Vgl. *Beling* § 73 III 1; *Peters* § 58; *Henkel* § 81; *Nagler* Das Zwischenverfahren, GerS Bd. 111, S. 342; *Eb. Schmidt* Rdn. 1 vor § 198; LR *Meyer-Goßner* Rdn. 2 vor § 198; *Roxin* 13. Aufl., § 41 A I; *Kleinknecht* 34. Aufl. (in Zukunft ohne Angabe dieser Auflage), Vorbem. 1 vor § 198; Einl. Rdn. 61; *Müller-Sax* 6. Aufl., Anm. 1 vor § 198.

[29] So wohl *Feisenberg* Anm. 2 zu § 203, in der Sache ebenso *John* Anm. 2 zu § 201, der aber einen Formulierungsfehler in § 203 (damals § 201) annimmt. Dagegen rechnen § 202 ausdrücklich zum Zwischenverfahren *Eb. Schmidt* § 202 Rdn. 12; LR *Meyer-Goßner* Rdn. 2 vor § 198; *Kleinknecht* Einl. Rdn. 57.

[30] 2. Buch 4. Abschnitt: Entscheidung über die Eröffnung des Hauptverfahrens; LR *Meyer-Goßner* § 198 Rdn. 11; *Müller-Sax* 6. Aufl., Anm. 5 zu § 198; *Kleinknecht* Vorbem. 1 vor § 198.

[31] § 212 bis § 212 b, benannt in § 212, § 212 b Abs. 1, 2 und 3; § 413 Abs. 1 Satz 2.

[32] Das war früher herrschende Meinung (vgl. Löwe-Rosenberg, 21. und 22. Auflage *Kohlhaas* Anm. 1 zu § 212 a; *Dünnebier* GA 1959, 274 mit Fußn. 16 und 18), doch besteht heute eine beachtliche Gegenmeinung, die u. E. den Charakter des Verfahrens als eines Eröffnungsverfahrens (mit möglichem angeschlossenen Erkenntnisverfahren) verkennt (LR *Meyer-Goßner:* Diese Vorschriften stehen mit der Entscheidung über die Eröffnung des Hauptverfahrens in keinem Zusammenhang) und aus selbständiger Betrachtung des Verfahrens im Gesetz nicht begründete Folgerungen zieht (Löwe-Rosenberg, 21. und 22. Aufl., *Kohlhaas* Anm. 3 Buchst. a zu § 212 – in Widerspruch zu § 212 a –; 23. Aufl. *Meyer-Goßner* § 212 a Rdn. 1 mit weiteren Nachweisen; *Kleinknecht* § 212 b Rdn. 2.

[33] Es ist enthalten im 2. Buch 5. Abschnitt: Vorbereitung der Hauptverhandlung und im 6. Abschnitt: Hauptverhandlung. Das Wort kommt vor in der Überschrift des 4. Abschnitts: Entscheidung über die Eröffnung des Hauptverfahrens und in zahlreichen Bestimmungen, von denen hier als Beispiele erwähnt werden: § 199 Abs. 1, Absatz 2 Satz 1, § 201 Abs. 1, Absatz 2 Satz 1, § 203, § 204 Abs. 1, § 206 a Abs. 1, § 207, § 210 Abs. 1 und 2; § 4 Abs. 1, § 6 a Satz 1, § 16 Satz 1, § 67, § 81 Abs. 3, § 120 Abs. 1 Satz 2, § 141 Abs. 4, § 215, § 231 a Abs. 1 Satz 2, § 264 Abs. 2, § 270 Abs. 3, § 294 Abs. 1, § 304 Abs. 4 Nr. 2.

[34] LR *Gollwitzer* Rdn. 1 vor § 226.

Das Abwesenheitsverfahren (§§ 276 bis 295)[35] hat nur noch die Aufgaben, die Beweise zu sichern (§ 285 Abs. 1 Satz 2) und die Gestellung durch Vermögensbeschlagnahme zu erzwingen (§§ 290 bis 292). Zum Hauptverfahren kann es kommen im Verfahren auf erhobene *öffentliche Klage*[36] oder im *Privatklageverfahren*[37].

Nach dem *Stand des Verfahrens* werden unterschieden Verfahren des ersten Rechtszugs[38] und des zweiten Rechtszugs (§ 391 Abs. 2). Zum ersten Rechtszug gehören das Verfahren vor dem Strafrichter (§ 212, § 407 Abs. 1) und vor dem Schöffengericht (§ 212), beide auch im Strafbefehlsverfahren[39], das Verfahren vor den Strafkammern, das in dieser Form nicht im Gesetz benannt wird, sowie das Verfahren vor dem Oberlandesgericht im ersten Rechtszug (vgl. § 354 Abs. 2 Satz 2), wo die Länder Gerichtsbarkeit des Bundes ausüben[40]. Das Verfahren des zweiten Rechtszugs (vgl. § 391 Abs. 2), das Rechtsmittelverfahren (§ 437 Abs. 1 Satz 1), ist entweder das Berufungsverfahren[41] oder das Revisionsverfahren[42].

Der Hauptzweck der hier vorgelegten Untersuchung ist es, das Ende des Verfahrens zu bestimmen (s. Abschnitt III). Aus diesem Grund werden die *besonderen Verfahrensarten* nur der Vollständigkeit halber aufgeführt. Das Verfahren über die Wiedereinsetzung in den vorigen Stand (vgl. § 45 Abs. 2 in Vbdg. mit Absatz 1) und das Wiederaufnahmeverfahren[43] treiben den Prozeß nicht voran, sondern setzen das Verfahren in einen früheren Zustand zurück. Das Nebenklageverfahren (5. Buch 2. Abschnitt) und das Adhäsionsverfahren (5. Buch 3. Abschnitt; beide so nicht im Gesetz benannt) sind keine selbständigen Verfahren oder Verfahrensabschnitte. Das Verfahren bei Einziehung und Vermögensbeschlag-

[35] 2. Buch 7. Abschnitt: Verfahren gegen Abwesende.

[36] Vgl. § 151. Der Ausdruck findet sich in § 384 Abs. 1, § 385 Abs. 1.

[37] 5. Buch 1. Abschnitt: Privatklage. Der Ausdruck Privatklageverfahren wird verwendet in § 62, § 377 Abs. 1, § 471 Abs. 1; auf ihn wird Bezug genommen in § 389 Abs. 1, § 391 Abs. 1.

[38] Beispiele: § 140 Abs. 1 Nr. 1, § 169 Abs. 1 Satz 1, § 304 Abs. 1, § 314 Abs. 1, § 324 Abs. 1 Satz 2, § 325 Abs. 1, § 333, § 372 Satz 1, § 411 Abs. 3, § 439 Abs. 1 Nr. 2, § 441 Abs. 1 Satz 1, § 452 Satz 1, § 462 a Abs. 3 Satz 1, Absatz 5 Satz 1.

[39] Geregelt im 6. Buch 1. Abschnitt mit der Überschrift Verfahren bei Strafbefehlen. Benannt in § 433 Abs. 1 Satz 2.

[40] Art. 92 Abs. 5 GG, § 142 a Abs. 1 und 3, § 120 Abs. 6 GVG in der Fassung des Gesetzes zur allgemeinen Einführung eines zweiten Rechtszuges in Staatsschutz-Strafsachen vom 8. September 1969 (BGBl. I 1582).

[41] Geregelt im 3. Buch 3. Abschnitt mit der Überschrift Berufung. Benannt in § 304 Abs. 1, § 390 Abs. 5 Satz 1, § 431 Abs. 4, § 437 Abs. 2, § 439 Abs. 1 Satz 1 Nr. 2, § 442 Abs. 2 Satz 2.

[42] Geregelt im 3. Buch 4. Abschnitt mit der Überschrift Revision. Benannt in § 385 Abs. 5, § 437 Abs. 3.

[43] Geregelt im 4. Buch. Benannt in § 23 Abs. 2 Satz 1 und 3, § 364 a, § 364 b Abs. 1 Satz 1, § 367 Abs. 1 Satz 1.

nahme (6. Buch 3. Abschnitt) und das Verfahren bei Festsetzung von Geldbuße gegen juristische Personen und Personenvereinigungen (6. Buch 4. Abschnitt) regeln in erster Linie die Beteiligung an Strafverfahren (§ 431 Abs. 1 Satz 1; § 444 Abs. 1 Satz 1) und nur hilfsweise ein selbständiges (objektives) Verfahren (§ 440, § 444 Abs. 3, § 472 b Abs. 1 Satz 2), bei der Einziehung auch in der Form eines sog. Nachverfahrens[44]. Ohne Bedeutung für die Untersuchung sind das Auslieferungsverfahren (benannt in § 450 a Abs. 1) und das Verfahren nach bestimmten Vorschriften der Zivilprozeßordnung (§ 406 b Satz 2).

III.

Wann das Verfahren beginnt[45], kann hier offen bleiben, weil Thema dieses Teils der Darstellung die Frage ist, wann das *Verfahren endet.* Da in verschiedenen Bestimmungen einem Gericht die Untersuchung (d. h. das Verfahren) *und* die Entscheidung übertragen wird (§ 12 Abs. 2, § 14, § 15), kann daraus entnommen werden, daß das Verfahren mit der Entscheidung endet, und zwar, weil das Ende – abgesehen von der Wiedereinsetzung in den vorigen Stand (§§ 44 bis 47) und der Wiederaufnahme des Verfahrens (§§ 359 bis 373 a) – endgültig sein muß, mit der rechtskräftigen Entscheidung[46]. Daß das rechtskräftige Urteil das Verfahren abschließt, wird ausdrücklich an mehreren Stellen gesagt[47]. Bei Erlaß der Strafprozeßordnung waren – wieder von Wiedereinsetzung und Wiederaufnahme abgesehen – nur zwei Entscheidungen nach Rechtskraft möglich, die nachträgliche Bildung einer Gesamtstrafe (§ 460, ursprünglich § 492) und die Anrechnung des Krankenhausaufenthalts (§ 462, ursprünglich § 493). Sonst folgte der rechtskräftigen Verurteilung die Strafvollstreckung (§ 449). Der verehrte Jubilar hat in der Kommentierung des Abschnitts Strafvollstreckung (7. Buch 1. Abschnitt) im *Löwe-Rosenberg* mehrfach darauf hingewiesen, daß durch die Reform des Gesetzes die Überschrift Strafvollstreckung nicht mehr stimmt und daß auch andere, dem Urteil in

[44] Geregelt in § 439. Benannt in § 439 Abs. 1 und 2, § 441 Abs. 1 Satz 1, § 442 Abs. 2 Satz 2 und 3, § 473 Abs. 5 Nr. 2. – Der Ausdruck Nachverfahren wird künftig in einem anderen Sinn verwendet (s. Fußn. 50).

[45] Vgl. LR *Dünnebier* § 137 Rdn. 2; § 148 Rdn. 18 und zum Übergang des Verdächtigen zum Beschuldigten LR *Meyer-Goßner* § 157 Rdn. 2; *Kleinknecht* Einl. Rdn. 74 bis 76.

[46] Vgl. LR *Meyer* Rdn. 1 vor § 359: Jedes Verfahren zielt auf eine endgültige, nicht weiter anfechtbare Entscheidung.

[47] § 359, § 362: Die Wiederaufnahme eines durch rechtskräftiges Urteil *abgeschlossenen* Verfahrens. Fast wortgleich § 390 Abs. 2, § 464 a Abs. 1 Nr. 3, § 473 Abs. 5 Nr. 1. Wegen der Wiederaufnahme eines durch rechtskräftigen Strafbefehls abgeschlossenen Verfahrens siehe § 373 a. Daß es auch andere Verfahrensbeendigungen gibt (Einstellungen usw.), drückt § 168 a Abs. 2 Satz 4 mit den Worten aus: Wenn das Verfahren rechtskräftig abgeschlossen oder sonst beendet ist.

einem „Nachverfahren" folgende Entscheidungen die Vollstreckbarkeit (erst) herbeiführen[48]. Damit wird der Verfahrensbegriff in Frage gestellt. Das Verfahren wird nicht mehr allein „durch rechtskräftiges Urteil abgeschlossen" (§ 359), sondern auch durch „Urteilssurrogate, wie Strafbefehl, Entscheidungen nach §§ 460, 462 und solche in einem ‚Nachverfahren' getroffenen Entscheidungen, die einem Strafurteil die ihm zunächst fehlende Vollstreckbarkeit erst verschaffen oder die ihm entzogene Vollstreckbarkeit wieder verschaffen"[49]. Diese Entscheidungen sind zusammenzustellen, der Abschluß des Verfahrens durch sie ist zu prüfen und es ist die Frage aufzuwerfen, welche Folgerungen sich aus dieser Erstrekkung des Verfahrensbegriffs ergeben können.

Der klarste Fall, wo erst im Nachverfahren die vollstreckbare Entscheidung getroffen wird, ist derjenige der *Aussetzung der Verhängung der Jugendstrafe* (§§ 27 bis 30 JGG)[50]. Der Richter stellt (nur) die Schuld des Jugendlichen fest, setzt die Entscheidung über die Verhängung der Jugendstrafe aber für eine Bewährungsfrist aus (§ 27 JGG). Stellt sich heraus, daß eine Jugendstrafe erforderlich ist, so erkennt der Richter auf Strafe (§ 30 Abs. 1 JGG), sonst wird nach Ablauf der Bewährungsfrist der Schuldspruch getilgt (§ 30 Abs. 2 JGG). Das erste Urteil ist unvollständig. Vollständig wird es erst durch das zweite rechtskräftige Urteil nach § 30 in Vbdg. mit § 62 Abs. 1 Satz 1 JGG oder durch die rechtskräftige Tilgung des Schuldspruchs durch Beschluß nach § 62 JGG. Erst damit endet das Verfahren.

Ähnlich ist die Lage im Erwachsenenstrafrecht bei der *Verwarnung mit Strafvorbehalt* (§§ 59, 59a, 59b StGB)[51]. Hier wird der Schuldspruch ausgesprochen, der Täter verwarnt, die Strafe bestimmt, aber die Verurteilung zu dieser Strafe vorbehalten. Auch in diesem Fall ist das Urteil unvollständig[52]; vollständig wird es erst, wenn das Gericht feststellt, daß es bei der Verwarnung sein Bewenden hat oder wenn der Verwarnte zu der vorbehaltenen Strafe verurteilt wird (§ 59b StGB). Das Verfahren endet hier erst mit dem rechtskräftigen Beschluß des Gerichts nach § 453.

Den beiden Fällen nahe kommt es, wenn der Angeklagte zu Freiheitsstrafe verurteilt wird, das Gericht aber die Strafe zur *Bewährung* aussetzt

[48] LR *Schäfer* Rdn. 1 vor § 449; § 449 Rdn. 1; § 451 Rdn. 2; § 453 Rdn. 2, 16.

[49] LR *Schäfer* § 449 Rdn. 1. Das Wort Nachverfahren wird im folgenden nur in diesem Sinn gebraucht, nicht in dem des § 439. Die Terminologie wird später zu klären sein.

[50] Eingeführt durch das Jugendgerichtsgesetz vom 4. August 1953 (BGBl. I 751). Dazu *Dallinger* JZ 1953, 529.

[51] Eingeführt am 1. Januar 1975 durch Art. 1 des Zweiten Gesetzes zur Reform des Strafrechts vom 4. Juli 1969 (BGBl. I 717) in Vbdg. mit § 1 des Gesetzes über das Inkrafttreten des Zweiten Gesetzes zur Reform des Strafrechts vom 30. Juli 1973 (BGBl. I 909).

[52] *Schäfer* a. a. O.: ein Torso; erst die an den Verlauf der Bewährungszeit anknüpfende „Nachtragsentscheidung" vervollständigt das Urteil.

(§ 56 Abs. 1, 2 StGB)[53]. Auch hier ist der endgültige Inhalt des Urteils unbestimmt, bis das Gericht die Strafaussetzung widerruft (§ 56 Abs. 1 StGB). Erst dann ist das Verfahren beendet, kann aber wiederaufleben, wenn das Gericht die Bewährungszeit verlängert (§ 56f Abs. 2). Das Verfahren ist vorläufig beendet, wenn das Gericht die Strafe erläßt (§ 56g StGB). Es kann sich fortsetzen für das Verfahren zum Widerruf des Straferlasses (§ 56 Abs. 2 StGB) und endet dann erst mit der Rechtskraft des Beschlusses über den Widerruf (§ 433)[54].

Anders liegt es, wenn ein *Strafrest* zur Bewährung *ausgesetzt* wird (§§ 57, 58 StGB)[55]. Hier hat das Verfahren zunächst mit dem rechtskräftigen Urteil sein Ende erreicht; das Urteil ist (teilweise) vollstreckt worden und der Aussetzungsbeschluß (§ 454) beseitigt die Vollstreckbarkeit. Muß die Strafaussetzung widerrufen werden (§ 57 Abs. 3 in Vbdg. mit § 56f StGB), wird dadurch die Vollstreckbarkeit wieder hergestellt[56]. Zu alledem sind „Nachverfahren" erforderlich. Anders als in den bisher dargestellten Fällen sind es aber, wie im Wiederaufnahmeverfahren, neue Verfahren, wenn sie auch mit dem ursprünglichen eng verknüpft sind. Einen Anlaß, den Verfahrensbegriff zu ändern, gäbe dieser Fall allein nicht, doch wird zu prüfen sein, wie weit die „Vollstreckung" in das Verfahren einzubeziehen ist, da sie ja mit einer Reihe von Entscheidungen verbunden sein kann, die das Urteil modifizieren können[57].

Die bisherigen Betrachtungen legen die Überlegung nahe, ob nicht, auch wenn inzwischen Strafe vollstreckt wird, das Verfahren im Hinblick auf mögliche *Zwischenentscheidungen* so lange dauert, bis ohne die Möglichkeit weiterer Aussetzung einer Strafe oder einer Maßregel der Besserung und Sicherung nur noch die Vollstreckung durchgeführt werden kann. Die Entwicklung zielte schon auf eine solche Erstreckung des Verfahrensbegriffs. Der Gesetzgeber hat die Entwicklung dadurch abge-

[53] Eingeführt als § 23 StGB durch das 3. Strafrechtsänderungsgesetz vom 4. August 1953 (BGBl. I 735; dazu *Lackner* JZ 1953, 428), erweitert durch § 56 StGB in der Fassung des Zweiten Gesetzes zur Reform des Strafrechts vom 4. Juli 1969 (BGBl. I 717; dazu *Müller-Emmert/Friedrich* JZ 1969, 247 r.).

[54] LR *Schäfer* § 451 Rdn. 45: Nach richtiger Auffassung beseitigt, wenn im Urteil die ganze Strafe zur Bewährung ausgesetzt war, der Widerruf nicht ein der Vollstreckung aus dem Urteil entgegenstehendes Hindernis, sondern er verschafft dem Urteil erst die Vollstreckbarkeit, die ihm bis dahin durch die Aussetzung der Strafe zur Bewährung entzogen war; erst der rechtskräftige Widerruf wandelt die bisherige „Aussetzungsstrafe" in eine „Vollstreckungsstrafe" um.

[55] Eingeführt als § 26 StGB durch das 3. Strafrechtsänderungsgesetz vom 4. August 1953 (BGBl. I 735; dazu *Lackner* JZ 1953, 428).

[56] Vgl. LR *Schäfer* § 451 Rdn. 45.

[57] U. a. § 63 Abs. 2, § 64 Abs. 2, § 65 Abs. 1 Satz 2, Absatz 3, § 67 Abs. 2, 3 und 5, § 67a Abs. 1 bis 3, § 67c Abs. 1 und 2 StGB. Vgl. dazu auch LR *Schäfer* § 451 Rdn. 36, § 14 StVollstrO.

schlossen, daß er dem Verfahrensbegriff eindeutig einen neuen Umfang gegeben hat. Nach § 138a Abs. 1 und 2 und § 138b Satz 1[58] ist der Verteidiger, wenn gewisse Tatbestände gegeben sind, von der „Mitwirkung in einem Verfahren auszuschließen". Was dabei unter *Verfahren* zu verstehen ist, ergibt sich aus § 138c Abs. 2 und 3[59]. Nach Absatz 2 Satz 1 entscheidet (über den Ausschluß von der Mitwirkung in einem Verfahren) ein besonderes Gericht, und zwar nach Erhebung der öffentlichen Klage bis zum rechtskräftigen Abschluß des Verfahrens auf Vorlage des Gerichts, bei dem das Verfahren anhängig ist, *sonst* auf Antrag der Staatsanwaltschaft. Das „sonst" wird in Absatz 3 Satz 2 mit den Worten ausgedrückt, „vor Erhebung der öffentlichen Klage und *nach rechtskräftigem Abschluß* des Verfahrens". Da der Verteidiger von der Mitwirkung in einem Verfahren ausgeschlossen wird, reicht das Verfahren über den „rechtskräftigen Abschluß des Verfahrens" hinaus solange, als der Verurteilte durch einen Verteidiger vertreten werden kann. Gemeint ist der Zeitraum nach Rechtskraft des Urteils[60], den das Gesetz in dem mit Strafvollstreckung überschriebenen Abschnitt behandelt[61]. Das Verfahren, von dessen Mitwirkung der Verteidiger ausgeschlossen werden kann, reicht also bis zum *Ende der Strafvollstreckung*[62]. Es umfaßt das ganze Verfahren und kann sinnvoll in Vor-, Haupt- und Nachverfahren eingeteilt werden.

IV.

Es wäre verfehlt, die *Auswirkungen*, die sich aus dieser Vervollständigung des Verfahrensbegriffs ergeben, abstrakt zu ergründen und ihre systematische Darstellung zu versuchen. Die Entwicklung kann der Änderung des Begriffs nur schrittweise folgen und dabei muß das Ergebnis immer am Einzelfall geprüft werden. Immerhin wird man als feststehend anerkennen müssen, daß die Verteidigung ausgedehnt werden muß. Denn

[58] Eingefügt durch Art. 1 Nr. 6 des Gesetzes zur Ergänzung des Ersten Gesetzes zur Reform des Strafverfahrensrechts vom 20. Dezember 1974 (BGBl. I 3686). Spätere Änderungen berühren das hier Behandelte nicht.

[59] Eingefügt durch das Fußn. 58 angegebene Gesetz, geändert durch Art. 2 Nr. 3 des Gesetzes zur Änderung des Strafgesetzbuches, der Strafprozeßordnung, des Gerichtsverfassungsgesetzes, der Bundesrechtsanwaltsordnung und des Strafvollzugsgesetzes vom 18. August 1976 (BGBl. I 2181).

[60] Begründung des Gesetzentwurfs des Bundesrates BTDrucks. 7, S. 3649, zu Art. 1 Nr. 4 (§ 138c), S. 7 l.

[61] LR *Dünnebier* § 138c Rdn. 11.

[62] LR *Dünnebier* § 138a Rdn. 7. Nach BGHSt. 26, 371 kann die Tätigkeit des Verteidigers über den Zeitpunkt des Urteils hinaus – auch im Vollstreckungsverfahren – andauern. Die Tätigkeit des Verteidigers ist aber nach §§ 138, 138a die Mitwirkung in einem *Verfahren*. Daß der Verteidiger *nach* dem Abschluß des Verfahrens – statt richtig des *Haupt*verfahrens – von der Mitwirkung *in* einem Verfahren ausgeschlossen werden kann, ist eine Unsauberkeit des Gesetzes, die an der Ausdehnung des Verfahrensbegriffs nichts ändern kann.

wenn das Gesetz die Verteidigung bis zum Ende der Strafvollstreckung beschränkt[63], wird es auch in der Bestellung eines Verteidigers hinter dem Eingriff nicht zurückbleiben können. Demzufolge wird daran festgehalten[64], daß bei der Aussetzung der Verhängung der Jugendstrafe (§ 27 JGG) und bei der Verwarnung mit Strafvorbehalt (§ 59 StGB) eine etwa notwendige Verteidigung (vgl. z.B. § 140 Abs. 1 Nr. 4) bis zur endgültigen Entscheidung nach § 30 JGG oder nach § 59b StGB andauert. Dasselbe wird nunmehr für den Fall der Strafaussetzung zur Bewährung (§ 56 Abs. 1, 2 StGB; §§ 56f, 56g StGB) vertreten.

Bei der Wiederaufnahme des Verfahrens ist feststehende Rechtsprechung, daß für dieses Verfahren die Bestellung eines Pflichtverteidigers, die im Hauptverfahren bestanden hat, von selbst wieder auflebt[65]. Dasselbe wird man nunmehr für die Entscheidungen im Nachverfahren annehmen dürfen[66]. Auf jeden Fall ist § 140 Abs. 2 unmittelbar anzuwenden[67], nicht nur entsprechend. Die Geltung des § 148[68] (Verteidigerverkehr) auch für das Vollstreckungsverfahren ist jetzt § 138c Abs. 3 Satz 2 unmittelbar zu entnehmen. Ob § 100a (Überwachung des Fernmeldeverkehrs) nicht auch zur Ermittlung des Aufenthalts des Verurteilten angewendet werden kann, wird erneut zu prüfen sein[69]. Dasselbe ist der Fall für die Errichtung von Kontrollstellen (§ 111) nach Rechtskraft des Urteils[70]. Eine gesetzliche Änderung des § 443 (Vermögensbeschlagnahme) bei Strafaussetzung und Aussetzung des Strafrests bis zur Entscheidung nach § 56g (§ 57 Abs. 3) StGB ist zu erwägen[71]. Eine Erweiterung der Beteiligung des Verletzten am Verfahren (5. Buch) läge an sich in der Richtung, die Einzelvorschriften dem veränderten Verfahrensbegriff anzupassen, doch erscheint zunächst Zurückhaltung am Platz. Ob Änderungen bei den Kostenvorschriften geboten sind, soll hier nicht geprüft werden.

Die Bildung einer Gesamtstrafe, nachdem verschiedene Urteile rechtskräftig geworden sind (§ 460), und die Anrechnung von Krankenhausauf-

[63] LR *Dünnebier* § 138a Rdn. 7, § 147 Rdn. 10.

[64] Ebendort § 141 Rdn. 39.

[65] Ebendort § 141 Rdn. 40 und LR *Meyer* § 364a Rdn. 3 mit Nachweisen.

[66] So ausdrücklich *Kleinknecht* § 140 Rdn. 4.

[67] LR *Dünnebier* § 141 Rdn. 42 in Vbdg. mit Rdn. 39. Die entgegengesetzte Meinung (Nachweise bei LR *Schäfer* § 448 Rdn. 33) wird sich nicht länger aufrechterhalten lassen.

[68] Für den bisherigen Zustand vgl. LR *Dünnebier* § 148 Rdn. 5 mit Fußn. 2.

[69] Bisher ablehnend LR *Meyer* § 100a Rdn. 9; *Welp* Die strafprozessuale Überwachung des Post- und Fernmeldeverkehrs, Heidelberg 1974 (S. 52 mit Fußn. 30), der den Sinn dieser Regelung freilich bezweifelt. Daß nicht auf die Bezeichnung Beschuldigter abgestellt werden kann, ist BGHSt. 26, 371 (Vollstreckungsverfahren) dargelegt. Vgl. auch Fußn. 71.

[70] Ablehnend LR *Meyer* § 111 Rdn. 11; bejahend *Kleinknecht* § 111 Rdn. 1.

[71] Ein Fall für den weiten Gebrauch des Wortes Beschuldigter: Das ... Vermögen eines Beschuldigten (statt Angeschuldigten; § 157 erster Fall), gegen den ... die öffentliche Klage erhoben ... worden ist.

enthalt (§ 461) sind die *ältesten* Fälle von *Entscheidungen im Nachverfahren*[72], die eigentlich niemals unter die Überschrift Strafvollstreckung gehörten. Nach dem hier gewonnenen Verständnis des Verfahrensbegriffs werden mit der nachträglichen Bildung einer Gesamtstrafe die durch rechtskräftige Urteile abgeschlossenen Hauptverfahren im Nachverfahren fortgesetzt. Daher muß, wie bei der Wiederaufnahme des Verfahrens, die Bestellung eines Verteidigers für dieses Nachverfahren wieder aufleben, doch kann man hier daran denken, einen Antrag des Verurteilten zu verlangen. Von einem Ermessen des Gerichts sollte allerdings abgesehen werden: wer im Hauptverfahren einen Verteidiger hatte, sollte ihn auch im Nachverfahren haben, wenn er das will.

Die *Anpassung des Verfahrensbegriffs* an die Gesetzesreformen hat sich, nachdem der Strafprozeßordnung wichtige Nachverfahren eingegliedert worden sind, die das mit einem unvollständigen Spruch endende Hauptverfahren erst zu Ende bringen, zögernd entwickelt. Diese Entwicklung hätte allein schon aufgrund der Reformen voranschreiten müssen, wenn auch gewiß langsam und von Fall zu Fall. Nachdem aber der Gesetzgeber den Verfahrensbegriff ausdrücklich vom vorbereitenden Verfahren (§ 138c Abs. 1 Satz 2) über das Hauptverfahren (§ 138c Abs. 2 Satz 1) bis zum (Nach)Verfahren nach rechtskräftigem Abschluß des (Haupt)Verfahrens (§ 138c Abs. 3 Satz 2) zusammengefaßt und festgelegt hat, muß dieser gesetzgeberische Willensakt die Entwicklung beschleunigen, schon damit der Vorwurf vermieden wird, für einen schweren Eingriff gelte ein anderer Verfahrensbegriff als für Vorschriften, die den Verurteilten begünstigen können. Daher stellt dieser Vorgang Gesetzgebung und Rechtsprechung die Aufgabe, den neuen (und besseren) Begriff des Vor-, Haupt- und Nachverfahrens auch für das von unserem Jubilar so getaufte *Nachverfahren*[73] zielstrebig mit Leben zu erfüllen und auf diese Weise klarzustellen, daß für dieses der Angeklagte, nicht stets der Verurteilte, ein aktiver Beteiligter, geworden ist.

[72] Sie gehören zum ursprünglichen Bestand des Abschnitts Strafvollstreckung, der damals 15 Paragraphen umfaßte, davon zwei zur Todesstrafe (vgl. *Hahn* Mat. Bd. 2, S. 2447). Diese 13 Bestimmungen sind inzwischen auf 34 angewachsen. – Spätere Änderungen des § 460 sind für die hier anzustellenden Betrachtungen ohne Bedeutung.

[73] LR *Schäfer* Rdn. 1 vor § 449.

Empfiehlt sich eine Änderung des Rechtsbeschwerdeverfahrens in Bußgeldsachen?

Erich Göhler

I. Die derzeitige Rechtslage

Mit der Beschränkung des Rechtsmittels gegen die Sachentscheidung in einem Sanktionsverfahren, das herkömmlicherweise dem Strafverfahren zugeordnet war*, hat das geltende Gesetz über Ordnungswidrigkeiten Neuland betreten: Die Strafprozeßordnung ließ in Verfahren wegen der früheren Übertretungen zwar nicht die Berufung, also keine tatrichterliche Nachprüfung zu; sie ermöglichte jedoch als Ersatz dafür ohne jede Einschränkung die Revision[1]. Das frühere Gesetz über Ordnungswidrigkeiten (OWiG 1952) eröffnete in § 56 ebenso unbeschränkt zumindest die rechtliche Nachprüfung der Entscheidung des Amtsgerichts in Form der Rechtsbeschwerde, also auch in Fällen von geringerer Bedeutung.

Demgegenüber kann jetzt die Entscheidung des Amtsgerichts in Bußgeldsachen nur unter einengenden Voraussetzungen angefochten werden: Nach § 79 Abs. 1 Satz 1 Nr. 1–3, Satz 2, § 80 Abs. 1 OWiG ist die Rechtsbeschwerde gegen das Urteil des Amtsgerichts in geringfügigen Fällen[2] grundsätzlich nicht, sondern lediglich dann zulässig, wenn sie vom Beschwerdegericht, also dem Oberlandesgericht (§ 79 Abs. 3, § 80 Abs. 2 OWiG), zur Fortbildung des Rechts oder zur Sicherung einer einheitlichen Rechtsprechung zugelassen wird. Verbunden mit dieser Rechtsmittelbeschränkung ist eine noch weitergehende, die für die Entscheidung im schriftlichen Verfahren nach § 72 OWiG gilt. In diesen Fällen ist die Rechtsbeschwerde in geringfügigen Fällen allein unter der Voraussetzung zulässig, daß der Betroffene dem schriftlichen Verfahren widersprochen hatte (§ 79 Abs. 1 Satz 1 Nr. 5 OWiG); eine Zulassung der Rechtsbeschwerde gibt es hier nicht.

* Vgl. hierzu die prägnante Übersicht des verehrten Jubilars in Löwe-Rosenberg, 23. Aufl. Einl. Kap. 3, Rdn. 92 ff.

[1] Vgl. §§ 313, 334 StPO i. d. F. vor dem EGStGB.

[2] Festsetzung einer Geldbuße bis zu 200 DM oder einer wertmäßig entsprechenden Nebenfolge vermögensrechtlicher Art; Freispruch oder Einstellung in Fällen, in denen eine Geldbuße bis zu 500 DM im Bußgeldbescheid festgesetzt oder beantragt war.

Diese Beschränkung des Rechtsmittels gegen die Entscheidung des Amtsgerichts in Bagatellsachen ist ein wesentliches Reformanliegen des neuen Gesetzes über Ordnungswidrigkeiten gewesen[3]. Die hierfür maßgeblichen Gründe sind für das gestellte Thema, ob sich eine Änderung des Rechtsbeschwerdeverfahrens in Bußgeldsachen empfiehlt, im Ausgangspunkt weiterhin so aktuell, daß sie hier wiedergegeben werden[4]:

> „Eine sorgsame Abwägung des allgemeinen Interesses an einer wirksamen Strafrechtspflege und der Interessen des einzelnen Bürgers an einer möglichst gründlichen Nachprüfung seines Falles führt zu dem Ergebnis, daß eine weitere richterliche Nachprüfung weniger bedeutungsvoller Entscheidungen, die den Betroffenen schon ihrer Art nach nicht mit einem Makel belasten, unterbleiben sollte. Es muß genügen, daß sich ein Gericht in diesen Fällen in einer Hauptverhandlung gründlich mit der Sache befaßt hat, um das Verfahren abzuschließen. Denn es kann leichter hingenommen werden, daß dem Betroffenen oder der Staatsanwaltschaft die Überprüfung des Urteils durch das Oberlandesgericht versagt wird, als daß die Strafrechtspflege insgesamt entweder durch die Notwendigkeit einer außerordentlich hohen Zahl von Richterstellen, bei der eine Auslese nach besonders geeigneten Persönlichkeiten nur sehr beschränkt möglich ist, oder durch Überlastung der Richter mit Bagatellsachen Schaden nimmt. Die seit Jahren erhobene Forderung, im Interesse der Rechtspflege die Richter von weniger bedeutsamen Sachen zu entlasten und ihre Zahl zu verkleinern, läßt sich nur verwirklichen, wenn in Bagatellsachen auf mehrstufige Instanzen verzichtet wird."

Zu dieser Begründung ist eingangs bemerkt, daß das Verfahren bei weniger bedeutsamen Ordnungswidrigkeiten „grundsätzlich – mit dem Vorbehalt einer Ausnahme aus Gründen der Fortbildung des Rechts und der Einheitlichkeit der Rechtsprechung – auf eine Instanz beschränkt sein" sollte[4].

Die „Wertgrenze" von 200 DM Geldbuße ist bereits im Regierungsentwurf vorgesehen gewesen[5]. Zu der Beschränkung der „Wertgrenze" bei einem Freispruch, die – was zunächst auffällig erscheinen mag – wesentlich höher, nämlich auf 500 DM angesetzt ist, finden sich in der Regierungsvorlage eingehende Ausführungen darüber, ob es nicht bedenklich sei, daß bei der vorgesehenen Grenzziehung die Verwaltungsbehörde oder die Staatsanwaltschaft durch ihre Entschließung auf die Zulässigkeit des Rechtsmittels Einfluß nehmen könnten; dies ist in der Begründung als eine nicht ernstzunehmende Befürchtung abgelehnt und im übrigen dabei bemerkt worden, daß „zur Wahrung der Interessen des Betroffenen" die Grenze verhältnismäßig hoch gesetzt sei[6].

[3] Ein früherer Gesetzesvorschlag, die Revision in Übertretungssachen zu beschränken (vgl. Art. 2 Nr. 6 des Entwurfs eines Zweiten Gesetzes zur Sicherung des Straßenverkehrs, BT-Drucks. IV/651), ist im Rechtsausschuß des Bundestages abgelehnt worden mit der Begründung, daß eine Rechtsmittelbeschränkung in Verfahren wegen Kriminalstraftaten nicht vertretbar sei (vgl. Prot. über die 83. Sitzung der 4. Wahlperiode).

[4] Vgl. BT-Drucks. V/1269, S. 100.

[5] Vgl. § 68 EOWiG, BT-Drucks. V/1269.

[6] Vgl. Fußn. 4.

II. Die Kombination von Beschränkung und Zulassung der Rechtsbeschwerde

Bemerkenswert an der neuen Regelung ist die dabei gewählte Kombination zwischen Beschränkung des Rechtsmittels mit einem Zulassungsverfahren aus übergeordneten Gesichtspunkten (Einheitlichkeit der Rechtsprechung; Fortbildung des Rechts), und zwar dergestalt, daß sich das Zulassungsverfahren an die Entscheidung eines Eingangsgerichts auf der unteren Ebene anschließt und daß die Oberlandesgerichte über die Zulassung entscheiden. Dies ist eine etwas kühne Konstruktion, die deswegen aufgrund theoretischer Erwägungen bedenklich sein kann, weil sie auf massenhaft anfallende Verfahren zugeschnitten ist. In solchen Verfahren ist das Bedürfnis nach Klärung von Rechtsfragen und nach Vereinheitlichung der Rechtsanwendung naturgemäß besonders groß, so daß das Zulassungsverfahren nicht auf wenige Ausnahmefälle beschränkt sein kann, sondern einen breiten Anwendungsbereich haben muß. Dies bedeutet ferner, daß die Oberlandesgerichte zur rechtlichen Prüfung in Verfahren eingeschaltet sind, die – wegen ihres massenhaften Anfalles – rasch und ohne gründliche Prüfung abgewickelt werden, so daß der Richter am Amtsgericht dabei leicht in die Gefahr gerät, bei der Handhabung von Verfahrensregeln und der Absetzung eines Urteils mit tragfähigen Feststellungen für die Rechtsnachprüfung einen Rechtsfehler zu machen.

Zwar finden sich auf anderen Rechtsgebieten Vorbilder des Inhalts, daß ein auf die Nachprüfung von Rechtsfehlern gerichtetes Rechtsmittel von einer Zulassung abhängt[7]. Doch unterscheiden sich diese Zulassungsverfahren von der Regelung des § 79 Abs. 1 Satz 2, § 80 Abs. 1 OWiG in zweifacher Hinsicht wesentlich, nämlich erstens dadurch, daß sich das Zulassungsverfahren an die Entscheidung eines höheren Gerichts anschließt[8], und zweitens dadurch, daß das Gericht, dessen Urteil angefochten ist, über die Zulassung entscheidet[9].

Die davon wesentlichen Abweichungen des Zulassungsrechtsbeschwerdeverfahrens nach § 79 Abs. 1 Satz 2, § 80 Abs. 1 OWiG sind damit begründet, daß die Zuständigkeit der Oberlandesgerichte in der Praxis die Zulassung nach einheitlichen Grundsätzen gewährleiste, während eine gleichmäßige Rechtsanwendung bei einer Übertragung der Entscheidung auf die Amtsgerichte nicht erreicht werden könne[10].

[7] Vgl. z. B. § 72 ArbGG; § 160 SGG; § 132 VwGO; § 546 ZPO.

[8] Die Regelung des § 115 FGO kann als Vorbild dafür, daß sich das Zulassungsverfahren auch sonst ausnahmsweise an die Entscheidung eines unteren Gerichts anschließt, deswegen nicht herangezogen werden, weil nach der FGO nur ein zweistufiger Gerichtsaufbau gegeben ist.

[9] Dies ist auch nach § 115 FGO der Fall.

[10] Vgl. Fußn. 4.

Damit ist den Oberlandesgerichten, die in Bußgeldsachen die (fast) ausschließlich zuständigen Rechtsmittelgerichte sind[11] und denen deshalb vornehmlich[12] die Aufgabe zufällt, auf diesem Gebiete die Einheitlichkeit der Rechtsprechung zu sichern und das Recht fortzubilden, eine zusätzliche Funktion übertragen, die es sonst für ein Rechtsmittelgericht nicht gibt. Die Oberlandesgerichte haben im Zulassungsverfahren – anders als sonst im Rechtsbeschwerdeverfahren – nicht nur zu prüfen, ob das Recht im Einzelfall richtig angewendet worden ist oder nicht, wie dies in den ordentlichen Rechtsmittelverfahren der Fall ist. Nicht hierauf ist die Sonde der Untersuchung in erster Linie zu richten, sondern darauf, wie sich die Entscheidung in das Gesamtsystem der Rechtsprechung und deren Fortentwicklung einfügt. Die Zulassung kann danach ebenso geboten sein, wenn die angefochtene Entscheidung als zutreffend bestätigt wird[13].

Die Zulassungsrechtsbeschwerde ist danach einerseits ein Filter dagegen, daß in Bagatellsachen nicht zu viele Fälle in einer zweiten richterlichen Instanz überprüft werden müssen. Doch ist dies ein Filter besonderer Art: Es geht jeweils nicht darum, ob in dem Einzelfall eine richtige Entscheidung getroffen ist und ob in dem Einzelfall die richtigen Verfahrensregeln beachtet sind; herausgefiltert werden sollen nur die Fälle, die über den Einzelfall hinaus unter übergeordneten Gesichtspunkten von Bedeutung sind oder sein können.

In der praktischen Handhabung könnte der Einsatz eines so beschaffenen Filters in doppelter Hinsicht Nachteile haben. Einerseits hilft er dem Betroffenen, dessen Sache falsch behandelt oder falsch entschieden worden ist, nicht oder jedenfalls nicht unmittelbar, und zwar selbst dann nicht, wenn ein grober Fehler vorliegt; denn dies ist nach den Bestimmungsfaktoren für die Zulassung kein ausreichender Grund, das Rechtsmittel zuzulassen. Andererseits sind die Bestimmungsfaktoren für die Zulassung so geartet, daß ihre Feststellung im Einzelfall praktische Schwie-

[11] Die Fälle, in denen bei Zusammenhangstaten ausnahmsweise auch die Strafkammern des Landgerichts entscheiden (§ 83 OWiG), sind so selten, daß sie hier vernachlässigt werden können. Auch die Bußgeldverfahren vor den Oberlandesgerichten wegen Ordnungswidrigkeiten nach dem Gesetz gegen Wettbewerbsbeschränkungen (GWB), bei denen über die Rechtsbeschwerde der Bundesgerichtshof das zuständige Rechtsmittelgericht ist (§ 83 GWB), können in diesem Zusammenhang im Hinblick auf die geringe Zahl der Fälle außer Betracht bleiben.

[12] Der Bundesgerichtshof wird mit Rechtsfragen zum Ordnungswidrigkeitenrecht in der Regel (vgl. Fußn. 11) lediglich in den Vorlagesachen nach § 121 Abs. 2 GVG i. V. m. § 79 Abs. 3 OWiG befaßt.

[13] Vgl. OLG Hamm MDR 1978, 780; *Göhler*, Komm. zum OWiG, 5. Aufl., Anm. 7 A zu § 80; *Rebmann/Roth/Herrmann*, Komm. zum OWiG, Stand: Jan. 1979, Anm. 2 zu § 80.

rigkeiten bereiten können: Das Rechtsbeschwerdegericht muß danach nämlich den Einzelfall stets in Beziehung setzen zu den übergeordneten Gesichtspunkten der Einheitlichkeit der Rechtsprechung und der Fortbildung des Rechts. Dadurch wird dem Rechtsbeschwerdegericht eine zusätzliche Einordnung abverlangt, die über die richtige Entscheidung in dem einzelnen Falle hinausgeht. Das Rechtsbeschwerdegericht muß danach zunächst die Anwendung des Rechts durch die Amtsgerichte überprüfen, was freilich nur in bezug auf eine zutreffend erscheinende Rechtsanwendung möglich ist. Die angefochtene Entscheidung müsse danach, so kann man einwenden, ebenso unter die Lupe genommen werden, wie dies auch sonst im Rechtsbeschwerdeverfahren notwendig sei. Sodann müsse das Rechtsbeschwerdegericht, gleichgültig, ob die Rechtsanwendung zutreffend erscheine oder nicht, die weitere Prüfung anstellen, ob es sich dabei um Fragen handele, die über den einzelnen Fall hinaus, also aus einem übergeordneten Blickwinkel heraus, von Bedeutung seien.

Diese Erwägungen könnten zu der Schlußfolgerung führen, daß das Zulassungsverfahren in seiner jetzigen Ausgestaltung deswegen entscheidende Mängel hat, weil es einerseits nicht darauf angelegt sei, die Interessen des Betroffenen unmittelbar zu schützen, und weil es andererseits dem Rechtsbeschwerdegericht eine doppelte Überprüfung an Hand unterschiedlicher Bestimmungsfaktoren und damit eine zusätzliche Arbeit aufbürde.

Diese Schlußfolgerung erscheint indes nicht berechtigt.

Der zuerst genannte Mangel liegt in der Natur des Zulassungsverfahrens begründet. Jedes, wie auch immer geartete Zulassungsverfahren zur Abmilderung der Nachteile einer Rechtsmittelbeschränkung muß in Kauf nehmen, daß die vorgegebene Rechtsmittelbeschränkung auf Kosten der Einzelgerechtigkeit geht (so z.B. auch bei der Wahl von Wertgrenzen u.ä.). Um dem auszuweichen, kann man wohl auch nicht als Bezugsfaktor für die Zulassung das Merkmal der „groben Ungerechtigkeit" wählen. Eine solche Beschränkung wäre in sich widersprüchlich. Sie würde vorgeben, ungerechte oder fehlerhafte Entscheidungen zu vermeiden, diese Zielvorgabe aber geradezu willkürlich begrenzen.

Der zweite oben genannte Nachteil des Zulassungsverfahrens, der in einer doppelten Überprüfung und damit in einer zusätzlichen Belastung des Zulassungsbeschwerdegerichts bestehen kann, ist wohl nur in der Theorie begründet. In der praktischen Wirklichkeit ist er nicht vorhanden. Im Grunde genommen wird die Frage der zutreffenden oder nicht zutreffenden Rechtsanwendung im Zulassungsverfahren nur an Hand einer groben Einordnung vorgenommen und daraufhin die Beziehung zu dem übergeordneten Gesichtspunkt der Einheitlichkeit und Fortbildung des Rechts gesetzt. Und dieses doppelt grobe Raster erspart im Grunde genommen in größerem Umfange Arbeit, als sie sonst bei einer genauen rechtlichen Einordnung geleistet werden müßte. Dabei ist auch zu berücksichtigen, daß im Rahmen der Prüfung, ob eine Nachprüfung aus übergeordneten Gesichtspunkten „geboten" ist, ein breiter Spielraum dafür gegeben ist, die Zulassung der Rechtsbeschwerde zu bejahen oder zu verneinen. An Hand der bisherigen Rechtsprechung der Oberlandesgerichte ist jedenfalls auch nicht entfernt der Eindruck zu gewinnen, daß die bisherigen Bestimmungsfaktoren für die Zulassungsrechtsbeschwerde zu nennenswerten Schwierigkeiten geführt haben.

Andererseits sind die jetzt geltenden Gründe für die Zulassung der Rechtsbeschwerde solche, die geradezu der Aufgabe entsprechen, die den Oberlandesgerichten in der Rechtsprechung des Ordnungswidrigkeitenrechts übertragen ist: Sie sind die (fast) einzigen Rechtsmittelgerichte[14] in Bußgeldsachen. Ihnen fällt deswegen die Aufgabe zu, darüber zu wachen, daß das Ordnungswidrigkeitenrecht in materieller und formeller Hinsicht aus übergeordneter Sicht sachgerecht und gleichmäßig angewendet wird. Wenn sie nun unter diesem Gesichtspunkt zusätzlich auch über die Zulassung der Rechtsbeschwerde zu befinden haben, so ist dies ihrer Aufgabe angepaßt[15].

III. Die Auswirkungen der derzeitigen Regelung auf die Belastung der Oberlandesgerichte

Allerdings hat ein so durchlässiges System, daß die Möglichkeit der Überprüfung jedes amtsrichterlichen Urteils in Bagatellsachen durch die Oberlandesgerichte unter den übergeordneten Gesichtspunkten der Fortbildung des Rechts und der Einheitlichkeit der Rechtsprechung erlaubt und das u. U. sogar die Entscheidung des Bundesgerichtshofes zuläßt, seine Schwächen. Es fragt sich, ob es nicht übertrieben, ja sogar unverhältnismäßig ist, wenn jedes Urteil, das eine geringfügige Geldbuße von 10 DM, 30 DM oder 50 DM ausspricht, einer solchen Überprüfungsmöglichkeit unterliegen muß, oder ob der danach notwendige Aufwand möglicherweise nicht mehr in einem angemessenen Verhältnis zu

[14] Vgl. Fußn. 11.

[15] Die im Rahmen der Reformarbeiten an dem OWiG 1968 erörterten Fragen, ob der Richter beim Amtsgericht unter den jetzt vorgesehenen Voraussetzungen die Zulassung der Rechtsbeschwerde aussprechen oder ob die Rechtsbeschwerde unter diesen Voraussetzungen auf Antrag der Staatsanwaltschaft zugelassen werden sollte, sind durch die praktische Entwicklung als überholt anzusehen. Dem Richter beim Amtsgericht kann eine solche Kontrollfunktion nicht in eigener Sache übertragen werden. Die Staatsanwaltschaften sind in Bußgeldverfahren so wenig beteiligt, daß es schon deshalb unangebracht wäre, ihnen eine derartige Kontrollfunktion zuzuweisen; sie würde wohl auch dem Grundsatz der Waffengleichheit zwischen Verteidigung und Staatsanwaltschaft widersprechen.

dem verfolgten Zweck steht. Diese Frage läßt sich jedoch nur unter Auswertung des einschlägigen Zahlenmaterials beantworten.

Die Statistik in Straf- und Bußgeldverfahren[15a] weist für die hier interessierenden Fragen des Bußgeldverfahrens folgende Zahlen aus:

	1971	1975	1976	1977	1978
Bußgeldverfahren vor dem AG	186 370	362 510	432 890	462 439	481 781
Urteile des AG	55 422	112 676	136 412	146 037	151 636
Beschlüsse nach §§ 70, 72 OWiG	27 744	59 999	71 492	74 448	76 031
Rechtsbeschwerden	822	2 029	2 644	3 009	2 978
Zulassungsanträge nach § 80 OWiG	2 568	4 831	6 094	7 080	7 761
Nichtzulassung der Rechtsbeschwerde	1 979	4 173	5 327	5 953	6 403
Bußgeldverfahren vor dem OLG insgesamt	3 390	6 850	8 718	10 089	10 749

Insgesamt ergibt sich aus der Statistik, auch unter Berücksichtigung der hier nicht ausgewiesenen Jahre, ein fortlaufender Anstieg der Zahlen in allen Verfahrensstadien von 1971 bis 1978. Diese Zahlen haben sich von 1971 bis 1978 in allen Verfahrensstadien fast verdreifacht. Dabei ist allerdings auffällig, daß die Anstiegskurve seit 1976 im Bußgeldverfahren vor dem Amtsgericht merklich abflacht. Dies trifft auch für das Rechtsbeschwerdeverfahren zu, wo sogar im Jahre 1978 ein leichter Rückgang festzustellen ist, während der Zugang der Zulassungsanträge weiterhin anhält.

Ein ganz unterschiedliches Bild ergibt dagegen bei den Zahlen der zugelassenen Rechtsbeschwerden, soweit sie sich aus der Statistik durch einen Vergleich der Zulassungsanträge mit den Fällen der Nichtzulassung und der Rücknahme des Zulassungsantrages ableiten lassen[15b].

[15a] Herausgegeben vom Statistischen Bundesamt, Fachserie 10, Rechtspflege, Reihe 2.2 (so 1977).

[15b] Die Zahl der zugelassenen Rechtsbeschwerden läßt sich danach jedoch nicht genau bestimmen. Bei dem vorgenommenen Vergleich können die sonstigen Erledigungsfälle, die nur zusammen für das Straf- und Bußgeldverfahren ausgewiesen sind, nicht in Abzug gebracht werden. Die absoluten Zahlen der zugelassenen Rechtsbeschwerden werden deshalb geringfügig geringer sein.

Sie werden deshalb für den gesamten Zeitraum nachstehend wiedergegeben:

	1971	1972	1973	1974	1975	1976	1977	1978
Zulassungsanträge nach § 80 OWiG	2568	3249	3403	3996	4831	6094	7080	7761
Nichtzulassung der Rechtsbeschwerde	1979	2424	2661	3304	4173	5327	5953	6403
Zurücknahmen des Zulassungsantrags	26	34	27	31	31	29	41	60
Zulassung der Rechtsbeschwerden	563	791	715	661	627	738	1086	1298

Danach hat sich die Zahl der zugelassenen Rechtsbeschwerden von 1971 fast verdreifacht. Doch ist es auffällig, daß sich die Kurve von 1972 bis 1975 sogar rückläufig entwickelt hat, während nach diesem Zeitpunkt ein außergewöhnlicher Anstieg zu verzeichnen ist.

Dies erklärt sich nicht aus einer gleichförmigen Entwicklung der Zunahme und Abnahme von Zulassungsanträgen, wie sich aus der vorstehenden Übersicht ergibt. Bei den Zulassungsanträgen ist danach eine stetige Zunahme festzustellen, wobei allerdings erst ab 1974 ein deutlicher Aufschwung eintritt, der auch nach 1976 anhält.

Vergleicht man jedoch die Zahlen der Zulassungsanträge mit denen der Zulassungen von 1974 und 1978[16], so gelangt man zu dem Ergebnis, daß sich die Fälle der Zulassungen entsprechend der Zunahme von Zulassungsanträgen fast verdoppelt haben. Dies spricht auf dem ersten Blick dafür, daß der Anstieg der Zulassungen der Rechtsbeschwerde durch die Zunahme der Zulassungsanträge bedingt ist. Dem widerspricht jedoch die Entwicklung der Zahlen in den Jahren 1972–1976, wo trotz der Zunahme der Zulassungsanträge die Zahl der Zulassungen der Rechtsbeschwerde fast unverändert geblieben ist. Das Ansteigen der Zulassungen der Rechtsbeschwerde muß danach auf anderen Umständen beruhen.

Insgesamt weist die Statistik aus, daß die Zahl der Fälle, in denen es über den Zulassungsantrag zu einer Sachentscheidung der Oberlandesgerichte kommt, verhältnismäßig klein ist: Von etwa $^1/_2$ Million gerichtlicher Bußgeldverfahren sind dies nur etwas mehr als 1000 Fälle jährlich. Das Filter des Zulassungsverfahrens hat danach zu einer ganz erheblichen Einschränkung der Fälle geführt, in denen die Oberlandesgerichte sonst eine

[16] Dabei ist zu berücksichtigen, daß zwischen dem gestellten Zulassungsantrag und der getroffenen Entscheidung ein Zeitunterschied besteht, so daß sich eine Zunahme der Anträge in der Statistik bei der Zurückweisung der Zulassung erst zu einem etwas späteren Zeitraum niederschlägt.

Sachentscheidung hätten treffen müssen. Als Vergleichsmaßstab können dabei nicht nur die Zahlen der Zulassungsverfahren herangezogen werden, die sonst als Rechtsbeschwerdeverfahren zu erledigen gewesen wären. Es ist vielmehr zu berücksichtigen, daß schon die Tatsache der Beschränkung des Rechtsmittels eine Sperrwirkung gegen die Einlegung der Rechtsbeschwerde entfaltet; in vielen Fällen wird von der Einlegung der Rechtsbeschwerde bereits deswegen abgesehen, weil sie wegen der besonderen Voraussetzungen des Zulassungsverfahrens von vornherein aussichtslos erscheint. Die Zahl dieser Fälle läßt sich freilich nur sehr grob schätzen. Doch scheint es wohl nicht zu hoch gegriffen, wenn man davon ausgeht, daß die Rechtsbeschwerde ohne die Beschränkung des Zulassungsverfahrens in doppelt so vielen Fällen eingelegt werden würde[17]. Die Oberlandesgerichte wären danach ohne das Filter des Zulassungsverfahrens jährlich mit ca. 15 000 Rechtsbeschwerden bei Urteilen bis zu 200 DM Geldbuße befaßt, über die weitgehend sachlich zu entscheiden wäre.

Damit zeigt sich, daß das Rechtsmittelsystem der Zulässigkeit der Rechtsbeschwerde einerseits zu einer ganz wesentlichen Entlastung der Oberlandesgerichte führt, und daß sie aber andererseits nicht unangemessen belastet sind. Diese Belastung kann – ohne ein Eingreifen des Gesetzgebers – dadurch noch verringert werden, daß die – m. E. durchaus vorhandenen – Möglichkeiten ausgeschöpft werden, um die Notwendigkeit einer rechtlichen Nachprüfung im Zulassungsverfahren einzuschränken und den Kreis der Fälle, in denen die Rechtsbeschwerde zugelassen wird, einzuengen. Jedenfalls könnte auf diese Weise der Gefahr einer Ausdehnung dieses Kreises begegnet werden.

IV. Keine Änderung des Systems der Zulassungsrechtsbeschwerde

Das gesetzgeberische Ziel, das gerichtliche Bußgeldverfahren wegen Bagatellordnungswidrigkeiten praktisch auf eine Instanz zu beschränken und lediglich aus übergeordneten Gesichtspunkten (Einheitlichkeit der Rechtsprechung und Fortbildung des Rechts), nicht jedoch aus Gründen der Einzelgerechtigkeit, eine weitere Überprüfung der gerichtlichen Entscheidung zuzulassen, ist danach weitgehend erreicht worden. Es empfiehlt sich deshalb nicht, an diesem System der Zulassungsrechtsbeschwerde in grundsätzlicher Hinsicht etwas zu ändern.

Dem könnte entgegengehalten werden, daß der Nutzeffekt des Zulassungsverfahrens im Vergleich zur Gesamtzahl der gerichtlichen Bußgeld-

[17] Die Rechtsbeschwerdequote (einschließlich Zulassungsanträge) beträgt bei Urteilen in Bußgeldsachen nur etwa 7 %, während die Berufungsquote bei Strafurteilen des Amtsgerichts um etwa 15 % und die Revisionsquote bei Urteilen des Landgerichts um etwa 20 % liegt.

verfahren außerordentlich gering sei, da von etwa $^1/_2$ Million Fällen im Jahr lediglich etwa 1000 Fälle unter dem Gesichtspunkt der Einheitlichkeit der Rechtsprechung oder der Fortbildung des Rechts geprüft würden. Etwaige Rechtsfehler in der Rechtsanwendung könnten dann auch in diesem kleinen Bereich hingenommen werden. Dabei müsse, so könnte ergänzend hinzugefügt werden, auch berücksichtigt werden, daß sich die Oberlandesgerichte bei diesem System zusätzlich in einem Verfahren, nämlich dem Zulassungsverfahren, jährlich mit etwa der siebenfachen Zahl der Fälle beschäftigen müßten, um die einschlägigen herauszufiltern, in denen dann aus übergeordneten Gesichtspunkten eine Sachentscheidung getroffen werden müsse. Insgesamt könne also die uneingeschränkte Beseitigung der Rechtsbeschwerde im Verfahren bis zu 200 DM Geldbuße die Oberlandesgerichte wesentlich entlasten, ohne daß dadurch ein wesentlicher Schaden eintreten würde.

Ein solcher Vorschlag zur weiteren Einschränkung der Rechtsbeschwerde kann nicht gutgeheißen werden, insbesondere auch nicht aus der Sicht der Rechtsbeschwerdegerichte, obwohl es dabei um deren Entlastung von Arbeit in Bagatellsachen geht.

Schon der Ausgangspunkt für eine derartige Gesetzesänderung wäre verfehlt. Es geht bei dem Zulassungsverfahren, so wie es richtig zu verstehen ist, letztlich nicht um die Entscheidung des Einzelfalles. Deshalb kann es gar nicht darauf ankommen, ob der Kreis der zugelassenen Rechtsbeschwerden im Vergleich zu der Gesamtzahl der Verfahren groß oder verschwindend klein ist. Bereits eine einzige Entscheidung eines Oberlandesgerichtes kann für die künftige Rechtsanwendung weittragende Bedeutung haben: Sie kann bei noch ungeklärten oder zweifelhaft gewordenen Fragen nicht nur für den Bezirk eines Gerichts oder den des Oberlandesgerichts zur Rechtssicherheit und Rechtsklarheit beitragen und damit die Durchschaubarkeit des Rechts und seine Anwendung verbessern und vereinfachen. Gerade bei Massenverfahren besteht dafür ein unbeweisbares Bedürfnis. Nur als Beispiel sei die früher umstrittene Frage genannt, ob eine Geschwindigkeitsüberschreitung mit dem Zusatzschild „bei Nässe" eine hinreichend bestimmte Anordnung ist[18]. In solchen Fällen, die keineswegs außergewöhnlich sind, ist eine möglichst rasche Entscheidung durch die höchstrichterliche Rechtsprechung angezeigt, um Rechtsklarheit zu schaffen[19]. Die These, daß anderenfalls geradezu chaotische Zu-

[18] Vgl. dazu BGHSt. 27, 318, dessen Entscheidung auf einem Vorlagebeschluß beruht.

[19] Deswegen ist der mögliche Einwand, daß in solchen Fällen gelegentlich auch Geldbußen über 200 DM festgesetzt werden könnten, so daß dann der Weg für eine höchstrichterliche Entscheidung frei sei, ein sehr schwaches Argument, das letztlich nicht stichhaltig ist. Es gibt im übrigen eine Vielzahl von Bagatellverstößen, bei denen fast nie eine Geldbuße von mehr als 200 DM festgesetzt wird, die jedoch in der praktischen Rechtsanwendung von großer Bedeutung sind (z. B. Parkverstöße).

stände eintreten würden und die Rechtsanwendung keine Ordnungs- und Befriedigungsfunktion entfalten, sondern das Gegenteil bewirken würde, erscheint nicht übertrieben[20].

In der Rechtsprechung der Oberlandesgerichte ist übrigens insgesamt die Tendenz erkennbar, von der Möglichkeit der Zulassung der Rechtsbeschwerde weitgehend Gebrauch zu machen, und zwar in einem größeren Umfange, als dies vom Gesetzgeber angenommen worden ist[21]. Daraus kann entnommen werden, daß das praktische Bedürfnis dafür, die Einheitlichkeit der Rechtsprechung zu sichern und das Recht fortzubilden, aus übergeordneter Sicht groß ist. Dies spricht jedoch ebenfalls dagegen, in dem Bagatellbereich der Ordnungswidrigkeiten einen rechtsmittelfreien Raum zu schaffen.

V. Ausweitung oder Einengung des Zulassungsrechtsbeschwerdeverfahrens durch die Rechtsprechung

Nach dem Studium der Rechtsprechung im Rahmen der Kommentararbeiten habe ich mitunter den Eindruck, daß die Oberlandesgerichte bei der praktischen Anwendung des Zulassungsverfahrens in die Gefahr geraten, das Grundanliegen der beschränkten Rechtsbeschwerde aus dem Auge zu verlieren, nämlich es bei Bagatellsachen unter Verzicht auf eine Nachprüfung des Einzelfalles grundsätzlich bei einer gerichtlichen Instanz zu belassen[22] und nur bei übergreifenden Gesichtspunkten einzugreifen. Dazu möchte ich folgende Fallgruppen als typisch herausgreifen:

Die Rechtsprechung ist bei der Frage, ob eine Verjährung der Verfolgung eingetreten ist, nach wie vor der Auffassung, daß dies bereits im Zulassungsverfahren zu prüfen sei mit der Folge, daß das Verfahren auch dann einzustellen ist, wenn die Verjährung bereits vor Erlaß des Urteils des Amtsgerichts eingetreten war[23]. Diese Auffassung zwingt die Oberlandesgerichte dazu, in dem Zulassungsverfahren die Unterbrechungshandlungen bei den zum Teil sehr kurzen Verjährungsfristen von Amts wegen im einzelnen durchzuprüfen, obwohl dies wirklich nicht die Auf-

[20] Insoweit könnten auch die Kommentare nicht helfen. Deren Aufgabe ist es weitgehend, die praktische Rechtsanwendung durch die höchstrichterliche Rechtsprechung aufzuzeigen, hier auf Zweifelsfragen hinzuweisen und auf noch nicht entschiedene Fragen Antworten zu geben. Bei höchst unterschiedlichen Auffassungen in praktisch bedeutsamen Fragen hilft es dagegen der Rechtsanwendung wenig, ob sich ein Kommentator für die eine oder andere Lösung ausspricht oder eine neue Auffassung vertritt.

[21] Vgl. *Göhler* a. a. O., Fußn. 11, Anm. 5 zu § 80.

[22] Zutreffend: BGHSt. 26, 389 (391); vgl. auch OLG Hamm MDR 1978, 780, dessen Entscheidung ich jedoch trotz dieses richtigen Ausgangspunktes aus anderen Gründen nicht zustimme; vgl. die Ausführungen zu Fußn. 38 f.

[23] Vgl. die Nachweise bei *Göhler* a. a. O., Fußn. 13, Anm. 5 A zu § 33.

gabe der Zulassungsrechtsbeschwerde ist[24]. Warum eigentlich der unrichtigen Beurteilung (oder der bloßen Verkennung) von Verjährungsfragen im Einzelfall eine so überragende Bedeutung im Zulassungsverfahren zukommen soll, daß sie stets zur Einstellung des Verfahrens führen muß, während die Verletzung von verfassungsrechtlich abgesicherten Verfahrensregeln ohne Bedeutung sein soll[25] und dies auch sonst für eine fehlerhafte Rechtsanwendung gilt[26], wird mir unbegreiflich bleiben[27]. Auf der Grundlage dieser Rechtsprechung ist den Oberlandesgerichten im Zulassungsrechtsbeschwerdeverfahren eine Bürde aufgelastet, die möglichst bald abgeschüttelt werden sollte. Dadurch könnte der Kreis der Zulassungsrechtsbeschwerden (und deren Erfolgsaussichten) nicht unerheblich eingeschränkt werden.

Bei der Nachprüfung der Urteilsgründe und namentlich der Beweiswürdigung gehen die Oberlandesgerichte von den gleichen Grundsätzen aus, die für Verfahren wegen schwerster Straftaten gelten[28]. Auf dieser Grundlage geraten auch Urteilsgründe, die bloß „mißglückt" oder nur zu oberflächlich sind, über den Filter der Zulassung in die Rechtsbeschwerde und werden in „Grundsatzentscheidungen" als fehlerhaft herausgestellt. Dabei gibt es, soweit ich es übersehe, keine „grundlegenden" Entscheidungen, in denen der Versuch gemacht worden ist, aus der „sinngemäßen" Anwendung der Strafprozeßordnung Vereinfachungen für die Urteilsgründe in Bußgeldverfahren abzuleiten, die sicher in Massenverfahren angezeigt sind[29].

In den – leider – außerordentlich zahlreichen Bußgeldverfahren wegen Verkehrsordnungswidrigkeiten auf Grund von sog. Kennzeichenanzei-

[24] Vgl. näher *Göhler* a. a. O., Fußn. 23.

[25] So der Grundsatz des rechtlichen Gehörs (Art. 103 Abs. 1 GG); vgl. hierzu unter VI.

[26] Vgl. OLG Hamm MDR 1978, 780; *Göhler* a. a. O., Fußn. 13, Anm. 4 zu § 80.

[27] Selbstverständlich sehe ich, daß hier dogmatisch aus dem Wesen des Verfahrenshindernisses eine andere Beurteilung in Betracht kommt. Doch wird eben bei dieser Betrachtungsweise die Funktion des Zulassungsrechtsbeschwerdeverfahrens verkannt.

[28] Natürlich trifft auch die Kommentatoren der Vorwurf, diese Rechtsprechung kritiklos wiederzugeben. Doch kommt die Leitungs- und Richtlinienfunktion hier in erster Linie der Rechtsprechung zu. Sie kann bei der sinngemäßen Anwendung der Strafprozeßordnung (vgl. § 46 Abs. 1 OWiG) weit besser an Hand von Einzelfällen aus der Praxis zu einer differenzierenden Betrachtung und zur Fortentwicklung des Rechts beitragen.

[29] Es liegt auf dieser Linie, wenn angenommen wird, daß eine Ergänzung der Urteilsgründe bei „offener Rechtsmittelfrist" nach Einlegung der Rechtsbeschwerde in sinngemäßer Anwendung von § 267 Abs. 4 Satz 3, Abs. 5 Satz 3 StPO untersagt ist (BayObLG VRS 53, 441; OLG Köln VRS 56, 149, selbst bei einem Irrtum des Richters am Amtsgericht über die Rechtskraft). Dies führt zu der „wenig erfreulichen" Rechtslage, daß in Bußgeldsachen von der Möglichkeit des abgekürzten Urteils praktisch kein Gebrauch gemacht werden kann, da die Staatsanwaltschaft hier ganz selten in der Hauptverhandlung vertreten ist. Es fragt sich, ob auch hier wirklich nur der Gesetzgeber Abhilfe schaffen kann. Wenn selbst in Strafsachen ein „ergänztes Urteil" bei einem Wiedereinsetzungsgesuch wegen der Versäu-

gen sind die hier von den Richtern am Amtsgericht vorgenommenen Schlußfolgerungen und die Würdigung der Beweisunterlagen häufig – verständlicherweise – dürftig. Die Überzeugungsbildung, zu der der Richter am Amtsgericht auf Grund des Inbegriffs der Hauptverhandlung gelangt, wird in aller Regel zutreffend sein. Allerdings wird sie auf Grund der Urteilsgründe an Hand der dort angegebenen Beweismittel und deren Würdigung mitunter schwer nachvollziehbar sein. Die Oberlandesgerichte sollten aber im Zulassungsverfahren davon absehen, die Überzeugungsbildung des Tatrichters einer tatsächlichen Kontrolle zu unterziehen, da dies nicht ihre Aufgabe ist. Als Beispiel sei dazu die Auswertung des Radarfotos genannt. Mir ist berichtet worden, daß sich der Senat eines Oberlandesgerichts eine Lupe beschafft haben soll um nachzuprüfen, ob die Auswertung der Fotos die vom Amtsgericht gezogene Schlußfolgerung rechtfertigen kann. Der Bundesgerichtshof hat hierzu inzwischen klargestellt, daß die Beweiswürdigung in einem solchen Falle der Nachprüfung durch das Revisionsgericht entzogen ist[30].

Die Rechtsprechung zur Ablehnung von Beweisanträgen im Bußgeldverfahren halte ich nach wie vor für zu streng[31]. Die Ansicht, daß die Ablehnung in einem besonderen Beschluß – wie im Strafverfahren – zu begründen ist, entspricht der allgemeinen Tendenz der Rechtsprechung, die Regeln der Strafprozeßordnung nahezu starr in das Bußgeldverfahren einzuziehen. Dies schafft in größerem Umfange die Gefahr von Verfahrensfehlern in der amtsrichterlichen Praxis, die dann zur Zulassung der Rechtsbeschwerde führen, weil die Gefahr einer Wiederholung und damit die weiterer Fehlentscheidungen in Betracht kommt. Dabei habe ich den Eindruck, daß dieser Grund für die Zulassung der Rechtsbeschwerde, also die Gefahr weiterer Fehlentscheidungen bei Verfahrensfehlern, in der Praxis eine bedeutende Rolle spielt. Dafür spricht insbesondere die erhebliche Zunahme der Zulassungsfälle in den letzten Jahren. Diese Zunahme läßt sich wohl kaum damit begründen, daß in einem solchen Ausmaß das Bedürfnis dafür besteht und gewachsen ist, zu noch ungeklärten und grundsätzlichen Fragen des Ordnungswidrigkeitenrechts Stellung zu nehmen. Vielmehr kann sich hier eine Entwicklung abzeichnen, die dahin geht, bei Fehlern des formellen Rechts durchweg die Rechtsbeschwerde zuzulassen, was jedoch dem Zweck der Zulassungsrechtsbeschwerde widerstreiten muß.

mung der Rechtsmittelfrist für ausreichend erachtet wird, könnte doch bei sinngemäßer Anwendung der Vorschriften der Strafprozeßordnung im Bußgeldverfahren im Falle der Abwesenheit der Staatsanwaltschaft ein abgekürztes (und später ergänztes) Urteil für die Nachprüfung durch das Rechtsbeschwerdegericht eine zureichende Grundlage sein. Dies sollte nochmals überdacht werden.

[30] Vgl. BGH v. 7.6.1979, 4 StR 441/78.

[31] Vgl. *Göhler*, a.a.O., Fußn. 11, Anm. 4 zu § 77.

Neuerdings ist die Frage aufgetaucht, unter welchen Voraussetzungen die Vorschriften über die Öffentlichkeit des Verfahrens (§ 169 GVG) verletzt sind, was bei Bußgeldsachen wegen Verkehrsordnungswidrigkeiten im Zusammenhang mit Ortsbesichtigungen und anschließender Urteilsverkündung in Betracht kommt[32]. Wegen der Besonderheit des Bußgeldverfahrens, in welchem das Prinzip der Öffentlichkeit des Verfahrens durch die Möglichkeit des schriftlichen Verfahrens und die Einschränkung des Grundsatzes der Unmittelbarkeit sehr eingeschränkt ist, sollte einem etwaigen Verstoß gegen die Öffentlichkeit jedenfalls nicht dieselbe Bedeutung beigemessen werden wie dem absoluten Revisionsgrund des § 338 Nr. 6 StPO oder einem Verstoß gegen elementare Verfahrensgrundsätze, der eine Zulassung der Rechtsbeschwerde rechtfertigt[33]. Bei einer gegenteiligen Auffassung würde eine neue Fallgruppe hinzutreten, bei der die Zulassung der Rechtsbeschwerde Aussicht auf Erfolg hat.

Damit sind nur eine Reihe von Fallgruppen genannt, die m. E. für das Zulassungsverfahren von größerer praktischer Bedeutung sind. Die Rechtsprechung sollte m. E. in diesen Fallgruppen nochmals überdacht werden, um zu verhindern, daß der Kreis der Zulassungen und der sonst erfolgreichen Rechtsbeschwerden (wegen Eintritts der Verfolgungsverjährung) nicht zu sehr ausgeweitet wird. Dabei ist auch zu bedenken, daß die Ausdehnung der rechtlichen Überprüfung im Zulassungsverfahren eine Sogwirkung auslösen muß: Je größer die Chance ist, im Zulassungsrechtsbeschwerdeverfahren trotz der gegebenen Beschränkungen Erfolg zu haben, um so größer ist der Anreiz, von diesem Rechtsmittel Gebrauch zu machen. Dadurch kann sich ein Teufelskreis entwickeln, der im Ergebnis für die Oberlandesgerichte zu einer solchen Belastung führt, daß der Ruf nach dem Gesetzgeber laut wird, entweder durch eine weitere Vereinfachung des Bußgeldverfahrens die Möglichkeit von Fehlern des Verfahrensrechts, die dann mit der Zulassungsrechtsbeschwerde gerügt werden können, zu unterbinden oder aber die Rechtsbeschwerde weiter zu beschränken.

Nachdenkenswert sind dazu die Ausführungen eines Vorsitzenden Richters am Oberlandesgericht[34]:

> „Vereinfachung und Beschleunigung des Strafverfahrens und des Verfahrens wegen Ordnungswidrigkeiten sind in aller Munde; Pläne, die entsprechenden Gesetze zu ändern, sind wohlfeil. Indes sollten die Richter, bevor sie nach dem Gesetzgeber rufen, zunächst selbstkritisch prüfen, ob nicht sie selbst es waren, die manche gesetzliche Vorschrift ihres vereinfachten Inhalts beraubten, und ob nicht manche Beschleunigung schon durch rechte Anwendung des geltenden Rechts herbeizuführen wäre."

[32] OLG Hamm NJW 1976, 122; OLG Köln NJW 1976, 631; *Franke* NJW 1977, 143.
[33] Vgl. *Göhler* a. a. O., Anm. 4 A b zu § 80.
[34] *Foth* in DRiZ 1978, 76.

Als Beispiel dafür ist in diesem Beitrag die Regelung des § 48 Abs. 1 Satz 2 OWiG a. F. genannt, die den Gesetzesgeber zum Einschreiten veranlaßt hat, nachdem die obergerichtliche Rechtsprechung – trotz der Ausnahmeregelung über die Vereidigung der Zeugen – den Begründungszwang für die Nichtvereidigung festgeschrieben hatte. Ferner ist auch auf die sehr restriktive Handhabung des § 77 OWiG über den Umfang der Beweisaufnahme hingewiesen. Da dem Betroffenen im Bußgeldverfahren in aller Regel nur eine geldliche Einbuße droht, die sein Ansehen nicht beeinträchtigt, erscheint es doch sehr fraglich, ob dem Betroffenen und seinem Verteidiger bei der Ablehnung von Beweisanträgen wegen Prozeßverschleppung „die gröbsten Nachlässigkeiten, ja wissentliche Verzögerungen" nachgesehen werden müssen, „solange nur ein Quentchen objektiver Wahrheitsfindung nicht ganz ausgeschlossen erscheint"[35].

Grundsätzlich überdacht werden sollte auch, inwieweit bei der nur sinngemäßen Anwendung der Vorschriften der Strafprozeßordnung über die Unmittelbarkeit der Beweisaufnahme in Bußgeldverfahren mit Zustimmung der Beteiligten Abweichungen erlaubt sind, da mit deren Einverständnis sogar im schriftlichen Verfahren entschieden werden kann. Es würde erheblich zur Vereinfachung und damit auch zur Entlastung der Oberlandesgerichte beitragen, wenn sie in grundlegenden Entscheidungen die starren Regeln der Strafprozeßordnung für das Bußgeldverfahren beweglicher und weniger formstreng auslegen würden. Dabei wäre es möglich, sich an Hand des einzelnen Falles behutsam in dieser Richtung vorzutasten, um so allmählich den Boden für grundlegendere Entscheidungen aufzulockern. Geschieht dies nicht, so wird wohl wieder nichts anderes übrig bleiben, als die Einführung von gesetzlichen Änderungen, die dann jedoch in der praktischen Handhabung zunächst neue Auslegungsfragen aufwerfen müßten.

Insgesamt meine ich, daß der Kreis der Zulassungsrechtsbeschwerden durch die Rechtsprechung der Oberlandesgerichte in den aufgezeigten Fallgruppen erheblich eingeengt werden könnte, und daß außerdem bei einer weniger starren Handhabung der Regeln der Strafprozeßordnung die Aussichten für eine erfolgreiche Rechtsbeschwerde im Zulassungsverfahren wesentlich eingeschränkt würden. Auch dadurch könnte die Zahl der Zulassungsrechtsbeschwerden beträchtlich vermindert werden.

VI. Änderungen des Zulassungsverfahrens durch den Gesetzgeber

Eine gesetzliche Regelung zur Beschränkung der Zulassungsrechtsbeschwerden in Bagatellsachen kann danach zur Zeit nicht befürwortet werden. Die Belastung der Oberlandesgerichte hält sich nach der Anzahl der

[35] *Foth*, a. a. O.

zugelassenen Rechtsbeschwerden in Grenzen und ist von ihnen selbst so hinreichend steuerbar, daß sich für den Gesetzgeber Zurückhaltung empfiehlt. Gesetzliche Regelungen müßten sich, da eine grundsätzliche Änderung des Systems der Zulassungsrechtsbeschwerde ausscheidet, auf punktuelle Änderungen beschränken; sie könnten deshalb kaum mehr leisten als das, was die Rechtsprechung selbst bewirken kann.

Allerdings könnte es unerläßlich werden, im Zusammenhang mit etwaigen anderen Änderungen des Gesetzes über Ordnungswidrigkeiten auch eine Änderung des § 79 OWiG vorzunehmen, die jedoch nicht eine Einschränkung, sondern eine Erweiterung des Zulassungsrechtsbeschwerdeverfahrens zum Inhalt hätte, nämlich die Zulassung der Rechtsbeschwerde im Falle der Verletzung des rechtlichen Gehörs. Das Bundesverfassungsgericht, das in letzter Zeit überaus häufig in Bußgeldverfahren wegen Verkehrsordnungswidrigkeiten unter dem Gesichtspunkt der Verletzung des rechtlichen Gehörs angerufen worden ist, hat die geltende Rechtsmittelbeschränkung als verfassungsrechtlich zulässig angesehen, da der Gesetzgeber von Verfassungs wegen nicht gezwungen sei, für jeden Einzelfall oder für Gruppen von Fällen einen Instanzenzug bereitzustellen[36]. Zu Recht hat das Bundesverfassungsgericht jedoch darauf hingewiesen, daß es wenig befriedigend sei, wenn es auf der Grundlage einer solchen Rechtsmittelbeschränkung in den Sachen, in denen der Geschäftsanteil quantitativ am umfangreichsten sei, unter dem Gesichtspunkt eines Grundrechtsverstoßes unmittelbar gegen Entscheidungen des Amtsgerichts angerufen werden könne. Das System einer umfassenden Kontrolle zur Einhaltung von Grundrechten könne auf die Dauer nur funktionsfähig sein, wenn weitgehende Möglichkeiten der Selbstkontrolle innerhalb der Fachgerichte zur Verfügung ständen, sei es im Rechtsmittelwege oder in der ersten Instanz. Die Selbstkontrolle innerhalb der Fachgerichte sei in der Lage, genau das zu leisten, was das Bundesverfassungsgericht im Verfassungsbeschwerdeverfahren bewirke, wenn es die Entscheidung aufhebe und die Sache zurückverweise, so daß der Weg der Verfassungsbeschwerde ein vermeidbarer Umweg sei.

Diese aufgezeigten Nachteile der geltenden Regelung werden dadurch vermieden oder gemildert, daß

- entsprechend der Entscheidung des Bundesverfassungsgerichts bei einem Beschluß nach § 72 OWiG, der sonst nicht anfechtbar ist, der im Bußgeldverfahren entsprechend geltende § 33 a StPO dahin ausgelegt und angewendet wird, daß bei jedem Verstoß gegen Artikel 103 Abs. 1 GG das rechtliche Gehör nachträglich zu gewähren ist und
- entsprechend der von mir vertretenen Auffassung die Rechtsbe-

[36] Vgl. BVerfGE 42, 243.

schwerde gegen ein Urteil stets zugelassen wird, wenn eine Verletzung des rechtlichen Gehörs gerügt wird[37, 37a].

In der Rechtsprechung sind bislang zu der von mir befürworteten Auslegung zwei Entscheidungen des 6. Senats des OLG Hamm veröffentlicht worden[38], in denen mein Standpunkt abgelehnt wird. Zur Begründung ist ausgeführt, daß bei einem unbewußten Rechtsfehler eine konkrete Wiederholungsgefahr nicht gegeben sei, so daß zur Sicherung einer einheitlichen Rechtsprechung die Zulassung nicht geboten sei; dabei sei es ohne Bedeutung, ob es sich um einen elementaren Verfahrensverstoß handelt. Diese Begründung ist sicher formal haltbar; allerdings habe ich m. E. gute Gründe für die gegenteilige Ansicht angeführt, mit denen sich die Entscheidungen des OLG Hamm jedoch nicht auseinandergesetzt haben[39]. Falls die Oberlandesgerichte (und der Bundesgerichtshof auf Grund einer Vorlagesache) der Ansicht des 6. Senats des OLG Hamm folgen sollten, wird dem Gesetzgeber wohl nichts anderes übrig bleiben, als hier korrigierend einzugreifen.

Bei einer solchen Korrektur sollte zugleich überprüft werden, ob die Praxis der Oberlandesgerichte zur Begründung der Nichtzulassung der Rechtsbeschwerde änderungsbedürftig ist. Der Betroffene wird zwar dafür Verständnis haben oder jedenfalls aufbringen können, wenn sein Fall aus übergeordneten Gesichtspunkten nicht „zur Entscheidung angenommen" wird. Es wird jedoch für ihn kaum verständlich sein, ja sogar sein Rechtsgefühl verletzen, wenn ihm ausdrücklich bescheinigt wird, daß die angegriffene Entscheidung fehlerhaft sei, jedoch kein Grund für die Zulassung der Rechtsbeschwerde gegeben sei, weil in der Rechtsprechung diese Frage bereits genügend geklärt, das Vorliegen eines Rechtsfehlers also eindeutig sei[40]. In Betracht käme deshalb die Aufnahme einer ausdrücklichen Regelung, wonach das Rechtsbeschwerdegericht in den Fäl-

[37] Vgl. *Göhler* a. a. O., Anm. 4 A b zu § 80.

[37a] Vgl. hierzu auch *Mußgnug* NJW 1978, 1359; ferner auch BayObLG MDR 1977, 954, wo – freilich in anderem Zusammenhang – mit Recht darauf hingewiesen ist, daß eine verstärkte Berücksichtigung des rechtlichen Gehörs durch eine erweiterte Anfechtungsmöglichkeit den Bedürfnissen der Praxis, und zwar sowohl dem berechtigten Anspruch des Betroffenen auf effektiven Rechtsschutz als auch den Erfordernissen der Rechtssicherheit besser gerecht wird als eine Verweisung auf § 33 a StPO.

[38] MDR 1978, 780; VRS 56, 42.

[39] Dabei halte ich den Ansatzpunkt der Entscheidungen für richtig, daß die Zulassung nach dem ausdrücklichen Willen des Gesetzgebers eben nicht der Einzelfallgerechtigkeit dient, so daß eine fehlerhafte Rechtsanwendung grundsätzlich hingenommen werden muß. Maßgeblich sind hierfür aber prozeßwirtschaftliche Erwägungen (eine sonst zu weitgehende Belastung der Rechtsbeschwerdegerichte mit Bagatellsachen); auf der Grundlage dieser Erwägungen erscheint es aber doch verfehlt, wenn in derartigen Fällen an Stelle der Oberlandesgerichte das Bundesverfassungsgericht eingreifen muß.

[40] Vgl. z. B. OLG Hamm VRS 56, 42. Um so krasser tritt dann in einem solchen Falle die Fehlentscheidung zutage. Vgl. auch *Mußgnug* NJW 1978, 1359.

len, in denen es das angefochtene Urteil für fehlerhaft hält, jedoch die Rechtsbeschwerde nicht zuläßt, von einer Begründung absieht[41]. Unter diesem Gesichtspunkt sollte m. E. die bisherige Praxis überdacht werden.

VII. Die Rechtsbeschwerde gegen den Beschluß nach § 72 OWiG

Aus der Statistik in Straf- und Bußgeldsachen ist nicht zu entnehmen, in wie vielen Fällen gegen eine im schriftlichen Verfahren ergangene Entscheidung wegen geringfügiger Fälle[42] die Rechtsbeschwerde in Anwendung von § 79 Abs. 1 Satz 1 Nr. 5 OWiG eingelegt wird. Doch muß es sich dabei um eine erheblich große Zahl handeln, wie den außerordentlich zahlreich veröffentlichten Entscheidungen zur Auslegung der genannten Vorschrift entnommen werden muß.

Der Gesetzgeber hatte sich vorgestellt, daß die Zulässigkeit der Rechtsbeschwerde nach § 79 Abs. 1 Satz 1 Nr. 5 OWiG die seltene Ausnahme bleiben wird, weil es sich wohl nur um ein Versehen handeln könne, wenn gegen den Widerspruch des Betroffenen in dem schriftlichen Verfahren entschieden werde. Darin hat er sich gründlich verschätzt. Inzwischen hat sich zu dieser Vorschrift unter dem Gesichtspunkt des Inhalts der Widerspruch, des Gebots eines fairen Verfahrens, der Gelegenheit zum Widerspruch an den Betroffenen und seinen Verteidiger, der Frist für den Widerspruch, der Form des Nachweises des Hinweises, des Eingangs eines verspäteten Widerspruchs usw., eine so umfangreiche Rechtsprechung entwickelt, daß damit in den Kommentaren viele Seiten gefüllt werden[43], ohne daß in zahlreichen Einzelfragen letzte Klarheit erzielt werden konnte.

Im Grunde genommen handelt es sich hier um eine Fehlentwicklung. Aus einer bloß vorsorglichen Regelung für seltene Ausnahmefälle, die vielleicht besser weggelassen worden wäre, sind Einzelfolgerungen abgeleitet worden, aus denen sich mit neuer Eigengesetzlichkeit immer weitere Schlußfolgerungen ergeben haben, so daß schließlich ein Labyrinth ent-

[41] Eine solche Regelung ist sicher deswegen nicht unproblematisch, weil dann die Oberlandesgerichte keine Gelegenheit hätten, für das Gericht des angefochtenen Urteils und (im Falle der Veröffentlichung der Entscheidung) für andere Gerichte ihren Standpunkt darzulegen, was zur Sicherung einer einheitlichen Entscheidung beitragen kann. Wenn dies aber in Betracht kommt, dann sollte die Rechtsbeschwerde auch zugelassen werden.

Allerdings würden dann keine Entscheidungen über die Gründe der Nichtzulassung veröffentlicht werden können. Doch kann zur Frage der Grenzen der Zulassung oder Nichtzulassung ohnehin keine einheitliche Praxis unter den Oberlandesgerichten erzielt werden; denn ohne die Zulassung der Rechtsbeschwerde kommt ein Vorlagebeschluß an den Bundesgerichtshof nicht in Betracht.

[42] Vgl. Fußn. 2.

[43] Vgl. *Göhler* a. a. O. S. 530 bis 539.

standen ist, bei dem man nicht mehr den Ausgangspunkt findet[44]. Dieser Ausgangspunkt sah wie folgt aus:

- Entscheidungen des Amtsgerichts sollten in geringfügigen Fällen grundsätzlich unanfechtbar sein;
- Ausnahmefälle sollten sich nicht an der Einzelgerechtigkeit orientieren;
- die aus übergeordneten Gesichtspunkten gebotene Nachprüfung der Entscheidung geringfügiger Fälle sollte lediglich bei einer bestimmten Fallgruppe zugelassen werden, nämlich bei der Entscheidung auf Grund der mündlichen Verhandlung, weil dies aus übergeordneten Gründen ausreichend erschien.

Man hätte sich danach im Ausgangspunkt auf den Standpunkt stellen sollen, daß eine Verletzung der Vorschriften über die Zulässigkeit des schriftlichen Verfahrens die Schutzinteressen des Betroffenen nicht unmittelbar beeinträchtigt, weil die damit ihm genommene Zulassungsrechtsbeschwerde ja gerade nicht der Einzelgerechtigkeit, also nicht unmittelbar seinen Interessen dient[44a]. Bei diesem Ausgangspunkt hätte die Ausnahmeregelung des § 79 Abs. 1 Satz 1 Nr. 5 OWiG jedenfalls sehr eng ausgelegt werden müssen.

Die Entwicklung ist nun einmal anders gelaufen. Sie ist jetzt in ihrer grundsätzlichen Richtung schwerlich zurückdrehbar, und zwar sicher nicht mehr durch die höchstrichterliche Rechtsprechung. Doch möchte ich auch davon abraten, den Ruf an den Gesetzgeber zu richten, damit er korrigierend eingreift. Würde man das System des schriftlichen Verfahrens in bezug auf die Anfechtungsmöglichkeit des Beschlusses nach § 72 OWiG grundlegend verändern[45], so würde damit eine neue Rechtslage geschaffen, die wiederum zahlreiche Auslegungsfragen aufwerfen und damit erneut Fälle von obergerichtlichen Entscheidungen herausfordern müßte. Dadurch würde die Rechtssicherheit nicht verbessert und die Belastung der Oberlandesgerichte mit Bagatellsachen nicht verringert werden. Im übrigen wird die Auslegung des § 79 Abs. 1 Satz 1 Nr. 5 OWiG für den Gesetzgeber sicherlich eine Lehre dafür sein, daß die Rechtsentwicklung bei so grundlegenden Veränderungen schwer überschaubar ist.

[44] Diese Entwicklung ist in der Rechtsprechung so rasch verlaufen, daß sie kaum aufgehalten werden konnte. Noch in der 2. Aufl. meines Kommentars habe ich keine Fälle gesehen, die eine Ausdehnung des § 79 Abs. 1 Satz 1 Nr. 5 OWiG über seinen Wortlaut hinaus gerechtfertigt hätten. In der 3. Aufl. habe ich dann vermerkt, daß die Rechtsbeschwerde gegen den Beschluß nach der Rechtsprechung in weit größerem Umfange zulässig sei, als dies der Gesetzgeber in Betracht gezogen habe.

[44a] So jetzt richtig: BGHSt. 26, 389 (391).

[45] Als Alternativen kämen in Betracht, die Zulassungsrechtsbeschwerde ohne Einschränkung gegen den Beschluß nach § 72 OWiG zuzulassen oder die Rechtsbeschwerde gegen einen solchen Beschluß unter anderen Abgrenzungskriterien zu eröffnen.

Doch sollte der Gesetzgeber zumindest in Randbereichen gewisse Veränderungen vornehmen, um unangemessen erscheinende Ausweitungen der Anwendung des § 79 Abs. 1 Satz 2 Nr. 5 OWiG zu beschneiden, falls die Rechtsprechung dies nicht durch eine Überprüfung und Berichtigung der bisherigen Auslegung überflüssig macht. Damit möchte ich zwei Fallgruppen ansprechen, nämlich einmal die Fälle, in denen zwar dem Betroffenen der Hinweis auf die Möglichkeit des Widerspruchs gegen das schriftliche Verfahren gegeben wird, nicht jedoch seinem Verteidiger, und zweitens die Fälle, in denen der Widerspruch des Betroffenen gegen das schriftliche Verfahren nach Ablauf der ihm gesetzten Frist eingeht.

Um es vorweg zu sagen: Bei einer Überprüfung der bisherigen Rechtslage unter übergeordneten Gesichtspunkten können die bisherigen Auffassungen hierzu[46] nicht aufrechterhalten werden. Es ist bei einer Gesamtbetrachtung einfach unerträglich, wenn

- die Zustellung der Urteilsgründe an den Angeklagten, der zu einer langjährigen Freiheitsstrafe verurteilt wird, den Beginn der Rechtsmittelfrist auch dann auslöst, wenn die Zustellung an seinen Verteidiger unterbleibt, mit der Folge, daß eine verspätete Revision unzulässig ist, während andererseits
- das Unterlassen des Hinweises auf den Widerspruch des schriftlichen Verfahrens an den Verteidiger die Rechtsbeschwerde eröffnen soll, und zwar in einem Verfahren, das nach den Gesetzesmotiven grundsätzlich der Rechtsbeschwerde entzogen ist[47].

Ebenso ist es ganz unausgewogen, wenn

- ein geringfügig verspätet eingelegtes Rechtsmittel gegen ein Urteil, in dem der Angeklagte zu einer langjährigen Freiheitsstrafe verurteilt wird, eine sachliche Überprüfung des Urteils hindert, während andererseits
- ein verspäteter Widerspruch, bei dem die gesetzte Frist hierfür erheblich überschritten ist, das Gericht zu einer – entbehrlich erscheinenden – Hauptverhandlung zwingen, ja sogar verpflichten soll, einen bereits erlassenen, aber noch nicht zur Zustellung herausgegebenen Beschluß zurückzunehmen[48].

Aus rückwirkender Sicht ist es schwer begreiflich, daß die Rechtsprechung diese Folgerungen nicht bedacht hat. Doch hat sich wohl auch jetzt noch nicht die Erkenntnis eingestellt, daß diese Folgerungen bestehen. Statt diese zu sehen und sich damit auseinanderzusetzen, geht die Recht-

[46] Daß ich mich dem weitgehend, wenn auch doch zumindest in Randbereichen ablehnend, angeschlossen habe (vgl. *Göhler* a. a. O., Anm. 2 Da, 2 G zu § 72), räume ich durchaus ein (vgl. dazu Fußn. 20, 28).

[47] Vgl. BGHSt. 25, 252; vgl. auch *Foth*, DiRZ 1978, 46.

[48] Vgl. die Nachweise zu dieser Rechtsprechung bei *Göhler* a. a. O., Anm. 2 G zu § 72, die dort abgelehnt ist.

sprechung auf den eingeschlagenen Pfaden, die m. E. Irrwege sind, weiter und setzt sich mit Detailfragen auseinander, die überaus spitzfindig erscheinen: Ein typisches Beispiel dafür ist ein Vorlagebeschluß des OLG Frankfurt vom 7. Februar 1979[49], in welchem das Gericht der Rechtsbeschwerde gegen einen Beschluß nach § 72 OWiG in entsprechender Anwendung von § 79 Abs. 1 Satz 1 Nr. 5 OWiG stattgeben will, weil der Verteidiger nicht ausdrücklich auf die Möglichkeit einer Entscheidung im Beschlußverfahren und des Widerspruchs hiergegen hingewiesen worden war, obwohl ihm zweimal (!) Akteneinsicht gewährt worden ist, er auch davon Gebrauch gemacht hatte und dem Akteninhalt ein entsprechender Hinweis an den Betroffenen entnommen werden konnte; denn die bloße Möglichkeit der Kenntniserlangung sei – so wird ausgeführt – dem Fall nicht gleichzusetzen, in welchem der Verteidiger durch die Akteneinsicht tatsächlich Kenntnis erlangt habe, worauf der BGH NJW 1970, 1613 abgestellt habe.

Während also einerseits die Verletzung des rechtlichen Gehörs bei einer Entscheidung auf Grund einer Hauptverhandlung nicht einmal die Zulassung der Rechtsbeschwerde eröffnen soll[50], soll andererseits bereits die nicht genügend umfassende Unterrichtung des Verteidigers über die Möglichkeit eines schriftlichen Verfahrens unter dem Gesichtspunkt der Verletzung des rechtlichen Gehörs[51] schlechthin die Rechtsbeschwerde gegen die Beschlußentscheidung rechtfertigen. Damit sind die Dinge auf den Kopf gestellt.

Wenn man sich die Mühe macht nachzuvollziehen, wie es zu der jetzigen Rechtsprechung gekommen ist, lassen sich bemerkenswerte Feststellungen treffen:

Grundlage für die Entscheidungsgründe BGHSt. 25, 252 ist die Entscheidung des OLG Karlsruhe NJW 1968, 1438 = JZ 1969, 710 m. zust. Anm. *Eb. Schmidt* gewesen; diese ist ebenfalls den vorausgegangenen Entscheidungen OLG Hamm VRS 38, 203, OLG Köln NJW 1979, 1336 und der sich anschließenden Entscheidung des BayObLGSt. 1970, 150 zugrundegelegt worden. Die Entscheidung des OLG Karlsruhe betraf jedoch einen etwas anderen Fall, nämlich den eines Beschlußverfahrens auf der Grundlage des OWiG 1952, in welchem dem Verteidiger keine Gelegenheit gegeben worden ist, zu einem neuen Vorbringen der Verwal-

[49] 2 Ws (B) 3/79/OWiG.

[50] Vgl. OLG Hamm a. a. O. Fußn. 38.

[51] Darauf ist in BGHSt. 25, 252, 255 f. ausdrücklich abgestellt („Die entsprechende Anwendung des § 79 Abs. 1 Satz 1 Nr. 5 OWiG ... ist vielmehr durch den Grundsatz des rechtlichen Gehörs als verfassungskonforme Auslegung geboten"). Wäre dies jedoch richtig, so müßte bei jeder Verletzung des rechtlichen Gehörs die Rechtsbeschwerde gegen den Beschluß zulässig sein. Diese Auslegung würde aber die Funktion des § 33 a StPO i. V. m. § 46 Abs. 1 OWiG außer acht lassen.

tungsbehörde nach Erlaß des Bußgeldbescheides Stellung zu nehmen. Ich habe in meiner 2. Auflage[52] ebenfalls den Standpunkt vertreten, daß es einen Verstoß gegen Art. 103 Abs. 1 GG bedeute, wenn nur der Betroffene, nicht aber der Verteidiger zur Sache angehört werde; doch habe ich daraus nicht etwa die Schlußfolgerung abgeleitet, daß deswegen die entsprechende Anwendung des § 79 Abs. 1 Satz 1 Nr. 5 OWiG geboten sei, vielmehr die Nachholung des rechtlichen Gehörs nach § 33a StPO i.V.m. § 46 OWiG als Rechtsbehelf genannt[53]. Die Entscheidung des OLG Hamm hat den unterschiedlichen Sachverhalt im Verhältnis zu dem des OLG Karlsruhe nicht aufgezeigt, sich mit ihm nicht auseinandergesetzt und sich zu Unrecht auf meine Kommentierung berufen[54]. Das BayObLG hat wiederum für seine Ansicht das OLG Karlsruhe (mit der Einschränkung eines „ähnlich gelagerten" Falles) und danach das OLG Hamm sowie meine Kommentierung, also wiederum zu Unrecht[55], angeführt, und diese Zitate als ausreichende Grundlage seiner Entscheidung angesehen!

Lediglich das OLG Köln hat, wenn auch sehr kursorisch, zu der Frage Stellung genommen, ob aus § 145a StPO abzuleiten sei, daß der unterlassene Hinweis an den Verteidiger wegen des Hinweises an den Betroffenen letztlich unschädlich sei. Dies ist mit der kurzen Begründung verneint worden, daß der hier in Betracht kommende Absatz 4 des § 145a StPO nur die Zustellung von Entscheidungen betreffe und zum anderen eine Zustellung des Hinweises nicht vorgeschrieben sei. Beide Gründe lassen sich nicht mehr aufrechterhalten. Der Bundesgerichtshof hat hierzu inzwischen (BGHSt. 26, 389, (391)) m. E. überzeugend ausgeführt:

> „Da § 72 OWiG keine besondere Bestimmung darüber trifft, in welcher Weise das Gericht auf das vorgesehene Beschlußverfahren hinweisen muß, wenn der Betroffene einen Verteidiger hat, ist der gemäß § 46 Abs. 1 OWiG sinngemäß anzuwendende § 145a StPO heranzuziehen. ... Daß der Hinweis weder förmlich zugestellt werden mußte noch zugestellt worden ist, steht der Geltung der Vorschrift auch für diesen Fall entgegen der Meinung des Oberlandesgerichts Hamm nicht im Wege. Denn an eine formlose Mitteilung können keine strengeren Anforderungen gestellt werden als an eine Zustellung (BayObLG Rpfleger 1974, 363; *Kleinknecht* JZ 1965, 155 sowie StPO 32. Aufl., § 72 OWiG Anm. 2)."

Damit ist der Entscheidung des BGH in Band 25, 252 die Grundlage entzogen worden, eine Grundlage, die freilich ohnehin sehr fragwürdig war. Wenn der BGH in BGHSt. 26, 379 (381) ausführt, daß die erweiterte Anfechtungsmöglichkeit nach § 79 Abs. 1 Satz 2 OWiG, nicht zur Wahrung der Rechte des einzelnen, sondern im allgemeinen Interesse an der

[52] Vgl. Anm. 2 zu § 72; diese Anmerkung betraf die „Gelegenheit, sich zur Sache zu äußern", also nicht die „Gelegenheit zum Widerspruch".

[53] In der Entscheidung BGHSt. 25, 252 (255), ist deshalb meine Kommentierung zu Unrecht als Belegstelle für die Meinung des Schrifttums angegeben.

[54] Vgl. hierzu Fußn. 52.

[55] Vgl. Fußn. 52.

Fortbildung des Rechts und an der Sicherung einer einheitlichen Rechtsprechung bestehe, und daraus mit Recht ableitet, es wäre deshalb verfehlt, das Beschlußverfahren abweichend von den in § 145a StPO aufgestellten allgemeinen Regeln durch Erfordernisse zu erschweren, die im Gesetz nicht ausdrücklich vorgesehen sind, so muß dies auch ebenso für die Zustellung des Hinweises an den Verteidiger gelten. Insofern ist die in dieser Entscheidung geäußerte Ansicht, daß die Gleichsetzung beider Fälle nicht in Betracht komme, nicht haltbar, sondern lediglich als ein Ausweg dafür anzusehen sei, die Entscheidung BGHSt. 25, 252 nicht als verfehlt zu bezeichnen[56].

Ich meine deshalb, daß die hier erörterte Frage durch eine erneute Vorlageentscheidung abschließend im Sinne von BGHSt. 26, 289 geklärt werden sollte, um es dem Gesetzgeber zu ersparen, korrigierend eingreifen zu müssen.

M. E. wäre es ebenso angezeigt, nochmals die Frage zu überdenken, ob ein verspäteter Widerspruch des Betroffenen gegen das schriftliche Verfahren als unbeachtlich behandelt werden kann. Dadurch könnten sachlich nicht berechtigt erscheinende Verfahrensverzögerungen vermieden und zugleich die Zahl der sonst zulässigen Rechtsbeschwerden gegen Beschlußentscheidungen nach § 72 OWiG vermindert werden[57].

VIII. Anhebung der Rechtsbeschwerdegrenze auf 500 DM?

Im Mai 1979 haben die Präsidenten der Oberlandesgerichte den Vorschlag gemacht, zur Entlastung der Oberlandesgerichte die Rechtsbeschwerdegrenze von bislang 200 DM deutlich zu erhöhen.

Im Vergleich zu den Rechtsmittelbeschränkungen, die gegen Entscheidungen der Eingangsgerichte auf anderen Sachgebieten bestehen, hat dieser Vorschlag sicher eine gewisse Berechtigung. Die Berufungssumme beträgt bei Urteilen des Zivilgerichts 500 DM[58], bei Urteilen des Arbeitsgerichts 800 DM[59], bei bestimmten öffentlichen Streitigkeiten nach dem Lohnfortzahlungsgesetz 500 DM[60]. Bei der Rechtsbeschwerdegrenze in

[56] Es wäre wohl konsequenter gewesen, wenn der 2. Senat des BGH bei der Entscheidung BGHSt. 26, 389 beim 5. Senat (BGHSt. 25, 252) angefragt hätte, ob er an seiner Auffassung festhalte.

[57] Vgl. Fußn. 48.

[58] § 511a ZPO.

[59] § 64 des ArbGG.

[60] § 144 Abs. 2 SGG. Eine Berufung ist dort ferner z. B. grundsätzlich nicht zulässig bei Ansprüchen auf einmalige Leistungen oder wiederkehrende Leistungen für einen Zeitraum bis zu drei Monaten; die übrigen Fälle der Urteilsbeschränkung lassen sich wertmäßig nicht festlegen. Bei Urteilen der Finanzgerichte liegt die Revisionsgrenze bei 1000 DM (§ 115 FGO); doch ist dieser Fall schwerlich vergleichbar (s. Fußn. 8). Nach der Verwaltungsgerichtsordnung besteht keine Grenze für die Berufung; doch lassen sich diese Fälle auch wertmäßig kaum abgrenzen.

Bußgeldsachen ist zwar zu berücksichtigen, daß hier die Dinge etwas anders liegen, weil es um die Festsetzung einer Unrechtsfolge geht, so daß es nicht ganz unbedenklich ist, bestehende Schutzvorschriften zur Wahrung der Rechte des Betroffenen einzuschränken oder abzubauen. Andererseits sprechen – wie schon zur Begründung der jetzt vorhandenen Rechtsbeschwerdebegrenzung dargelegt worden ist[61] – übergeordnete Gesichtspunkte dafür, die weitere Nachprüfung einer gerichtlichen Entscheidung auch in einem Sanktionsverfahren in Fällen geringerer Bedeutung grundsätzlich nicht zuzulassen. Ob nun einem Betroffenen bei einer Geldbuße bis zu 200 DM die Chance, eine Rechtsüberprüfung zu erreichen, genommen ist oder ob dies auch ein Betroffener bei einer Geldbuße bis zu 300 DM oder sogar 500 DM hinnehmen muß, ist aber kein wesentlicher Unterschied.

Bei den Ordnungswidrigkeiten nach § 24 des Straßenverkehrsgesetzes würde die in Betracht gezogene Anhebung der Rechtsbeschwerdegrenze auf 500 DM zur Folge haben, daß die Rechtsbeschwerde künftig bei allen fahrlässig begangenen Ordnungswidrigkeiten grundsätzlich unzulässig wäre, da hier der Höchstbetrag der Geldbuße 500 DM beträgt. Dies könnte rechtspolitisch bedenklich sein, weil die Bevölkerung in diesem Bereich außergewöhnlich empfindlich reagiert, sofern bestehende Schutzvorschriften zur Sicherung der Wahrung ihrer Rechte eingeschränkt werden. Doch sollte dies den Gesetzgeber nicht davor abschrekken, eine Regelung, die aus übergeordneten Gesichtspunkten angemessen erscheint, durchzusetzen. Dabei muß auch bedacht werden, daß sich eine solche Regelung gerade bei den Verkehrsordnungswidrigkeiten nach § 24 des Straßenverkehrsgesetzes praktisch nur geringfügig auswirken würde, weil in diesem Bereich Geldbußen über 200 DM in der Praxis äußerst selten sind[62]. Im übrigen muß auch berücksichtigt werden, daß die jetzt gegebene Anfechtungsmöglichkeit für den Betroffenen ohnehin lediglich eine begrenzte ist, weil sie nur auf eine Gesetzesverletzung gestützt werden kann.

Von größerer praktischer Bedeutung würde dagegen die Heraufsetzung der Rechtsbeschwerdebegrenzung bei Ordnungswidrigkeiten nach anderen Rechtsgebieten haben, so z. B. des Wirtschaftsrechts, des Arbeitsrechts, des Baurechts, u. ä. Die Statistik in Straf- und Bußgeldsachen weist im einzelnen nicht aus, wie hoch jeweils die Zahl der Rechtsbeschwerden auf einzelnen Sachgebieten ist und in welcher Höhe Geldbußen festgesetzt

[61] Vgl. Fußn. 4.

[62] Nach der Jahresstatistik und dem Tätigkeitsbericht 1978 der Zentralen Bußgeldstelle im Bayerischen Polizeiverwaltungsamt betrug in den Bußgeldverfahren wegen Verkehrsordnungswidrigkeiten der Anteil der Geldbußen über 200 DM in den Jahren 1976 bis 1978 durchgängig nur 1,6 %.

werden. Eine Analyse über die möglichen Auswirkungen einer Änderung der Rechtsbeschwerdegrenze läßt sich deshalb nicht vornehmen. Ob hierüber ohne besonderen Aufwand Zahlenmaterial zusammengestellt werden kann, erscheint zweifelhaft.

Bei den sicher häufiger vorkommenden Ordnungswidrigkeiten, die im Zusammenhang mit einer gewerblichen Tätigkeit begangen werden und derentwegen Geldbußen bis zu 500 DM festgesetzt werden, wird diese Sanktion für die hier in Betracht kommenden Personen in aller Regel wohl keine besonders empfindliche Einbuße sein. Dies könnte dafür sprechen, dem Vorschlag zuzustimmen.

Freilich wird dabei der Zusammenhang mit der Regelung des § 149 der Gewerbeordnung über die Eintragung von Geldbußen in das Gewerbezentralregister nicht außer Betracht bleiben dürfen, da dort die Eintragungsgrenze bei 200 DM liegt. Doch dürfte es nicht zwingend geboten sein, diese Grenze bei einer Erhöhung der Rechtsbeschwerdegrenze zu erhöhen. Ein solcher Zusammenhang besteht jetzt auch nicht zwischen der Eintragungsgrenze des Verkehrszentralregisters und der zur Zeit geltenden Rechtsbeschwerdebegrenzung.

Letztlich ist es deshalb eine Abwägungsfrage, ob der Vorschlag zu einer entsprechenden gesetzlichen Änderung aufgegriffen werden soll. Ich meine, in diesem Beitrag genügende Möglichkeiten dafür aufgezeigt zu haben, mit deren Hilfe der Belastung der Oberlandesgerichte in Bußgeldsachen entgegengewirkt und auch das Verfahren vor den Amtsgerichten vereinfacht werden kann. Dabei ist aber sicher zu bedenken, daß eine Steuerung der Rechtsprechung aus übergeordneten Erwägungen schwerlich möglich ist, wenn die Oberlandesgerichte mühsam mit der Vielzahl von Einzelsachen zu kämpfen haben und ihnen damit die notwendige Zeit dafür fehlt, den Überblick und Abstand zu gewinnen, der nun einmal für eine umfassendere Koordinierung und Durchdringung der anfallenden Rechtsprobleme notwendig ist. Gerade dies kann aber ein entscheidendes Argument dafür sein, für die in Betracht gezogene Erhöhung der Rechtsbeschwerdebegrenzung einzutreten, insbesondere auch unter dem Gesichtspunkt, daß es dann auch besser möglich sein wird, für die Praxis der Amtsgerichte Rechtsgrundsätze und Leitlinien zu entwickeln und fortzubilden, die eine angemessene Verfahrensgestaltung bei den leider massenhaft anfallenden Bußgeldsachen ermöglicht.

IX. Schlußbetrachtung

Wenn ich mich in diesem Beitrag mitunter auch kritisch zu der Rechtsprechung der Oberlandesgerichte in Bußgeldsachen geäußert habe, so ist dies nur in dem Bemühen geschehen, Ansatzpunkte für die Fortbildung auf diesem Rechtsgebiet aufzuzeigen.

Die Rechtsprechung der Oberlandesgerichte hat in den massenhaft vorkommenden Bußgeldsachen eine wichtige, aber auch sehr schwierige Aufgabe, die wegen der hier gegebenen praktischen Ausstrahlungswirkung von weitreichender Bedeutung ist. Diese Aufgabe hat die höchstrichterliche Rechtsprechung – dies darf ich als Kommentator zu diesem Rechtsgebiet sagen – in bewundernswerter Weise erfüllt. Sie sollte sich aber noch stärker bewußt sein, daß sie bei der Auslegung des Rechts und deren Fortbildung oft mehr zu leisten im Stande ist als der Gesetzgeber bewirken kann. Dies muß in einer Zeit, in der nahezu von allen berufenen Stellen die Flut der Gesetzgebung beklagt und deren Eindämmung beschworen wird[63], besonders bedacht sein.

[63] Vgl. *Maaßen* NJW 1979, 1463 m. zahlr. Nachw.

Die Stellung des Nebenklägers in der Hauptverhandlung

Walter Gollwitzer

I. Überblick

Die Strafprozeßordnung legt nicht im einzelnen fest, welche Befugnisse der Nebenkläger nach dem Anschluß in der Hauptverhandlung hat. Dies muß aus den allgemein gehaltenen Verweisungen in den §§ 397, 385 StPO, einigen Einzelregelungen und nicht zuletzt aus Wesen und Funktion der Nebenklage erschlossen werden.

Die Nebenklage ist trotz ihrer Bezeichnung keine wirkliche Klage. Sie kann nicht die Rechtshängigkeit einer Strafsache herbeiführen, einen bestimmten historischen Vorgang (Tat im Sinne des § 264 StPO) vor Gericht bringen; sie ist nur ein Beitritt zu dem von der Staatsanwaltschaft mit der Anklage eingeleiteten Offizialverfahren. Mit Zulassung der Nebenklage erlangt der Nebenkläger ein Teilnahmerecht an dem im öffentlichen Interesse betriebenen Verfahren, das ihm ermöglicht, an der Seite der Staatsanwaltschaft sein persönliches Interesse an Genugtuung zu verfolgen, das er ohne die Erhebung der öffentlichen Klage in den meisten Fällen im Wege der Privatklage hätte geltend machen können[1]. Dem Vorwurf, die Staatsanwaltschaft habe dieses Interesse nicht mit dem erforderlichen Nachdruck vor Gericht verfolgt, wird damit die Spitze genommen[2].

Die Nebenklage dient ausschließlich der Wahrung eines Eigeninteresses, sie umfaßt nicht die Befugnis zur Wahrnehmung des öffentlichen Strafanspruchs, dessen Vertretung allein der Staatsanwaltschaft obliegt. Für Betrieb und Ergebnis des Offizialverfahrens ist deshalb die Mitwirkung des Nebenklägers entbehrlich. Auch ohne sein Zutun unterfallen die

[1] Motive S. 222; *Hahn* Materialien III 1 S. 261; vgl. etwa BayObLGSt. 30, 142; BGH MDR 1979, 415; BVerfGE 26, 70.

[2] Vgl. *Henkel* Strafverfahrensrecht – 1968 – § 43 II 1: Rechtsgrund für Anschlußbefugnis des Verletzten nach Klageerzwingungsverfahren ist Stärkung des Vertrauens in die Rechtspflege.

zur Nebenklage berechtigenden Straftaten der umfassenden richterlichen Kognition. Den Nebenkläger treffen deshalb keine besonderen Mitwirkungspflichten, deren Verletzung den Gang des Verfahrens als solchen aufhalten könnte[3].

Lediglich die Befugnis, durch ein eigenes Rechtsmittel die Sache der Entscheidung des Berufungsgerichts zu unterstellen, kann er durch sein Ausbleiben bei der Berufungsverhandlung verwirken, wenn er der alleinige Rechtsmittelführer ist (§ 401 Abs. 3 StPO).

Trotz der Akzessorietät der Nebenklage erlangt der Nebenkläger mit dem Anschluß die Stellung eines Prozeßsubjekts[4], wird er zum Träger selbständiger prozessualer Befugnisse, die ihm ermöglichen, auf Verfahrensgang und Entscheidung des Gerichts Einfluß zu nehmen[5]. Diese prozessualen Möglichkeiten kann der Nebenkläger unabhängig vom Willen der Staatsanwaltschaft oder eines anderen Nebenklägers ausüben[6], da sie ihm zur selbständigen Verfolgung seines eigenen Sühneinteresses eingeräumt ist. Die äußere Abhängigkeit der Nebenklage vom Gegenstand des Offizialverfahrens hat also keine innere Abhängigkeit von der Staatsanwaltschaft bei der Ausübung der prozessualen Befugnisse im Verfahren selbst zur Folge.

Als Prozeßsubjekt, das eigene Rechte vor Gericht verfolgt, garantiert das Grundgesetz auch dem Nebenkläger das Recht auf Gehör (Art. 103 Abs. 1 GG)[7] und auf Entscheidung der Sache durch den gesetzlichen Richter (Art. 101 Abs. 1 Satz 2 GG)[8].

[3] Herrschende Meinung, vgl. *Kleinknecht*[34] § 397 Rdn. 1; *Löwe-Rosenberg,* 23. Aufl. (künftig abgekürzt LR); § 397 Rdn. 18.

[4] *Eb. Schmidt,* Lehrkomm. I Rdn. 78; *Müller-Sax* Einl. 9 c; ähnlich *Beling* Deutsches Reichsprozeßrecht – 1928 – S. 461: „Nicht bloß Prozeßgehilfe sondern aktiver Streitgenosse". Zum Begriff des Prozeßsubjekts vgl. *Eb. Schmidt,* Lehrkom. I Rdn. 76 ff.

[5] Entscheidend ist diese Selbständigkeit bei der Fortentwicklung der Prozeßlagen und nicht etwa die Einordnung des Nebenklägers unter bestimmte Bezeichnungen wie „Streitgenosse", „mit selbständigen Rechten ausgestatteter Gehilfe des Staatsanwalts" u. a. (vgl. dazu *Wolffing,* Die rechtliche Stellung des Nebenklägers im deutschen Strafverfahren – 1900 – S. 43 ff.; *Rosenfeld,* Die Nebenklage des Reichsstrafprozesses – 1900 – S. 127 ff.). Hierauf hat u. a. *Bringewat* GA 1972, 290 hingewiesen; ebenso *Eb. Schmidt* Rdn. 6 vor § 395 ff.: „Streit um Wesen der Nebenklage ist unfruchtbar".

[6] Herrschende Meinung, etwa LG München I MDR 1954, 122; BGH MDR 1979, 415; *Beling* a. a. O. (Fußn. 4) S. 462 sieht den Grundgedanken der Verdoppelung der Klägerrolle darin, daß „zur Verstärkung der Energie der Strafverfolgung" beide voneinander unabhängig sind: ähnlich BayObLGSt. 30, 150. *Bringewat* GA 1972, 289 stellt die Kontrollfunktion in den Vordergrund.

[7] *Maunz-Dürig-Herzog* GG Art. 103 Abs. 1 Rdn. 6, 13, 32, 91.

[8] Vgl. BVerfGE 17, 299.

II. Allgemeine Schranken für die Ausübung der Verfahrensbefugnisse

1. Vor der näheren Untersuchung der prozessualen Befugnisse und Einwirkungsmöglichkeiten des Nebenklägers auf die einzelnen Vorgänge der Hauptverhandlung sollen vorweg die allgemeinen Schranken aufgezeigt werden, denen die gesamte Mitwirkung des Nebenklägers unterliegt und die unabhängig davon Platz greifen, ob man die Einwirkungsbefugnisse des Nebenklägers in der Hauptverhandlung enger oder weiter faßt. Die späteren Erörterungen stehen stets unter der meist nicht mehr besonders erwähnten Einschränkung, daß diese allgemeinen Schranken bei der Ausübung der jeweiligen Befugnisse nicht überschritten werden.

2. Der Anschluß als Nebenkläger ist nur den im Gesetz aufgezählten Personen wegen der dort *festgelegten Straftaten* gestattet (§ 395 in Verb. mit § 374 StPO). Nur wenn die Voraussetzungen einer der vier Fallgruppen vorliegen[9], gewährt die Strafprozeßordnung die Befugnis, das private Genugtuungsinteresse im Offizialverfahren selbst geltend zu machen. Vor allem muß die Beurteilung der angeklagten Tat unter einem die Nebenklage rechtfertigenden Gesichtspunkt rechtlich möglich sein[10]. Sind diese Voraussetzungen nicht bei allen gemeinsam angeklagten Straftaten gegeben, so erstreckt sich zwar das Anwesenheitsrecht des Nebenklägers auf die gesamte Hauptverhandlung, da diese, wie die §§ 226, 230ff. StPO zeigen, insoweit eine Einheit bildet. Die ihm von der Verfahrensordnung eingeräumten aktiven Einwirkungsmöglichkeiten auf Verfahrensgang und Verfahrensgestaltung kann der Nebenkläger jedoch nur insoweit ausüben, als ein Bezug zu einem der Nebenklage zugänglichen Sachverhalt besteht[11]. Bei Verfahrensvorgängen, die in keiner Weise seine Prozeßführung zur Wahrung seines Genugtuungsinteresse wegen einer der Nebenklage zugänglichen Straftat berühren können, hat er keine prozessualen Gestaltungsbefugnisse. Anträge des Nebenklägers, denen ein solcher Bezug erkennbar fehlt, wie etwa Beweisanträge zum Tathergang einer für die Nebenklage unter keinem vernünftigen Gesichtspunkt relevanten Straftat, sind unzulässig. Vereinfachungen bei der Beweiserhebung, die von der Zustimmung der Verfahrensbeteiligten abhängen, bedürfen keiner Einwilligung des Nebenklägers, wenn sie ohne jede Auswirkung auf sein rechtlich anerkanntes Prozeßführungsinteresse sind. Die Abgrenzung kann im Einzelfall schwierig sein, vor allem innerhalb einer mehrere real oder ideell konkurrierende Straftaten umfassenden Tat im Sinne des § 264

[9] Vgl. etwa *LR-Wendisch* § 395 Rdn. 1ff.; *Lichti* DAR 1953, 105; *Bringewat* GA 1972, 289.

[10] BGHSt. 13, 143; RGSt. 69, 246.

[11] *Kirchhof* GA 1954, 364; *Bringewat* GA 1972, 289; *LR-Wendisch* § 395 Rdn. 3ff.; 45; § 401, Rdn. 18; *Müller-Sax* § 395 Anm. 1a (4); § 401 Anm. 2.

StPO. Dies zeigen Rechtsprechung und Schrifttum zu der gleichen Frage bei der Prüfung der Anschlußberechtigung oder der Beschwer des Nebenklägers als Rechtsmittelführer[12]. Auf die hier bestehenden Streitfragen soll jedoch nicht eingegangen werden. Werden mehrere selbständige Taten im Sinne des § 264 StPO gemeinsam verhandelt, so liegt es auf der Hand, daß ihre Verbindung nicht dazu führen kann, dem Nebenkläger Einwirkungsmöglichkeiten auf das Verfahren auch bezüglich solcher Taten zu eröffnen, bei denen er kein Anschlußrecht hätte, wenn sie getrennt verhandelt worden wären.

Diese Einschränkung ist übrigens ein allgemeines Prinzip und nicht etwa eine Besonderheit der Nebenklage. Die vom Gesetz den Verfahrensbeteiligten verschiedentlich eingeräumte Möglichkeit, Einzelheiten der Verfahrensgestaltung mitzubestimmen, steht immer nur den Verfahrensbeteiligten zu, die im konkreten Fall davon betroffen sein können. Sie erstreckt sich nicht notwendig auf alle Verhandlungsgegenstände der einheitlichen Hauptverhandlung. Wer von bestimmten Verfahrensvorgängen mit Sicherheit in der Verfolgung seiner Verfahrensinteressen nicht berührt wird, hat insoweit auch kein Mitspracherecht. Dieser Grundsatz ist bei einer Mehrheit von Angeklagten anerkannt[13], er gilt ebenso für die Stellung des Einziehungsbeteiligten und der anderer Personen, die in der Hauptverhandlung nur in den Grenzen ihres sachlichen Betroffenseins Befugnisse des Angeklagten haben[14].

Die Berechtigung zur Wahrnehmung bestimmter Verfahrensbefugnisse kann also bei den einzelnen Verfahrensbeteiligten je nach Sachlage unterschiedlich zu beurteilen sein. Dies gilt auch bei mehreren Nebenklägern, die im gleichen Verfahren unter unterschiedlichen Gesichtspunkten zugelassen sein können. So kann bei einem bestimmten Verfahrensvorgang die Mitwirkung des einen Nebenkläger notwendig und die des anderen entbehrlich sein.

3. Die Befugnis eines Angeklagten, im gleichen Verfahren als Nebenkläger gegen einen Mitangeklagten aufzutreten, besteht nur, wenn beide nicht wegen der *Teilnahme an der gleichen Tat* belangt werden[15]. Aus der

[12] Vgl. *Kleinknecht*[34] § 396 Rdn. 2ff.; § 401 Rdn. 2ff.; *LR-Wendisch* § 395 Rdn. 2ff. § 401 Rdn. 5ff.; *Müller-Sax* § 395 Anm. 1; § 401 Anm. 2; anders *Eb. Schmidt* § 395 Rdn. 5ff. § 401 Rdn. 6, der abweichend von der herrschenden Meinung die Zulässigkeit der Nebenklage enger begrenzt.

[13] So schon RGRspr. 7, 70; 10, 217; RGSt. 10, 300; z. B. ist bei § 245 Abs. 1 Satz 1 StPO der Verzicht des Angeklagten nicht erforderlich, der durch das Beweismittel in seiner Prozeßführung auch nicht mittelbar berührt sein kann; *LR-Gollwitzer* § 245 Rdn. 36 mit weiteren Nachweisen.

[14] Vgl. *LR-Schäfer* § 431, Rdn. 49ff.

[15] RGSt. 21, 421; BGH NJW 1978, 330; *Kleinknecht*[34] Rdn. 5 vor § 395; *LR-Wendisch* § 395 Rdn. 24; *Müller-Sax* § 395 Anm. 4; *Eb. Schmidt* § 395 Rdn. 3.

Doppelstellung als Angeklagter und Nebenkläger folgt im übrigen nur die weitere Einschränkung, daß Vorschriften, die das Verhältnis zwischen den Mitangeklagten regeln, den Befugnissen als Nebenkläger vorgehen. So gilt das Verbot, einen Mitangeklagten unmittelbar zu befragen (§ 240 Abs. 2 Satz 2 StPO) auch für einen Angeklagten in seiner Eigenschaft als Nebenkläger[16].

4. Eine unabdingbare Voraussetzung für die Ausübung aller Befugnisse des Nebenklägers in der Hauptverhandlung ist ferner, daß der Nebenkläger in ihr *anwesend oder vertreten* ist. Ein geladener Nebenkläger, der ihr fernbleibt und der auch keinen Anwalt als Vertreter dorthin entsendet, hat keinerlei Anspruch, auf ihren Ablauf einzuwirken. Er braucht weder vor Entscheidungen gehört zu werden[17] noch ist seine Zustimmung oder sein Verzicht zu einer bestimmten Verfahrensgestaltung erforderlich[18]. Seinem Recht auf Gehör, das er nach dem Anschluß hat, ist bereits dadurch genügt, daß ihm die Teilnahme an der Hauptverhandlung im Rahmen des § 398 Abs. 2 StPO durch die Ladung ermöglicht worden ist[19].

III. Die gesetzliche Regelung der Nebenklage

1. In den Vorschriften über die Hauptverhandlung. Die Vorschriften, die die Hauptverhandlung regeln, legen verschiedentlich auch besondere Befugnisse der Verfahrensbeteiligten fest. Der Sprachgebrauch ist dabei nicht einheitlich[20]. Es ist zwar jetzt üblich geworden, Staatsanwaltschaft, Verteidiger und Angeklagten nebeneinander zu erwähnen, wenn die Anhörung oder Zustimmung zu bestimmten Verfahrensvorgängen erforderlich ist, wie etwa in § 61 Nr. 5, § 79 Abs. 1, § 222a Abs. 2, § 224 Abs. 1, § 240 Abs. 2, § 245 Abs. 1, § 249 Abs. 2, § 251 Abs. 1 Nr. 4, § 324 Abs. 1 StPO. Einige ältere Vorschriften erwähnen dagegen nur den Angeklagten und die Staatsanwaltschaft (§ 246 Abs. 3, § 248, § 255, § 266, § 325 Abs. 1 StPO). Mit den gleichen Bezeichnungen begnügen sich auch einige nach der Verfahrensrolle in den Befugnissen differenzierende Regelungen, wie etwa § 257 oder § 258 StPO. § 246 billigt dem „Gegner" des Antragstellers den Aussetzungsantrag zu. Nur wenige Vorschriften, wie § 238 Abs. 2 oder § 273 Abs. 3 StPO, sprechen allgemein von den an der Verhandlung beteiligten Personen. Der Nebenkläger wird grundsätzlich

16 *LR-Wendisch* § 397 Rdn. 5.

17 BGH MDR 1979, 415.

18 RGSt. 61, 385 für die damals noch erforderliche Zustimmung des Nebenklägers zur Rechtsmittelrücknahme des Angeklagten.

19 *Kleinknecht*[33] § 398 Rdn. 2; *LR-Wendisch* § 398 Rdn. 4.

20 Vgl. *Rieß* NJW 1977, 881 hinsichtlich der dem Verteidiger unabhängig vom Angeklagten eingeräumten Rechte.

nicht besonders erwähnt; er teilt dieses Geschick mit den anderen möglichen Verfahrensbeteiligten, wie etwa Einziehungs- und Verfallsbeteiligte (§§ 433, 442 StPO), Vertreter einer juristischen Person (§ 444 StPO) oder Beistand (§ 249 StPO). Die wenigen Vorschriften, in denen der Nebenkläger ausdrücklich aufgeführt wird (§ 222a Abs. 3, § 222b Abs. 1, § 272 Nr. 4 StPO) sind – ebenso wie § 303 Satz 2 StPO – von ihrem Regelungsinhalt her eher dazu angetan, den Grundsatz, daß der Nebenkläger als Befugnisträger nicht besonders angesprochen wird, zu bestätigen als ihn zu durchbrechen. Sie regeln Sonderfragen und bilden jedenfalls keine Grundlage für ein argumentum e contrario.

2. Die Grundsatzregelung im fünften Buch, 2. Abschnitt Nebenklage. Der die Nebenklage regelnde 2. Abschnitt des fünften Buches der Strafprozeßordnung verzichtet ebenfalls darauf, die Rechte des Nebenklägers in der Hauptverhandlung einzeln aufzuzählen. Neben der später eingefügten Klarstellung einiger Sonderfälle in § 397 Abs. 2, 3 StPO und einigen Verdeutlichungen des Grundsatzes, daß der Anschluß des Nebenklägers das Verfahren nicht aufhält (§§ 398, 399 StPO), wird nur allgemein festgelegt, daß der Nebenkläger nach seinem Anschluß die Rechte des Privatklägers hat (§ 397 Abs. 1 StPO). Eine Verweisung, die schon deshalb nicht unproblematisch ist, da das Privatklageverfahren vom Offizialverfahren abweicht. Dazu kommt, daß die Verfahrensrechte des Privatklägers ebenfalls nicht detailliert geregelt sind. Einige Sondervorschriften scheiden aus, da sie spezifische Probleme des Privatklageverfahrens betreffen und nicht auf das Offizialverfahren übertragbar sind. Von Bedeutung für die Rechtstellung des Nebenklägers in der Hauptverhandlung ist im wesentlichen nur der Grundsatz des § 384 Abs. 1 Satz 1 StPO, daß sich das Privatklageverfahren – soweit nichts anderes bestimmt – nach den Vorschriften des Verfahrens auf erhobene öffentliche Klage richtet, ferner das durch § 386 Abs. 2 StPO bestätigte Recht zur eigenen Ladung von Beweispersonen und vor allem die (begrenzte) Gleichstellung des Privatklägers mit der Staatsanwaltschaft in § 385 Abs. 1 StPO.

IV. Die Auslegung der Grundsatzregelung über die Befugnisse des Nebenklägers

1. Aus den oben III, 2 geschilderten Regelungen im zweiten Abschnitt des fünften Buches der StPO, vor allem aus der nach § 397 Abs. 1 entsprechend anwendbaren grundlegenden Aussage des § 385 Abs. 1 StPO, wonach der Privatkläger in gleicher Weise wie die Staatsanwaltschaft zum Verfahren zuzuziehen und zu hören ist und ihm die Entscheidungen in gleicher Weise wie der Staatsanwaltschaft bekannt zu geben sind, wird für den Nebenkläger hergeleitet, daß er in der Hauptverhandlung weitgehend die gleichen Befugnisse hat wie der Staatsanwalt[21]. Diese Umschreibung wird als Kurzformel für alle verfahrensrechtlich zulässigen Einwirkungs- und Gestaltungsmöglichkeiten verstanden, die einem Prozeßsubjekt im Zweifel uneingeschränkt in der Hauptverhandlung zur Verfügung stehen. Oetker[22] beispielsweise versteht diese Regelung so: „Zuziehen und Anhören ist Aufforderung, Zulassen und Instandsetzen des Nebenklägers zum Gebrauch prozessualer Rechte (der Assistenz, des Antrags, der Erklärung, der Frage pp.) im gleichen Umfang wie bei der Staatsanwaltschaft." Diese Gleichsetzung wurde, da kaum noch strittig, seit Jahren im Schrifttum und Rechtsprechung meist ohne nähere Begründung vertreten. Sie wird erst in letzter Zeit wieder in Frage gestellt. Bei einer Reihe von Einzelbestimmungen wird einer einengenden Auslegung der Befugnisse des Nebenklägers das Wort geredet[23]. Dafür wird angeführt, daß der Nebenkläger die Klägerseite nicht repräsentiert, sondern nur unterstützt, sowie, daß § 397 Abs. 1 in Verbindung mit § 385 Abs. 1 StPO dem Nebenkläger nicht die Befugnis gewährt, durch konstitutive Erklärungen Verfahrensvereinfachungen zu inhibieren[24].

2. Grundsätzlich erscheinen zwei Auslegungsmöglichkeiten denkbar, wobei es vom Grundverständnis der Nebenklage abhängt, ob man der einen oder der anderen den Vorzug gibt. Sieht man im Nebenkläger nur einen gegenüber der Staatsanwaltschaft nachrangigen Verfahrensbeteiligten, dann liegt es nahe, seine verfahrensrechtlichen Befugnisse einschränkend auszulegen und nicht über das auszudehnen, was der Wortlaut des Gesetzes ausdrücklich gewährt und ihm vor allen die prozessualen Gestaltungsmöglichkeiten zu versagen, mit denen der Verfahrensgang entgegen dem Willen der Staatsanwaltschaft aufgehalten wird. Es bietet sich dann an, den in § 398 Abs. 1 StPO enthaltenen Grundgedanken, daß das Verfahren durch den Anschluß des Nebenklägers nicht verzögert werden darf, auch zur restriktiven Auslegung der Befugnisse des Nebenklägers in der Hauptverhandlung heranzuziehen. Zwar deckt § 398 Abs. 1 StPO nicht unmittelbar ein solches Ergebnis, da er nur jede verfahrenshemmende Wirkung des Anschlusses verhindern und nicht die prozessualen Möglichkeiten des Nebenklägers nach dem Anschluß im Sinne der Verfahrensbeschleunigung einschränken will. Es geht vielmehr darum, ob den §§ 398 ff. StPO ein allgemeines Regelungsprinzip entnommen werden kann, das in Verbindung mit der Akzessorietät der Nebenklage ge-

[21] Bislang herrschende Meinung, jetzt erneut BGH MDR 1979, 415.

[22] *Oetker* GS 105, 177, 188.

[23] So bei § 61 Nr. 5 StPO in Anlehnung an die Begründung des Regierungsentwurfs (BT-Drucks. 7/551, S. 61); *Riess* NJW 1975, 84 Fußn. 49; *Kleinknecht*[34] § 61 StPO Rdn. 10; *LR-Meyer* § 61 Rdn. 35; dagegen BGH MDR 1979, 415.

[24] *Kleinknecht*[34] § 397 StPO Rdn. 1.

stattet, im Interesse einer zügigen Verfahrensabwicklung die Befugnisse des Nebenklägers zur Beeinflussung des Verfahrensganges dort enden zu lassen, wo die Hauptbeteiligten mit einer Verfahrensvereinfachung einverstanden sind. Das Recht, zugezogen und gehört zu werden in § 385 Abs. 1 StPO müßte dann allerdings beim Nebenkläger enger ausgelegt werden als beim Privatkläger. Letzterem könnte die Befugnis, nicht versagt werden, durch Anträge und prozeßgestaltende Erklärungen die Verhandlung über seine eigene Klage aktiv mitzugestalten.

Geht man dagegen mit der bisher herrschenden Meinung davon aus, daß der Nebenkläger – unbeschadet der Akzessorietät der Nebenklage – an der Hauptverhandlung als selbständiger und vom Staatsanwalt unabhängiger Träger prozessualer Befugnisse teilnimmt, der sein privates Verfolgungsinteresse gleichberechtigt mit der Staatsanwaltschaft vertritt, dann ist für eine einschränkende Auslegung kein Raum. Die „private Kontrolle" der Strafverfolgung durch die Staatsanwaltschaft[25], die Korrektur unzureichender Wahrung der Verfolgungsinteressen, ist dem Nebenkläger nur möglich, wenn er seine Auffassung in der Hauptverhandlung auch gegen die Staatsanwaltschaft durchsetzen kann. Dazu gehört, daß er Beweisvereinfachungen trotz deren Zustimmung durch Verweigerung seiner Einwilligung verhindern kann. Die im Anschluß des Nebenklägers liegende „Verdoppelung" der Verfahrensbeteiligten auf seiten der Anklage hat dann die von *Beling*[26] hervorgehobene Folge, daß „jeder Angriffsakt" eines von ihnen wirksam ist, auch wenn der andere widerspricht, und daß er auch vom anderen im Sinne des Verfolgungsinteresses ausgenützt werden darf[27], daß umgekehrt aber „jede Preisgabe von Klägerrechten" am Widerspruch des anderen scheitert[28].

3. Es liegt auf der Hand, daß eine sich allein am Wortlaut orientierende Auslegung der einschlägigen gesetzlichen Bestimmungen nicht weiterhilft. Die doppelte Verweisung in § 397 Abs. 1 und § 385 Abs. 1 StPO ist ohnehin nicht geeignet, Zweifel bei Detailfragen eindeutig zu klären. Der Gesetzgeber hat damit nur den Grundgedanken aufgezeigt, nach dem sich die Einzelbefugnisse des Nebenklägers im Verfahren bestimmen. Bei der unterschiedlichen Ausgestaltung der Verfahren kann eine völlige Identität der Einzelbefugnisse von Nebenkläger, Privatkläger und Staatsanwalt

[25] *Bringewat* GA 1972, 289; *Kleinknecht*[34] Vor § 395, 1.

[26] *Beling* a. a. O. (Fußn. 4) S. 462; ähnlich BayObLGSt. 30, 150; *Eb. Schmidt* § 397 Rdn. 8.

[27] Z. B. bei einer Revisionsrüge oder in Form einer Beanstandung nach § 238 Abs. 2 StPO.

[28] Für Rechtsmittel gilt dies nach der herrschenden Meinung nicht; Staatsanwalt und Nebenkläger brauchen zur Zurücknahme zwar die Zustimmung ihres Gegners (§ 303 Satz 1 StPO), nicht aber ihre gegenseitige Einwilligung, *LR-Wendisch* § 401 Rdn. 2.

weder gewollt sein noch wäre sie sinnvoll[29]. Der das Verfahren allein betreibende Privatkläger hat notwendigerweise zumindest insoweit eine andere verfahrensrechtliche Stellung als der nur neben dem Staatsanwalt in einem vorgegebenen Offizialverfahren auftretende Nebenkläger[30]. Der Nebenkläger bedarf andererseits zur eigenverantwortlichen Mitwirkung an der Hauptverhandlung, insbesondere der Beweisaufnahme, anderer Befugnisse als der Privatkläger, denn seine Mitwirkung betrifft auch verfahrensgestaltende Entscheidungen, die im Privatklageverfahren gar nicht anfallen können, da dort die Verfahrensvereinfachungen der §§ 384 Abs. 3, 4, § 62 StPO Platz greifen[31]. Diesen Unterschieden kann nur eine Auslegung der §§ 397 Abs. 1, 385 Abs. 1 StPO Rechnung tragen, die die Befugnisse des Nebenklägers aus der Funktion und den Grenzen der in das Offizialverfahren eingebetteten Nebenklage zu verstehen sucht[32]. Auch wo keine Sonderregelungen bestehen, kann die entsprechende Anwendung der für die Staatsanwaltschaft geltenden Vorschriften nur dort zu identischen Befugnissen führen, wo trotz der Verschiedenheit der Verfahren und Verfahrensrollen der innere Rechfertigungsgrund der Regelung von den Unterschieden unberührt bleibt[33].

Das Recht, in gleicher Weise zugezogen und gehört zu werden, wie die Staatsanwaltschaft, das § 385 Abs. 1 StPO dem Privatkläger einräumt und das nach § 397 Abs. 1 StPO auch der Nebenkläger hat, muß deshalb nach Maßgabe des inneren Sinnes der Regelung modifizierend ausgelegt werden. Die an den Verfahrensleitbildern zu messende Systemgerechtigkeit der Ergebnisse verdient hier den Vorrang vor der reinen Wortauslegung. Leitschnur muß sein, ob die engere oder weitere Auslegung dieser Verweisungen dem Sinn der Nebenklage, so wie sie Gesetz geworden ist, besser entspricht[34].

[29] So schon *Wolffing*, a. a. O. (Fußn. 5) S. 62: „Gleichstellung ist nur cum grano salis zu verstehen; er hat die privatklägerischen Rechte, aber nur unter den Modifikationen, die entweder das Gesetz selbst für die Nebenklage aufstellt oder die sich logisch aus ihrer juristischen Natur ergeben."

[30] BGHSt. 11, 197; 15, 60.

[31] Hierauf stellt auch BGH MDR 1979, 415 ab.

[32] *Bringewat* GA 1972, 289 fordert deshalb eine funktionelle Auslegung, während *Rosenfeld* a. a. O. (Fußn. 5) S. 112 die Befugnisse des Nebenklägers durch Analogie zu den Parteirechten der Staatsanwaltschaft bestimmt.

[33] Vgl. BGHSt. 17, 128, 130ff.: Die entsprechende Anwendung einer Vorschrift in einem anderen Verfahren hängt nicht davon ab, daß alle äußeren Voraussetzungen, an die das Gesetz die entsprechende Anwendung knüpft, gegeben sind. Entscheidend ist vielmehr Sinn, Zweck und innerer Rechtfertigungsgrund der Vorschrift.

[34] Der Streit um die Abschaffung der Nebenklage und die Argumente für die Entbehrlichkeit dieses Prozeßinstituts dürfen die Auslegung des geltenden Rechts nicht bestimmen. Will man die mit der Nebenklage verbundenen Verzögerungen des Verfahrens vermeiden, muß man sie abschaffen, nicht aber die Rechte des Nebenklägers bis zur Bedeutungslosigkeit aushöhlen.

Wie die Entstehungsgeschichte dieser ursprünglich als § 425 in die StPO eingestellten Vorschrift zeigt, sollten dem Privatkläger diejenigen Rechte und Pflichten zufallen, welche bei Verfolgung der öffentlichen Klage dem Staatsanwalt zustehen, soweit diese nicht ein Ausfluß der Amtsgewalt des letzteren sind[35]. Unter Amtsgewalt verstand man dabei die „aus der öffentlichen Stellung der Anklagebehörde fließenden Befugnisse", vor allem das Monopol zur Erhebung der öffentlichen Klage und die Ausübung von Hoheitsbefugnissen, insbesondere die Anordnung von Zwangsmaßnahmen[36]. Dem Privatkläger sollten diese bei der Verfolgung seines privaten Sühneanspruchs versagt bleiben. Weil aber die Tragweite des Begriffs Amtsgewalt zu ungenau erschien, wählte man den jetzt noch im Gesetz enthaltenen Wortlaut, der mit „Zuziehen und Hören" die wichtigsten Pflichten des Gerichts gegenüber einem Prozeßsubjekt umriß. Es war nicht beabsichtigt, dem Privatkläger in der Hauptverhandlung, wo er statt des Staatsanwalts vor Gericht auftritt, um auf Gang und Ergebnis des Verfahrens Einfluß zu nehmen, weniger Mitwirkungsbefugnisse einzuräumen als dem Staatsanwalt oder dem Angeklagten. Gleiches gilt für den Nebenkläger. Das frühere Schrifttum, das den Parteibegriff im Strafverfahren verwandte, vertrat deshalb die Ansicht, daß sich der Nebenkläger „als selbständiger Parteigehilfe"[37] in der Hauptverhandlung der Rechte der Staatsanwaltschaft erfreut, „soweit diese als Prozeßpartei tätig wird"[38]. Auch wenn heute der Parteibegriff zur Kennzeichnung der Stellung der Verfahrensbeteiligten abgelehnt und die von der Instruktionsmaxime geprägte Hauptverhandlung nicht mehr als kontradiktorische Verhandlung auf gleicher Ebene zwischen gegenläufige Interessen verfolgende Prozeßparteien verstanden wird[39], erscheint der Grundgedanke der damaligen Unterscheidung weiterhin richtig.

Es entspricht nach heutiger Auffassung der Verfahrensgerechtigkeit und den Grundsätzen eines fairen, rechtsstaatlichen Verfahrens, daß die Verfahrensbeteiligten in der Hauptverhandlung als Rechtssuchende vor Gericht gleiche oder zumindest gleichgewichtige Einwirkungsmöglichkeiten und Befugnisse haben. Soweit es um die Überzeugungsbildung des

[35] Motive S. 227 *Hahn*, Materialien III 1 S. 273.

[36] *Rosenfeld* a. a. O. (Fußn. 5) S. 156 unterscheidet bei der Staatsanwaltschaft zwischen Parteistellung und Amtsstellung; *Wollfing* a. a. O. (Fußn. 5) S. 62 grenzt dies so ab: „Wenn die Staatsanwaltschaft behördliche Funktionen ausübt, wenn sie als Wächterin des Gesetzes, als Inhaberin der executiven Gewalt ... in Tätigkeit tritt, wenn sie kraft ihrer amtlichen Stellung für die Verteidigung des Angeklagten wirkt, ist sie nicht Partei und ihre Befugnisse gehen nicht auf den Privatkläger über."

[37] Z. B. BayObLGSt. 30, 150; *Wolffing* a. a. O. (Fußn. 5) S. 63, 81.

[38] *Wolffing* a. a. O. (Fußn. 5) S. 38 ff. S. 129: „sekundärer Parteivertreter", auf den die Normen für die Staatsanwaltschaft als Parteivertreter anwendbar sind.

[39] Vgl. *LR-Schäfer* Rdn. 13 ff. vor § 141 ff. GVG; *Eb. Schmidt* Lehrkom. I Rdn. 105 ff., der dies als Scheinproblem betrachtet.

Gerichtes geht, vor allen durch die Mitbestimmung von Inhalt und Form der Beweisaufnahme, erfordert die Verfahrensgerechtigkeit vom Prinzip und auch von der Optik her die formelle Gleichstellung bei den Einwirkungsmöglichkeiten[40]. Diese Waffengleichheit muß nicht nur zwischen Angeklagten und Staatsanwalt bestehen, sie gilt – in den Grenzen ihrer Beteiligungsbefugnis – auch für alle als Prozeßsubjekte sonst am Verfahren beteiligte Personen einschließlich des Nebenklägers. Auch dieser hat ein Recht darauf, daß er sein privates Genugtuungsinteresse in einem fairen Verfahren geltend machen kann, und daß er in der Hauptverhandlung hinsichtlich der Einwirkungsmöglichkeiten auf deren Gang und Ergebnis nicht schlechter gestellt wird als die anderen Verfahrensbeteiligten. Die ganze Nebenklage ist auf die eigene Interessenwahrung in der Hauptverhandlung angelegt. Nur darin liegt letztlich ihr Zweck und ihre Bedeutung für den Rechtsschutz des betroffenen Bürgers[41]. Eine Verfahrensregelung, die den Verletzten bei der Wahrnehmung seines Sühneanspruchs in der Hauptverhandlung befugnismäßig schlechter stellen würde als den Angeklagten oder den erst durch ein Klageerzwingungsverfahren zur Anklage veranlaßten Staatsanwalt wäre ein schlechtes Instrument für die eigene, von der Staatsanwaltschaft unabhängige Interessenwahrung. Sie würde auch kaum sein Vertrauen in die Rechtspflege[42] fördern. Für die eigenverantwortliche Mitwirkung des Nebenklägers bei der Beweisaufnahme, dem Kernstück der Hauptverhandlung, gilt dies im besonderen Maße. Es liefe überdies auch den Interessen einer umfassenden Sachaufklärung im Sinne einer Ausschöpfung aller Möglichkeiten für die Gewinnung der Entscheidungsgrundlagen zuwider, wollte man hier den Nebenkläger in seinen Einwirkungsmöglichkeiten beschneiden[43]. Ein Blick auf die Stellung des Nebenklägers als Rechtsmittelführer in der Berufungsverhandlung mag verdeutlichen, daß eine solche Beschränkung systemfremd und wenig sachgerecht wäre. Es wäre ein merkwürdiges Ergebnis, wollte man dem Nebenkläger zwar das Recht einräumen, als alleiniger Berufungsführer die Sache vor die nächste Instanz zu bringen, um ihn dann aber in der Berufungsverhandlung bei der Vertretung seines Rechtsmittels, bei der Beweisaufnahme über die Richtigkeit seines Vortrags befug-

[40] Vgl. etwa BVerfGE 26, 66, 71; 38, 105, 112; *Müller* NJW 1976, 1063; Zur Waffengleichheit vgl. ferner *Kleinknecht* Art. 6 MRK Rdn. 4; *LR-Schäfer* Einl. Kap. 6 Rdn. 13ff.; Vorbem. vor §§ 141 ff. GVG Rdn. 13ff. je mit weiteren Nachweisen.

[41] *Wolffing* a. a. O. (Fußn. 5) S. 78: „Teilnahmerecht erreicht in Hauptverhandlung Höhepunkt und volle Bedeutung." Auch wenn sich der Nebenkläger erst nach ergangenem Urteil zur Einlegung eines Rechtsmittels dem Verfahren anschließt (§ 401 Abs. 1 StPO) geschieht dies nur, um in einer neuen Hauptverhandlung das bisherige Verfahrensergebnis korrigieren zu können.

[42] *Henkel,* Strafverfahrensrecht § 43, II, 1; vgl. auch Fußn. 2.

[43] *Bringewat* GA 1972, 292.

nismäßig schlechter stellen als den Angeklagten und den Staatsanwalt, der sich mit dem Ersturteil zufrieden gegeben hatte. Auch hier ist Gleichheit in den prozessualen Einwirkungsmöglichkeiten auf den Gang der Verhandlung und auf die Meinungsbildung des Gerichts nötig. Dies trifft nicht nur für die Anwendung der für die Hauptverhandlung der ersten Instanz geltenden Vorschriften (§ 332 StPO) zu, sondern auch für die besonderen prozessualen Gestaltungsmöglichkeiten des Berufungsverfahrens in § 324 Abs. 1 Satz 2 und § 325 Abs. 1 StPO.

Eine formelle Gleichheit in den Befugnissen scheidet dagegen überall dort aus, wo die Staatsanwaltschaft als Vertreterin des staatlichen Strafanspruchs in der Hauptverhandlung über den Verfahrensgegenstand als solchen mitzuentscheiden hat oder wo sie als Justizbehörde in den Amtsbetrieb des Verfahrens eingeschaltet ist, wie etwa bei der Vorlage der Akten nach § 222 a Abs. 1 StPO, oder wo sie unmittelbar gegen Dritte wirksame Hoheitsbefugnisse ausübt. In der Hauptverhandlung, um die es im Rahmen der vorliegenden Abhandlung geht, kommt dieser Tätigkeitsbereich der Staatsanwaltschaft jedoch nur in Ausnahmefällen zum Tragen.

Abgesehen von diesem Bereich sprechen die vorstehenden Überlegungen für eine grundsätzliche befugnismäßige Gleichbehandlung von Nebenkläger und Staatsanwaltschaft in der Hauptverhandlung. Dies gilt besonders für die Mitwirkung bei der Beweisaufnahme. Deshalb erscheint es nicht angezeigt, aus dem Wortlaut des § 385 Abs. 1 StPO abzuleiten, daß sich die Befugnisse des Nebenklägers in der Hauptverhandlung in dem Zugezogen- und Angehört-Werden im engen Wortsinne erschöpfen und daß ihm im übrigen die Möglichkeit fehlt, durch prozeßgestaltende Erklärungen den Gang der Hauptverhandlung mitzubestimmen. Es dürfte im Gegenteil dem Wesen der Nebenklage des geltenden Rechts gemäß sein, dem Nebenkläger in der Hauptverhandlung alle Befugnisse einzuräumen, die die Strafprozeßordnung Staatsanwaltschaft und Angeklagten für ein selbständiges und eigenverantwortliches Mitgestalten des Verfahrensgangs eröffnet.

Eine Betrachtung der Einzelbefugnisse des Nebenklägers und der zwischen ihnen bestehenden Zusammenhänge dürfte dieses Ergebnis bestätigen. Sie zeigt das zwischen den einzelnen Einwirkungsmöglichkeiten bestehende Wirkungsgefüge, das eine in seiner Gesamtheit aufeinander abgestimmte Einheit bildet, aus der nicht einzelne Befugnisse herausgebrochen werden dürfen, wenn man die für ein faires Verfahren erforderliche Ausgewogenheit der Verfahrenspositionen wahren will.

V. Die einzelnen Befugnisse

1. Keine Verfügung über den Gegenstand des Offizialverfahrens. Der Gegenstand des Verfahrens, und damit auch der Gegenstand der Hauptverhandlung wird allein durch die zugelassene Anklage der Staatsanwaltschaft bestimmt. Aus ihr ergeben sich die Grenzen für die Urteilsfindung des Gerichts (§ 264 StPO). Der Nebenkläger muß das Offizialverfahren so hinnehmen, wie er es beim Anschluß vorfindet (vgl. §§ 398, 399 StPO). Diejenigen Prozeßhandlungen, mit denen die Staatsanwaltschaft als Vertreterin des staatlichen Strafanspruchs über das Verfahren als Ganzes mitbestimmt, die Verfolgung auf abtrennbare Teile beschränkt oder erweitert, sind dem Nebenkläger verschlossen. Auch seiner Zustimmung bedarf es insoweit nicht. Er kann durch deren Verweigerung weder die Einstellung des ganzen Verfahrens nach § 153 Abs. 2, § 153a Abs. 2, § 153b Abs. 2 StPO verhindern[44], noch hat er ein Rechtsmittel dagegen, wie § 397 Abs. 2 StPO jetzt klarstellt. Er ist insoweit lediglich vorher zu hören, wobei § 396 Abs. 2 Satz 2 StPO diese Anhörung dadurch sichert, daß das Gericht erst über die Berechtigung zum Anschluß entscheiden muß, bevor es die Einstellung nach § 153 Abs. 2 oder § 153b Abs. 2 StPO erwägt. Nur die Beschränkung der Verfolgung der angeklagten Tat nach § 154a StPO berührt den Nebenkläger nicht. Soweit eine solche Beschränkung der Nebenklage zugängliche Gesetzesverletzungen oder abtrennbare Teile einer Tat betrifft, wird sie mit Zulassung der Nebenklage hinfällig (§ 397 Abs. 3 StPO). Hier hat der Gesetzgeber dem Verfolgungsinteresse des Nebenklägers den Vorrang eingeräumt vor der mit § 154a StPO erstrebten Vereinfachung und Beschleunigung des Verfahrens.

Der Nebenkläger kann den Gegenstand des Strafverfahrens über die zugelassene Anklage hinaus auch nicht erweitern. Das Recht, Nachtragsanklage nach § 266 StPO zu erheben, hat nur die Staatsanwaltschaft als Inhaberin des Anklagemonopols. Der Nebenkläger kann allenfalls formlos die Erhebung der Nachtragsanklage anregen. Bleibt er damit erfolglos, ist es ihm unbenommen, wegen der nicht einbezogenen Tat in einem getrennten Verfahren zur Privatklage zu schreiten.

2. *Die Zuziehung zum Verfahren.* Die Verpflichtung, den zugelassenen Nebenkläger zum Verfahren zuzuziehen, wird durch § 397 Abs. 1, § 385 Abs. 1 StPO ausdrücklich festgelegt. Nach Wortlaut und Sinn der Regelung ist dem Nebenkläger von Amts wegen durch entsprechende Benachrichtigungen Gelegenheit zu geben, an allen Verfahrensvorgängen teilzunehmen, bei denen auch die Staatsanwaltschaft ein Recht auf Anwesenheit hat. Dies gilt für die Hauptverhandlung ebenso wie für außerhalb der Hauptverhandlung liegende Verfahrensteile, wie die kommissarische Vernehmung einer Beweisperson nach §§ 223, 224 StPO oder die Anwesenheit bei der Einnahme eines Augenscheins nach § 225 StPO.

[44] Z. B. *LR-Wendisch* § 397 Rdn. 2 mit weiteren Nachweisen; BGH MDR 1979, 415.

Sein Recht auf Teilnahme gilt auch für die Verhandlungsteile, bei denen die Öffentlichkeit ausgeschlossen wird. Es entfällt auch nicht, wenn der Nebenkläger als Zeuge vernommen werden soll[45]. Sein Anwesenheitsrecht geht dem § 243 Abs. 2 Satz 2 StPO vor, demzufolge die Zeugen den Sitzungssaal bis zu ihrer Vernehmung verlassen sollen. Anders als der Angeklagte kann der Nebenkläger selbst dann nicht von der Teilnahme ausgeschlossen werden, wenn zu befürchten ist, daß ein Zeuge in seiner Gegenwart mit der Wahrheit zurückhält[46].

Zuziehen bedeutet aber mehr als nur eine die vorgeschriebenen Formen und Fristen wahrende Benachrichtigung von Ort und Zeit bestimmter Verfahrensvorgänge und die Gestattung der körperlichen Anwesenheit bei diesen. Es ist im Sinne des Ermöglichens echter Teilnahme, der Eröffnung eines Mitwirkungsrechts, zu verstehen, so wie es der Funktion eines Prozeßsubjekts entspricht. Hier zeigt sich der innere Zusammenhang mit der anderen von § 385 Abs. 1 Satz 1 StPO herausgestellten Pflicht des Gerichts, dem Hören, die letztlich schon im Zuziehen mit umschlossen ist. Jede Mitwirkung beim Verfahren, jedes Einwirken auf die Meinungsbildung des Gerichts setzt die Anhörung voraus. Beim schriftlichen Verfahren, etwa bei einem schriftlich geführten Zwischenverfahren[47], ist Zuziehen ja ohnehin nur dadurch möglich, daß dem Nebenkläger Gelegenheit zu einer schriftlichen Stellungnahme gegeben wird, daß er also gehört wird, so wie es dem auch ihm als Prozeßsubjekt zustehenden, verfassungsrechtlich verbürgten Recht auf Gehör (Art. 103 Abs. 1 GG) entspricht. Die im Zuziehen und Anhören wurzelnden Befugnisse erfordern zu ihrer sachgerechten Ausübung zwangsläufig hinreichende Informationsmöglichkeiten über entscheidungserhebliche Tatsachen und Verfahrensvorgänge. Hierauf wird später noch einzugehen sein (vgl. unten V, 5), zunächst soll nur der innere Zusammenhang zwischen den einzelnen Befugnissen und ihre gegenseitige Ableitbarkeit verdeutlicht werden. Dieser schließt jede isolierte Betrachtung aus. Nur das Zusammenspiel aller Einwirkungsmöglichkeiten gewährleistet eine Verfahrensrolle, die eine von den anderen Verfahrensbeteiligten unabhängige, selbständige Rechtsverfolgung gestattet. Sieht man diese Zusammenhänge, so ist es von zweitrangiger Bedeutung, aus welcher Einzelbefugnis jeweils ein bestimmtes Verfahrensrecht abgeleitet wird, ob man etwa das soweit ersichtlich allseits anerkannte Recht des Nebenklägers, Fragen an Angeklagte und Beweispersonen zu stellen (§ 240 Abs. 2 Satz 1 StPO)[48], aus der im Zu-

[45] RGSt. 25, 177; BGH MDR 1952, 532 bei *Dallinger;* BGH VRS 48, 18; *Kleinknecht*[34]; § 243 Rdn. 4; *LR-Wendisch* § 397 Rdn. 20.

[46] RGSt. 25, 177.

[47] Z. B. nach §§ 27 oder 222 b StPO.

[48] *Kleinknecht*[34] § 240 Rdn. 5; *LR-Wendisch* § 397 Rdn. 5; *Eb. Schmidt* § 397 Rdn. 4; BGH MDR 1979, 415; vgl. oben II, 3.

ziehen eingeschlossene Mitwirkungsbefugnis ableitet oder unmittelbar aus der Eigenschaft als Prozeßsubjekt. Entscheidend ist, daß sich dieses Ergebnis als konsequente Folgerung aus der Gesamtheit des Normengefüges ergibt, das der Nebenklage des geltenden Rechts ihre Konturen verliehen hat.

Dem Recht, zugezogen zu werden, steht keine Teilnahmepflicht gegenüber. Die Anwesenheitspflicht des Staatsanwalts (§ 226 StPO) erstreckt sich nicht auf den Nebenkläger. Ob dieser das mit der Nebenklage verfolgte Privatinteresse in der Hauptverhandlung fördern will, steht in seinem Belieben[49]. Das Offizialverfahren wird durch sein Ausbleiben nicht behindert[50].

Die Verpflichtung des Gerichts zur Zuziehung des Nebenklägers steht unter der Einschränkung, daß der Fortgang des Verfahrens dadurch nicht aufgehalten wird (§ 398 Abs. 1 StPO). Hauptverhandlung und andere Termine finden auch dann statt, wenn der Nebenkläger wegen der Kürze der Zeit nicht mehr geladen werden konnte (§ 398 Abs. 2 StPO) oder wenn er durch triftige Gründe an der Teilnahme verhindert ist. Ein Recht auf Vertagung hat er nicht. Da keine Pflicht zur Teilnahme besteht, kann das Gericht – anders als beim Privatkläger nach § 387 Abs. 3 StPO – auch nicht das persönliche Erscheinen des Nebenklägers anordnen[51].

3. *Recht auf Anhörung.* Die Verpflichtung, den Nebenkläger in gleicher Weise wie die Staatsanwaltschaft zu hören (§ 397 Abs. 1, § 385 Abs. 1), gibt dem Nebenkläger die Anhörungsrechte der Staatsanwaltschaft, so wie sie in § 33 StPO allgemein und in einzelnen Verfahrensvorschriften für die jeweiligen Verfahrenslagen besonders vorgesehen sind. Das dem Nebenkläger als Verfahrenssubjekt zustehende Recht auf Gehör (Art. 103 Abs. 1 GG) wird hierdurch prozeßrechtlich konkretisiert.

Der Nebenkläger ist als Beteiligter vor jeder in der Hauptverhandlung ergehenden Entscheidung nach § 33 Abs. 1 StPO zu hören. Er hat die Befugnis, sich nach § 257 StPO zu jeder einzelnen Beweiserhebung zu erklären. Er muß gehört werden, bevor einem Zeugen oder Sachverständigen die Entfernung aus dem Gerichtssaal gestattet wird (§ 248 Satz 2 StPO) und ihm ist vom Vorsitzenden das Wort zu den Schlußausführungen nach § 258 Abs. 1 StPO von Amts wegen zu erteilen[52]. Ebenso wie der Staatsanwalt hat er das Recht auf Erwiderung nach § 258 Abs. 2 StPO. Von sei-

[49] RGSt. 31, 38.

[50] Die Besonderheiten des § 401 Abs. 3 StPO, der bei Ausbleiben des Nebenklägers gestattet, eine allein von ihm eingelegte Berufung zu verwerfen, brauchen hier nicht erörtert zu werden.

[51] *LR-Wendisch* § 397 Rdn. 18; zum erledigten Streit, ob der Nebenkläger die Pflichten des Privatklägers hat, vgl. *Wolffing* a. a. O. (Fußn. 5) S. 59ff.

[52] RGSt. 16, 253.

nem Schlußvortrag müssen – ebenso wie beim Staatsanwalt – zumindest seine Anträge einem der deutschen Sprache nicht mächtigen Angeklagten übersetzt werden (§ 259 StPO)[53].

Das Recht, in der Hauptverhandlung Erklärungen zur Sache abzugeben, verliert er selbst dann nicht, wenn er als Zeuge im Verfahren vernommen werden soll. Es wird auch nicht dadurch betroffen, daß er als Zeuge ein Zeugnisverweigerungsrecht geltend macht. Hinsichtlich der Erklärungen, die in der Eigenschaft als Nebenkläger abgegeben werden, bedarf es auch keiner Belehrung über das Zeugnisverweigerungsrecht[54], obwohl auch diese Erklärungen – ebenso wie eine Zeugenaussage – zum Inbegriff der Hauptverhandlung (§ 261 StPO) gehören und deshalb für die Urteilsfindung verwertbar sind.

4. Antragsrechte, Gestaltungsbefugnisse bei der Beweisaufnahme. Das Recht, in der Hauptverhandlung Anträge zu stellen, wird dem Nebenkläger von der herrschenden Meinung zuerkannt[55]. Dies wurde damit begründet, daß das Recht, in gleicher Weise wie die Staatsanwaltschaft gehört zu werden, die Befugnis mit einschließt, in gleicher Weise wie sie Anträge zu stellen[56]. Ob diese Deduktion für sich allein zwingend ist, mag dahinstehen. Bei einer Gesamtwürdigung der Prozeßstellung des Nebenklägers wird seine Befugnis, durch Anträge in der Hauptverhandlung in gleicher Weise wie Staatsanwalt und Angeklagter auf das Verfahren aktiv einzuwirken, nicht bezweifelt werden können. Dies gilt vor allem für die Beweisaufnahme. Das Recht, eigene Beweisanträge zu stellen, die das Gericht nur unter den strengen Voraussetzungen der §§ 244, 245 StPO ablehnen kann, ist eine wesentliche Voraussetzung für die Wahrung des privaten Sühneinteresses, um dessentwillen dem Nebenkläger der Anschluß gestattet wird. Dieses Ergebnis wird dadurch bestätigt, daß der Nebenkläger ebenso wie der Privatkläger Zeugen und Sachverständige nach §§ 397, 386 Abs. 2 StPO unmittelbar laden darf. Diese Befugnis würde weitgehend leerlaufen, wollte man dem Nebenkläger das Recht auf Stellung des Beweisantrags versagen, der jetzt nach § 245 Abs. 2 StPO notwendig ist, damit ein aufgrund einer unmittelbaren Ladung präsenter Zeuge vom Gericht vernommen wird. Das Beweisantragsrecht des Nebenklägers umfaßt auch die Einvernahme der Beweispersonen, deren Präsenz in der Hauptverhandlung ein anderer Verfahrensbeteiligter bewirkt hat. Sein Beweiserhebungsinteresse erstreckt sich aber auch auf die vom Gericht selbst geladenen präsenten Beweismittel. Will das Gericht von der

[53] *Rosenfeld* a. a. O. (Fußn. 5) S. 142.

[54] BGH VRS 48, 18.

[55] *Kleinknecht*[34] § 397 Rdn. 1; *LR-Wendisch* § 397 Rdn. 6; BGH MDR 1979, 415.

[56] So *Rosenfeld* A. a. O. (Fußn. 5) S. 143: . . . „liegt endlich in dem ‚Hören', daß der Nebenkläger alle diejenigen Anträge stellen kann, welche von seiten des Staatsanwalts zulässig sind"; ähnlich S. 172.

Verwendung eines solchen Beweismittels absehen, so bedarf es dazu nicht nur des Einverständnisses von Angeklagten, Verteidiger und Staatsanwalt, sondern auch des Einverständnisses des Nebenklägers[57]. Die Nichtverwendung eines präsenten Beweismittels nach § 245 Abs. 1 Satz 2 StPO kann auch sein Beweiserhebungsrecht verkürzen. Möglicherweise hat er nur wegen der Beiziehung des Beweismittels durch das Gericht auf ein eigenes Tätigwerden, vor allem auf die eigene Ladung der Beweisperson verzichtet. Im übrigen wäre es auch unter dem Blickwinkel der Waffengleichheit nicht einzusehen, weshalb einerseits Angeklagter und Verteidiger unabhängig voneinander dem Verzicht auf Verwendung des präsenten Beweismittels zustimmen müssen, während auf der Seite der Strafverfolgung der Verzicht der Staatsanwaltschaft ausreichen soll, und der die Verfolgungsinteressen unabhängig von der Staatsanwaltschaft wahrnehmende Nebenkläger sich damit begnügen muß, daß das Gericht seine Einwendungen bei Ausübung seines Ermessens berücksichtigt.

Wie bereits erwähnt, liegt der Sinn der Nebenklage darin, daß der Nebenkläger in der Hauptverhandlung unabhängig von der Staatsanwaltschaft alle prozessualen Einwirkungsmöglichkeiten auf die Urteilsfindung selbst ausschöpfen kann. Dies gilt vor allem für die Befugnis, durch Mitbestimmung über Form und Umfang der Beweisaufnahme dafür zu sorgen, daß die Grundlagen für die Urteilsfindung des Gerichts nicht zur Prozeßerleichterung in einer sein Verfahrensinteresse gefährdenden Weise verkürzt werden. Ihm müssen deshalb alle Möglichkeiten, die die Strafprozeßordnung den Verfahrensbeteiligten eröffnet, in gleicher Weise wie den anderen zur Verfügung stehen. Es erscheint mir deshalb mit der prozessualen Stellung des Nebenklägers unvereinbar, ihn hier schlechter zu stellen als den Staatsanwalt, den Angeklagten, den Verteidiger oder einen sonstigen Verfahrensbeteiligten, der befugnismäßig dem Angeklagten gleichsteht, wie etwa den Einziehungsbeteiligten.

Dem Nebenkläger ist deshalb das Recht zuzuerkennen, die Beeidigung eines Sachverständigen nach § 79 Abs. 1 Satz 2 StPO zu beantragen[58]. Seine Zustimmung ist ebenfalls notwendig, wenn die Vernehmung einer Person durch die Verlesung einer Niederschrift über eine frühere richterliche Einvernahme nach § 251 Abs. 1 Nr. 4 StPO ersetzt werden soll[59] oder wenn nach § 61 Nr. 5 StPO auf die Beeidigung eines Zeugen verzichtet wird[60]. Diese Entscheidungen berühren die Beweisqualität. Sie sind

[57] Bisher kaum bestritten, vgl. BGH MDR 1979, 415; BayObLGSt. 1951, 601; *LR-Wendisch* § 397 Rdn. 6; *Müller-Sax* § 245 Anm. 5 c; *Kleinknecht*[33] § 245 Anm. 8; a. A. jetzt *Kleinknecht*[34] § 245 Rdn. 5.

[58] BGH MDR 1979, 415.

[59] A. A. *Kleinknecht* § 251 Rdn. 13.

[60] BGH MDR 1979, 415; a. A. *Kleinknecht*[34] § 61 Rdn. 10; *LR-Meyer* § 61 Rdn. 35; *Rieß* NJW 1975, 84 Fußn. 49.

deshalb nur zulässig, wenn ein allseitiges Einverständnis zeigt, daß im konkreten Fall insoweit von keiner Seite Bedenken bestehen. Trifft dies nicht zu, weil ein Beteiligter widerspricht, dann müssen sie unterbleiben. Dies hat vom Regelungszweck her aber auch zu gelten, wenn der Nebenkläger seine Zustimmung verweigert.

Beim Ersatz der Verlesung einer Schrift durch das Verfahren nach § 249 Abs. 2 StPO wird die Qualität des Beweismittels als solche an sich nicht verändert. Der für das Verfahren erforderliche Verzicht auf Verlesung nach § 249 Abs. 2 Satz 1 StPO betrifft nur die Form der Beweisaufnahme, mit der die Schrift zum Gegenstand der mündlichen Verhandlung gemacht wird. Nachdem aber der Gesetzgeber das den Mündlichkeitsgrundsatz auflockernde Verfahren nach § 249 Abs. 2 StPO nur mit Zustimmung der Verfahrensbeteiligten zuläßt, wird man dem Nebenkläger insoweit die gleiche Befugnis einräumen müssen wie den anderen Verfahrensbeteiligten[61]. Gleiches gilt in der Berufungsverhandlung für den Verzicht auf die Verlesung der Urteilsgründe nach § 324 Abs. 1 Satz 2 StPO und für die Zustimmung zur Verlesung der Protokolle der 1. Instanz nach § 325 Abs. 1 StPO.

Die Befugnis, Gang und Ergebnis der Hauptverhandlung durch Erklärungen, Fragen und durch Nutzung der von der Prozeßordnung eröffneten Gestaltungsmöglichkeiten mitzubestimmen, deckt sich mit seiner sonstigen Stellung in der Hauptverhandlung. Ihr entspricht sein Recht, die auf die Sachleitung bezüglichen Anordnungen des Vorsitzenden zu beanstanden und die Entscheidung des Gerichts über ihre Zulässigkeit nach § 238 Abs. 2, § 242 StPO herbeizuführen oder die ebenfalls allen Verfahrensbeteiligten eingeräumten Befugnis, die Protokollierung eines Vorgangs oder des Wortlauts einer Äußerung zu verlangen (§ 273 Abs. 3 Satz 1 StPO). Die Protokollierung nach § 255 StPO kann auch der Nebenkläger beantragen.

5. *Informationsrechte.* Wie bereits erwähnt, ist es für die sachgerechte Ausübung der Verfahrensbefugnisse unerläßlich, daß der Nebenkläger die erforderlichen Informationen erhält oder sie sich zumindest verschaffen kann. Grundsätzlich sind dem Nebenkläger die nach seinem Anschluß ergehenden gerichtlichen Entscheidungen von Amts wegen im gleichen Maße wie der Staatsanwaltschaft bekanntzugeben (§ 397 Abs. 1, § 385 Abs. 1 Satz 2 StPO). § 35 Abs. 1, 2 StPO gilt somit auch für den Nebenkläger. Anders als die Staatsanwaltschaft hat dieser aber, soweit er betroffen ist, Anspruch auf Rechtsmittelbelehrung nach § 35a StPO. Die vor dem Anschluß ergangenen Entscheidungen brauchen ihm dagegen – abgesehen vom Sonderfall des § 401 Abs. 1 Satz 2 StPO – nicht von Amts we-

[61] A. A. *Kleinknecht* § 249 Rdn. 21.

gen mitgeteilt zu werden, wie § 399 Abs. 1 StPO klarstellt. Hierüber kann er sich durch Akteneinsicht unterrichten. Das Recht hierzu kann er allerdings nicht persönlich ausüben. Ebenso wie der Privatkläger muß er sich dazu eines Anwalts bedienen (§§ 397 Abs. 1, § 385 Abs. 3 StPO). Gleiches gilt für das Recht, die Besetzungsunterlagen des Gerichts einzusehen (§ 222a Abs. 3 StPO).

Über den Inhalt der Hauptverhandlung und die dort getroffenen Entscheidungen muß er sich nach dem Anschluß grundsätzlich durch Teilnahme selbst unterrichten. Abgesehen von den Urteilen nach § 401 StPO müssen ihm die dort verkündeten Entscheidungen bei Abwesenheit nicht besonders zur Kenntnis gebracht werden.

Gibt der Vorsitzende vor der Hauptverhandlung Beweisanträgen des Angeklagten statt, so ist auch ein bereits zugelassener Nebenkläger nach § 219 Abs. 2 StPO davon zu unterrichten. Die vom Angeklagten oder vom Gericht zur Hauptverhandlung geladenen Beweispersonen sind auch ihm nach § 222 StPO mitzuteilen. Werden sie ihm zu spät namhaft gemacht, so daß ihm keine ausreichende Zeit zum Erkundigen bleibt, so kann auch er nach § 246 Abs. 2 StPO die Aussetzung der Hauptverhandlung zum Zwecke der Erkundigung beantragen[62]. Dieses Recht hat er dagegen nicht, wenn seine Unkenntnis bei der Hauptverhandlung darauf beruht, daß er sich erst in einem Zeitpunkt dem Verfahren angeschlossen hat, in dem die Besetzungsmitteilungen schon hinausgegangen waren. Die Mitteilungen brauchen an den Nebenkläger nach seinem Anschluß nicht nachgeholt zu werden. Wenn er sich nicht mehr rechtzeitig erkundigen konnte, rechtfertigt diese Folge seines späten Anschlusses nicht, das Verfahren durch eine Aussetzung oder Unterbrechung aufzuhalten.

Bei veränderter Sachlage hat auch der Nebenkläger die Befugnis, die Aussetzung der Hauptverhandlung zur genügenden Vorbereitung der Nebenklage nach § 265 Abs. 4 StPO zu beantragen[63]. Da er sein Genugtuungsinteresse unabhängig von der Staatsanwaltschaft verfolgen darf, kann ihm diese Möglichkeit nicht verweigert werden. Sie ist für ihn wichtig, da sie ihm gestattet, einer ungenügenden Verfolgungsaktivität der Staatsanwaltschaft entgegenzuwirken, und zu verhindern, daß im Interesse der raschen Verfahrenserledigung auf Maßnahmen zur Intensivierung der Strafverfolgung verzichtet wird. Mißbräuchlichen Aussetzungsanträgen des Nebenklägers kann das Gericht unschwer begegnen, da die Aussetzung nach § 265 Abs. 4 in seinem pflichtgemäßen Ermessen steht.

6. *Kreuzverhör.* Zweifelhaft erscheint mir die Stellung des Nebenklägers beim Kreuzverhör. Nach den vorhergehenden Überlegungen läge es

[62] BGH MDR 1979, 415.
[63] BGH MDR 1979, 415; a. A. *Kleinknecht* § 265 Rdn. 20.

nahe, ihm ebenso wie dem Staatsanwalt die Befugnis zuzubilligen, die von ihm selbst benannten Zeugen und Sachverständigen mit Zustimmung des Angeklagten im Wege des Kreuzverhörs zu vernehmen, auch wenn § 239 Abs. 1 StPO das Kreuzverhör nur bei den von der Staatsanwaltschaft und vom Angeklagten benannten Zeugen ausdrücklich vorsieht. Demgegenüber wird in einem Teil des Schrifttums[64] in enger Auslegung dieser ohnehin kaum praktizierten Vorschrift die Ansicht vertreten, daß ihre Anwendung auf die von anderen Verfahrensbeteiligten benannten Beweispersonen ebenso auszuscheiden habe wie bei den von Gericht selbst zugezogenen. Da § 239 StPO davon ausgeht, daß das Kreuzverhör ohnehin nur bei einem Teil der zu vernehmenden Beweispersonen zulässig ist, läßt sich für diese Ansicht neben dem – allerdings nicht entscheidenden – Wortlaut anführen, daß die Ausdehnung des Kreuzverhörs auf die Zeugen und Sachverständigen aller anderen Verfahrensbeteiligten die Hauptverhandlung über Gebühr belasten würde. Wären neben Staatsanwalt und Verteidiger auch die anderen Verfahrensbeteiligten zur Durchführung des Kreuzverhörs persönlich oder durch einen Anwalt berechtigt, so müßte dies nicht nur für ihre eigenen Zeugen sondern für alle zum Kreuzverhör gebrachten Zeugen gelten. Es würden dann sowohl auf seiten der Anklage als auch auf seiten der Verteidigung unter Umständen mehrere Personen nacheinander das Kreuzverhör führen mit der Gefahr, daß die Beweisaufnahme verzögert, mit Nebensächlichkeiten belastet und wegen der dabei verfolgten Privatinteressen leicht in die falsche Richtung gelenkt und die Wahrheitserforschung insgesamt erschwert werden könnte. Die Beweispersonen würden durch die Zahl der zur Teilnahme am Kreuzverhör berechtigten Personen weit mehr belastet als durch die Ausübung des Fragerechts, das den nicht zur Durchführung des Kreuzverhörs befugten Personen nach dessen Abschluß zusteht. Dazu kommt, daß die Durchführung des Kreuzverhörs, wie § 239 Abs. 1 Satz 1 StPO zeigt, erkennbar den rechtskundigen Personen vorbehalten bleiben sollte. Es liegt nahe, daß dem Nebenkläger ebenso wie dem Angeklagten oder dem Einziehungsbeteiligten die Befugnis zur persönlichen Führung des Kreuzverhörs abzusprechen wäre; er müßte sich also eines als Beistand oder Vertreters auftretenden Anwalts bedienen[65]. All diese Überlegungen für eine enge Auslegung des § 239 StPO sind nicht zwingend. Bei Würdigung des ganzen Systems der Beweisaufnahme in der Hauptverhandlung erscheint mir aber doch die

[64] *Stenglein* GS 35, 271, 303; *Dalcke-Fuhrmann-Schäfer* Strafrecht und Strafverfahren, 37. Aufl. § 239 StPO Anm. 2; *LR-Gollwitzer* § 239 Rdn. 4; a. A. *Rosenfeld* a. a. O. (Fußn. 5) S. 143; *Wolffing* a. a. O. (Fußn. 5) S. 79 mit weiteren Nachweisen.

[65] *Eb. Schmidt* § 385 Rdn. 1 ist der Ansicht, daß der Privatkläger zum Kreuzverhör eines Anwalts bedarf; a. A. *Wolffing* a. a. O. (Fußn. 5) S. 65, wonach der Nebenkläger persönlich und nicht nur durch einen Anwalt das Kreuzverhör führen darf, weil auch der Verteidiger nicht notwendig Rechtsanwalt sein müsse.

Auslegung den Vorzug zu verdienen, die das Recht zur Führung eines Kreuzverhörs auf Staatsanwalt und Verteidiger und damit auch auf die von ihnen benannten Beweispersonen beschränkt.

Die weitere Frage, ob der Nebenkläger auf seiten des Staatsanwalts und der Einziehungsbeteiligte auf seiten des Angeklagten durch ihre anwaltschaftlichen Vertreter am Kreuzverhör jeweils nach Staatsanwalt oder Verteidiger aber vor der jeweiligen Gegenpartei das Verhör führen dürfen, wird man dann folgerichtig ebenfalls verneinen müssen. Ihre Beteiligung am Kreuzverhör der von Staatsanwaltschaft oder Angeklagten geladenen Beweispersonen beschränkt sich dann wie bei einer normalen Einvernahme durch den Vorsitzenden auf das Recht, Fragen zu stellen (§ 240 StPO); ein Recht, das sie auch persönlich – und nicht nur durch ihren Anwalt – ausüben können.

Staatsanwalt und Verteidiger bedürfen zur Durchführung des Kreuzverhörs des gegenseitigen Einverständnisses. Sieht man die Durchführung des Kreuzverhörs als das ausdrückliche Recht dieser beiden Verfahrensbeteiligten an, dann wird man nicht verlangen können, daß Nebenkläger und Einziehungsbeteiligte ebenfalls einverstanden sein müssen. Geht man dagegen nicht von diesem formellen Standpunkt sondern davon aus, daß das Kreuzverhör wegen der besonderen Art der Beweiserhebung auch die eigenen Verfahrensinteressen von Nebenkläger und Einziehungsbeteiligten berührt, dann wird zu fordern sein, daß bei den vom Staatsanwalt benannten Zeugen neben dem Angeklagten auch der Einziehungsbeteiligte und bei den vom Angeklagten benannten Zeugen neben dem Staatsanwalt auch der Nebenkläger dem Kreuzverhör zustimmt[66]. Dies kommt dem sonstigen System bei einer Mehrheit gleichartiger Verfahrensbeteiligter am nächsten. Sind mehrere Angeklagte vorhanden, muß ja auch der Verteidiger eines jeden von ihnen zustimmen, wenn der Staatsanwalt einen selbst benannten Zeugen zum Kreuzverhör bringen will, während es umgekehrt der Zustimmung eines Mitangeklagten nicht bedarf, wenn ein von seinem Mitangeklagten benannter Zeuge im Kreuzverhör vernommen wird.

7. Recht auf gesetzlichen Richter, Ablehnung von Gerichtspersonen. Unmittelbar aus der Stellung des Nebenklägers als Prozeßsubjekt ergibt sich, daß er den Anspruch hat, daß die Strafsache, in der er sein eigenes Genugtuungsinteresse verfolgt, von dem gesetzlichen Richter (Art. 101 Abs. 1 Satz 2 GG) unbefangen entschieden wird. Er ist deshalb befugt, Bedenken gegen die sachliche, örtliche oder funktionelle Zuständigkeit

[66] *Wolffing* a. a. O. (Fußn. 5) S. 79 unterscheidet ebenfalls: Bei Zeugen der Staatsanwaltschaft bedarf es der Zustimmung des Nebenklägers nicht, bei Zeugen des Angeklagten ist das Einverständnis beider auf der Klagseite vereinigten Personen notwendig.

des mit der Sache befaßten Gerichts ohne Bindung an die Ansicht der Staatsanwaltschaft geltend zu machen. So kann er in der Hauptverhandlung die Verweisung des Verfahrens an ein sachlich zuständiges höheres Gericht nach § 270 StPO oder schon vorher die Vorlage nach § 225a Abs. 1 StPO verlangen. Soweit allerdings die Staatsanwaltschaft die Befugnis zur Geltendmachung von Zuständigkeitsmängeln bereits verloren hat und diese nur noch auf Einwand des Angeklagten zu beachten sind (§§ 6a, 16 StPO), ist auch der Nebenkläger damit ausgeschlossen. Dies gilt selbst dann, wenn er sich dem Verfahren erst in einem Zeitpunkt angeschlossen hat, in dem die Staatsanwaltschaft ihr Beanstandungsrecht bereits verloren hatte, denn er muß den Prozeß so hinnehmen, wie er ihn beim Anschluß vorfindet.

Besetzungsfehler des Gerichts kann der Nebenkläger ebenso rügen wie die Staatsanwaltschaft. Im Verfahren erster Instanz vor den Landgerichten und Oberlandesgerichten obliegt auch ihm die Besetzungsprüfung und die vorgezogene Rüge nach § 222b StPO. Der Gesetzgeber stellt dies in § 222b Abs. 1 Satz 4 StPO ausdrücklich klar, wenn er dort hervorhebt, daß auf die vorgezogene Besetzungsrüge die Formvorschrift des § 390 Abs. 2 StPO entsprechend anwendbar ist. Unterläßt der Nebenkläger die rechtzeitige Rüge, kann er sie mit der Revision nicht mehr nachholen (§ 338 Nr. 1 StPO). Deshalb ist auch ihm die Besetzung des Gerichts nach § 222a Abs. 3 StPO mitzuteilen. Er hat, wie § 222a Abs. 3 StPO ausdrücklich festlegt, das Recht, durch einen Anwalt Einblick in die Besetzungsunterlagen zu nehmen. Unter den Voraussetzungen des § 222a Abs. 2 kann er die Unterbrechung der Hauptverhandlung zur Besetzungsprüfung verlangen. Hat ein anderer Verfahrensbeteiligter das Zwischenverfahren zur Besetzungsprüfung herbeigeführt, ist der Nebenkläger in diesem vom Gericht vor der Entscheidung nach § 33 Abs. 2 StPO zu hören.

Die Ablehnung eines Richters wegen des Besorgnisses der Befangenheit und die Geltendmachung eines Ausschließungsgrundes nach § 24 Abs. 3 StPO steht nach herrschender Meinung auch dem Nebenkläger zu[67]. Gleiches gilt für die Ablehnung eines Sachverständigen nach § 74 Abs. 2 StPO[68]. Beide Vorschriften erwähnen zwar neben der Staatsanwaltschaft auch den Privatkläger als Ablehnungsberechtigten, nicht aber den Nebenkläger. Daß auch der Nebenkläger das Ablehnungsrecht hat, ergibt sich daraus, daß ihm die Rechte des Privatklägers zustehen (§ 397 Abs. 1 StPO), es ließe sich aber auch aus seiner Verfahrensrolle ableiten.

[67] *Kleinknecht*[34] § 24 Rdn. 10; *LR-Dünnebier* § 24 Rdn. 54; *LR-Wendisch* § 397 Rdn. 15.

[68] OLG Hamm DAR 1957, 131; *Kleinknecht*[34] § 74 Rdn. 10; *LR-Meyer* § 74 Rdn. 15; *LR-Wendisch* § 397 Rdn. 16.

8. Sitzungspolizeiliche Maßnahmen. Da der Nebenkläger in privater Eigenschaft an der Hauptverhandlung teilnimmt, untersteht er uneingeschränkt der Sitzungspolizei des Vorsitzenden. Soweit die Staatsanwaltschaft hiervon ausgenommen ist, gilt diese aus der Eigenschaft als Rechtspflegeorgan folgende Ausnahme für ihn nicht. Der Nebenkläger unterliegt also nicht nur dem Schweigegebot nach § 174 Abs. 3 GVG und den Anordnungen zur Aufrechterhaltung der Ordnung in der Sitzung nach § 176 GVG; es können gegen ihn vom Gericht auch Ordnungsmaßnahmen nach §§ 177, 178 GVG festgesetzt und vollstreckt werden[69].

[69] *Kleinknecht*[34] § 177 GVG Rdn. 5; *LR-Schäfer* § 177 GVG Rdn. 3.

Empfiehlt sich die Schaffung eines strafrechtlichen Sondertatbestandes zum Ausschreibungsbetrug?

Karl-Ernst Jaath

A. Einführung

Auf der Suche nach geeigneten Maßnahmen zur Bekämpfung der Wirtschaftskriminalität wurden bisher nicht nur neue Themen und Problemstellungen erörtert. Vielmehr sind auch bereits bekannte Rechtsfragen erneut überprüft worden, um sie für die angestrebte Verbesserung der Bekämpfung der Wirtschaftskriminalität nutzbar zu machen. So hat die neuere strafrechtliche Literatur[1], die Sachverständigenkommission zur Bekämpfung der Wirtschaftskriminalität[2] und der Alternativ-Entwurf eines Strafgesetzbuches – Straftaten gegen die Wirtschaft[3] – einen Sonderstraftatbestand gegen verbotene Submissionsabsprachen und ähnliche Erscheinungsformen gefordert.

Diese Erörterungen knüpfen an einen von dem Jubilar mitgetragenen Beschluß der Großen Strafrechtskommission an. Bei den Beratungen des Straftatbestandes „Abhalten vom Bieten" beschloß die Große Strafrechtskommission dessen Erweiterung auch auf die öffentliche Vergabe von Lieferungen und Leistungen[4]. Die Erörterungen der Großen Strafrechtskommission führten zur Einstellung eines § 270 StGB – Unlautere Einflußnahmen auf Versteigerungen und Vergaben – in den E 62[5].

[1] *Baumann/Arzt* ZHR 134, 24 ff., 33; *Tiedemann*, Sollen einzelne Kartellrechtsverstöße – einschließlich typisierungsfähiger Fälle aus dem Bereich der Mißbrauchsaufsicht – unter Strafe gestellt werden? Gutachten, X. Arbeitstagung der Sachverständigenkommission zur Bekämpfung der Wirtschaftskriminalität, Tagungsbericht X. Band, Anlage 1, S. 212 f.; *Tiedemann*, Wettbewerb und Strafrecht, 1976, S. 19; *Ulmer*, Korreferat zu Tiedemann, S. 20, Tagungsberichte Bd. X, Anlage 2, S. 4 ff., 20, 39.

[2] Tagungsberichte der Sachverständigenkommission, X. Band, Bonn, 1976, S. 78 f.

[3] Alternativ-Entwurf eines Strafgesetzbuches, Besonderer Teil, Straftaten gegen die Wirtschaft (AE), 1977, S. 19 ff.

[4] Niederschriften über die Sitzungen der Großen Strafrechtskommission, Bd. VIII, S. 75 ff.

[5] Regierungsentwurf eines Strafgesetzbuches mit Begründung (BR-Drucks. 200/62, BT-Drucks. IV/650) S. 55.

Das Problem der unlauteren Einflußnahme auf die Vergabe von Aufträgen, in dem das Ausschreibungsverfahren[6] zum Vorteil der Anbieter und zum Nachteil der vergebenden Stelle durch vor dieser geheim gehaltene Absprachen unterlaufen wird, ist Gegenstand verschiedener Gesetzesinitiativen gewesen, die in Denkschriften, Gesetzesbegründungen und Sitzungsprotokollen des Reichstages bis in die Zeit des Norddeutschen Bundes zurückverfolgt werden können[7]. Trotz besonderer Preisvorschriften[8] und der Bußgeldvorschrift des GWB (§ 1 i. V.m. § 38 GWB) kann aus den Tätigkeitsberichten des Bundeskartellamtes[9] und aus Presseverlautbarungen[10] entnommen werden, daß die Abgabe täuschender Angebote im Ausschreibungsverfahren mit den damit für den einzelnen und die Allgemeinheit verbundenen Nachteilen auch heute noch praktiziert wird.

Die nachteiligen Folgen manipulierter Ausschreibungsverfahren müssen heute als gravierender angesehen werden, da die Zunahme des Anteils der öffentlichen Hand am Bruttosozialprodukt sowie die in der Privatwirtschaft zu beobachtende Konzentration dazu geführt haben, daß die Ausschreibung als eine Art der Vergabe von Aufträgen über Dienst-, Werk- oder Sachleistungen aus dem Wirtschaftsleben der Bundesrepublik nicht mehr hinwegzudenken ist und der sparsame Umgang mit den zur Verfügung stehenden Finanzmitteln in der Rangordnung gesellschaftlicher Werte wieder an Stellenwert gewonnen hat[11]. Es muß daher erneut der Frage nachgegangen werden, ob es für die Strafrechtsordnung hinnehmbar ist, daß Anbieter von Waren oder Leistungen einen Auftraggeber im Rahmen eines Vergabewettbewerbs mit Hilfe frisierter Angebote hereinlegen dürfen. Um die Fragestellung des Beitrages zu verdeutlichen, werden zunächst der Zweck der Ausschreibung, das Unterlaufen des Ausschreibungsverfahrens sowie die dadurch hervorgerufenen Folgen skizziert (B). Nach der Erörterung der Unzulänglichkeiten des geltenden Rechts (C) werden Wege zur Schließung der Strafbarkeitslücke dargestellt (D). Schließlich werden de lege ferenda Leitsätze zur Formulierung eines Sondertatbestandes des Ausschreibungsbetruges vorgeschlagen (E).

[6] Die Begriffe Ausschreibung, Verdingung und Submission werden synonym verwandt. Vgl. *Gandenberger*, Die Ausschreibung, 1961, S. 30.

[7] § 270 PrStGB von 1851, § 321 E 1925, § 355 E 1927, § 355 E 1930, § 247 E 1936, § 270 E 1962; vgl. die zusammenfassende Darstellung von *Engisch* ZStW 76, 177ff., 180ff.; *Franzen*, Die Strafbarkeit und Strafwürdigkeit von Submissionskartellen und Bietungsabkommen, Jur. Diss., Köln 1970, S. 66ff., 77ff.

[8] Vgl. *Göhler/Buddendiek/Lenzen*, Strafrechtliche Nebengesetze, 10. Ergänzungslieferung, Rdn. 615.

[9] Bericht 1963, BT-Drucks. IV/2370, S. 53; Bericht 1973, BT-Drucks. 7/2250, S. 16; Bericht 1975, BT-Drucks. 7/5390, S. 15.

[10] Vgl. FAZ Nr. 129 v. 16.6.1976, S. 13; vgl. Handelsblatt vom 19.7.1979, S. 4.

[11] Vgl. z. B. die Problematik der sog. Amts- und Haushaltsuntreue, Tagungsbericht XII der Sachverständigenkommission, S. 23ff.

B. Problemdarstellung

I. Der Zweck einer Ausschreibung.

Die marktwirtschaftlichen Verhältnisse in der Bundesrepublik Deutschland verwehren der „öffentlichen Hand" die Möglichkeit, ihre zunehmenden Beschaffungsbedürfnisse durch Eigenproduktion zu dekken. Sie muß ihren Bedarf vielmehr in rechtsgeschäftlicher Form auf dem Markt befriedigen[12]. Die das Haushaltsrecht bestimmenden Grundsätze der Wirtschaftlichkeit und Sparsamkeit[13] legen der öffentlichen Hand neben anderen Verwaltungsgrundsätzen bei der Vergabe von Aufträgen auch hinsichtlich der Vergabeart dergestalt Beschränkungen auf, daß als vorrangige Vergabeform die öffentliche Ausschreibung[14] von Aufträgen festgelegt ist. Schon wegen der Höhe der zur Verfügung stehenden Summen, aber auch um einseitige Bevorzugungen oder Bestechungen auszuschließen, mußten formale Verfahrensregeln zur Durchführung der mit den einzelnen Vergabearten verbundenen Wettbewerbe eingeführt werden[14a]. Im Bereich der öffentlichen Verwaltung sind dies die Verdingungsordnung für Bauleistungen (VOB)[15] und die Verdingungsordnung für Leistungen, ausgenommen Bauleistungen (VOL)[16], an die die Bundes- und Landesbehörden aber in der Regel auch die kommunalen Gebietskörperschaften und andere öffentlich-rechtliche Körperschaften aufgrund interner Dienstanweisungen gebunden sind[17]. In den Verdingungsunterlagen kann aber auch im Rahmen der Privatautonomie die Anwendung des Teils A der Verdingungsordnungen zugesichert werden[18]. Der in der VOB und VOL verankerte Wettbewerbsgedanke soll das Gebot der Wirtschaftlichkeit und Sparsamkeit in einem streng formalisierten Verfahren gewährleisten. Die Ausschreibung kann, losgelöst von einzelnen Verdingungsordnungen, als ein verfahrensmäßig unterschiedlich ausgestalteter Vergabewettbewerb verstanden werden, bei dem die Anbieter zur Einreichung schriftlicher Angebote aufgefordert werden[19].

[12] *Forsthoff*, Der Staat als Auftraggeber, 1963, S. 8.

[13] Vgl. § 6 Abs. 1 HGrG; § 7 Abs. 1 BHO.

[14] Daneben stehen die beschränkte Ausschreibung und die freihändige Vergabe, vgl. *v. Köckritz/Ermisch/Maatz*, Kommentar zur BHO, 1977, § 55 Rdnr. 3; *Piduch*, Bundeshaushaltsrecht, 1979, § 55 Anm. 3. Die freihändige Vergabe kennt einen öffentlichen Teilnahmewettbewerb, vgl. §§ 1 Nr. 3, 8 VOB/A. Da im Grundsatz die strafrechtliche Problematik der oben aufgeworfenen Fragestellung bei allen Vergabearten gleich ist, wird im folgenden nur von Ausschreibung gesprochen.

[14a] Vgl. § 55 Abs. 2 BHO.

[15] Veröffentlicht in der Beilage zum BAnz. Nr. 216 v. 15. 11. 1973 (lfd. Nr. der Beilage 32/73) ≙ MinBlFin. 1974, 677.

[16] Veröffentlicht in der Beilage zum BAnz. Nr. 111 v. 16. 6. 1976.

[17] *Kunert*, Staatliche Bedarfsdeckungsgeschäfte und öffentliches Recht, 1977, S. 33 f.

[18] KGSt., Kommunales Vergabewesen, Teil I, 1970, S. 28.

[19] *Kunert* a. a. O. S. 29 ff.

Neben Bund, Ländern, Gemeinden, anderen Körperschaften des öffentlichen Rechts – wie z. B. die Sozialversicherungsträger – und privatrechtlich ausgestalteten „Unternehmungen der öffentlichen Hände" bedient sich auch die private Wirtschaft insbesondere im Großanlagenbau der Ausschreibung als Vergabeart, um geplante Vorhaben – wie den Bau einer neuen Fabrikationsanlage, eines Kraftwerkes, eines Schiffes oder eines zusätzlichen Verwaltungsgebäudes – durchzuführen.

Mit der Ausschreibung sollen insbesondere die finanziellen Interessen der vergebenden Stelle gewahrt werden. Um dieses Ziel zu erreichen, ist das Ausschreibungsverfahren unabhängig von seiner Ausgestaltung im Einzelfall durch drei Regeln gekennzeichnet[20]:

a) Geheimhaltung der von den Anbietern abzugebenden Angebote bis zum Ablauf der Anbietungsfrist,
b) Ausschluß von Nachverhandlungen,
c) Zuschlag an das günstigste Angebot.

Diese Regeln beruhen auf folgender Grundüberlegung: Die Geheimhaltung der von den Anbietern abzugebenden Angebote bis zum Ablauf der Anbietungsfrist soll bewirken, daß kein sich am Ausschreibungsverfahren beteiligendes Unternehmen sein Angebot auf die Angebote von Mitkonkurrenten abstimmen kann. Dieser Umstand und der Ausschluß von Nachverhandlungen führten dazu, daß jeder Anbieter so scharf als möglich kalkuliert. Der Veranstalter der Ausschreibung soll die von ihm herbeigeführte Wettbewerbssituation so nutzen, daß er den Zuschlag dem günstigsten Angebot erteilt.

Die Entscheidungsfindung bei der Vergabe von Aufträgen wird somit durch eine Ausschreibung erleichtert. Die vergebende Stelle soll unter Heranziehung von auf selbständiger und verantwortlicher Berechnung beruhender Angebote, die ihr einen Überblick über die erforderlichen Aufwendungen und die Qualität der zu erwartenden Leistung ermöglichen, einen optimalen wirtschaftlichen und sparsamen Einsatz von Haushaltsmitteln vornehmen. Die durch das Ausschreibungsverfahren herbeigeführte Wettbewerbssituation dient zur Ermittlung eines sonst nicht feststellbaren Marktpreises[21].

Das mit der privaten Vergabe[22] von größeren Aufträgen im Wege der Ausschreibung verfolgte Ziel beschränkt sich meistens auf die Wahrung wirtschaftlicher Vorteile im Einzelfall. Der Auftraggeber möchte eine

[20] *Gandenberger* (Fn. 6) S. 36 ff., vgl. z. B. auch § 22 Nr. 1 S. 2, § 24 Nr. 3, § 25 Nr. 2 Abs. 2 S. 3 VOB/A.

[21] Vgl. dazu: BGH NJW 1970, 194 f.; *Matiebel*, Verfahren bei der Aufstellung und Ausführung des Haushaltsplans, 1974, Rdn. 642, in Handbuch der Verwaltung, Heft 6.4; Begründung § 270 E 62 (Fn. 5), S. 443.

[22] AE (Fn. 3) S. 35; Sachverständigenkommission (Fn. 2) S. 73 f.

Marktübersicht gewinnen, um das Für und Wider einer Investitionsentscheidung beurteilen zu können. Weiter soll die Ausschreibung die Auswahl des günstigsten Angebots ermöglichen, um das bestmögliche Verhältnis zwischen finanziellem Aufwand und angebotener Leistung zu erreichen.

Der öffentliche und der private Auftraggeber verfolgen mit der Ausschreibung auf die konkrete einzelne Auftragsvergabe bezogen ein gemeinsames Ziel. Die Ausschreibung soll der vergebenden Stelle bei der Ermittlung eines von dem Markt noch zu bildenden Preises helfen. Auf diesen Kernbereich der Ausschreibung – Sicherung der ausschreibenden Stelle vor preislicher Übervorteilung – sollen die nachfolgenden Überlegungen beschränkt werden. Allerdings wird heute mit der Vergabeart „Ausschreibung" als Bestandteil des Haushaltsrechts nicht nur die Befolgung des Gebots der Sparsamkeit und Wirtschaftlichkeit in einem Einzelfall bezweckt, sondern auch die Verfolgung übergeordneter Zielsetzungen[23].

II. Das Unterlaufen des Ausschreibungsverfahrens.

Die anbietenden Unternehmen können den mit einer Ausschreibung verfolgten wirtschaftlichen Zweck recht einfach unterlaufen, wenn sie als Gruppe den in Frage kommenden Markt übersehen und ihre Interessen aufeinander abstimmen. Das ist bei einer beschränkten Ausschreibung leichter möglich als bei einer öffentlichen. Die Anbieter brauchen nur die Ungewißheit über die Höhe und die Ausgestaltung der Angebote ihrer Mitkonkurrenten zu beseitigen, indem sie Kontakt miteinander aufnehmen und eine Submissionsabsprache herbeiführen. Ein Submissionskartell wird entweder aus Anlaß einer konkreten Ausschreibung abgeschlossen oder es bleibt über einen längeren Zeitraum zum Zwecke ständiger Wiederholung fortbestehen.

[23] Vgl. dazu *Matiebel* (Fn. 21); *Wolff/Bachof*, Verwaltungsrecht, AT, Bd. I, 9. Aufl., 1974, S. 107.
- a) Transparenz der Auftragsvergabe, Vermeidung einseitiger Bevorzugung oder Bestechung z. B. § 31 nwGemHVO, § 29 shGemHVO
- b) wirtschafts- und sozialpolitische Gründe
  - aa) Intensivierung des Wettbewerbs, z. B. 2. Stabilitätsprogramm der Bundesregierung;
  - bb) stabilitätspolitische Aspekte, z. B. EG-Richtlinie vom 26. Juli 1971, Amtsblatt EG Nr. L 185/5 v. 16. 8. 1971 zum Entgegenwirken von Preisauftriebstendenzen;
  - cc) bevorzugte Auswahl einzelner Auftragnehmer aus sozialpolitischen Gründen, um die Durchsichtigkeit des Verfahrens und die Gleichbehandlung zu gewährleisten, z. B. § 74 BVFG, § 68 Abs. 1 BEG, § 12 a BEvakG, vgl. dazu *Kunert* (Fn. 17) S. 40 f.

Bei sog. Gelegenheitsvereinbarungen[24] werden Absprachen über die Ermittlung und Festlegung eines sog. Nullpreises getroffen; das ist der Preis, zu dem ein konkreter Anbieter den Zuschlag erhalten soll. Weiter wird die Preisrelation der anderen abzugebenden Angebote zu diesem Nullpreis festgelegt und die Anbieter vereinbaren dann, wer ein Schutzangebot abgibt bzw. wer die Abgabe eines Angebots unterläßt. Für die nicht zum Zuge kommenden Unternehmen wird schließlich noch die Form der Kompensation, in der Regel eine von dem herausgestellten Anbieter zu zahlende Ausfallentschädigung, festgelegt. Diese Vereinbarungen verschleiern die Anbieter gegenüber dem Veranstalter der Ausschreibung und rufen dadurch den Eindruck hervor, als würden auf selbständiger und verantwortlicher Berechnung beruhende Angebote abgegeben. Die ausschreibende Stelle kann so durch täuschende Angebote zur Annahme eines bestimmten Angebots veranlaßt werden. Mit diesem Verhalten schalten die Teilnehmer einer Submissionsabsprache jeden Wettbewerb untereinander aus und haben die Chance, zu Lasten des Veranstalters der Ausschreibung einen günstigeren Preis durchzusetzen als denjenigen, der erzielt worden wäre, wenn das Ausschreibungsverfahren ohne Absprachen durchgeführt worden wäre.

Die sich zu Ringen verfestigenden Submissionskartelle[25] können über einen längeren Zeitraum zum Zwecke ständiger Wiederholung fortbestehen, da die Verpflichtung zur Kompensation der entstandenen Ausgleichsansprüche besteht. Das Bundeskartellamt hat dies beispielhaft für einen Fall aus der Bauindustrie beschrieben[26]:

> „Zahlreiche Bauunternehmungen haben regelmäßig wettbewerbsbeschränkende Absprachen bei der Vergabe von Bauleistungen getroffen und durchgeführt. In diesen Absprachen haben die Beteiligten vor Abgabe der Angebote vereinbart, wer ein bestimmtes Bauvorhaben erhalten sollte. Gleichzeitig verpflichteten sich die übrigen Unternehmen zur Abgabe von Angeboten, die über dem Angebotspreis des zu schützenden Unternehmens lagen. Dafür erwarben sie ihrerseits den Anspruch, in der gleichen Weise bei späteren Ausschreibungen von ihren Konkurrenten geschützt zu werden. Zur Kontrolle der gegenseitigen Ansprüche wurden in der Regel von den Beteiligten über jedes abgesprochene Bauvorhaben Buch geführt, wobei jeweils der gewährte oder empfangene Schutz kontenmäßig erfaßt wurde ... Bei einem Bauunternehmen (wurden) ‚Firmenlisten' sichergestellt ..., in denen 2000 Bauunternehmen mit ‚Guthaben' und ‚Verpflichtungen' auf Submissionsabsprachen verzeichnet waren."

Die Koordinierung innerhalb einer für längere Zeit angelegte Submissionsabsprache wird meistens einer besonderen Meldestelle übertragen, da nicht jeder potentielle Anbieter an jedem ausgeschriebenen Auftrag interessiert ist. Dieser Meldestelle sind alle bekannt werdenden Ausschrei-

[24] *Tiedemann,* Gutachten, S. 92 f.; *Franzen* (Fn. 7) S. 22; BayObLG WuW/E OLG 745; OLG Hamm NJW 1958, 1151 f.

[25] *Franzen* (Fn. 7) S. 23; *Eichler* BB 1972, S. 1347 ff; BayObLG (Fn. 24) 746.

[26] BKartA Bericht 1973 (Fn. 9) S. 16; vgl. auch BGHSt. 12, 148 ff., 150; sowie *v. Czarnowski/Gutzler/Hoffmann/Strauch:* Kartelle in der Bauindustrie, in Duwe (Hrsg.): Technologie und Politik, Heft 5 (1976), S. 57 ff.

bungen zu melden. Sie regelt auch einen dauerhaften Ausgleich der „Anwartschaften" der einzelnen Teilnehmer einer Submissionsabsprache in einem Punktesystem.

Aus diesem Verhalten lassen sich zwei rechtlich unterschiedlich einzuordnende Ebenen abschichten. Zunächst klären die potentiellen Mitbewerber ihr Verhältnis zueinander, um einen Wettbewerb untereinander auszuschließen. Dieses Verhalten unterfällt den Vorschriften des GWB. Die Einflußnahme auf potentielle Mitbewerber kann aber, wie die in den § 270 E 62, § 175 AE und § X i. d. F. der Empfehlungen der Sachverständigenkommission zur Bekämpfung der Wirtschaftskriminalität vertypisierten Lebenssachverhalte zeigen, auch mit Hilfe unlauterer Mittel geschehen. Nach dem Zustandekommen der Submissionsabsprache werden die Teilnehmer des Submissionskartells in Verfolgung dieser eingegangenen Bindungen gegenüber der Vergabestelle aktiv. Bei der Abgabe der Einzelangebote verheimlichen die Anbieter gegenüber dem Veranstalter der Ausschreibung die ihren Angeboten zugrunde liegende Absprache, um ihn zur Annahme eines bestimmten Angebots zu veranlassen.

Die Möglichkeiten einer unlauteren Einflußnahme auf potentielle Mitbewerber, um eine Submissionsabsprache herbeizuführen, werden in den § 270 E 62, § 175 AE und § X i. d. F. der Empfehlungen der Sachverständigenkommission zur Bekämpfung der Wirtschaftskriminalität hinreichend plastisch beschrieben. Als angewandte Mittel der Beeinflussung kommen Bestechung, List sowie Drohung in Betracht. Die auf diese Weise erfolgte Beeinflussung beeinträchtigt die Rechtsgüter der betroffenen Mitbewerber und wendet sich nicht unmittelbar gegen den Veranstalter der Ausschreibung. Der eigentlich strafrechtlich relevante Unrechtskern bei dem Unterlaufen des Ausschreibungsverfahrens besteht in dem Verheimlichen der getroffenen Submissionsabsprache, um den Veranstalter zu einer so nicht beabsichtigten Vermögensdisposition zu veranlassen, die für die Anbieter vorteilhaft sein soll. Auf die strafrechtliche Bewertung dieses Verhaltens möchte sich der vorliegende Beitrag beschränken.

Die Aufnahme von Täuschung, Drohung oder Bestechung als Formen gravierender Beeinflussung von Mitbewerbern in den o. g. Vorschriften diente vor allem dem Zweck, ein gegenüber dem GWB strafwürdiges Verhalten zu beschreiben, das die Anwendung von Kriminalstrafe rechtfertigen sollte[27]. Die Handlungsmodalitäten der Täuschung oder Drohung, die von geringer praktischer Bedeutung sein dürften, können aber auch mit Hilfe allgemeiner Strafvorschriften (§§ 263, 253, 240 StGB) erfaßt werden. Eine Bestechung wird bisher nur unter den Voraussetzungen des § 12 UWG und im Bereich der Amtsdelikte als strafwürdig und strafbedürftig angesehen.

[27] Vgl. Fn. 1, 2, 3, 5.

III. Gründe und Folgen der Submissionsabsprachen.

Submissionsabsprachen können als eine Reaktion anbietender Wirtschaftsunternehmen auf das zumindest in Teilbereichen der öffentlichen Hand verbreitete fiskalische Denken angesehen werden. Die ausschreibende Stelle neigt mitunter dazu, dem billigsten Anbieter den Auftrag zu geben und andere Bewertungsmaßstäbe wie Qualität, Art und Menge der angebotenen Ware oder Leistung nicht in die Vergabeentscheidung einfließen zu lassen. Zumindest auf Regionalmärkten mit einer mehr oligopolistischen Angebotsstruktur versuchen daher die Anbieter, den Wettbewerb soweit als möglich auszuschalten oder zumindest einzudämmen, um einen für sie ruinösen Preiswettbewerb zu vermeiden[28]. Dies kann mit Hilfe von Submissionsabsprachen erreicht werden. Wenn sich solche Kartelle erst einmal eingebürgert haben, werden sie in einzelnen Wirtschaftszweigen zu einem geeigneten Instrument ausgebaut, um in einer für den Auftraggeber nicht sofort durchschaubaren Form Preisvorstellungen der Anbieter durchzusetzen[29]. Das mit der Teilnahme an einer Submissionsabsprache verbundene Hauptziel ist daher heute nicht mehr die Verhinderung eines ruinösen Preiswettbewerbs zwischen den Anbietern, sondern die Erzielung von Erlösen, die gegenüber der vergebenden Stelle bei Markttransparenz nicht ohne weiteres durchsetzbar gewesen wären[30].

Die in der Begründung zu § 270 E 62 getroffene Feststellung[31], daß gewisse Unternehmen immer wieder der Versuchung unterliegen, sich durch unlautere Abmachungen bei öffentlichen Vergaben große Gewinne auf Kosten der Allgemeinheit zu verschaffen, trifft auch heute noch zu[31a]. Solche unlauteren Gewinne schlagen entweder bei der vergebenden Stelle direkt als finanzieller Nachteil durch[32], für den dann letztlich der Steuerzahler oder bei einer Kostenabwälzung im privaten Bereich der Verbraucher aufzukommen hat. Die infolge verbotener Submissionsabsprachen übersetzten Preise können aber auch in einem Wirtschaftszweig – wie z. B. der Bauindustrie – eine allgemeine Anhebung des Preisniveaus bewirken[33], so daß auch hier der einzelne Staatsbürger sowohl als Steuerzahler wie auch als privater Verbraucher die zusätzlichen Lasten zu tragen hat.

[28] *Franzen* (Fn. 7) S. 13 ff.; *Herbst*, Wettbewerb und Wettbewerbsbeschränkungen bei Ausschreibungen, 1965, Diss. Innsbruck, S. 39.

[29] *Tiedemann*, Gutachten, S. 127 f.

[30] *Franzen* (Fn. 7) S. 17 f.

[31] BT-Drucks. (Fn. 7) S. 17 f.

[31a] Vgl. dazu *Bülow/Zubeil/Schröder* (Prognos AG): Wettbewerbsordnung und Wettbewerbsrealität am Baumarkt, in Forschungsreihe der Bauindustrie Bd. 39 (1977), S. 135 ff., die für die Bauindustrie zu einer anderen Wertung kommen.

[32] Vgl. dazu BGH NJW 1959, 2213 (Nr. 8); NJW 1970, 194 ff.; NJW 1970, 196 ff.

[33] BKartA Bericht 1963 (Fn. 9) S. 53; BKartA Bericht 1973 (Fn. 9) S. 17; *Baumann/Arzt* (Fn. 1) S. 28; *Eichler* (Fn. 25) S. 1347 f.

Die der Rechtsprechung[34] und den Tätigkeitsberichten des Bundeskartellamtes[35] zu entnehmenden Fälle deuten zwar darauf hin, daß der Bausektor für solche Absprachen besonders anfällig ist. Aber auch in anderen Bereichen der Beschaffung von Waren und Leistungen[36], z. B. dem Transportgewerbe, der Fernmeldetechnik sowie bei Rüstungsgütern usw., werden zur Erzielung von Preisvorteilen Submissionsabsprachen getroffen.

Besonders kraß sind die Schädigungsmöglichkeiten in einem Großverfahren[37] gegen mehrere hundert Bauunternehmen im Zeitraum zwischen 1973 bis 1975 hervorgetreten. Das Bundeskartellamt ging damals von einem Mehrerlös in Höhe von 2 % des effektiven Umsatzes der beteiligten Unternehmen bei den abgesprochenen Bauvorhaben aus. Es wurden Bußgelder in Höhe von insgesamt 35,8 Mio. DM verhängt. In einer neuestens[38] bekanntgewordenen rechtskräftigen Entscheidung des Bundeskartellamtes hat dieses im Juli 1979 gegen 28 Unternehmen sowie deren verantwortliche Mitarbeiter Geldbußen von insgesamt 833 500 DM verhängt. Die dabei getätigten Ausgleichszahlungen[39] sind als Indiz für überhöhte Angebote, d. h. als Forderung von über den Wettbewerbspreisen liegenden Entgelten gegenüber dem Veranstalter der Ausschreibung, anzusehen. Auch wenn der theoretisch bestimmbare Einfluß der Submissionskartelle auf die Preisbildung umstritten ist[40], so kann doch kein Zweifel daran bestehen, daß die durch Submissionsabsprachen verursachten Schäden schwerwiegend sind. So geht z. B. eine vor einigen Jahren von dem Bundeskriminalamt veröffentlichte hypothetische Schadensberechnung für den Bereich der Bauindustrie von einem jährlichen Schaden in Höhe von 4 Mrd. DM aus[41].

C. Unzulänglichkeiten des geltenden Rechts

1. Die den täuschenden Angeboten zugrunde liegenden Submissionsabsprachen sind in vielen Fällen nach § 1 GWB unwirksam[42], wenn die Ab-

[34] Vgl. BGH (Fn. 26) S. 150; 295 ff.; NJW 1959 (Fn. 32).

[35] Vgl. Fn. 33.

[36] *Tiedemann,* Gutachten, S. 88 ff., 126 f.

[37] BKartA Bericht 1975 (Fn. 9) S. 15; vgl. zu den Hintergründen *Bülow/Zubeil/Schröder* (Fn. 31 a) S. 139 ff., 141.

[38] Handelsblatt Nr. 137 vom 19. 7. 1979, S. 4.

[39] *Böhm,* Kartell-Rundschau 1931, S. 311 ff., 322 ff.; *Franzen* (Fn. 7) S. 25; *Liebs,* Kartellverbot und Parallelverhalten, Wirtschaftsrecht, 1972, 351 ff., 367.

[40] Vgl. *Herbst* (Fn. 28) S. 56 ff.

[41] Handelsblatt vom 24. 2. 1972, S. 1, zitiert nach *Tiedemann,* Kartellverstöße und Strafrecht 1976, S. 116 Fn. 57.

[42] Frankfurter Kommentar, GWB, 1958, § 1, Rdn. 144; Gemeinschaftskommentar, GWB, 3. Aufl. (seit 1972), § 38, Rdn. 4; *v. Gamm,* Kartellrecht, 1979, § 1, Rdn. 21, 37.

sprache rechtlich als „Vertrag" i. S. d. § 1 GWB einzuordnen ist. Die Durchführung der Submissionsabsprache kann als Ordnungswidrigkeit nach §§ 1, 38 Abs. 1 Nr. 1 GWB mit einem Bußgeld bis zu 100 000 DM und darüber hinaus bis zur dreifachen Höhe des durch die Zuwiderhandlung erzielten Mehrerlöses geahndet werden, wenn ein Befolgen des nach § 1 GWB nichtigen Vertrages festgestellt werden kann[43].

2. Soweit eine praktizierte Submissionsabsprache eine Zuwiderhandlung gegen Rechtsvorschriften oder Verfügungen auf dem Gebiet der Preisregelung darstellt und die beeinträchtigte Norm auf die Vorschriften des Wirtschaftsstrafgesetzes 1954 (WiStG) verweist, kann ebenfalls ein Bußgeld verhängt werden (§ 3 WiStG)[44]. Für den Baubereich ist z. B. an § 3 WiStG i. V. m. §§ 1, 7, 18 VO PR Nr. 1/72 zu denken[44a]. Das sog. „Kleine Kartellgesetz" in § 4 des WiStG 1954 kann in Einzelfällen auch zur Anwendung kommen[45]. Das Preisrecht mit seinen Sanktionsmöglichkeiten gewinnt dann an Bedeutung, wenn ein Vertrag i. S. von § 1 GWB nicht nachzuweisen ist[46].

3. Am zutreffendsten würde jedoch die Abgabe täuschender Angebote aufgrund einer Submissionsabsprache durch § 263 StGB geahndet.

Der Nachweis der Täuschungshandlung durch die Anbieter und der Irrtumserregung auf seiten der vergebenden Stelle bereitet keine unüberwindlichen Schwierigkeiten[47]. Die Teilnehmer eines Submissionskartells versuchen die getroffenen Absprachen zu verschleiern. Der Auftraggeber glaubt aus diesem Grunde, er würde seine Entscheidung auf der Basis unbeeinflußter Angebote treffen.

Nach dem der verheimlichten Absprache zugrunde liegenden Plan soll die Vergabestelle durch diesen Irrtum veranlaßt werden, einem bestimmten Angebot den Zuschlag zu erteilen. Aufgrund des Irrtums erteilt sie in der Regel auch den Zuschlag, so daß eine kausale Vermögensverfügung gegeben ist[48]. Falls die Vergabestelle die verheimlichte Absprache andererseits gekannt hätte, hätte sie einen neuen Vergabewettbewerb durchgeführt, um dann das günstigste Angebot auszuwählen.

[43] Die Subsumtion unter § 1 GWB ist nicht immer ganz problemlos. *Franzen* (Fn. 7) S. 46 ff., 60, 64 Fn. 1 m. w. N.; *Eichler* (Fn. 25) 1347; *Müller/Gries/Giessler*, GWB, 3. Aufl. 1976, § 1, Rdn. 24, 59 c, 94.

[44] Zu den ausfüllenden Vorschriften vgl. *Göhler/Buddendiek/Lenzen* (Fn. 8) Rdn. 952 C; *Engisch* (Fn. 7) S. 206 noch für das Recht vor dem Inkrafttreten von Art. 149 Nr. 2 EGStGB 1974.

[44a] BGBl. 1972, I S. 293.

[45] *R. Lange*, Wirtschaftsstrafrecht, in: HdSW, Bd. 12 (1965) S. 254 ff., 255.

[46] *Eichler* (Fn. 25).

[47] *Baumann/Arzt* (Fn. 1) S. 35; *Eichler* (Fn. 25) S. 1349 f.; vgl. auch § 25 Nr. 1 Abs. 1 d VOB Teil A.

[48] *Baumann/Arzt* (Fn. 1) S. 50; *Eichler* (Fn. 25); OLG Hamm (Fn. 24).

Der Tatbestand des § 263 StGB erfordert weiter, daß die mit der Zuschlagserteilung erfolgte Vergabe des Auftrages zu einem Schaden bei der vergebenden Stelle geführt haben muß. Das ist nach der Rechtsprechung des BGH[49] nur dann der Fall, wenn der Anbietende den Veranstalter der Ausschreibung zu einer Leistung bestimmt, die „mehr wert ist als die angebotene Gegenleistung, so daß nach Austausch von Leistung und Gegenleistung der Vertragsgegner in seinem Vermögen geschädigt ist".

Mit diesem Grundsatz zieht der Bundesgerichtshof den mit dem Ausschreibungsverfahren verfolgten fiskalischen Zweck, nämlich mit Hilfe des Wettbewerbs einen möglichst günstigen Preis zu erzielen, nicht in seine Erwägungen mit ein. Ein Vergabewettbewerb soll ja die subjektiv unterschiedliche Bewertung eines geforderten Gutes durch die anbietenden Unternehmen transparent machen und so der vergebenden Stelle die Auswahl des günstigsten Angebots ermöglichen. Das Vergabeverfahren dient nicht dazu, die Gleichwertigkeit von Leistung und Gegenleistung zu untersuchen, die gegebenenfalls im Wege einer hypothetischen Nachkalkulation, soweit dies möglich ist, erfolgen müßte.

Obwohl dem Bundesgerichtshof diese Problemlage nicht verborgen geblieben sein kann, beschränkt er sich auf eine Betrachtung des Leitungsaustausches zwischen dem zum Zuge gekommenen Anbieter und der den Auftrag vergebenden Stelle. Bei einem Vergleich von Leistung und Gegenleistung ist aber die Möglichkeit, daß die ausschreibende Stelle bei einem unbeeinflußten Wettbewerb ein günstigeres Angebot erhalten hätte, für die Anwendung des Betrugstatbestandes ohne Bedeutung. In diesem einzigen neueren einschlägigen höchstrichterlichen Urteil wird bewußt von zwei älteren Entscheidungen abgerückt.

Das Reichsgericht[50] hatte noch die Möglichkeit eines Vermögensschadens in einem Falle angenommen, in dem ein Amtsträger, der zur Einholung mehrerer Angebote verpflichtet war, sich bestechen ließ und nur ein einziges Angebot einholte. Zur Begründung führte das Reichsgericht aus, ein Vermögensschaden i. S. des § 263 StGB könne angenommen werden, wenn die Wahlmöglichkeit zwischen verschiedenen Konkurrenzangeboten ausgeschaltet werde und die Wahrscheinlichkeit hinzutrete, daß unter den denkbaren Konkurrenzangeboten ein günstigeres gewesen wäre. Die Entscheidung muß wohl dahin verstanden werden, daß schon die Verschlechterung der Nachfragerposition einen Vermögensschaden darstellen kann.

Das OLG Hamm[51] nahm im Falle einer praktizierten Gelegenheitsabsprache einen versuchten Betrug an, weil die Wahrscheinlichkeit bestan-

[49] BGHSt. 16, S. 367, 373.
[50] RGSt. 63, S. 187, 188.
[51] Vgl. Fn. 24.

den hätte, in einem unbeeinflußten Ausschreibungswettbewerb ein günstigeres Angebot zu erhalten, das zu einer Ersparnis von Aufwendungen hätte führen können. Tatsächlich kam es den beteiligten Firmen darauf an, ein geringeres Angebot, das wirtschaftlich möglich gewesen wäre, auszuschließen.

Der Bundesgerichtshof hat es jedoch in seiner Entscheidung abgelehnt, eine Vermögensgefährdung anzunehmen, wenn die Vergabestelle durch eine verheimlichte Absprache daran gehindert wird, zwischen verschiedenen auf eigenverantwortlicher und selbständiger Kalkulation beruhenden Angeboten auszuwählen. Für dieses Ergebnis dürfte das in der Rechtsprechung auch sonst zu erkennende Bemühen mitbestimmend gewesen sein, den Tatbestand des Betruges nicht zu sehr auszudehnen. Es ist daher in sich folgerichtig. Die herrschende Meinung hat sich dem Standpunkt des Bundesgerichtshofes angeschlossen[52]. Die Folge dieser Rechtsprechung ist allerdings eine Strafbarkeitslücke, da in den meisten denkbaren Fällen der Nachweis eines konkreten Vermögensschadens nicht gelingen wird.

Zur Ermittlung eines konkreten Schadens muß die Differenz zwischen einem aufgrund eines unverfälschten Wettbewerbs zustande gekommenen (hypothetischen) Marktpreis und dem günstigsten, auf einer Submissionsabsprache beruhenden Angebot (Nullpreis) festgestellt werden. In der Regel hat aber die durch das Submissionskartell bewirkte Wettbewerbsbeschränkung zur Folge, daß sich kein Marktpreis bilden kann. Deshalb ist ein Schaden nicht nachweisbar[53]. Die in einer anderen Kartellentscheidung des Bundesgerichtshofs auftauchende Formel[54], wonach ein Kaufpreis in der Höhe festzustellen sei, der ohne die wettbewerbsbeschränkende Abrede angemessen wäre, führt nicht weiter. Die meisten Ausschreibungsobjekte sind Einzelprojekte, für die es keinen Markt und damit keinen Marktpreis gibt[55]. Erst das Ausschreibungsverfahren soll in einer konkreten Situation den günstigsten Preis ermitteln. Aus diesem Grund wird in den meisten Fällen nicht mehr mit hinreichender Sicherheit zu ermitteln sein, welcher Preis sich in einer ungestörten Wettbewerbssituation gebildet hätte[56]. Im übrigen werden sich die Teilnehmer eines Submissionskartells schon im Hinblick auf die Rechtsprechung des Bun-

[52] *Cramer*, Vermögensbegriff und Vermögensschaden im Strafrecht, 1968, S. 174f.; *Schönke/Schröder/Cramer*, 18. Aufl., 1976, § 263, Rdn. 81; *Dreher/Tröndle*, StGB, 38. Aufl., 1978, § 263, Rdn. 63; *Lackner*, Leipziger Kommentar, 9. Aufl., § 263, Rdn. 125; *Engisch* (Fn. 7), S. 201; AG Berlin-Tiergarten WuW/E LG 397.

[53] *Tiedemann*, Gutachten, S. 88; *Eichler* (Fn. 25) S. 1349; *Baumann/Arzt* (Fn. 1) S. 51; LG Hildesheim WuW 1958, 249.

[54] BGHSt. 8, 221, 226.

[55] *Tiedemann*, Wettbewerb und Strafrecht, 1976, S. 16.

[56] *Eichler* (Fn. 25) S. 1349, 50 mit eingehenden wirtschaftstheoretischen Nachweisen.

desgerichtshofes regelmäßig dahin einlassen, daß sie „äußerst scharf" kalkuliert hätten[57].

Dieses Ergebnis wird zu Recht als unbefriedigend angesehen. Einzelne Stimmen in der Literatur haben deshalb versucht, Wege aufzuzeigen, welche die Anwendung des § 263 StGB bei einem praktizierten Submissionskartell erleichtern sollen.

Nach *Tiedemann*[58] stellt die in einem Verdingungskartell erfolgende Beseitigung des Wettbewerbs, die nach wirtschaftstheoretischen Grundsätzen zu erwartende angemessene Preisbildung so sehr in Frage, daß ein echter Vermögensschaden vorliegt. Zur Begründung muß nach seiner Ansicht an die Rechtsprechung des Bundesgerichtshofes zur Erschleichung von VW-Aktien angeknüpft werden[59]. Diese Rechtsprechung hat dann einen Vermögensschaden angenommen, wenn ein Subventionsempfänger eine vermögenswerte Leistung erhielt, ohne die dafür erforderlichen tatbestandsmäßigen Voraussetzungen zu erfüllen. Das Vorliegen oder Nichtvorliegen normativer Voraussetzungen bestimmt hier über den Eintritt oder Nichteintritt des „wirtschaftlichen" Vermögensschadens. Darin sieht *Tiedemann* eine Parallele: Eine auf der Grundlage des Wettbewerbs kalkulierte Leistung entspräche der Gegenleistung, wenn die aufgrund von Vereinbarungen oder öffentlich-rechtlicher Vorschriften normierten Wettbewerbsregeln eingehalten worden seien. Beiden Fällen sei gemeinsam, daß die auf Vereinbarung oder Gesetz beruhende Normierung das Vorliegen eines Schadens mitbestimme. *Tiedemann* erkennt selbst an, daß dies die Abgrenzung zu der von § 263 StGB grundsätzlich nicht geschützten Dispositionsfreiheit fließend werden läßt.

Baumann und *Arzt*[60] sowie *Eichler*[61] nehmen nur eine konkrete Vermögensgefährdung des Veranstalters der Ausschreibung an. In der Beseitigung des freien Wettbewerbs und damit der Möglichkeit, ein unter dem günstigsten Kartellpreis liegendes Angebot zu erhalten, wird eine schadensgleiche Gefährdung des Vermögens der Veranstalter der Ausschreibung gesehen, die auch einen Schaden i. S. von § 263 StGB darstellt. Die Rechtsprechung hat indes bisher keine einheitlichen Kriterien zu der Frage entwickelt, wann eine schadensgleiche Vermögensgefährdung vorliegt[62]. Es ist daher ungewiß, ob die Rechtsprechung diesen Lösungsansatz annehmen wird.

Schließlich ist versucht worden, unter Zuhilfenahme besonderer vertraglicher Ausgestaltungen, die mit der Feststellung des Schadensmerk-

[57] BGHSt. 16, 373f.
[58] (Fn. 55) S. 18f.
[59] BGHSt. 19, 37, 45; 19, 206, 214f.
[60] Vgl. Fn. 53.
[61] Vgl. Fn. 47.
[62] *Lackner* (Fn. 52) Rdn. 143.

mals auftretenden Schwierigkeiten auszuräumen[63]. So könne eine Vertragsstrafe für den Fall vereinbart werden, daß der Anbieter sein Angebot nicht frei kalkuliere, sondern es unter Bindung an ein Submissionskartell abgegeben habe. Falls der Anbieter in einem solchen Falle einen frei kalkulierten Preis vortäusche, begehe er einen Eingehungsbetrug, weil er den Auftraggeber zumindest insofern schädige, als er ihn an der Geltendmachung der Vertragsstrafe hindere.

Diese vorgeschlagene Vertragsgestaltung wird nicht in jedem Falle den erstrebten Erfolg gewährleisten. Strafrechtlich ist unter dem Gesichtspunkt des Betruges die Annahme des frisierten Angebots durch den Auftraggeber von der – späteren – Geltendmachung einer Vertragsstrafe zu trennen. Dem Anbieter kommt es zunächst allein auf die Annahme seines Angebots an; nur insoweit besteht bei Abgabe des Angebots Schädigungsvorsatz. Ein Betrugsvorsatz, der auf die verfallene Vertragsstrafe gerichtet ist, kann erst dann bejaht werden, wenn diese geltend gemacht wird. Insoweit bedarf es also eines weiteren betrügerischen Handelns des Anbieters. Mit diesem Lösungsvorschlag kann daher nur sehr selektiv eine Pönalisierung des Unterlaufens des Ausschreibungsverfahrens erreicht werden.

Es ist auch nicht damit zu rechnen, daß diese Lösungsansätze den Bundesgerichtshof zu einer Aufgabe seiner bisherigen Rechtsprechung bringen können. Die Strafverfolgungspraxis folgt dieser Rechtsprechung, so daß entsprechende Verfahren nicht mehr bis zum Bundesgerichtshof gelangen. Das verdeutlichen besonders plastisch die Gründe eines Beschlusses des Amtsgerichts Berlin-Tiergarten[64] aus dem Jahre 1974, der auf einen Antrag nach § 62 OWiG gegen eine von der Beschlußabteilung des Bundeskartellamtes verhängte Ordnungsstrafe ergangen ist. Zu der Frage, ob die Beteiligung an einem Submissionskartell nach § 263 StGB verfolgt würde, wird ausgeführt:

> „Der Nachweis eines Vermögensschadens ist jedoch derart schwierig, daß Staatsanwaltschaften und Gerichte darauf verzichten, derartige ‚Machenschaften', wie der Bundesgerichtshof sie nennt, als Betrug zu verfolgen. ... Diese Sachlage, nämlich, daß er ein Ermittlungsverfahren wegen Betruges nicht zu fürchten hatte, muß dem Zeugen auch klar gewesen sein, zumal er anwaltlich vertreten war."

Damit wird deutlich, daß die oben aufgezeigte Strafbarkeitslücke nicht mit Hilfe rechtsdogmatischer Erwägungen oder ergänzender vertraglicher Konstruktionen, sondern nur durch einen Sondertatbestand des Ausschreibungsbetruges ausgefüllt werden kann[65].

[63] *Baumann/Arzt* (Fn. 53); vgl. auch *Pickel*, Anm. zu BayObLG in WuW OLG 745/754.

[64] Vgl. Fn. 52 (WuW/E LG 397).

[65] Im Ergebnis so auch *Tiedemann* (Fn. 55) S. 19.

D. Wege zur Schließung dieser Strafbarkeitslücke

Der lückenhafte Schutz gegen die Abgabe täuschender Angebote während eines Ausschreibungsverfahrens kann mit Mitteln des Strafrechts auf zwei unterschiedlichen Wegen behoben werden. Bei einer grundsätzlichen Reform des kartellrechtlichen Sanktionensystems könnten einzelne gravierende Verstöße gegen die Regeln des GWB, zu denen auch die Einhaltung wettbewerbswidriger Submissionsabsprachen gehören würden, als strafwürdiges Unrecht eingestuft werden. Neben dieser Globallösung könnte eine in das System des Strafgesetzbuches passende punktuelle Regelung angestrebt werden, wenn die in der Reformdiskussion zur wirksameren Bekämpfung der Wirtschaftskriminalität entwickelten Grundsätze zur Änderung des materiellen Wirtschaftsstrafrechts herangezogen würden.

I. Wertung von Kartellverstößen als strafwürdiges Unrecht.

Nach dem Zusammenbruch des Deutschen Reiches führten die Alliierten in den drei westlichen Besatzungszonen ein Kartellverbot nach dem Vorbild der Antitrust-Gesetzgebung der Vereinigten Staaten von Amerika mit erheblichen Strafdrohungen – Gefängnisstrafe bis zu 10 Jahren – ein[66]. In der Bundesrepublik wurde dieses Recht auch nach Erlangung der vollen Souveräntität bis zu seiner Aufhebung durch das Gesetz gegen Wettbewerbsbeschränkungen ohne Vorbehalte angewandt[67]. So hat das Oberlandesgericht Frankfurt in einer Entscheidung vom 13. Juni 1956 Verdingungskartelle für verboten und den Abschluß einer solchen Vereinbarung für strafbar gehalten[68].

Das Gesetz gegen Wettbewerbsbeschränkungen vom 27. Juli 1957 hat die Kartellstraftatbestände der alliierten Dekartellierungsgesetzgebung durch ein System von Bußgeldtatbeständen ersetzt, so daß die Abgabe täuschender Angebote, die auf einer nach § 1 GWB unwirksamen Submissionsabsprache beruhen, nach dem GWB nur noch als Ordnungswidrigkeit (§ 1 i. V. m. § 38 Abs. 1 Nr. 1 GWB) geahndet werden können[69], soweit nicht das allgemeine Strafrecht oder andere Ordnungswidrigkeitentatbestände zur Anwendung kommen. Die Regierungsvorlage zum GWB hat die Entscheidung gegen Kartellstraftatbestände wie folgt begründet[70]:

> „Weder in der deutschen Öffentlichkeit noch in den beteiligten Wirtschaftskreisen ... (sei) bisher ein lebendiges Gefühl dafür verbreitet, daß wettbewerbsbeschrän-

[66] Gesetz Nr. 56 der Amerikanischen Militärregierung; Verordnung 78 der Britischen Militärregierung; Verordnung 96 der Französischen Militärregierung.

[67] Vgl. OLG Hamm (Fn. 24) m. w. N.

[68] BB 1956, 832 f.

[69] BGHSt. 12, 148; BGH NJW 59, 586; 587; 59, 2213 (Nr. 8).

[70] BT-Drucks. II/1158 S. 28.

kende Verträge und Geschäftspraktiken unerlaubt und ethisch verwerflich seien ... Späteren Zeiten, denen der Gedanke des reinen Wettbewerbs lebendiger und werterfüllter erscheinen wird ..., mögen davon abgehen und die Ordnungswidrigkeiten zu echten Straftaten verschärfen."

Vor der alliierten Dekartellierungsgesetzgebung bestand in Deutschland eine kartellfreundliche Einstellung des Gesetzgebers. Aus diesem Grund sollte offensichtlich die Einführung eines Kartellverbots durch einen deutschen Gesetzgeber nur mit Mitteln des Ordnungswidrigkeitenrechts durchgesetzt werden.

Diese Entscheidung ist in der strafrechtlichen Literatur immer wieder kritisiert worden[71]. Gleichzeitig wurde die Schaffung neuer Kartellstraftatbestände gefordert. Diese Diskussion kann z. Z. keinen entscheidenden Beitrag leisten, um die oben beschriebene strafrechtliche Lücke zu schließen. Die unterschiedlichen Schutzzwecke des GWB mit ihrer wirtschaftlichen und gesellschaftspolitischen Komponente lassen zwar in ihrem theoretischen Ansatz die Schaffung eines in sich ausgewogenen Systems von Kartellstraftatbeständen zu[72]. Die Bundesregierung hat aber wohl aus grundsätzlichen wirtschaftspolitischen Erwägungen in ihrem Entwurf eines Vierten Gesetzes zur Änderung des Gesetzes gegen Wettbewerbsbeschränkungen keinen Anlaß gesehen, die Verbesserung des kartellrechtlichen Instrumentariums und die Anpassung des geltenden Kartellrechts an geänderte Verhältnisse mit einer Reform des § 38 GWB i. S. der obigen Diskussion zu verbinden[73]. Die Teilkriminalisierung einer Einzelgruppe von Kartellverstößen, nämlich die Herbeiführung eines nach dem GWB unwirksamen Submissionskartells[74], könnte möglicherweise als ein Fremdkörper im derzeitigen kartellrechtlichen Sanktionensystem angesehen werden.

II. Ausschreibungsbetrug als vermögensrechtliches Vorfelddelikt

1. Von anderen in der strafrechtlichen Literatur erörterten strafwürdigen Wettbewerbsverstößen unterscheidet sich die Abgabe täuschender Angebote auf der Grundlage einer vor dem Veranstalter der Ausschreibung verheimlichten Submissionsabsprache durch ihre unmittelbare Nähe zu normalen Vermögensdelikten wie z. B. Betrug [75]. Für das

[71] *Jeschek* JZ 1959, 457, 461 f.; *R. Lange* (Fn. 45); *Lang-Hinrichsen*, H. Meyer-Festschrift (1966) S. 58 f., 62; *R. Schmitt*, Ordnungswidrigkeitenrecht, 1970, S. 14, 124 m. w. N.; *Baumann/Arzt* (Fn. 1); *Tiedemann*, Gutachten S. 27 ff. m. w. N.; AE (Fn. 3) S. 19; Sachverständigenkommission (Fn. 2) S. 13 ff.

[72] Vgl. *Tiedemann*, Gutachten S. 218 ff.; Sachverständigenkommission (Fn. 71); AE (Fn. 3) S. 19 ff.

[73] *Kartte/Portatius*, BB 1975, S. 1169, 1172; BT-Drucks. 8/2136.

[74] Vgl. § 270 E 62 (Fn. 5).

[75] Vgl. z. B. *R. Lange*, Rätsel Kriminalität, 1972, S. 177; *Tiedemann*, Gutachten, S. 88; AE (Fn. 3) S. 21.

Vermögensstrafrecht ist die wettbewerbsbeschränkende Absprache, die zur Bildung eines Submissionskartells führt, kein besonderer Anknüpfungspunkt. Die Nähe zum Betrug und damit die Einordnung in das Vermögensstrafrecht wird vielmehr durch das Verhalten der Anbieter gegenüber dem Auftraggeber begründet. Der Unrechtskern dieses Verhaltens besteht darin, daß der Veranstalter der Ausschreibung mit Hilfe der verheimlichten Absprache getäuscht und zu einer so nicht beabsichtigten Vermögensdisposition veranlaßt werden soll, die für die Anbieter vorteilhaft ist. Nur wegen des in der Regel nicht nachweisbaren Schadens kann dieses Verhalten nach der Rechtsprechung des BGH nicht als Betrug (§ 263 StGB) geahndet werden. Diese sichtbar gewordene Strafbarkeitslücke wirft daher die Frage auf, ob ein Verhalten, das bis auf den Schaden alle Handlungselemente des Betrugstatbestandes erfüllt, mit Hilfe eines strafrechtlichen Sondertatbestandes unterbunden werden soll.

Viele Ermittlungsverfahren mußten auch schon früher eingestellt werden, weil einem mit dem Mittel der Täuschung operierenden Wirtschaftsstraftäter nicht nachzuweisen war, daß er durch seine Täuschung einen Vermögensschaden bei dem Opfer verursacht hatte. Dieser Umstand wurde in die Diskussion zur Verbesserung der Möglichkeiten einer wirksameren Bekämpfung der Wirtschaftskriminalität mit einbezogen[76]. In der einschlägigen wirtschaftsstrafrechtlichen Literatur wurde die geltende Fassung des Betrugstatbestandes kritisiert[77]. Der Tatbestand des § 263 StGB sei in seiner Ausgestaltung zu kompliziert, um alle in seinen Bereich fallenden strafwürdigen Fälle auftretender Wirtschaftskriminalität wirksam bekämpfen zu können. Um auch solche Fälle zu erfassen, wurde eine grundsätzliche Neugestaltung des Betrugstatbestandes erwogen, die aber in ihrer Breitenwirkung zu einer unerwünschten Ausweitung der Strafbarkeit außerhalb des Bereichs der Wirtschaftskriminalität führen würde, die im Zusammenhang mit der Tendenz der übrigen Strafrechtsreform unerwünscht ist. Die Schaffung eng umgrenzter Sondertatbestände im Vorfeld des Betruges ist daher sachgerechter[78].

Das am 1. September 1976 in Kraft getretene 1. WiKG hat die Notwendigkeit der zusätzlichen Einfügung von Gefährdungsdelikten im Vorfeld des bereits geltenden Vermögensstrafrechts anerkannt[79]. In den neu in das StGB aufgenommenen Tatbeständen des Subventionsbetruges (§ 264 StGB) und des Kreditbetruges (§ 265 b StGB) wurde auf die Betrugsele-

[76] Vgl. Vorschlag für ein Arbeitsprogramm der Sachverständigenkommission I 1 a, Anhang 2 des Kommissionsberichts 1. Teil, 1976, S. 148; *Tiedemann*, Gutachten 49 DJT, C 42, *Franzheim* GA 1972, 353 ff. m. w. N.

[77] *Tiedemann* (Fn. 76) Fn. 34 m. w. N.

[78] Vgl. *Tiedemann* (Fn. 76), *Franzheim* (Fn. 76), *Heinz* GA 1977, 193, 225; AE (Fn. 3) S. 3.

[79] BGBl. I S. 2034.

mente der Irrtumserregung, der Vermögensverfügung und der Bereicherungsabsicht verzichtet. Nach der Erfüllung einiger einschränkender Tatbestandsvoraussetzungen reicht zur Vollendung der Delikte die Lüge über subventionserhebliche Tatsachen bzw. über für die Kreditentscheidung relevante Angaben aus. Diese Vorverlegung des strafrechtlichen Schutzes war notwendig, da ,,einzelnen Erscheinungsformen sozialschädlicher Art mit allgemeinen Straftatbeständen nicht ausreichend begegnet werden" konnte[80].

In Teilbereichen des sog. Nebenstrafrechts werden einzelne Täuschungshandlungen als ein besonders gefährlicher Angriff auf das durch das Spezialgesetz geschützte Rechtsgut eingestuft, ohne daß der Nachweis eines konkreten Vermögensschadens hinzutreten muß (z. B. §§ 399, 400 AktG, § 82 GmbHG, § 147 GenG, §§ 17, 18 RechnungslegungsG, § 4 UWG und § 65 DepG). Diese dem Vermögensstrafrecht zuzuordnenden Gefährdungsdelikte[81] wurden zur Verwirklichung verschiedenster Zielsetzungen geschaffen. Ihnen ist gemeinsam, daß das allgemeine Strafrecht zur Bekämpfung der für strafwürdig und strafbedürftig gehaltenen Mißstände nicht als ausreichend geeignet angesehen wurde.

Die Schaffung dieser Gefährdungsdelikte zeigt, daß mit der geltenden Strafrechtsordnung auch die Pönalisierung eines täuschenden Verhaltens möglich ist, wenn ein durch die Täuschung verursachter konkreter Schaden nicht nachzuweisen ist. Es muß daher der kriminalpolitisch wichtigen Frage nachgegangen werden, ob es in unserer Rechtsordnung strafrechtlich hinzunehmen ist, daß die Anbieter von Waren oder Leistungen einen Auftraggeber im Rahmen eines Ausschreibungsverfahrens mit Hilfe frisierter Angebote hereinlegen dürfen, ohne mit einer strafrechtlichen Ahndung rechnen zu müssen, obwohl ihnen dieses unlautere Verhalten Vorteile bringt.

Zwar gibt es keine Gesetzgebungslehre, die vorschreibt, nach welchen rationalen Kriterien der Gesetzgeber seine Entscheidung zu treffen hat. Aber es haben sich gewisse Grundsätze herausgebildet, die verhindern, daß der Gesetzgeber einfach willkürlich neue Strafvorschriften schafft[82]. So soll ein rechtswidriges Verhalten nur dann pönalisiert werden, wenn Strafwürdigkeit und Strafbedürftigkeit dieses Verhaltens zu bejahen sind[83].

[80] BR-Drucks. 5/75 S. 15; BT-Drucks. 7/5291 S. 3ff., 14ff.

[81] BR-Drucks. (Fn. 80).

[82] *Günther*, JuS 1978, 8ff., m. w. N.

[83] *Otto* NJW 1979, 681, 683; BVerfGE 6 S. 389, 433; 39, S. 1, 47; *Gallwas* MDR 1969, S. 882, 894; *Günther* (Fn. 82) S. 12ff.; *Hamann*, Grundgesetz und Strafgesetzbuch, 1963, S. 27ff.; *Hanack*, Gutachten zum 47. DJT 1968, A 28ff.; *Lang-Hinrichsen* (Fn. 71) S. 61; *Otto*, Gedächtnisschrift für Schröder, S. 53ff., 54 Fn. 3, 55 Fn. 9, S. 56 Fn. 14 m. w. N.

2. *a)* Der Blick in die Vergangenheit kann zwar nicht die Frage nach der Strafwürdigkeit und Strafbedürftigkeit eines Verhaltens in der Gegenwart bindend beantworten. Trotzdem ist es für die nachfolgenden Überlegungen nicht ohne Gewicht, daß immer wieder Versuche unternommen wurden, mit strafrechtlichen Mitteln die Abgabe täuschender Angebote im Ausschreibungsverfahren zu unterbinden. Im preußischen Strafgesetzbuch vom 14. April 1851 (§ 270) wurde das Abhalten vom Bieten oder Weiterbieten bei einer Verdingung unter Strafe gestellt[84]. Auch die Entwürfe zum Strafgesetzbuch für den Norddeutschen Bund enthielten ähnliche Bestimmungen wie das preußische Strafgesetzbuch[85]. Während der Beratungen für ein Strafgesetzbuch des norddeutschen Bundes wurde diese Norm mit der Begründung gestrichen, die allgemeinen Strafvorschriften seien ausreichend[86]. Die Regelungsvorschläge in § 287 der Strafrechtsnovelle von 1875/76[87], § 313 des Radbruch-Entwurfs[88], § 321 E 1925[89], § 355 E 1927[90], § 355 E 1930[91], § 270 E 1962, § X i.d.F. der Empfehlungen der Sachverständigenkommission zur Bekämpfung der Wirtschaftskriminalität sowie § 175 des Alternativentwurfs zeigen, daß die praktizierten Submissionsabsprachen und ähnliche Verhaltensweisen in den letzten hundert Jahren immer wieder für strafwürdig und strafbedürftig gehalten wurden. Bis auf die Empfehlungen der Sachverständigenkommission zur Bekämpfung der Wirtschaftskriminalität und des Alternativentwurfs sollten in den Entwürfen sowohl die unlautere Beeinflussung von Versteigerungen als auch die unlautere Beeinflussung von Verdingungen in einer Vorschrift geregelt werden. In der tatbestandsmäßigen Ausgestaltung stand die wettbewerbsrechtlich relevante Beeinflussung von Mitbewerbern im Vordergrund, während hier das täuschende Verhalten der Anbieter gegenüber der vergebenden Stelle untersucht werden soll. Aus diesem Grund sind die Entwürfe nur als Hinweise auf die Strafwürdigkeit und Strafbedürftigkeit des Ausschreibungsbetruges anzusehen.

[84] *Oppenhoff,* Das Strafgesetzbuch für die Preußischen Staaten, 1867, § 270 Anm. 4, 13.

[85] *Engisch* (Fn. 7) S. 181, Entwurf I, Juli 1889 § 270; Entwurf III, 1870 § 283.

[86] Stenographische Berichte über die Verhandlungen des Reichstags des Norddeutschen Bundes, I. Legislaturperiode – Session 1870, Band 2, S. 726.

[87] Stenographische Berichte über die Verhandlungen des Deutschen Reichstages, 2. Legislaturperiode, III. Session 1875/76, Band 2, S. 1011 ff., 1016 sowie Band 3 Nr. 54 § 287a StGB (S. 160).

[88] *Radbruch,* Entwurf eines Allgemeinen Deutschen Strafgesetzbuchs (1922), Tübingen, 1952, S. 67 (Neudruck).

[89] Amtlicher Entwurf eines Allgemeinen Deutschen Strafgesetzbuchs, 1925, S. 35.

[90] Entwurf eines Allgemeinen Deutschen Strafgesetzbuchs, Reichstag, III. Wahlperiode 1924/7, Drucks. Nr. 3390 (19. 5. 1927), S. 38.

[91] Verhandlungen des Reichstages, V. Wahlperiode 1930, Band 448 (Anlagen) Nr. 395.

b) Die Strafwürdigkeit eines konkreten Verhaltens hängt zum einen von dem Rang des verletzten oder gefährdeten Rechtsgutes ab und wird zum anderen durch die Art und Weise der Rechtsgutverletzung oder -gefährdung bestimmt[92].

Nach der Rechtsprechung des Bundesverfassungsgerichts hat der Gesetzgeber einen Beurteilungsspielraum bei der Entscheidung der Frage, ob ein bestimmtes Verhalten strafwürdig ist oder nicht. Die Entscheidung braucht nur materiell im Einklang mit der verfassungsrechtlichen Wertordnung zu stehen und auch den ungeschriebenen Verfassungsgrundsätzen und Grundentscheidungen des Grundgesetzes zu entsprechen. Die darüber hinausgehende Frage, ob mit der Einzelregelung die zweckmäßigste, vernünftigste oder gerechteste Lösung gefunden wird, unterliegt allein der Beurteilung des Gesetzgebers[93]. Die eine „objektive Wertordnung" verkörpernden Grundrechte erlangen bei diesen Wertungsfragen eine erhebliche Bedeutung[94]. Das hat zur Herausbildung folgenden Grundsatzes geführt: Je höher diese „objektive Wertordnung" den Rang eines Rechtsgutes bewertet, um so eher wird jede erhebliche Gefährdung oder Verletzung dieses Rechtsgutes strafwürdig erscheinen. Je geringer dagegen die Verfassung den Rang eines Rechtsgutes einstuft, um so mehr wird es angemessen sein, nur einzelne Angriffe gegen dieses Rechtsgut, denen nämlich ein besonderes Maß an sozialem Unwert zukommt, wie z.B. Täuschung oder Vertrauensbruch, als strafwürdig einzuordnen[95].

Die oben beschriebenen Verhaltensweisen können unter drei verschiedenen Gesichtspunkten als besonders sozialschädlich und damit strafwürdig anzusehen sein. Die Abgabe täuschender Angebote kann eine Schädigung fremder Vermögensinteressen, eine Gefährdung der im Wirtschaftsleben der Bundesrepublik fest verankerten Vergabeart Ausschreibung und eine strafwürdige Beeinträchtigung der Wettbewerbsfreiheit und des Wettbewerbs als Institution darstellen.

aa) Submissionsabsprachen und die damit verbundene Abgabe täuschender Angebote verursachen eine schwerwiegende Beeinträchtigung des freien Wettbewerbs[96]. Die Meinungsverschiedenheiten[97], die darüber bestehen können, ob der freie Wettbewerb allein in den Rang eines strafrechtlich zu schützenden Rechtsgutes erhoben werden kann, brauchen hier nicht entschieden zu werden. Der Unrechtskern des oben beschrie-

[92] *Günther* (Fn. 82) S. 13 m. w. N.
[93] Vgl. z. B. BVerfGE 37, 201, 212.
[94] BVerfGE 7, 198, 205; 39, 1, 41.
[95] *Günther* (Fn. 92); *Otto*, Gedächtnisschrift für Schröder S. 56 m. w. N.
[96] Vgl. dazu BKartA Bericht 1973 (Fn. 9), S. 17.
[97] *Selmer*, Verfassungsrechtliche Probleme einer Kriminalisierung des Kartellrechts, 1977, S. 18ff., 28f.

benen Verhaltens ist aus strafrechtlicher Sicht nicht in dem wettbewerbswidrigen Herbeiführen eines Submissionskartells zu sehen, sondern in der Abgabe eines täuschenden Angebots, um sich einen besonderen Vermögensvorteil zu verschaffen.

bb) Das Strafrecht kennt kein allgemeines Vermögensschutzdelikt. Das Vermögen wird im Strafrecht nur gegen bestimmte Angriffsarten, die besonders gefährlich erscheinen, geschützt[98]. Dazu zählt auch die Täuschung. Allerdings wird bei einer Individualtäuschung in der Regel ein Vermögensschaden gefordert, um die Strafwürdigkeit des Verhaltens zu bejahen. Das wird besonders deutlich beim Tatbestand des Betruges, der nicht die Redlichkeit im Geschäftsverkehr oder die Verletzung der Dispositionsfreiheit, sondern ausschließlich das Vermögen schützt[99].

Die dieser Untersuchung zugrunde liegenden Verhaltensweisen erfüllen alle wesentlichen Handlungselemente des Betruges. Grundlage des § 263 StGB ist eine falsche Vermögensdisposition. Die Anbieter wollen hier mit einer verheimlichten Absprache bewirken, daß der Veranstalter der Ausschreibung zu einer so nicht beabsichtigten Vermögensdisposition veranlaßt wird und dem Anbieter dadurch ein besonderer Vermögensvorteil zufließt. Die Täuschung ist nach dem Grundgedanken des Ausschreibungsverfahrens für die Vermögensdisposition kausal. Die Frage ist, ob dieses Verhalten straflos bleiben soll, nur weil fast ausnahmslos ein Schaden nach der Rechtsprechung des Bundesgerichtshofs nicht nachzuweisen ist.

Mit der vor dem Veranstalter verheimlichten Absprache verhindern die Teilnehmer gerade die Bildung geeigneter Bewertungskriterien für die Feststellung des Schadensmerkmals in § 263 StGB. Nach der höchstrichterlichen Rechtsprechung sind zunächst Leistung und Gegenleistung an ihrem objektiven Verkehrswert zu messen. Bei abstrakt gleichwertigen Leistungen können dann die konkreten wirtschaftlichen Verhältnisse der Betroffenen berücksichtigt werden[100]. Es bedarf in jedem Falle der Ermittlung einer konkreten wirtschaftlichen Einbuße, die das Vermögen durch die Verfügung erlitten hat, da sonst mit Hilfe von § 263 StGB die Dispositionsfreiheit geschützt würde[101]. Die Aufträge für Waren und Leistungen, die im Wege der Ausschreibung vergeben werden, haben aber in der Regel keinen objektiven Verkehrswert. Nur dadurch, daß ein Gut auf einem Markt im Wettbewerb gehandelt wird und eine Vielzahl von verschiedenen subjektiven Wertschätzungen sich in einen Marktpreis nie-

[98] *Jescheck*, Lehrbuch des Strafrechts, AT, 3. Aufl. 1978, S. 191.

[99] BGHSt. 16, 220ff.; 321, 325ff.

[100] *Lackner*, StGB, 12. Aufl. 1978, § 263 Anm. 6b; *Schönke/Schröder/Cramer*, StGB, 19. Aufl. 1978, Rdn. 106ff.

[101] *Lackner* (Fn. 52), Rdn. 139.

derschlägt, gelangt man zu einem quasi objektiven Wert[102]. Die praktizierte Submissionsabsprache vereitelt diese Wertbildung. Durch das Verheimlichen der Absprache wird dem Veranstalter der Ausschreibung zudem die Möglichkeit genommen, durch Wiederholung des Vergabewettbewerbs einen Verkehrswert zu ermitteln.

Es gibt zwar Verfahren zur Ermittlung eines hypothetischen Marktpreises[103], diese bereiten aber schon im Preis- und Kartellrecht (§ 4 WiStG, § 22 GWB) Schwierigkeiten und helfen bei der Ermittlung des Marktpreises einer Spezialleistung oder einer Großanlage nicht weiter. Die vielen in einer Modellrechnung zu berücksichtigenden variablen Faktoren können entweder theoretisch nicht in die Modellrechnung eingeführt werden oder sind empirisch nicht feststellbar. Durch die praktizierte Submissionsabsprache wird daher eines der Instrumente zur Schadensbemessung beseitigt. Je länger ein Submissionskartell betrieben wird, um so sicherer können dessen Teilnehmer sein, daß jede Vergleichsbasis für eine Schadensfeststellung fehlt.

Es handelt sich hierbei noch nicht einmal um ein bloßes Beweisproblem. Auch noch so gründliche Ermittlungen und eine Nachkalkulation führen nicht zu dem Auffinden eines hypothetischen Marktpreises. Mit ihrem Verhalten lassen die Täter somit nicht nur das Ausschreibungsverfahren, sondern auch den Tatbestand des Betruges leerlaufen.

Obwohl im Einzelfall ein Schaden nicht nachweisbar ist, stellt das Verheimlichen einer praktizierten Submissionsabsprache einen schweren Angriff auf das Vermögen des Veranstalters der Ausschreibung dar, wenn es dazu bestimmt ist, den Anbietern besondere Vermögensvorteile zu bringen. Nach der allgemeinen Lebenserfahrung kann unterstellt werden, daß dem Vermögensvorteil auf der Anbieterseite ein Nachteil auf seiten des Veranstalters entspricht, da davon ausgegangen werden kann, daß derartige Absprachen nicht um ihrer selbst willen getroffen werden. Damit ist die Abgabe von Angeboten, die auf einer verheimlichten Absprache beruhen und den Anbietern besondere Vermögensvorteile bringen sollen, genauso strafwürdig wie eine Täuschung, die zu einem Vermögensschaden führt.

cc) Die täuschenden Angaben können nicht nur den Schutz des individuellen Vermögens beeinträchtigen, sondern auch ein überindividuelles Rechtsgut verletzen. So schützt § 264 StGB im Vorfeld des Betruges u. a. die „staatliche Planungs- und Dispositionsfreiheit" im Wirtschaftsbereich[104]. Die Ausschreibung wird in vielen Gesetzen und Verwaltungsan-

[102] *v. Stackelberg*, Grundlagen der theoretischen Volkswirtschaftslehre, 2. Aufl., S. 19.
[103] *Tiedemann* (Fn. 55), S. 16 Fn. 15 m. w. N.
[104] BT-Drucks. (Fn. 80), S. 3, 5.

ordnungen als Vergabeart vorgeschrieben. Von ihr wird auch im Rahmen der Privatautonomie Gebrauch gemacht. Die in dieser Bestimmung der Vergabeart verfolgten Zielsetzungen[105] werden durch die Abgabe täuschender Angebote beeinträchtigt, so daß schon das einfache Unterlaufen des Ausschreibungsverfahrens strafwürdiges Unrecht sein könnte.

Der die öffentliche Hand bindende Grundsatz der Wirtschaftlichkeit und Sparsamkeit, dessen Anwendung auch durch die Ausschreibung gewährleistet werden soll, wird infolge des vorgetäuschten Wettbewerbs bei praktizierten Submissionsabsprachen zu einer leeren Formel. Zur Kontrolle der öffentlichen Hand ist diese Vergabeform unverzichtbar, um einseitige Bevorzugung und Bestechung zu verhindern. Die aus diesem Grund vorgenommene Bindung der öffentlichen Hand an das Ausschreibungsverfahren wird in ihr Gegenteil verkehrt, wenn es von der Anbieterseite zur Erzielung ungerechtfertigter Vorteile genutzt wird. Auch die gesamtwirtschaftliche preisregulierende Funktion der Vergabeart „Ausschreibung" sowie andere sozial- und wirtschaftspolitische Zielsetzungen werden durch das Unterlaufen des Ausschreibungsverfahrens entweder gefährdet oder ganz verhindert. Damit wird das Interesse des Staates und der Allgemeinheit an dem Funktionieren eines durch Rechtssatz geregelten oder geförderten Vergabeverfahrens, das einen geordneten und durchschaubaren Austausch von Gütern ermöglichen soll, verletzt.

Das Verheimlichen einer Submissionsabsprache und die dadurch bewirkte Vermögensdisposition des Veranstalters der Ausschreibung stellen sicherlich ein unlauteres Verhalten dar. Das „einfache" Unterlaufen der Vergabeart Ausschreibung mit Hilfe einer verheimlichten Absprache muß zwar nicht unbedingt als eine so gravierende Verletzung der Wirtschafts- und Sozialordnung der Bundesrepublik angesehen werden, daß eine solche Verhaltensweise stets sozialgefährlich oder sogar sozialschädlich erscheint. Gefährlich für die im Wirtschaftsleben der Bundesrepublik fest verankerte Vergabeform wird dieses Verhalten aber dann, wenn das Ausschreibungsverfahren dazu mißbraucht wird, besondere Vermögensvorteile für die Anbieter zu erzielen. Damit ist ein Anreiz gegeben, das Ausschreibungsverfahren auf Dauer leerlaufen zu lassen. Teilbereiche des staatlichen und privatwirtschaftlichen Handelns, die nur auf der Grundlage zu beschaffender Waren oder Dienstleistungen wahrgenommen werden können, werden damit auf Dauer in ihrer sachgemäßen Funktion beeinträchtigt. Außerdem kann die Ausschreibung nicht mehr den ihr in der gesamtwirtschaftlichen Planung zugewiesenen Platz ausfüllen. Jedenfalls dann, wenn die Erzielung besonderer Vermögensvorteile hinzutritt, erscheint somit der Mißbrauch der Ausschreibung als Vergabeart strafwürdig.

[105] Vgl. Fn. 23.

Die Frage, ob mit dem Unterlaufen des Ausschreibungsverfahrens eine Situation eintreten kann, die letztlich die Volkswirtschaft insgesamt gefährdet, wie dies bei Kreditbetrügereien größten Ausmaßes angenommen wird[106], braucht hier nicht abschließend beurteilt zu werden. Eine vor Jahren vom Bundeskriminalamt veröffentlichte hypothetische Schadensüberlegung[107] für den Bereich der Bauindustrie läßt allerdings den Schluß zu, daß die durch Submissionsabsprachen verursachten Schäden kaum hinter denen der Kreditbetrügereien zurückstehen dürften.

Zu dem Aspekt des Vermögensschutzes tritt somit die Schutzwürdigkeit der Ausschreibung selbst als überindividuelles Rechtsgut hinzu.

dd) Obwohl die Frage, ob der Schutz der Wettbewerbsfreiheit und des Wettbewerbs als Institution in den Rang eines strafrechtlich zu schützenden Gutes erhoben werden kann, bewußt offengelassen wurde, könnte die Einstufung der Abgabe täuschender Angebote zur Erlangung besonderer Vermögensvorteile als strafwürdiges Unrecht mit der in § 1 i. V. m. § 38 Abs. 1 Nr. 1 GWB getroffenen Wertung im Widerspruch stehen. Der hinter einer Submissionsabsprache stehende Lebenssachverhalt und das für strafwürdig angesehene Verhalten könnten einander entsprechen, da Submissionsabsprachen in der Regel vor dem Veranstalter der Ausschreibung geheim gehalten werden und wie alle Kartelle dazu bestimmt sind, einen besonderen Vermögensvorteil zu bringen.

Diese rein tatsächliche Betrachtungsweise vernachlässigt den Regelungsgehalt von § 1 i. V. m. § 38 GWB. Der Ordnungswidrigkeitentatbestand erfaßt nur die Einhaltung von nach § 1 GWB unwirksamer Bindungen bei der Abgabe von Angeboten (verbotenes Verdingungskartell). Die tatbestandsmäßigen Voraussetzungen erfordern weder eine Täuschungshandlung in Form einer verheimlichten Absprache noch die Absicht, einen besonderen Vermögensvorteil zu erlangen.

Das oben für strafwürdig angesehene Verhalten ist mehr als nur eine bloße wettbewerbsbeschränkende Vereinbarung, die zwar kartellordnungswidrig, aber nicht strafwürdig ist. Das Grundelement des § 263 StGB ist eine falsche Vermögensdisposition. Die mit der verheimlichten Absprache vorgenommene Täuschung muß für die Vermögensdisposition kausal sein. Bis auf das nach der Rechtsprechung des Bundesgerichtshofes nicht nachzuweisende Schadensmerkmal liegen alle Handlungselemente des Betruges vor. Mit der Einbeziehung des besonderen Vermögensvorteils in die Überlegungen zur Strafwürdigkeit kann aber dem täuschenden Verhalten ein weiteres, die Strafwürdigkeit eingrenzendes Merkmal zugeordnet werden, durch das die Ebene des betrügerischen Verhaltens erreicht wird.

[106] BT-Drucks. (Fn. 80), S. 14, 16.
[107] Vgl. Fn. 41.

Das in § 1 GWB geregelte Kartellverbot ist für die Bestimmung der Strafwürdigkeit ohne Bedeutung. Dieses Verhalten wäre auch dann strafwürdig, wenn es kein Kartellverbot nach § 1 GWB gäbe. Es soll nicht der Wettbewerb als Institution oder die Wettbewerbsfreiheit, sondern das Vermögen der Veranstalter von Ausschreibungen sowie die Institution der Ausschreibung gegen unlautere Angriffe geschützt werden. Die Kartellordnungswidrigkeit und das für strafwürdig gehaltene Verhalten können sich zwar in Randbereichen überlappen, stellen aber sonst eigenständige Bereiche dar. Die einem besonders sozialschädlichen Verhalten vorgelagerten Kartellverstöße können nicht die Kriminalisierung eines Verhaltens ausschließen, das zu einer schwerwiegenden Beeinträchtigung der finanziellen Interessen der Vergabestelle und der vielfältigen Zielsetzungen, die mit der Vergabeart Ausschreibung verbunden sind, führt. Gegen eine rechtspolitische Entscheidung des Gesetzgebers, dieses Verhalten im Gegensatz zum GWB als strafwürdig anzusehen, können auch keine verfassungsrechtlichen Bedenken erhoben werden, da dem Gesetzgeber ein rechtspolitischer Entscheidungsspielraum zuzubilligen ist[108].

ee) Als Ergebnis dieser Überlegungen kann festgehalten werden, daß ein Verhalten, mit dem die Anbieter von Waren oder Leistungen einen Auftraggeber im Rahmen eines Ausschreibungsverfahrens hereinlegen, unter weiteren einschränkenden Voraussetzungen strafwürdig ist.

c) Nachdem die Strafwürdigkeit der Abgabe täuschender Angebote unter bestimmten Voraussetzungen bejaht werden konnte, muß der Frage nachgegangen werden, ob dieses Verhalten auch strafbedürftig ist. Das ist dann der Fall, wenn eine Kriminalisierung unerläßlich ist, um das für strafwürdig gehaltene Verhalten zu unterbinden. Das Strafbedürfnis ist insbesondere dann zu bejahen, wenn Maßnahmen, die weniger einschneidend sind, aber zumindest genauso gut oder sogar noch besser wirken, nicht zur Verfügung stehen[109]. Für die Strafbedürftigkeit sind daher vorwiegend rechtspolitische Gesichtspunkte maßgebend[110]. Die kartellstrafrechtlichen Bestimmungen ausländischer Rechtsordnungen, die auch Submissionsabsprachen erfassen, können als Hinweis für die Strafbedürftigkeit eines solchen Verhaltens in einer modernen Industriegesellschaft angesehen werden[111]. In den skandinavischen Ländern werden sogar nur für Submissionskartelle Geld- und Freiheitsstrafen angedroht, während

[108] Vgl. z. B. BVerfGE 27, S. 18, 28 ff., 30.

[109] *Günther* (Fn. 82), S. 11 Fn. 40 m. w. N.; *Otto*, Gedächtnisschrift Schröder, S. 56 f.

[110] *Lang-Hinrichsen* (Fn. 71), S. 61.

[111] Nachweise bei *Tiedemann*, Gutachten, S. 42 ff; sowie in dem Report of the Committee of Experts on Restrictive Business Practices (OECD), Collusive Tendering, 1976, S. 30 ff.

die Bekämpfung von Wettbewerbsbeschränkungen sich im übrigen auf eine Mißbrauchskontrolle beschränkt[111a].

Die Bedürfnisfrage für einen Straftatbestand gegen Submissionsabsprachen und ähnliche Verhaltensweisen ist meistens im Zusammenhang mit einer Gesamtkriminalisierung des Kartellrechts erörtert worden. Während aus strafrechtlicher Sicht[112] ein solches Bedürfnis bejaht wird, werden aus wirtschaftswissenschaftlicher und kartellrechtlicher Sicht[113] Bedenken erhoben. Die ablehnenden Stellungnahmen der wirtschaftswissenschaftlichen Literatur sowie der kartellrechtlichen Literatur und Aufsichtspraxis beziehen sich auf an § 270 E 62 angelehnte Fassungsvorschläge. Darin wird eine Teilkriminalisierung des Kartellrechts gesehen, die zu einer Umkehrung des gegenwärtigen „in sich ausgewogenen“[113a] Sanktionensystems des GWB führen könne, und deswegen abzulehnen sei. Wie oben dargelegt, ist das täuschende Verhalten unabhängig von dem Bestehen eines Kartellrechts strafwürdig, so daß diese auf eine Kriminalisierung des Kartellrechts bezogene Kritik nicht zutrifft.

Das Argumentationsschema zu dem Problemkreis – die Ordnungswidrigkeitentatbestände des GWB und das geltende Strafrecht seien ausreichend – ist wenig entwicklungsfähig[114], so daß eine eingehende Darstellung des Meinungsstandes nicht weiterführt. Die bekannten Argumente: Submissionskartelle sind „Kinder der Not“[115], eigene Überprüfung der Angebote durch die Vergabestelle[116], Verbesserung des Ausschreibungsverfahrens[117], Ersetzung der strafrechtlichen Generalprävention durch die Presseinformationspraxis des Bundeskartellamtes[118], sowie des Einsatzes des Strafrechts als ultima ratio[119], sind bereits eingehend in der Literatur und zuletzt von der Sachverständigenkommission erörtert worden[120]. Sie treffen entweder in ihren sachlichen Voraussetzungen nicht zu oder zeigen keine hinreichenden Lösungsmöglichkeiten zur Beseitigung der im Ausschreibungsverfahren auftretenden Mißstände auf. Die seit

[111a] Vgl. Report (Fn. 111) S. 42 ff.

[112] Große Strafrechtskommission (Fn. 4), S. 76 ff.; *Baumann/Arzt* (Fn. 1), S. 27 ff.; *Tiedemann,* Gutachten, S. 88 ff., 127 ff. m. w. N., Sachverständigenkommission (Fn. 2), S. 69; *Döppel,* Die Neue Polizei 1977, 134 ff.; a. A. *Engisch* (Fn. 7) S. 220 ff.

[113] *Steindorf* ZHR 138, 504, 505 ff.; *Kartte/Portatius* (Fn. 73), 1169 ff.; a. A. *Ulmer* (Fn. 1), S. 4 ff. sowie S. 20, 39, vgl. auch *Tiedemann,* Gutachten, S. 34 ff. m. w. N.

[113a] *Selmer* (Fn. 97), S. 48.

[114] Vgl. dazu Reichstagsberatungen zu § 355 E 1927, Protokoll der 116. Sitzung des 21. Ausschusses der 4. Wahlperiode S. 9 ff. und *Engisch* (Fn. 7) S. 188 ff., 198 ff.

[115] Vgl. *Tiedemann,* Gutachten, S. 127.

[116] *Engisch* (Fn. 7), S. 200; vgl. dazu AG Berlin-Tiergarten (Fn. 52).

[117] *Schäfer,* Illegale Preisabsprache, in: Wirtschaftsdelikte (BKA) 1957, S. 159 f.

[118] *Kartte/Portatius* (Fn. 73), S. 1171, vgl. dazu *Tiedemann,* Gutachten, S. 38 ff.

[119] *Kartte/Portatius* (Fn. 73), S. 1170.

[120] Vgl. Fn. 1, 2, 3, 4, 5.

dem Inkrafttreten des Gesetzes gegen Wettbewerbsbeschränkungen in den letzten 21 Jahren immer wieder auftauchenden Submissionsskandale müssen vielmehr als Beleg dafür angesehen werden, daß die Bußgeldpraxis des Bundeskartellamtes nicht in der Lage ist, das Problem des „Ausschreibungsbetruges" wirklich in den Griff zu bekommen.

Das liegt nicht an einer mangelnden Verfolgungsintensität seitens des Bundeskartellamtes. 10 % der in den Tätigkeitsberichten des Bundeskartellamtes genannten Bußgeldverfahren befassen sich mit Submissionsabsprachen[121]. Offensichtlich werden Verstöße gegen das GWB in den beteiligten Wirtschaftskreisen immer noch als „wenig anstößig" empfunden, so daß sie eher als Ordnungsverstoß denn als schweres sozialschädliches Verhalten angesehen werden[122]. Wie die Ausführungen des AG Berlin-Tiergarten zeigen, müssen die Betroffenen auch nicht mit einer Strafverfolgung nach § 263 StGB rechnen und können ihr Verhalten darauf einrichten[122a]. Da Bußgelder z. T. auch in die Preise einkalkuliert werden können, ist die Drohung mit einem Strafmakel besser geeignet, einen Anbieter von Waren oder Leistungen davon abzuhalten, den Veranstalter einer Ausschreibung mit Hilfe frisierter Angebote hereinzulegen.

Im Zusammenhang mit der Prüfung der Strafbedürftigkeit muß auch noch kurz auf die verfahrensrechtlichen Aspekte eines Sondertatbestandes des Ausschreibungsbetruges eingegangen werden. Wenn die Strafverfolgungsbehörden, die mit der Einfügung eines Sondertatbestandes in das StGB auftretenden Probleme nicht befriedigend lösen sollten, würde letztlich – so wird geltend gemacht – eine Verschlechterung gegenüber dem derzeitigen Rechtszustand eintreten[123]. Von der kartellrechtlichen Aufsichtspraxis[124], und aus strafrechtlicher Sicht[125], ist der Standpunkt vertreten worden, daß sich das Bußgeldverfahren zur Verfolgung von Submissionsabsprachen besser eigne als das Strafverfahren – falls es eine entsprechende Strafvorschrift gäbe. Das Strafverfahren sei zu sehr an starre Regeln gebunden, während das Bußgeldverfahren ein flexibles Reagieren auf unterschiedlich schwerwiegende Verhaltensweisen zulasse. Außerdem seien die Kartellbehörden der Justiz an Sachkunde weit überlegen. Diese Bedenken können jedoch durch sinnvolle Ergänzungen des

[121] *Tiedemann*, Gutachten, S. 125; vgl. auch *Gutzler*, Die Ermittlungstätigkeit des Bundeskartellamtes, in *Schäfer* (Hrsg.): Wirtschaftskriminalität, 1974, S. 529ff., 550.

[122] *Rasch/Westrick*, Wettbewerbsbeschränkungen, 3. Aufl. 1966, § 38 GWB Rdn. 1 in Übernahme der Regierungsbegründung zum GWB; *Baumann/Arzt* (Fn. 1) S. 28; *Gutzler* (Fn. 121), S. 530, 534f.

[122a] Vgl. Fn. 52 (WuW/E LG 397)

[123] *Tiedemann*, Gutachten, S. 6, 193; *Ulmer* (Fn. 1) S. 7ff.; Sachverständigenkommission (Fn. 2) S. 80ff.

[124] *Kartte/Portatius* (Fn. 73) S. 1170.

[125] *Engisch* (Fn. 7) S. 208/9; *Schafheutle*, Große Strafrechtskommission (Fn. 4), S. 79f.

Verfahrensrechts ausgeräumt werden[126]. Regelungen in der Abgabenordnung und im Außenwirtschaftsgesetz zeigen, daß die Praxis schon jetzt in Teilbereichen mit einer Zweigleisigkeit von Strafrecht und Ordnungswidrigkeitenrecht fertig wird[127]. Bei Einführung eines Straftatbestandes gegen den „Ausschreibungsbetrug" können deshalb ähnliche verfahrensrechtliche Spezialvorschriften vorgesehen werden.

3. Die Darlegungen haben gezeigt, daß die Abgabe täuschender Angebote gegenüber dem Veranstalter einer Ausschreibung, um dadurch für sich oder einen anderen besondere Vermögensvorteile zu erzielen, sowohl strafwürdig als auch strafbedürftig ist. Es empfiehlt sich daher die Schaffung eines strafrechtlichen Sondertatbestandes des „Ausschreibungsbetruges".

E. Vorschlag de lege ferenda

Bei der Ausformulierung eines Sondertatbestandes des Ausschreibungsbetruges müssen folgende Gesichtspunkte beachtet werden:

1. Bloße wettbewerbsbeschränkende Vereinbarungen sollen auch weiterhin nicht in den strafrechtlichen Schutz eines Sondertatbestandes einbezogen werden. Strafwürdig und strafbedürftig erscheint nur ein Verhalten, das darauf abzielt, den Auftraggeber im Rahmen eines Ausschreibungsverfahrens mit Hilfe frisierter Angebote zu überlisten.
2. Der Sondertatbestand soll daher nur gegen den Veranstalter einer Ausschreibung gerichtete Verhaltensweisen erfassen, die sich wie folgt beschreiben lassen:
   a) Bei der Abgabe der Einzelangebote verheimlichen die Anbieter gegenüber dem Veranstalter die ihren Angeboten zugrunde liegende Absprache, um ihn zur Annahme eines bestimmten Angebots zu veranlassen.
   b) Die so nicht beabsichtigte Vermögensdisposition des Veranstalters soll für die Anbieter vorteilhaft sein.
3. Bis auf den Schaden sind bei diesem Verhalten alle wesentlichen Handlungselemente des Betruges gegeben:
   - der Einsatz von täuschenden Mitteln
   - zur Überlistung eines anderen
   - die Absicht, dadurch besondere Vermögensvorteile zu erzielen.
4. Diese Handlungselemente sollten auch in einen Sondertatbestand gegen die Abgabe betrügerischer Angebote bei einer Ausschreibung von Waren oder Leistungen aufgenommen werden. Anstelle der Vorteils-

[126] *Tiedemann,* Gutachten, S. 6, 196 ff.; *Ulmer* (Fn. 1), S. 8 f.; Sachverständigenkommission (Fn. 123).
[127] *Tiedemann,* Kartellrechtsverstöße und Strafrecht S. 181.

absicht sollte nicht auf eine Schädigungsabsicht abgestellt werden, da sonst die gleichen Probleme wie bei der Anwendung des geltenden Rechts entstehen (§ 263 StGB). Der bloße Zuschlag durch die vergebende Stelle ist noch kein besonderer Vermögensvorteil. Erst das Hinzutreten weiterer Umstände, wie z. B. das Durchsetzen eines bestimmten Preises unter bewußter Ausnutzung eines kalkulatorischen Spielraums durch das anbietende Unternehmen, begründet die Annahme eines besonderen Vermögensvorteils.

5. Der Sondertatbestand soll nicht nur auf öffentliche Vergaben beschränkt sein, sondern sich auch auf die Vergabe durch private Auftraggeber erstrecken. Neben der Einbeziehung von öffentlichen und beschränkten Ausschreibungen sollte auch geprüft werden, ob die freihändige Vergabe unter einschränkenden Voraussetzungen erfaßt werden kann.
6. Das Fördern der Abgabe eines betrügerischen Angebots, indem sich der Täter an einer Absprache nach 2 a) beteiligt, soll als eine verselbständigte Tat eingestuft und geahndet werden.
7. Als Vorfeldtatbestand des Betruges erscheint eine Freiheitsstrafe bis zu drei Jahren oder Geldstrafe angemessen (vgl. § 265 b, § 264 StGB).

Zur Anfechtung der durch Vollzug erledigten Maßnahmen der Staatsanwaltschaft im Ermittlungsverfahren

Karlheinz Meyer

I

Eines der strafprozessualen Rechtsprobleme, zu deren Lösung der Jubilar Grundlegendes beigetragen hat, ist die Zulässigkeit der Anfechtung bereits vollzogener Maßnahmen der Staatsanwaltschaft und ihrer Hilfsbeamten im Ermittlungsverfahren[1]. Man kann diese Maßnahmen in drei Gruppen unterteilen. In erster Hinsicht handelt es sich um diejenigen Anordnungen, zu deren Erlaß an sich der Richter zuständig ist, die aber auch die Staatsanwaltschaft treffen kann, wenn Gefahr im Verzug besteht[2]. Daneben gibt es Anordnungen, für die die Staatsanwaltschaft ohne Rücksicht darauf zuständig ist, ob eine solche Gefahr gegeben ist[3]. Schließlich kommen Maßnahmen in Betracht, die im Zusammenhang mit dem Recht der Staatsanwaltschaft stehen, Zeugen und Sachverständige zu vernehmen[4].

Der Streit geht vor allem um die Zulässigkeit der Anfechtung der bei Gefahr im Verzug getroffenen Anordnungen der Staatsanwaltschaft, die durch Vollzug erledigt sind. Eine solche Erledigung tritt regelmäßig ein, bevor eine Anfechtung möglich ist. Denn der Vollzug von Anordnungen, die wegen Gefahr im Verzug getroffen worden sind, duldet keinen Aufschub; der sofortige Vollzug ist notwendig. Die Oberlandesgerichte halten die Anfechtung der auf diese Weise erledigten Maßnahmen nicht für statthaft und lassen insbesondere einen Antrag auf gerichtliche Entschei-

[1] Vgl. *Schäfer* in *Löwe-Rosenberg*, StPO, 23. Aufl. 1976ff. (künftig abgekürzt LR), § 23 EGGVG Rdn. 62ff.

[2] In Betracht kommen die Anordnungen nach § 81 a Abs. 2, § 81 c Abs. 5, § 98 Abs. 1, § 100 Abs. 1, § 100b Abs. 1, § 105 Abs. 1, § 111 Abs. 2, § 127 Abs. 2, § 132 Abs. 3 StPO.

[3] Vgl. §§ 81 b, 163b Abs. 1, § 164 StPO.

[4] Vgl. § 161 a Abs. 2 StPO. Die Anfechtung solcher Maßnahmen ist in § 161 a Abs. 3 StPO ausdrücklich geregelt.

dung nach den §§ 23ff. EGGVG nicht zu[5]. Im Schrifttum wird dagegen die Meinung vertreten, die schon vollzogenen Maßnahmen der Strafverfolgungsbehörden im Ermittlungsverfahren seien beim Vorliegen eines berechtigten Interesses in entsprechender Anwendung des § 98 Abs. 2 Satz 2 StPO mit dem Antrag auf Entscheidung des zuständigen Strafgerichts (im Vorverfahren der Ermittlungsrichter, nach Anklageerhebung das mit der Sache befaßte Gericht) anfechtbar[6]. Dieser Theorie von der strafprozessualen Anfechtung der Maßnahmen hat sich nunmehr in mehreren Entscheidungen der Bundesgerichtshof angeschlossen[7]. Eine kritische Erörterung der dadurch geschaffenen neuen Rechtslage erscheint geboten.

II

1. Die bisher herrschende Meinung geht von der unbestreitbaren Tatsache aus, daß die Strafprozeßordnung keine Vorschrift enthält, die die Anfechtung bereits erledigter Ermittlungsmaßnahmen der Staatsanwaltschaft zuläßt. Sie zieht daraus den Schluß, daß eine Anfechtung solcher Maßnahmen allenfalls nach den §§ 23ff. EGGVG in Betracht kommt. Diesen Rechtsweg halten die Oberlandesgerichte aber nicht für zulässig, weil er nur zur Entscheidung über die Rechtmäßigkeit von Justizverwaltungsakten, d.h. von Anordnungen, Verfügungen oder sonstigen Maßnahmen, die von den Justizbehörden zur Regelung einzelner Angelegenheiten getroffen worden sind (§ 23 Abs. 1 Satz 1 EGGVG), eröffnet ist. Ermittlungsmaßnahmen der Strafverfolgungsbehörden, also die auf Einleitung, Durchführung und Gestaltung des Strafverfahrens gerichteten Prozeßhandlungen, werden von diesen Justizverwaltungsakten unterschieden. Für sie gilt nach herrschender Ansicht § 23 EGGVG nicht[8]. Daß solche Maßnahmen nicht bei dem nach § 25 Abs. 1 EGGVG zuständigen Oberlandesgericht angefochten werden können, wird auch aus praktischen Gründen für unvermeidbar gehalten; denn es könne nicht zugelassen werden, daß neben dem Ermittlungsverfahren eine Vielzahl von Nebenverfahren vor den Oberlandesgerichten geführt werden, die das ei-

[5] Vgl. die Nachweise bei LR *Schäfer* § 23 EGGVG Rdn. 31; zuletzt OLG Karlsruhe NJW 1976, 1417; 1978, 1595; OLG Stuttgart NJW 1977, 2276; jeweils mit weit. Nachw. Lediglich das Kammergericht läßt die Anfechtung von Ermittlungsmaßnahmen, die sich gegen tatunbeteiligte Dritte richten, in dem Verfahren nach §§ 23, 28 Abs. 1 Satz 4 EGGVG zu (vgl. KG NJW 1972, 169; GA 1976, 79).

[6] Vgl. unten III.

[7] BGH NJW 1978, 1013; BGHSt. 28, 57, 160, 206. Vgl. im einzelnen unten IV 1.

[8] Vgl. die in Fn. 5 angeführten Entscheidungen. Aus dem Schrifttum: LR *Meyer* § 81a StPO Rdn. 71; *Altenhain* DRiZ 1966, 361; 1970, 105 (106); *Lüke* JuS 1961, 208; *D. Meyer* JuS 1971, 297.

gentliche Ermittlungsverfahren nicht nur verzögern, sondern sogar lähmen können.

Daß die Rechtsweggarantie des Art. 19 Abs. 4 GG zur Zulassung der Anfechtung auch bereits erledigter Ermittlungsmaßnahmen der Staatsanwaltschaft zwingt, wird von der herrschenden Meinung in Abrede gestellt. Die Unüberprüfbarkeit dieser Maßnahmen wird als Folge einer Willensentscheidung des Gesetzgebers angesehen, der die Voraussetzungen für die Zulässigkeit gerichtlicher Entscheidungen in zumutbarer Weise regeln darf, und zwar auch dahin, daß in dem System der Strafprozeßordnung ein Rechtsschutzbedürfnis in diesem Fall verneint wird[9].

2. *Schäfer*[10] ist dieser unterschiedlichen Behandlung von Justizverwaltungsakten und Prozeßhandlungen bei der Anwendung des § 23 Abs. 1 EGGVG entgegengetreten. Er meint, Art. 19 Abs. 4 GG verbiete es, die gerichtliche Überprüfung von Ermittlungshandlungen der Strafverfolgungsbehörden in dem Verfahren nach den §§ 23ff. EGGVG auszuschließen. Als Grundsatz müsse vielmehr gelten, daß die Anfechtung bereits vollzogener Prozeßhandlungen der Staatsanwaltschaft nur entfällt, wenn § 23 Abs. 3 EGGVG sie ausdrücklich ausschließt, wenn also schon nach anderen Vorschriften Rechtsschutz gewährt wird. Als andere Vorschrift in diesem Sinn sieht *Schäfer*[11] den § 9 StrEG an. Er hält diese Bestimmung für eine in allen durchschnittlichen Fällen des Alltags geltende abschließende Regelung, bei der es sein Bewenden behält. Soweit die Vorschrift nicht eingreift, sehe es der Gesetzgeber erkennbar als einen dem allgemeinen Lebensrisikobereich des Einzelnen zuzurechnenden Umstand an, daß er in den Verdacht einer Straftat gerät und daß gegen ihn ein Ermittlungsverfahren betrieben wird.

3. *Schäfer* ist darin zuzustimmen, daß es nicht angeht, den Anwendungsbereich des § 23 EGGVG auf Verwaltungsakte der Staatsanwaltschaft außerhalb des Ermittlungsverfahrens zu beschränken und den Rechtsschutz gegen Prozeßhandlungen mit der Begründung zu versagen, es handele sich um keine Justizverwaltungsakte im Sinne der Vorschrift. Andererseits besteht ein unübersehbarer Unterschied zwischen Ermittlungshandlungen der Staatsanwaltschaft und ihren sonstigen Anordnungen und Maßnahmen auf dem Gebiet der Strafrechtspflege. Der Unterschied zwischen einer Maßnahme außerhalb des Ermittlungsverfahrens, etwa der Ablehnung der Einsicht in bereits weggelegte Strafakten, und einer Prozeßhandlung wie der Anordnung der Durchsuchung nach § 105 Abs. 1 StPO liegt darin, daß es sich im ersten Fall um eine Maßnahme handelt, die

[9] So insbesondere OLG Karlsruhe NJW 1976, 1417; 1978, 1595 (1596).
[10] LR § 23 EGGVG Rdn. 34a, 73.
[11] A. a. O., Rdn. 76.

für sich allein steht, im Fall der Prozeßhandlungen aber immer um Anordnungen, die der Einleitung eines Ermittlungsverfahrens nachfolgen und im Rahmen dieses Verfahrens ergehen. Das hat zur Folge, daß sie nicht isoliert betrachtet werden können, sondern Teil dieses Verfahrens sind, das notwendigerweise durch eine Endentscheidung (der Staatsanwaltschaft oder des Gerichts) zum Abschluß gebracht werden muß. Daher drängt sich die Frage auf, ob es überhaupt notwendig ist, einzelne Handlungen, die in dem Ermittlungsverfahren vorgenommen worden sind, sofort nach ihrem Vollzug auf ihre Rechtmäßigkeit zu prüfen oder ob nicht abgewartet werden kann, bis endgültig über den Ausgang des gesamten Ermittlungsverfahrens entschieden wird. Allerdings wird man *Schäfer* nicht darin folgen können, daß die isolierte Anfechtung solcher Maßnahmen ausgeschlossen ist, weil § 9 StrEG hierfür eine abschließende Regelung enthält. Denn nach dieser Vorschrift kann zwar das Amtsgericht zur Entscheidung darüber angerufen werden, ob einem Beschuldigten, gegen den ein später eingestelltes Ermittlungsverfahren geführt worden ist, ein Anspruch auf Entschädigung für Strafverfolgungsmaßnahmen zusteht. Aber diese Entscheidung setzt voraus, daß zuvor ein Einstellungsbescheid der Staatsanwaltschaft nach § 170 Abs. 2 StPO ergangen ist, und es ist zunächst zu prüfen, ob nicht dieser Bescheid schon geeignet ist, die durch die Ermittlungshandlungen etwa verletzten Rechte des Beschuldigten so weitgehend wiederherzustellen, daß eine gerichtliche Feststellung ihrer Rechtswidrigkeit dahinter zurückbleiben würde und daher überflüssig ist. Ob der Umweg über § 9 StrEG überhaupt gangbar ist, erscheint im übrigen deshalb fraglich, weil bei der Entscheidung nach dieser Vorschrift über die Rechtmäßigkeit irgendwelcher Ermittlungshandlungen nichts festgestellt wird und weil sich die Vorschrift nicht auf die zahlreichen Fälle bezieht, in denen Ermittlungsmaßnahmen der Strafverfolgungsbehörden sich gegen tatunverdächtige Personen gerichtet haben.

4. Es kann als fast unstreitig gelten, daß die Anfechtung von durch Vollzug erledigten Verwaltungsakten, auch wenn man sie wegen der Rechtsweggarantie des Art. 19 Abs. 4 GG für unbedingt geboten hält[12], ein be-

[12] Daß auch Ermittlungshandlungen der Staatsanwaltschaft unter die Rechtsweggarantie des Art. 19 Abs. 4 GG fallen, entspricht der heute herrschenden Ansicht (vgl. *Roxin*, Strafverfahrensrecht 15. Aufl., § 29 D I 2; *Kalsbach*, Die gerichtliche Nachprüfung von Maßnahmen der Staatsanwaltschaft im Strafverfahren, 1967, S. 7ff. mit Nachw. in Fußn. 33; *Middelberg*, Rechtsschutz gegen erledigte strafprozessuale Untersuchungshandlungen, Diss. Münster 1979, S. 15ff.; *Schenke* NJW 1976, 1816 [1819]; anders noch *Kaiser* NJW 1961, 200 [201] und wohl auch *Eb. Schmidt* NJW 1963, 1081 [1085ff.]). Daß das auch für bereits erledigte Maßnahmen gilt, wird ebenfalls für selbstverständlich gehalten (vgl. *Amelung*, Rechtsschutz gegen strafprozessuale Grundrechtseingriffe, 1976, S. 34; *Lorenz*, Der Rechtsschutz des Bürgers und die Rechtsweggarantie, 1973, S. 273; *Schenke* DÖV 1978, 731 [732] und VerwA 1969, 354ff.). Das ist deshalb bemerkenswert, weil der Gesetzgeber noch

rechtigtes Interesse des Betroffenen an der Feststellung ihrer Rechtswidrigkeit voraussetzt[13]. Daß § 113 Abs. 1 Satz 4 VwGO und § 28 Abs. 1 Satz 4 EGGVG, die das für den Fall der Erledigung während des Verfahrens ausdrücklich bestimmen, wegen dieser Einschränkung verfassungsrechtlich bedenklich seien, ist noch nicht behauptet worden. Worin ein anerkennenswertes rechtliches Interesse an der Feststellung der Rechtswidrigkeit erledigter Verwaltungsakte liegen kann, ist durch die Rechtsprechung zu § 113 Abs. 1 Satz 4 VwGO und § 28 Abs. 1 Satz 4 EGGVG geklärt. Im Verwaltungsstreitverfahren kommen die Gefahr, daß die Maßnahme wiederholt werden könnte, das Rehabilitierungsinteresse im Fall einer noch fortbestehenden Diskriminierung durch den Verwaltungsakt und das Interesse an der Erlangung einer Entscheidung des Verwaltungsgerichts, die als Grundlage für die Erhebung einer Amtshaftungsklage nach § 839 BGB dienen kann, in Betracht[14]. In dem Verfahren nach den §§ 23ff. EGGVG scheidet der zuletzt genannte Gesichtspunkt, der übrigens Rechtsschutz über die Garantie des Art. 19 Abs. 4 GG hinaus gewährt, nach allgemeiner Ansicht aus[15]. Auch der Gesichtspunkt der Wiederholungsgefahr[16] kann vernachlässigt werden. Denn daß eine und dieselbe Ermittlungshandlung gegen denselben Beschuldigten wiederholt wird, liegt nach den Erfahrungen der Praxis außerordentlich fern[17]. Es

im Jahre 1961 keinen Anlaß gesehen hat, in die Verwaltungsgerichtsordnung eine Verfahrensvorschrift aufzunehmen, deren unmittelbare Anwendung die Feststellung der Rechtswidrigkeit von durch Vollzug erledigten Verwaltungsakten ermöglicht. Die Rechtsprechung wendet daher § 113 Abs. 1 Satz 4 VwGO entsprechend auch für den Fall an, daß der Verwaltungsakt schon vor Klageerhebung erledigt war (vgl. BVerwG NJW 1958, 312 [314]; BVerwGE 12, 87 [90] = NJW 1961, 2077; BVerwGE 35, 334 [336] = DVBl. 1970, 736; sämtlich ohne den Art. 19 Abs. 4 GG auch nur zu erwähnen). *Bettermann* (in *Bettermann-Nipperdey-Scheuner,* Die Grundrechte, Bd. III Halbband 2, S. 806) verneint übrigens die Anwendbarkeit des Art. 19 Abs. 4 GG auf bereits erledigte Verwaltungsakte ausdrücklich.

[13] *Amelung* Rechtsschutz (Fn. 12) S. 42 und NJW 1979, 1687 (1690); *Schenke* DÖV 1978, 731 (732). Die abweichende Ansicht von *Lisken* (NJW 1979, 1992) beruht auf der jedenfalls für das Strafverfahrensrecht unrichtigen Behauptung, die Exekutive müsse den „Eingriffsrichter" sofort informieren, wenn sie wegen Gefahr im Verzug ohne ihn gehandelt hat. Eine solche Pflicht schreiben § 98 Abs. 2 Satz 1, § 111 e Abs. 2 StPO ausführlich vor; allgemein besteht sie nicht.

[14] *Eyermann/Fröhler,* VwGO 7. Aufl., § 113 Rdn. 41; *Redeker/von Oertzen,* VwGO 6. Aufl., § 113 Rdn. 14, 15. Vgl. auch *Becker* MDR 1973, 981 (982) mit weit. Nachw.

[15] KG GA 1976, 79; OLG Frankfurt NJW 1965, 2315.

[16] Daß Wiederholungsgefahr ein berechtigtes Interesse an der Feststellung der Rechtswidrigkeit eines Verwaltungsakts begründet, ist auch für § 28 Abs. 1 Satz 4 EGGVG anerkannt (KG NJW 1972, 169 [170]; *Kleinknecht,* StPO 34. Aufl., § 28 EGGVG Rdn. 4; LR *Schäfer* § 28 EGGVG Rdn. 7).

[17] In dem Fall, der der Entscheidung KG NJW 1972, 169 zugrunde lag, handelte es sich um die Durchsuchung bei einer Tatunverdächtigen; das KG hat in diesem Fall die Wiederholungsgefahr bejaht. Übrigens vertritt *Lorenz* (Fn. 12) S. 273 Fn. 15 die Ansicht, daß die gerichtliche Nachprüfung erledigter Verwaltungsakte wegen zu befürchtender Wiederholung durch Art. 19 Abs. 4 GG nicht geboten sei; a. A. *Amelung* NJW 1979, 1687 (1698).

bleibt nur das Interesse des Betroffenen daran, daß eine etwa durch den Vollzug der Maßnahme eingetretene Diskriminierung beseitigt wird[18]. Dabei ist zwischen dem Beschuldigten und einem tatunbeteiligten Dritten, gegen den sich die Ermittlungshandlungen gerichtet haben, zu unterscheiden.

a) Handelt es sich um den Beschuldigten, so besteht die Möglichkeit einer Rehabilitierung nur, wenn er zu Unrecht verdächtigt worden ist, eine Straftat begangen zu haben, oder wenn ihm die Begehung der Tat jedenfalls nicht nachzuweisen ist, so daß er als unschuldig zu gelten hat[19]. Wer wegen der Straftat, die Anlaß der Ermittlungsmaßnahmen war, vom Gericht verurteilt worden ist, kann nicht über diese Verurteilung hinaus durch die Anordnung einzelner Ermittlungshandlungen „diskriminiert" worden sein. Er hat kein anerkennenswertes rechtliches Interesse an der Feststellung der Rechtswidrigkeit einzelner solcher Maßnahmen. Es nützt dem rechtskräftig wegen der Straftat Verurteilten unter dem Gesichtspunkt der Beseitigung einer Diskriminierung nicht das geringste, daß das Gericht die Rechtswidrigkeit von Ermittlungshandlungen feststellt. Er hat sich durch die Tatbegehung selbst „diskriminiert"; die Unzulässigkeit einzelner Ermittlungshandlungen kann daran nichts verschlimmern.

Ist der Betroffene, gegen den sich staatsanwaltschaftliche Ermittlungsmaßnahmen gerichtet haben, im Strafverfahren gerichtlich freigesprochen worden, so gibt es für ihn keine bessere Rehabilitierung als dieses freisprechende Urteil. Es bescheinigt ihm, daß die gegen ihn gerichteten Ermittlungsmaßnahmen sich im Ergebnis als unberechtigt erwiesen haben. Durch eine noch während des Ermittlungsverfahrens getroffene richterliche Feststellung der Rechtswidrigkeit einzelner dieser Maßnahmen könnte eine Rehabilitierung dieses Umfangs gar nicht erreicht werden. Diese Feststellung hätte nur die einzelne Maßnahme zum Inhalt, nicht aber den Schuldvorwurf insgesamt. Der gerichtliche Ausspruch z. B., daß die Staatsanwaltschaft eine bestimmte Durchsuchung nicht hätte anordnen dürfen, weil die Voraussetzungen des § 102 StPO nicht vorgelegen haben, ist nichts im Vergleich zu einem Urteil, das den Beschuldigten insgesamt von der Anklage freispricht, die Tat begangen zu haben, zu deren Aufklärung die Durchsuchung stattgefunden hat. Wenn es, weil die Staatsanwaltschaft das Ermittlungsverfahren wegen Fehlens eines hinreichenden Tatverdachts nach § 170 Abs. 2 StPO einstellt, nicht zu einer gerichtlichen Prüfung der Schuldfrage kommt, hat bereits der staatsanwaltschaftliche Einstellungsbescheid diese Rehabilitierungswirkung[20]. Er be-

[18] KG NJW 1972, 169; OLG Frankfurt NJW 1965, 2315; OLG Stuttgart NJW 1977, 2276.

[19] Art. 6 Abs. 2 MRK.

[20] So auch LR *Schäfer* § 23 EGGVG Rdn. 75 a a. E.

scheinigt dem Beschuldigten, daß die gegen ihn vorliegenden Verdachtsgründe eine Anklageerhebung nicht gerechtfertigt haben, er also weiterhin als unschuldig anzusehen ist. Daß er unschuldig ist, wird ihm zwar nicht bestätigt; aber das geschieht auch im Urteil des Gerichts nicht. Der Einwand, daß im Fall der Einstellung des Verfahrens durch die Staatsanwaltschaft eine richterliche Prüfung nicht stattfindet, auf die nach Art. 19 Abs. 4 GG Anspruch besteht, wäre unbegründet. Denn auch hier gilt, daß die richterliche Feststellung der Rechtswidrigkeit der Einzelmaßnahme dem Rehabilitierungsinteresse des Beschuldigten in weit geringerem Maße entsprechen würde als der Einstellungsbescheid der Staatsanwaltschaft. Die richterliche Prüfung der Rechtmäßigkeit der Ermittlungshandlung ist aber kein Selbstzweck. Auf sie besteht auch verfassungsrechtlich kein Anspruch, wenn der einzige in Betracht kommende Zweck, die Beseitigung einer Diskriminierung des Betroffenen, durch einen Bescheid der Staatsanwaltschaft in größerem Umfang erfüllt wird, als das durch die Einschaltung des Gerichts erreicht werden könnte. Wird das Ermittlungsverfahren von der Staatsanwaltschaft durch eine Einstellung nach § 153 StPO beendigt, so war dazu die Zustimmung des für die Eröffnung des Hauptverfahrens zuständigen Gerichts erforderlich; eine gerichtliche Prüfung der Schuld des Betroffenen findet daher statt. Die Einstellungsmöglichkeiten nach den §§ 153a ff., 154a ff. StPO sind Ausnahmen vom Regelfall und dürfen außer Betracht bleiben.

b) Für den Fall, daß sich die Ermittlungsmaßnahmen nicht gegen den Beschuldigten, sondern gegen Personen richten, die nicht selbst tatverdächtig sind, müssen andere Grundsätze gelten. Für den Tatunverdächtigen ist die Prozeßhandlung der Staatsanwaltschaft eine Einzelmaßnahme, nach deren Vollzug seine „Rolle“ in dem Ermittlungsverfahren beendet ist. In dem weiteren Verlauf des Verfahrens geschieht regelmäßig nichts, was ihn rehabilitieren könnte. Allerdings braucht er, da er nie beschuldigt war, auch keine Rehabilitierung von dem Verdacht der Täterschaft. Ihm kann es nur darum gehen, daß der durch die Ermittlungsmaßnahme etwa hervorgerufene Eindruck beseitigt wird, er stehe mit Straftätern in Verbindung oder habe sonst durch seine Lebensführung und sein Verhalten Anlaß zur Anordnung von Ermittlungsmaßnahmen gegeben. In diesen Fällen hält das Kammergericht in ständiger Rechtsprechung[21] die Anfechtung auch der vollzogenen Maßnahmen der Staatsanwaltschaft und ihrer Hilfsbeamten nach den §§ 23, 28 Abs. 1 Satz 4 EGGVG für zulässig, sofern der Betroffene ein berechtigtes Interesse an der Feststellung ihrer Rechtswidrigkeit geltend macht. Der Ansicht des OLG Karlsruhe[22], auch

[21] KG NJW 1972, 169 = JR 1972, 297 mit Anm. *Peters*; KG GA 1976, 79.
[22] NJW 1978, 1595 (1596).

die Rechtmäßigkeit der gegen Tatunverdächtige gerichteten Prozeßhandlungen der Staatsanwaltschaft könne nicht gerichtlich überprüft werden, kann man nicht zustimmen; sie ist mit der Rechtsweggarantie des Art. 19 Abs. 4 GG nicht vereinbar.

III

1. Der Vorschlag, in sinngemäßer Anwendung des § 98 Abs. 2 Satz 2 StPO den Antrag auf gerichtliche Entscheidung des zuständigen Ermittlungsrichters oder des sonst mit der Sache befaßten Gerichts zur Feststellung der Rechtmäßigkeit bereits vollzogener Ermittlungshandlungen der Staatsanwaltschaft zuzulassen, stammt von *Peters*[23]. Seine Theorie von der strafprozessualen Anfechtung solcher Ermittlungshandlungen ist bisher im strafprozessualen Schrifttum kaum kritisch gewürdigt worden[24]. Das gilt es nachzuholen.

Peters begründet seine Theorie mit mehreren praktischen und rechtlichen Erwägungen, von denen nicht eine einzige überzeugen kann. Unrichtig ist schon der Ausgangspunkt seiner Überlegungen, die Kontrolle durch den Richter des Strafverfahrens bei der Entscheidung über Anträge nach § 98 Abs. 2 Satz 2 StPO gehe weiter als die des Oberlandesgerichts in dem Verfahren nach den §§ 23 ff. EGGVG. Das Gegenteil trifft zu. Das Verfahren nach § 98 Abs. 2 Satz 2 StPO dient überhaupt nicht der Nachprüfung der Rechtmäßigkeit der Maßnahme der Staatsanwaltschaft, sondern nur der Entscheidung darüber, ob die von ihr angeordnete Beschlagnahme für die Zukunft aufrechtzuerhalten ist[25]. Demgemäß wird auch nicht geprüft, ob die Staatsanwaltschaft bei ihrer Beschlagnahmeanordnung mit Recht angenommen hat, daß Gefahr im Verzug bestand. In dem Verfahren nach den §§ 23, 28 Abs. 1 Satz 4 EGGVG ist das alles nachprüfbar[26]. *Peters* geht ferner von der handgreiflich falschen Annahme aus, die Entscheidung nach § 23 EGGVG werde in einem revisionsähnlichen Verfahren getroffen, bei dem das Oberlandesgericht an die bisher getroffenen tatsächlichen Feststellungen gebunden sei. In Wahrheit besteht kein Zweifel daran, daß das Oberlandesgericht in dem Verfahren nach den §§ 23 ff. EGGVG den Sachverhalt wie ein Tatgericht aufzuklären hat[27].

[23] Anm. zu KG JR 1972, 297 (300 ff.).

[24] Kritisch zu ihr Stellung genommen haben nur *Schäfer* (LR § 23 EGGVG Rdn. 69, 74) und *Schenke* (NJW 1976, 1816).

[25] LR *Meyer* § 98 StPO Rdn. 31, 35. *Amelung* NJW 1979, 1687 (1688) kommt nur unter Verkennung dieses Umstands zu der Behauptung, § 98 Abs. 2 Satz 2 StPO diene dem nachträglichen „Rechtsschutz".

[26] So ausdrücklich KG NJW 1972, 169 (171).

[27] BVerfGE 21, 191 = NJW 1967, 923; KG NJW 1968, 608; *Lorenz* (Fn. 12) mit weit. Nachw. in Fn. 4.

Peters' weitere Erwägung, der zuständige Strafrichter, der nach § 98 Abs. 2 Satz 2 StPO über die Rechtmäßigkeit der Ermittlungsmaßnahme entscheidet, sei orts- und sachnäher als das nach § 25 Abs. 1 EGGVG zuständige Oberlandesgericht, ist nur für den Fall richtig, daß nicht nach § 169 StPO der Ermittlungsrichter des Bundesgerichtshofs oder des Oberlandesgerichts zuständig ist; auch sonst enthält sie nur die halbe Wahrheit. Denn in dem Verfahren nach § 23 EGGVG gelangt der Betroffene vor ein Gericht, das meist bessere Rechtskenntnisse und mehr Zeit zur Vorbereitung seiner Entscheidung hat als das nach § 98 Abs. 1 StPO zuständige Gericht. Das gleicht die größere Entfernung, die bei der Gewährung von Rechtsschutz gegen bereits vollzogene Maßnahmen ohnehin kaum eine Rolle spielt, sicherlich aus.

Großes Gewicht legt *Peters* darauf, daß sich aus der Zuständigkeit des Oberlandesgerichts auffallende, unter Umständen sogar von Zufällen abhängige Zwiespältigkeiten und Überschneidungen ergeben können. Vom Zufall, so führt er aus, könne es abhängen, ob das Verfahren nach § 98 Abs. 2 Satz 2 StPO oder das nach § 23 EGGVG zulässig ist. Bei sich länger hinziehenden Durchsuchungen etwa könne die Zulässigkeit des einen oder des anderen Rechtswegs von der Geschwindigkeit, mit der die Amtshandlung vorgenommen wird, möglicherweise sogar von Straßenverkehrsstörungen abhängen. Dazu ist folgendes zu sagen: Das Verfahren nach § 98 Abs. 2 Satz 2 StPO, ebenso wie die Verfahren nach § 111e Abs. 2 Satz 3, § 132 Abs. 3 Satz 2 StPO, stellt das Gesetz zur Verfügung, damit gerichtlich überprüft werden kann, ob ein schon bestehender Zustand, die Beschlagnahme einer Sache, fortdauern darf. Der Gesetzgeber hat aber offenbar nicht an die Möglichkeit gedacht, daß auch andere Ermittlungsmaßnahmen, die die Staatsanwaltschaft wegen Gefahr im Verzug und nicht der in erster Hinsicht zuständige Richter angeordnet hat, so lange andauern können, daß es vor Beendigung ihres Vollzugs möglich ist, den Richter über die Zulässigkeit ihrer weiteren Vollziehung (nicht über die Rechtmäßigkeit der bisherigen) entscheiden zu lassen. Diese Lücke ist nach allgemeiner Ansicht[28] dadurch zu schließen, daß § 98 Abs. 2 Satz 2 StPO entsprechend auf andere Fälle angewendet wird, in denen die Staatsanwaltschaft wegen Gefahr im Verzug eine Zwangsmaßnahme angeordnet hat, die zur Zeit der Antragstellung noch nicht vollzogen ist. In Betracht kommen Untersuchungen nach § 81a StPO, vor allem aber Durchsuchungen nach §§ 102, 103 StPO. Die Fälle, in denen der Richter so rechtzeitig angerufen werden kann, daß es ihm noch vor Beendigung des Vollzugs solcher Maßnahmen möglich ist, eine Entscheidung zu treffen,

[28] BGH NJW 1978, 1013 mit Anm. *Amelung* = DÖV 1978, 730 mit Anm. *Schenke;* KG NJW 1972, 169; *Kleinknecht* § 105 StPO Rdn. 12; LR *Meyer* § 105 StPO Rdn. 18; *Altenhain* DRiZ 1970, 105 (106).

sind aber nicht die Regel, sondern die große Ausnahme. Praktisch kommen sie so selten vor, daß es einfach unzulässig ist, sie bei der Erörterung der Frage, welches der zweckmäßigste Rechtsbehelf ist, wenn die Überprüfung nicht mehr rechtzeitig vor dem Ende des Vollzugs erfolgen kann, überhaupt zu berücksichtigen. Das tut aber *Peters*. Er betrachtet einen kaum vorkommenden Ausnahmefall gleichsam als Regel und zieht hieraus Schlußfolgerungen für die Stützung seiner Ansicht, daß an Stelle des vom Gesetz zur Verfügung gestellten Rechtswegs nach den §§ 23ff. EGGVG die entsprechende Anwendung anderer Vorschriften geboten sei.

Widerspruch fordert auch heraus, was *Peters* zur Frage der Beendigung der von der Staatsanwaltschaft angeordneten Maßnahmen erwägt. Bisher bestand kein Zweifel daran, daß eine Haussuchung in dem Augenblick beendet und vollzogen ist, in dem die Durchsuchungsbeamten das Haus ohne Mitnahme von Sachen oder nur unter Mitnahme von Gegenständen verlassen, die keiner weiteren Durchsicht bedürfen[29]. *Peters* meint, daß sei nur rein materiell der Fall. Ideell, d.h. subjektiv bezogen, berühre die vollzogene Durchsuchung die Sozialstellung des Betroffenen, und sie wirke, auch wenn sie äußerlich beendet ist, als „rechtsbeständiger Akt" weiter. „Die sich entwickelnde verfassungsrechtliche Lage" zwinge daher zu einer verfassungskonformen Auslegung und Anwendung der Strafprozeßordnung. Was *Peters* hier vorschlägt, ist aber das Gegenteil einer verfassungsmäßigen Anwendung und Auslegung des Gesetzes. Art. 19 Abs. 4 GG verlangt die nachträgliche gerichtliche Überprüfung vollzogener Maßnahmen der Staatsanwaltschaft im Ermittlungsverfahren unter der Voraussetzung, daß der Betroffene ein rechtliches Interesse an der Feststellung ihrer Rechtswidrigkeit hat. Das angebliche Weiterwirken der Maßnahme als „rechtsbeständiger Akt" hat nichts mit der Frage der Beendigung des Vollzugs zu tun, sondern eben mit diesem rechtlichen Interesse an der Feststellung der Rechtswidrigkeit. Art. 19 Abs. 4 GG gebietet nicht in erster Hinsicht die entsprechende Anwendung von Vorschriften der Strafprozeßordnung, sondern die Prüfung, ob dem berechtigten Interesse des Betroffenen nicht bereits durch die Gestaltung des Verfahrens und die unmittelbare Anwendung von gesetzlichen Vorschriften entsprochen wird. Erst wenn beide Fragen verneint werden, läßt die Verfassung, nämlich Art. 20 Abs. 3 GG, überhaupt die entsprechende Anwendung anderer Vorschriften zu. *Peters'* Theorie von der strafprozessualen Anfechtung vollzogener Ermittlungsmaßnahmen der Staatsanwaltschaft wird schließlich auch nicht durch die Erwägung gerechtfertigt, im Grunde handele der Staatsanwalt, der wegen Gefahr im Verzug eine Maßnahme

[29] Wenn die mitgenommenen Papiere noch durchgesehen werden müssen, ist die Durchsuchung erst mit ihrer Durchsicht beendet (BGH NJW 1973, 2035; KG NJW 1975, 355; LR *Meyer* § 105 StPO Rdn. 17; a. A. *Haffke* NJW 1974, 1983).

anordnet, die in erster Hinsicht in den Zuständigkeitsbereich des Richters gehört, als eine Art „Notrichter". Seine Entscheidung sei nach richterlichen Maßstäben zu treffen, sie sei eine Strafverfolgungsmaßnahme mit justitiellem Charakter. Selbst wenn das richtig wäre, ließe diese Erkenntnis nicht die Schlußfolgerung zu, daß derartige Prozeßhandlungen nicht in den Rechtsweg des § 23 EGGVG passen. Der Gesetzgeber hat diesen Rechtsweg nun einmal für diese Art Prozeßhandlungen zur Verfügung gestellt. Es fehlt an einer Regelungslücke, die die entsprechende Anwendung anderer Vorschriften zuläßt oder auch nur erforderlich macht[30].

2. *Peters'* Reformvorschlag hat im Schrifttum sofort Anhänger gefunden[31]. Er ist besonders von *Amelung*[32] aufgegriffen und vertieft worden. Er bezeichnet es[33] als allgemeinen Grundsatz, daß das Gericht, das zur Entscheidung über die noch fortdauernde Belastung berufen ist, auch für die Feststellung der Rechtswidrigkeit des erledigten Aktes zuständig ist. Woraus sich ergibt, daß dies ein allgemeiner Grundsatz ist, bleibt jedoch unklar. Von *Amelung* stammt auch der Gedanke, daß die richterliche Erstzuständigkeit zum Erlaß von Anordnungen nach §§ 81a, 81c, 98, 100, 100b, 105, 111 StPO im Grunde nichts weiter sei als eine vorbeugende „Präventivkontrolle"[34]. Der Richter werde in das Anordnungsverfahren nur eingeschaltet, um als neutraler Dritter den Bürger präventiv gegen rechtswidrige Handlungen der Ermittlungsbehörden zu schützen. Daraus ergebe sich ohne weiteres die Notwendigkeit, die Kontrolle nach Vollzug der Maßnahme nachzuholen, wenn sie, weil Gefahr im Verzug bestand, nicht vorher hat stattfinden können. Das ist die Betrachtungsweise eines Verwaltungsrechtlers; falscher kann man die strafprozessuale Zuständigkeit des Richters, die keine Kontrollbefugnis, sondern eine sachliche Befugnis enthält, für Maßnahmen im Strafprozeß wohl nicht sehen. Der Einwand, die Strafprozeßordnung sehe eine Feststellungs„klage" gegen erledigte Hoheitsakte nicht vor, hält *Amelung*[35] für ganz for-

[30] So mit Recht *Schenke* DÖV 1978, 731 (732). Die Behauptung von *Lisken* (NJW 1979, 1992 [1993], das Verfahren nach den §§ 23ff. EGGVG sei „unpassend", beruht vorwiegend auf seiner verfehlten Ansicht, dem Antragsteller dürften Form und notwendiger Inhalt des Antrags nicht vorgeschrieben werden. Das läuft darauf hinaus, daß die Rechtsprechung die Macht haben soll, ein vom Gesetzgeber zur Verfügung gestelltes geordnetes Verfahren nicht anzuwenden, um dem Antragsteller die Einhaltung der ihn belästigenden Verfahrensvorschriften zu ersparen. Mit rechtsstaatlichen Grundsätzen hat das offensichtlich nichts mehr zu tun.

[31] Vgl. insbesondere *Roxin* (Fn. 12) § 29 D II 2; *Gössel*, Strafverfahrensrecht II, 1979, S. 31; *Kleinknecht* § 105 StPO Rdn. 12; *Middelberg* (Fn. 12) S. 199ff, 222.

[32] Vgl. *Amelung* Rechtsschutz (Fn. 12) S. 46ff. und in den Anm. zu BVerwGE 47, 255 in JZ 1975, 523 (526) und zu BGH NJW 1978, 1013 sowie in NJW 1979, 1687.

[33] Rechtsschutz (Fn. 12) S. 50ff.; NJW 1978, 1013 (1014).

[34] Rechtsschutz (Fn. 12) S. 32; ZZP 1975, 74 (79); NJW 1978, 1013; 1979, 1687 (1688).

[35] Rechtsschutz (Fn. 12) S. 51.

mal und lediglich konstruktiver Natur. Deutlicher als *Peters* legt er die Gründe dar, aus denen die Tätigkeit der Oberlandesgerichte bei der Überprüfung der vollzogenen Maßnahmen unerwünscht ist. *Amelung* wiederholt mehrfach das *Peters*'sche Argument, daß die Oberlandesgerichte räumlich zu weit vom Ort der Handlung entfernt sind, was, wie er meint, den Rechtsschutz gegen vollzogene Eingriffe in der Praxis aufs schwerste behindern könnte[36], und führt dann aus[37]: „Der Alltäglichkeit polizeilicher Grundrechtseingriffe im Bereich der Strafverfolgung ist die Einschaltung eines so hohen Gerichts gänzlich unangemessen und unter sozialstaatlichen Aspekten erscheint sie geradezu als rückständig. Denn die Kriminologie lehrt, daß Angehörige von Unterschichten und soziale Randgruppen im Publikum der Strafverfolgungsbehörden überrepräsentiert sind und die Rechtssoziologie verweist darauf, daß gerade diese Personengruppen rascher als andere vor der Justiz resignieren. Für sie kommt die Erschwerung des Zugangs zum Gericht, die § 25 Abs. 2 EGGVG verwirklicht, einer praktischen Verweigerung des Rechtsschutzes nahe."

IV

1. So sehen die Grundlagen der Lehre von der strafprozessualen Anfechtbarkeit der durch Vollzug erledigten Maßnahmen der Staatsanwaltschaft aus, der sich jetzt der Bundesgerichtshof angeschlossen hat. Zunächst behandelte der Ermittlungsrichter dieses Gerichts[38] die Beschwerde eines Betroffenen gegen die auf Anordnung des Generalbundesanwalts vollzogene Durchsuchung seines Anwesens als Antrag auf gerichtliche Entscheidung entsprechend § 98 Abs. 2 Satz 2 StPO. Er lehnte ihn nur deshalb als unzulässig ab, weil die Durchsuchung bereits abgeschlossen war „und keine rechtliche Beeinträchtigung fortbesteht". Hätte der Betroffene also dargetan, daß er ein berechtigtes Interesse an der Feststellung der Rechtswidrigkeit der Durchsuchung habe, so wäre der Ermittlungsrichter offenbar bereit gewesen, sachlich darüber zu entscheiden. Gegen einen Beschluß dieser Art legte ein Betroffener Beschwerde ein, über die der 3. Strafsenat des Bundesgerichtshofs zu befinden hatte. Mit einer der wohl eigenartigsten Entscheidungen, die je in der amtlichen Sammlung dieses Gerichts abgedruckt worden sind[39], legt der Senat zunächst dar, zu wel-

[36] Rechtsschutz (Fn. 12) S. 27. In NJW 1979, 1687 (1689) hält *Amelung* die Zuständigkeit der Oberlandesgerichte offenbar für einen Verstoß gegen den verfassungsrechtlichen Grundsatz (vgl. BVerfGE 10, 264 [268] = NJW 1960, 331; BVerfGE 40, 272 [275] = NJW 1976, 141), daß der Weg zu den Gerichten nicht in unzumutbarer, aus Sachgründen nicht zu rechtfertigender Weise erschwert werden darf.

[37] JZ 1975, 526 (528); ähnlich auch Rechtsschutz (Fn. 12) S. 27.

[38] BGH NJW 1978, 1013 mit Anm. *Amelung* = DÖV 1978, 730 mit Anm. *Schenke.*

[39] BGHSt. 28, 57.

cher Auffassung er neigt: Der Antrag auf gerichtliche Entscheidung sei „bei verfassungskonformem Verständnis von § 98 Abs. 2 Satz 2, §§ 103, 105 StPO im Hinblick auf Art. 19 Abs. 4 GG"[40] auch gegen eine bereits vollzogene Durchsuchungsanordnung der Staatsanwaltschaft oder ihrer Hilfsbeamten jedenfalls dann statthaft, wenn wegen der erheblichen Folgen des Eingriffs oder wegen Wiederholungsgefahr ein nachwirkendes Bedürfnis für eine richterliche Überprüfung besteht. Habe allerdings bereits ein Richter hierüber entschieden, so sei eine Beschwerde dagegen grundsätzlich ausgeschlossen. Anstatt die Beschwerde demgemäß als unzulässig zu verwerfen, läßt der Senat ihre Zulässigkeit dahinstehen und prüft die Rechtmäßigkeit der Durchsuchungsanordnung des Generalbundesanwalts, ohne mit einem Wort darauf einzugehen, ob ein Bedürfnis für eine richterliche Überprüfung wenigstens von dem Beschwerdeführer dargetan worden ist.

In einer weiteren Entscheidung[41] hatte derselbe Senat des Bundesgerichtshofs über eine gleichartige Beschwerde gegen einen Beschluß des Ermittlungsrichters zu entscheiden. Diesmal verwirft er das Rechtsmittel als unzulässig, bemerkt aber erneut, daß der Betroffene „kraft der Wirkung des Art. 19 Abs. 4 GG" die richterliche Überprüfung einer bereits vollzogenen Durchsuchungsanordnung fordern darf, wenn die Anordnung nicht von einem Richter getroffen worden ist und ein besonderes Bedürfnis für eine richterliche Prüfung besteht. Eine gleichlautende Entscheidung des 3. Strafsenats des Bundesgerichtshofs[42] wird durch Ausführungen darüber ergänzt, daß nicht der Rechtsweg nach § 98 Abs. 2 Satz 2 StPO, sondern die „lückenschließende" Zuständigkeit des Oberlandesgerichts nach §§ 23ff. EGGVG zur Wirkung komme, wenn die Art und Weise des Vollzugs einer Durchsuchungsanordnung der Staatsanwaltschaft beanstandet wird.

[40] Daß die bloße Erwähnung des Grundgesetzes und der Hinweis auf die Notwendigkeit verfassungskonformen Verständnisses eine einleuchtende Argumentation und die rechtlich einwandfreie Prüfung der Rechtsfragen nicht ersetzen kann, gilt auch für obergerichtliche Entscheidungen.

[41] BGHSt. 28, 160.

[42] BGHSt. 28, 206 mit Anm. *Lisken* NJW 1979, 1992. *Amelung*, der diese Entscheidung völlig mißverstanden hat, behauptet (NJW 1979, 1687 [1689]), der Bundesgerichtshof gehe nunmehr im Widerspruch zu seiner Entscheidung BGHSt. 28, 57 davon aus, daß in diesem Fall die Zuständigkeit wechselt. In Wahrheit muß nach der Theorie von der strafprozessualen Anfechtung zwangsläufig eine doppelte Zuständigkeit entstehen, wenn der Betroffene sowohl die Unzulässigkeit der Anordnung der Maßnahme als auch die Rechtswidrigkeit der Art und Weise ihrer Durchführung geltend macht. Den Ermittlungsrichter auch hierüber in dem Verfahren nach § 98 Abs. 2 Satz 2 StPO entscheiden zu lassen, wäre nun wirklich eine offensichtlich willkürliche Manipulation mit Paragraphen. *Lisken* (NJW 1979, 1992 [1993]) befürwortet das.

2. Unter den Bedenken gegen diese neue Rechtsprechung des Bundesgerichtshofs, der übrigens die entgegenstehende herrschende Meinung ebensowenig erwähnt wie die Arbeiten von *Peters* und *Amelung*, steht an erster Stelle die Frage, ob die strafprozessuale Anfechtung vollzogener Maßnahmen der Staatsanwaltschaft überhaupt noch als zulässige Gesetzesauslegung gelten kann oder ob sie nicht vielmehr ein klarer Verstoß gegen den in Art. 20 Abs. 3 GG bestimmten Grundsatz von der Bindung des Richters an das Gesetz ist. Diese Bedenken beruhen auf folgenden Überlegungen: Die Vorschrift des § 98 Abs. 2 Satz 2 StPO, die der Bundesgerichtshof angeblich verfassungskonform entsprechend anwendet, ist zur Überprüfung der Rechtmäßigkeit staatsanwaltschaftlicher Maßnahmen gänzlich ungeeignet[43]. Soweit sie nicht „entsprechend", sondern unmittelbar angewendet wird, führt sie lediglich dazu, daß das Gericht prüft, ob im Zeitpunkt seiner Entscheidung die Voraussetzungen für die Aufrechterhaltung der schon vollzogenen Beschlagnahme vorliegen. Es wird weder geprüft, ob die Staatsanwaltschaft mit Recht die Voraussetzungen der Gefahr im Verzug angenommen hat, noch wird erörtert, ob im Zeitpunkt des Eingreifens der Staatsanwaltschaft die Voraussetzungen der Beschlagnahme nach § 94 StPO bestanden haben. Maßgebend ist allein der Zeitpunkt der richterlichen Entscheidung. Die Beschlagnahme wird aufgehoben, auch wenn sie rechtmäßig angeordnet war, ihre Voraussetzungen aber inzwischen entfallen sind. Sie wird aufrechterhalten, auch wenn ihre Voraussetzungen erstmals zur Zeit der richterlichen Entscheidung vorliegen[44]. Daß man dies auf eine bereits vollzogene Maßnahme gar nicht „entsprechend" anwenden kann, ist klar[45]. *Schäfer*[46] ist daher der völlig zutreffenden Ansicht, daß die von *Peters* begründete Lehre von der strafprozessualen Anfechtung einfach glaubt, ihre Reformvorstellungen, über die zu befinden Sache des Gesetzgebers ist, mit Hilfe einer doppelten und erweiterten Analogie schon auf dem Boden des geltenden Rechts verwirklichen zu können. Hinzu kommt, daß man dem § 98 Abs. 2 Satz 2 StPO nichts darüber entnehmen kann, unter welchen Voraussetzungen einem Antrag des Betroffenen auf Feststellung der Rechtswidrigkeit der Maßnahme der Staatsanwaltschaft entsprochen werden darf. Es ist eine weitere entsprechende Anwendung nötig, nämlich die der § 113 Abs. 1

[43] So mit Recht *Schenke* DÖV 1978, 731 ff.; NJW 1976, 1816 (1820 ff.).

[44] *Schenke* zieht hieraus den Schluß, daß der Betroffene, wenn er ein rechtliches Interesse an der Feststellung hat, daß schon die Anordnung der Staatsanwaltschaft rechtswidrig gewesen ist, neben dem Antrag auf gerichtliche Entscheidung nach § 98 Abs. 2 Satz 2 StPO auch den Antrag nach §§ 23, 28 Abs. 1 Satz 4 EGGVG stellen kann (vgl. VerwA 1969, 332 [347 ff.]; NJW 1975, 1529 [1530]; 1976, 1816 [1822]). Hiergegen mit Recht *Amelung* Rechtsschutz (Fn. 12) S. 28.

[45] Ebenso *Schenke* DÖV 1978, 731 (732): Es mangelt an einer Basis für eine Analogie.

[46] LR § 23 EGGVG Rdn. 74.

Satz 4 VwGO, § 28 Abs. 1 Satz 4 EGGVG, aus denen sich ergibt, daß die Rechtmäßigkeit von während des Verfahrens erledigten Maßnahmen nur geprüft wird, wenn der Antragsteller ein berechtigtes Interesse an dieser Feststellung der Rechtswidrigkeit hat[47]. Allerdings sagt der Bundesgerichtshof hierzu überhaupt nichts. In der Entscheidung BGHSt. 28, 57 (59) prüft er vielmehr mit großer Unbekümmertheit die Rechtmäßigkeit der Durchsuchungsanordnung des Generalbundesanwalts, ohne auch nur andeutungsweise zu erwähnen, daß er ein rechtliches Interesse an der Feststellung der Rechtswidrigkeit dieser Anordnung für gegeben hält[48].

3. Daß die entsprechende Anwendung des § 98 Abs. 2 Satz 2 StPO auf die Fälle der bereits vollzogenen Maßnahmen der Staatsanwaltschaft erhebliche Probleme und große technische Schwierigkeiten mit sich bringt, haben inzwischen auch die Anhänger dieser Theorie erkannt[49]. Schwierigkeiten entstehen insbesondere deshalb, weil die Vorschrift im Gegensatz zu den §§ 23ff. EGGVG keinerlei Verfahren für die Feststellung der Rechtmäßigkeit von Ermittlungshandlungen vorsieht. Im Grunde bedeutet die neue Rechtsprechung des Bundesgerichtshofs daher auch weiter nichts als die Heranziehung der Zuständigkeitsbestimmung des § 98 Abs. 1 Satz 1 StPO. Daß damit die von *Peters* befürchtete Spaltung des Rechtswegs nicht vermieden worden ist, hat der Bundesgerichtshof selbst eingeräumt. Immer wenn der Betroffene nicht nur die Rechtmäßigkeit der Anordnung, sondern auch die Art und Weise ihrer Vollziehung beanstandet (was nach den Erfahrungen der Praxis recht häufig der Fall ist), muß zunächst der nach § 98 Abs. 1 Satz 1 StPO zuständige Richter und sodann in dem Verfahren nach § 23 EGGVG das Oberlandesgericht entscheiden[50]. Der Umfang der Prüfung des nach § 98 Abs. 1 Satz 1 StPO zuständigen Gerichts bleibt aber gänzlich unklar. Wendet es § 98 Abs. 2 Satz 2

[47] Daß auch die entsprechende Anwendung dieser Vorschriften notwendig ist, räumt *Amelung* (Rechtsschutz [Fn. 12] S. 51/52) ausdrücklich ein.

[48] Im Schrifttum wird übrigens das berechtigte Interesse an der Feststellung der Rechtswidrigkeit bestimmter Ermittlungshandlungen einfach unterstellt. So vertritt *Schenke* (DÖV 1978, 731 [733]; NJW 1976 1816 [1820]) die Ansicht, bei der gerichtlichen Überprüfung von Maßnahmen, die sich typischerweise kurzfristig erledigen, sei ein besonderes Rechtsschutzbedürfnis nicht erforderlich, weil sonst überhaupt kein Rechtsschutz gegeben wäre. Aber warum sollte man ihn wohl geben, wenn kein Bedürfnis nach ihm besteht? Auch *Welp* (Die strafprozessuale Überwachung des Post- und Fernmeldeverkehrs, 1974, S. 117) ist der Meinung, daß an das Feststellungsinteresse keine übertriebenen Anforderungen zu stellen sind; sein Vorliegen ergebe sich regelmäßig aus der Eigenart des Eingriffs, der den Betroffenen vor vollendete Tatsachen stellt. Dieselbe Ansicht vertritt offenbar auch *Roxin* (a. a. O. [Fn. 12] § 29 D II 2). Für *Amelung* (NJW 1978, 1013 [1014]) ist bei Durchsuchungen schon deshalb ein rechtliches Interesse an der Feststellung ihrer Rechtswidrigkeit gegeben, weil das äußere Drum und Dran das Ansehen des Betroffenen mindert.

[49] Vgl. *Amelung* NJW 1978, 1013 (1014).

[50] BGHSt. 26, 206 (209) mit Anm. *Lisken* NJW 1979, 1992.

StPO entsprechend an, so kann es überhaupt nichts prüfen. Lehnt es sich an die Rechtsprechung des Bundesgerichtshofs an, so gewinnt es keine Erkenntnis darüber, ob auch die Frage des Vorliegens der Gefahr im Verzug nachzuprüfen ist[51]. Ferner ergibt sich aus § 98 Abs. 2 Satz 2 StPO nichts über die Frage des rechtlichen Interesses. Die Entscheidung BGHSt. 28, 57 (59) deutet darauf hin, daß der Bundesgerichtshof bei Wohnungsdurchsuchungen unter allen Umständen ein berechtigtes Interesse des Betroffenen an der nachträglichen Feststellung der Rechtswidrigkeit der Maßnahme für gegeben halten möchte. Daß ein solches Interesse immer besteht, ist aber unrichtig. Oft erfolgt eine Haussuchung bei Tatunverdächtigen unter Umständen, die irgendeine Diskriminierung von vornherein ausschließen.

Weitere ungeklärte Verfahrensfragen gibt es in Fülle: Gilt die neue Rechtsprechung des Bundesgerichtshofs auch für Maßnahmen der Staatsanwaltschaft, die sie ohne Vorliegen von Gefahr im Verzug hat treffen können, wie die Anordnung der erkennungsdienstlichen Behandlung nach § 81 b StPO? Muß die Entscheidung in entsprechender Anwendung des § 98 Abs. 2 Satz 2 StPO auch eine Kostenentscheidung enthalten? Werden die notwendigen Auslagen eines Betroffenen, der mit dem Antrag Erfolg hatte, der Landeskasse überbürdet? Wenn das nicht zulässig sein sollte (und woher sollte die Grundlage für eine solche Entscheidung genommen werden?), steht der Betroffene entschieden schlechter als in dem Verfahren nach den §§ 23 ff. EGGVG[52]. Der Bundesgerichtshof hat es offenbar den Ermittlungsrichtern überlassen wollen, weitere Vorschriften aus der Strafprozeßordnung oder den §§ 23 ff. EGGVG zu finden, die notfalls entsprechend angewendet werden können. Irgendeine Unterstützung durch die Rechtsprechung höherer Gerichte werden sie dabei nicht erhalten. Denn der Bundesgerichtshof hat im Zuge der entsprechenden Anwendung den § 304 StPO für die hier in Frage stehenden Verfahren abgeschafft. Eine Anfechtung der von den Ermittlungsrichtern getroffenen Entscheidungen soll ausgeschlossen sein[53].

4. Die Entscheidungen des Bundesgerichtshofs zu dieser Frage binden die anderen Gerichte nicht. Es handelt sich um Beschwerdeentscheidungen, von denen abgewichen werden kann, ohne daß eine Vorlage nach § 29

[51] In der Entscheidung BGHSt. 28, 57 (59 ff.) hat der Bundesgerichtshof die Frage nicht geprüft, aber auch nicht ausdrücklich gesagt, daß sie nicht überprüfbar sei.

[52] Vgl. die Kostenbestimmung des § 30 EGGVG.

[53] BGHSt. 26, 57 (58); 160 (161); 206 (209). Der Bundesgerichtshof begründet diese Ansicht damit, daß Art. 19 Abs. 4 GG die Beschwerdemöglichkeit nicht gebietet. Das macht besonders deutlich, daß hier nicht mehr Verfahrensvorschriften angewendet werden, sondern unter Anwendung passend erscheinender und unter Nichtbeachtung unpassend erscheinender Vorschriften ein Verfahren eigener Art ausgestaltet wird.

Abs. 1 Satz 1 EGGVG oder nach anderen Vorschriften erforderlich ist. Das Kammergericht wird weiter in dem Verfahren nach den §§ 23, 28 Abs. 1 Satz 4 EGGVG die Rechtmäßigkeit von Anordnungen der Staatsanwaltschaft gegen nicht tatverdächtige Personen prüfen, und es ist zu erwarten, daß wenigstens die Ermittlungsrichter der Oberlandesgerichte sich weigern werden, in einem weithin ungeklärten Verfahren und unter Verstoß gegen Art. 20 Abs. 3 GG Rechtsprüfungen vorzunehmen, die nicht ihre Aufgabe sind. Daß der Bundesgerichtshof unter dem Eindruck des Art. 19 Abs. 4 GG eine solche Entwicklung in Gang gesetzt hat, muß ernsthaft bedauert werden. In der Geschichte der Anwendung der geltenden Strafprozeßordnung sucht man vergeblich nach einem ähnlichen Fall einer Abweichung von dem Grundsatz, daß Richter das Recht anwenden, nicht setzen.

Der Wandel im Revisionsrecht

Karl Peters

I.

In den hundert Jahren seit dem Inkrafttreten des Gerichtsverfassungsgesetzes und der Strafprozeßordnung sind zahlreiche Änderungen durch den Gesetzgeber vorgenommen worden[1]. Davon ist auch der Abschnitt „Revision" nicht unberührt geblieben. Die gesetzlichen Neuerungen haben vor allem der revisionsgerichtlichen Entlastung, sowie der Beschleunigung und Vereinfachung des Revisionsverfahrens gedient. So traten neben das Zentralgericht (Reichsgericht, Bundesgerichtshof) die Oberlandesgerichte als Revisionsgerichte. Die Entscheidung durch Beschluß wurde eingeführt und erweitert. Änderungen des materiellen Rechts (Einführung der Maßregeln der Besserung und Sicherung, Abschaffung der Übertretungen) und des Strafprozeßrechts (Fristbestimmung für die Urteilsabgabe) fanden ihren Niederschlag in den Revisionsbestimmungen. Die Verwirkungsklausel hinsichtlich der Besetzungsrüge, die das StVÄG 1979 einführte, dient der Beschränkung der Revisionen. Die Verlängerung der Frist für die Revisionsanträge und Revisionsbegründung von einer Woche auf einen Monat entspricht den praktischen Bedürfnissen einer ohnehin überlasteten Verteidigung und Staatsanwaltschaft.

Die gesetzlichen Änderungen sind für die Revisionsgerichte und die Revisionsbeteiligten sicherlich von erheblicher praktischer Bedeutung. Aber dennoch bedeuten sie keinen grundsätzlichen Wandel der Revision. Sie dienen vornehmlich der leichteren Handhabung des Rechtsmittels, ohne aber den inneren Gehalt zu verändern.

Das besagt: Die seit Jahrzehnten in Gang befindliche Reformdiskussion[2] über eine grundlegende Änderung des Rechtsmittelwesens hat kei-

[1] *Kleinknecht* StPO 34. Aufl. 1979 führt in der Übersicht S. XXXI–XLVII 70 die Strafprozeßordnung und 80 das Gerichtsverfassungsgesetz ändernde Gesetze auf. Die Angabe der zum Teil mehrfach geänderten Paragraphen nimmt mehr als 17 halbseitige Spalten ein. Ein deutliches Zeichen steten Gesetzeswandels!

[2] Vgl. *Fezer*, Reform der Rechtsmittel in Strafsachen. Bericht über die Entstehung der gegenwärtigen Rechtsmittelvorschriften und die Bemühungen um ihre Reform, herausgegeben vom Bundesminister der Justiz 1974.

nen Eingang in die Gesetzgebung gefunden. Diese Diskussion wurde namentlich in jüngerer Zeit um die Frage einer Verschmelzung von Revision und Berufung zu einem einheitlichen Rechtsmittel der Urteilsrüge geführt. Danach sollte die heutige Revision durch berufungsähnliche Elemente vermehrt werden. Ziel solcher Vorschläge war die Ausdehnung der Revision in das Gebiet tatsächlicher Feststellungen auf Grund eigener Beweisaufnahme. Zusammenfassend in Form eines ausgearbeiteten Gesetzesvorschlages hat sich die Bund-Länder-Arbeitsgruppe Strafverfahren in dem 1975 vorgelegten Diskussionsentwurf um die Reform bemüht. Dieser Diskussionsentwurf war Gegenstand eingehender Beratung auf dem 52. Deutschen Juristentag in Wiesbaden 1978. Es ging um die Frage: „Empfiehlt es sich, das Rechtsmittelsystems grundlegend zu ändern?" Diese Frage wurde bei der Abstimmung in der Sektion Strafverfahren mit großer Mehrheit verneint[3]. In diesem Abstimmungsergebnis wurde deutlich, daß eine erhebliche Mehrheit der Juristen, vor allem der Praktiker, das heutige System der Zweiteilung Berufung und Revision sowie die gesetzliche Regelung der Revision für eine angemessene und brauchbare Lösung hält.

Es wäre jedoch verfehlt, wenn von dieser Stellungnahme des deutschen Juristentages auf ein Festhalten an der ursprünglichen Konzeption der Revision durch die Strafprozeßordnung von 1877 und auf einen Verzicht auf Neuerungen geschlossen würde. Daß die Sektion Strafverfahren einen Wandel durchaus für notwendig erachtet, zeigte sich an der Annahme eines Vorschlags zur Änderung des § 261 StPO, nach dem die Überzeugungsbildung zum Nachteil des Angeklagten „an die Erfahrungen und Erkenntnisse der Kriminalistik" gebunden werden sollte[4]. Nicht einer Umgestaltung des Revisionsrechts durch eine Weiterentwicklung der Rechtsprechung sollte widersprochen werden, sondern einer künstlichen, gesetzgeberischen, grundlegenden Veränderung, die die eigentlichen Sorgen der Praxis nicht beheben, dafür aber neue Unzuträglichkeiten und Schwierigkeiten bringen würden. Anstatt zu einer „äußeren" (gesetzlichen) Reform, stellt die Haltung des Deutschen Juristentages ein Votum für die „innere" (richterliche) Reform dar.

II.

Damit wird der Blick auf die Entwicklung der Revisionsrechtsprechung gelenkt. Diese hat *Fezer* in seinen beiden grundlegenden Büchern zu Möglichkeiten und Wegen der Revision anhand veröffentlichter und un-

[3] Sitzungsbericht L zum 52. Deutschen Juristentag Wiesbaden 1978, S. 222 unter A 1.
[4] Sitzungsbericht S. 222 unter B 6.

veröffentlichter Entscheidungen der Revisionsgerichte dargelegt[5]. Auf das umfassend dort ausgebreitete Material kann verwiesen werden. Es mag hier genügen, die entscheidende Problematik an der einen oder anderen Entscheidung aufzuzeigen.

Grundlegend ist eine vor 50 Jahren ergangene Entscheidung des Kammergerichts (JW 1929, 885 Nr. 44). Es heißt dort: „Der Rechtssatz, daß die Beweisführung nicht nachzuprüfen ist, findet seinen Grund darin, daß dem Revisionsgericht im allgemeinen nicht die Erkenntnisquellen zur Verfügung stehen, aus denen der Tatrichter seine Überzeugung zu schöpfen vermag. Daraus ergibt sich aber gleichzeitig, daß der Rechtssatz nicht Platz greift, wenn die Erkenntnisquellen des Tatrichters in gleicher Weise dem Revisionsgericht offenstehen." In dieser Entscheidung wird nicht auf das allgemein zugrundegelegte Gegensatzpaar Tatfrage – Rechtsfrage, sondern auf die Leistungsfähigkeit der unteren Instanz gegenüber der des Zentralgerichts und auf die Erkenntnismöglichkeiten in der Hauptverhandlung mit unmittelbarer mündlicher Beweisaufnahme und in der verkürzten Hauptverhandlung des Revisionsgerichts abgestellt. Die Entscheidung des Kammergerichts wurde der Ausgangspunkt für die in der Wissenschaft entwickelten sog. „Leistungstheorie"[6]. Ihr liegt der Gedanke zugrunde, daß jede Instanz die Aufgaben zu erfüllen hat, die zu erfüllen ihr möglich sind. Nicht der theoretische Gesichtspunkt: Tatfrage – Rechtsfrage führt zur Beschränkung des revisionsrichterlichen Zugriffs, sondern die sich aus der Gerichtsverfassung ergebende Kontrollmöglichkeit. Diese kann durchaus in die Tatfrage übergehen, wie sie aber auch in der Rechtsfrage Schranken unterliegen kann. So wichtig die Entscheidung des Kammergerichts auch ist, so ist doch hervorzuheben, daß sie zwar Handlungsmöglichkeiten aufzeigt, aber den Handlungsgrund noch nicht darlegt.

Die Aufhebung eines Urteils begründet das Reichsgericht (JW 1932, 2070) damit, daß die Schlußfolgerungen aus dem festgestellten Sachverhalt einen offensichtlichen Verstoß gegen die Denkgesetze darstellten[7]. Aus dieser Entscheidung ergibt sich, daß der Richter der Vorinstanz bei seinen Schlußfolgerungen an die Gesetze des Denknotwendigen gebunden ist.

[5] *Fezer,* Die erweiterte Revision – Legitimierung der Rechtswirklichkeit? – Inhaltsanalyse eines Jahrgangs unveröffentlichter Entscheidungen des Bundesgerichtshofs in Strafsachen 1974, ders. Möglichkeiten einer Reform der Revision in Strafsachen 1975.

[6] Vgl. dazu *meine* Abhandlung Tat-, Rechts- und Ermessensfragen in der Revisionsinstanz Z 57 (1938) 69 ff. und *mein* Lehrbuch 2. Aufl. (1966) S. 561; fortgeführt in der demnächst erscheinenden 3. Auflage. Auch heute noch beachtlich: *Hempfling,* Die Tatsachen in der Rechtsprechung der Revisionsgerichte in Strafsachen. Diss. Münster 1952. Zum Stand der Auffassungen *Fezer,* Möglichkeiten S. 84 f.

[7] Diese Entscheidung ist für die anfängliche BGH-Rechtsprechung bedeutsam geworden, worauf *Fezer* Möglichkeiten S. 101 Anm. 131 hinweist.

Daraus entwickelte sich die Lehre von der Notwendigkeit der Beachtung der Denkgesetze und der unumstößlichen Erfahrungssätze[8]. Da die Denkgesetze und unumstößlichen Erfahrungen nicht Rechtsnormen, sondern Seinsnormen sind, wird deutlich, daß die Revisionsgerichte auch außerhalb der Rechtsordnung liegende zwingende Gesetze der Logik, der Natur oder der Technik anzuwenden sich anschicken. Die bei der Beweiswürdigung gezogenen Schlußfolgerungen mußten möglich sein. Daraus wurde im Umkehrschluß die Meinung hergeleitet, daß mögliche Feststellungen vom Revisionsgericht hinzunehmen seien.

In der Folgezeit griff die Revisionsrechtsprechung jedoch auch in mögliche Feststellungen ein, sofern sie nicht hinreichend abgesichert und überzeugend sind. Unter verschiedenen Gesichtspunkten unterliegen auch mögliche Feststellungen der revisionsrichterlichen Kontrolle[9]. Schon seit Jahrzehnten überprüfen die Revisionsgerichte, ob die getroffenen Feststellungen auf einer hinreichend breiten Beweisaufnahme gestützt sind. Der erste revisionsrichterliche Eingriff erfolgte bei der Prüfung der Ablehnung von Beweisanträgen. Die Rechtsprechung des Reichsgerichts hat schon frühzeitig die Gründe entwickelt, die den Tatrichter berechtigten Beweisanträge abzulehnen. Die Rechtsprechung des Reichsgerichts hat schon 1924 zu der gesetzlichen Neufassung des § 244 StPO geführt. Damit war der Grundsatz der freien Gestaltung der Beweisaufnahme im Kern beseitigt. Er gilt selbst dort nicht, wo das Gesetz, wie im Privatklageverfahren (§ 384 Abs. 3 StPO) und im Ordnungswidrigkeitenverfahren (§ 77 OWiG) die Bestimmung des Umfangs der Beweisaufnahme grundsätzlich dem Gericht überläßt. Fehlt auch hier die Bindung an Beweisanträge, so kann doch die Verpflichtung zur Beweisaufnahme sich aus der Aufgabe, die Wahrheit zu erforschen, ergeben (§ 244 Abs. 2 StPO).

Auf diese Vorschrift stützt die Revisionsgerichtsbarkeit die Zulässigkeit der Aufklärungsrüge. Mag *Fezer*[10] auch darauf hinweisen, daß die Aufklärungsrüge nur in verhältnismäßig seltenen Fällen zum Erfolg führt, so stellt doch die Rüge des Verstoßes gegen die Aufklärungspflicht ein wichtiges Instrument für Gericht, Staatsanwalt und Verteidiger dar, eine Kontrolle der Sachverhaltsfeststellung herbeizuführen. Daß der Revisionsführer dartun muß, daß sich dem Tatrichter die weitere Aufklärung aufdrängen mußte, bedeutet keine Minderung des Grundsatzes. Bei hinreichen-

[8] Zu den Verstößen gegen Denkgesetze und Erfahrungssätze *Fezer,* Möglichkeiten S. 97, 114; *Geerds,* Revision bei Verstoß gegen Denkgesetze oder Erfahrungssätze, Peters-Festschrift 1974 S. 267ff.

[9] Es ist daher nicht verwunderlich, daß nach den Untersuchungen *Fezers* zur BGH-Rechtsprechung des Jahres 1970 die Denkgesetze und unumstößlichen Erfahrungssätze weder als Aufhebungsgrund noch als Beurteilungsmaßstab eine Rolle spielen. *Fezer,* Die erweiterte Revision S. 13, Möglichkeiten S. 175.

[10] *Fezer,* Möglichkeiten S. 176.

der Fähigkeit des Revisionsführers, die Grundsätze der Sachverhaltsfeststellung anzuwenden, den Sachverhaltsverlauf in der Hauptverhandlung zu verarbeiten und mit der Praxis der Revisionsgerichte umzugehen, hat der Revisionsführer, sofern er genügende Aktenkenntnis hat, eine durchaus scharfe Waffe in der Hand. Die Aufklärungsrüge ist keineswegs darauf beschränkt, sich auf das Sitzungsprotokoll zu stützen oder die mangelhafte, lückenhafte Darstellung des Urteils anzugreifen. Vielmehr ist es durchaus möglich, den Akteninhalt in die Rüge einzubeziehen. Insofern unterliegt selbst der Satz, daß es keine Aktenrüge gäbe, Schranken[11].

Mit der Aufklärungsrüge kann sich der Verteidiger gegen die Nichtberücksichtigung von Beweisermittlungsanträgen und gegen überraschende Feststellungen im Urteil zur Wehr setzen. Vermutlich wird der Aufklärungsrüge nach der bedenklichen Verkürzung der Verteidigung durch die Neufassung des § 245 StPO als Ausgleich eine gesteigerte Bedeutung zukommen[12].

Die Aufklärungsrüge greift Platz, wenn ein anderer als der festgestellte Sachverhalt naheliegt, d. h. ernsthaft in Betracht kommt. Das Bedenken an dem festgestellten Ablauf kann sich sowohl auf den Sachverhalt im ganzen als auch auf einzelne für beweiserheblich gehaltene Umstände und Beweise beziehen. So hat das Bayerische Oberste Landesgericht[13] ein verurteilendes Erkenntnis aufgehoben, weil die Strafkammer es unterlassen hatte, die Glaubwürdigkeitskontrolle einer einzigen Zeugin, die überdies eine lückenhafte, widerspruchsvolle Darstellung gegeben hatte, nicht genügend durchgeführt hatte. Die Zeugin hatte erklärt, daß die in Rede stehende Geldübergabe an einem bestimmten Tag gegen Mittag stattgefunden habe und daß sie wegen eines sich anschließenden Kinderturnunterrichts in großer Eile gewesen wäre. Die Verteidigung hatte beantragt, diese Behauptung zu überprüfen. Das Gericht kam diesem Beweisermittlungsantrag nicht nach. Deswegen hob das Revisionsgericht das Urteil auf.

Die Berücksichtigung anderer naheliegender Möglichkeiten fordern Revisionsentscheidungen auch bei der Überzeugungsbildung. Das gilt, wie sich aus den von *Fezer*[14] beigebrachten Urteilen ergibt, sowohl zuungunsten als auch zugunsten des Angeklagten. Wichtige Hinweise gibt der Bundesgerichtshof in BGHSt. 25, 365[15]. Dort hatte der Tatrichter aus der Haltereigenschaft des Angeklagten und seiner Aussageverweigerung den

[11] Zu dem Problem der Aktenwidrigkeit vgl. *Fezer,* Möglichkeiten S. 199–243.

[12] Vgl. dazu *mein* Referat auf dem 3. Strafverteidigertag in Berlin 1979.

[13] Beschluß vom 23. 6. 1977 (3 St 42/77).

[14] *Fezer,* Erweiterte Revision S. 75 ff., Möglichkeiten an zahlreichen – S. 309 – angegebenen Stellen.

[15] Zu diesem Urteil *Peters,* Der neue Strafprozeß (1975) S. 173; ergänzend *mein* Gutachten zum 52. Deutschen Juristentag in Wiesbaden 1978, Gutachten C 39.

Schluß auf die Führung des Wagens zur Tatzeit gezogen. Diesen Schluß hielt der BGH für unzureichend. Bedeutsam ist die Begründung. Es heißt dort (S. 367): „Der Grundsatz der freien Beweiswürdigung gilt auch für den mittelbaren Beweis. Der Richter ist dabei nicht an Beweisregeln gebunden. Tatsächliche Schlüsse, die er aus den Beweiszeichen zieht, müssen möglich, aber nicht zwingend sein. Damit ist aber nicht gesagt, daß der Richter sich dann, wenn eine Tatsache oder ein Tatsachenkomplex mehrere verschiedene Deutungen zuläßt, für eine von ihnen entscheiden darf, ohne die übrigen in seine Überzeugung einzubeziehen und sich mit ihnen auseinanderzusetzen. Er braucht zwar nicht jede theoretisch denkbare, den Umständen nach fernliegende Möglichkeit der Fallgestaltung zu berücksichtigen. Er erfüllt aber nicht seine Aufgabe, die Beweise nicht nur denkgesetzlich richtig und widerspruchsfrei, sondern auch erschöpfend zu würdigen, wenn er von mehreren naheliegenden tatsächlichen Möglichkeiten nur eine in Betracht zieht und die anderen außer acht läßt." Diese Entscheidung geht zwar im Anfang von althergebrachten Grundsätzen aus (keine Bindung an Beweisregeln, Hinnahme der bloßen Möglichkeit des festgesetzten Sachverhalts), geht dann aber über den Verstoß der Denkgesetze hinaus und erfordert eine allseitige, erschöpfende Abwägung. Damit trifft sie eindeutig die Beweiswürdigung.

Das geschieht auch in Entscheidungen, die die vom Gericht angenommene Sachkunde in Frage stellen. Ein Beispiel für fehlende Sachkunde auf dem Gebiet der Glaubwürdigkeitsprüfung gibt die nicht veröffentlichte Entscheidung des BGH vom 13. März 1952 – 3 StR 19/52[16]. Die Verurteilung des Angeklagten erfolgte wegen Notzucht in Tateinheit mit Blutschande. Die Aufhebung begründete der BGH mit der Nichthinzuziehung eines Sachverständigen. Er führt aus: „Bei der schwierigen Beweislage, die sich aus den Urteilsgründen klar ergibt, mußte die Strafkammer jede ihr zu Gebote stehende Möglichkeit zur Aufklärung des Sachverhalts benützen. Dazu war sie ohne Beweisantrag verpflichtet, wenn die Umstände zum Gebrauch weiterer Beweismittel drängten. Solche Umstände lagen hier in den erheblichen und auffallenden Widersprüchen zwischen den Bekundungen der drei Belastungszeugen untereinander, ferner in den bedeutenden Abweichungen jeder einzelnen Aussage in der Hauptverhandlung gegenüber den Angaben der Polizei . . . . . . Hier aber handelt es sich um einen . . . Ausnahmefall, der zu der Erwägung drängte, daß unter Umständen ein Sachverständiger in der Lage sein werde, die Beweggründe der Zeugen für den Wechsel und die Widersprüche aufzuklären." In besonderem Maß bemerkenswert ist, daß bereits diese Entscheidung auf den Akteninhalt zurückgreift. Tatsächlich erfordert die Beurteilung von Aus-

[16] Auf diese Entscheidung verweist *Undeutsch*, Zur Problematik der psychologischen Sachverständigen, Lange-Festschrift (1976) S. 705.

sagen in nicht wenigen Fällen eine Überprüfung der Aussageentstehung, der Aussageweiterbildung, des Zusammenhangs mit anderen Aussagen, nicht zuletzt der Aussagekonstanz und der Aussagewidersprüchlichkeit in sich und gegenüber anderen Aussagen[17].

Ebenfalls in einer Notzuchtssache hob der BGH das verurteilende Erkenntnis auf, weil die Strafkammer sich nicht mit der ersten polizeilichen Aussage, zu der die Aussage in der Hauptverhandlung in Widerspruch stand, auseinandergesetzt hatte (4 StR 147/70). In einem anderen Verfahren (4 StR 297/70) beanstandete der BGH die Ablehnung des Vollrausches, zu der die Strafkammer wegen der Zielstrebigkeit der Handlungsweise des Angeklagten gelangt war. Im Gegensatz zur Auffassung der Strafkammer war der BGH der Meinung, daß von einer Zielstrebigkeit und einem einsichtsvollen Verhalten keine Rede sein könne[18].

In mehreren Entscheidungen der Revisionsgerichte wird die Beweiswürdigung mit Erfahrungssätzen für unvereinbar gehalten, die aber entgegen der früheren Wortbedeutung nicht unumstößliche Erfahrungen widergeben, sondern Erfahrungen des täglichen Lebens, Erfahrungen, die zwar das vom Tatrichter gefundene Ergebnis nicht ausschließen, aber doch in Frage stellen[19]. Dieser Wandel im Begriff des Erfahrungssatzes ist sehr bedeutsam. Er läßt erkennen, daß es eben doch eine Art von Beweisregeln gibt.

Einige Entscheidungen in dieser Richtung seien hier angeführt: BayObLGSt. 149/51, 523: Der Tatrichter hatte auf Grund der Aussage eines Zeugen, er habe ein Richtungsänderungszeichen des Vorausfahrenden nicht gesehen, es für bewiesen erachtet, daß ein solches Zeichen nicht gegeben worden sei. Diesen Schluß hält das Revisionsgericht für rechtsfehlerhaft. „Denn die Erfahrung lehrt, daß der Mensch bei weitem nicht alle Vorgänge ... derart verarbeitet, daß er sie in Erinnerung behalten kann. Nur wenn ein Zeuge sich von vornherein auf die Beobachtung eines bestimmten Ausschnitts des um sich abspielenden Geschehens eingestellt hat, läßt nach der Lebenserfahrung eine Aussage, etwas nicht wahrgenommen zu haben, den Schluß zu, daß er sich nicht ereignet hat." Kritisch läßt sich hierzu bemerken, daß es zweifelhaft ist, ob es sich um einen

[17] Zum Problem der eigenen Sachkunde: *Kleinknecht* StPO 34. Aufl. (1979) § 244 Rdnr. 66 ff.; Löwe-Rosenberg 23. Aufl. *Gollwitzer* § 244 Rdnr. 249–253; *Jessnitzer*, Der Gerichtliche Sachverständige, 7. Aufl. (1978) S. 109 ff.; *Lebrecht*, Betrachtungen zum technischen Sachverständigenwesen 1974; *Undeutsch* (Hsg.), Forensische Psychologie Bd. XI d. Hdb. d. Psychologie 1967 mit zahlreichen einschlägigen Abhandlungen. Vgl. auch die zu Anm. 16 genannte Abhandlung von *Undeutsch*.

[18] Näheres zu den beiden genannten Entscheidungen bei *Fezer*, Erweiterte Revision S. 88 (E 428) S. 91 (E 444). Dazu, daß derartige Fälle auch völlig anders entschieden werden, vgl. *mein* Gutachten zum 52. DJT 1978, Gutachten C 40 Anm. 40.

[19] Vgl. dazu *Fezer*, Möglichkeiten S. 124, 125 (E 42, 46, 47).

Rückgriff auf die Lebenserfahrung und nicht vielmehr um einen solchen auf die Erkenntnisse der psychologischen Wissenschaft handelt. Zudem liegt die Entscheidung der Frage nahe, ob nicht die alte Beweisregel von zwei klassischen, d.h. einwandfreien übereinstimmenden Zeugen mitspielt. Hätte das Revisionsgericht auch im Fall zweier übereinstimmender negativer Aussagen sich auf die Lebenserfahrung berufen?

OGH NJW 1950, 271 beanstandet die Feststellung, daß die Angeklagte die Tötung aus unbarmherziger Gesinnung begangen habe, mit dem Hinweis, daß diese Feststellung mit den übrigen Feststellungen unter Beachtung der allgemeinen Lebenserfahrung nicht vereinbar sei. Die Annahme einer solchen Gesinnung müsse in einem derartigen Einzelfall so eingehend in tatsächlicher Hinsicht begründet werden, daß das Revisionsgericht nachprüfen könne, ob die Bildung einer Überzeugung nicht auf rechtsirrigen Erwägungen beruhe.

BGH NJW 1952, 943 beanstandet die Feststellung, die Angeklagte habe aus niedrigen Motiven gehandelt. Es war ihr vom Tatrichter Geiz vorgeworfen worden. Demgegenüber betont das Revisionsgericht, daß es kaum der Erfahrung entspräche, daß die Angeklagte auf ihr kleines Anwesen für die Unterbringung ihrer Schwägerin und ohne Aussicht auf baldige Tilgung Geld hätte aufnehmen können.

BGHSt. 16, 204 (206) beanstandet, daß der Tatrichter bei der Bewertung des Wiedererkennens dessen Fragwürdigkeit nicht berücksichtigt habe. Er habe Erfahrungssätze und psychologische Erkenntnisse nicht beachtet.

Geht es in den genannten Entscheidungen um den Inhalt der richterlichen Überzeugung sowie um den zu ihr hinführenden Weg, so befaßt sich noch weitergehend das BayOLG 1971, 128 mit der Beurteilung des Charakters der richterlichen Meinungsbildung[20]. Es prüft nach, ob überhaupt eine Überzeugung vorliegt. Das Revisionsgericht weist darauf hin, daß Überzeugung mehr ist als bloßes Meinen, Glauben und Vermuten. Es handelte sich um eine Verurteilung wegen Hehlerei. Die getroffenen Feststellungen konkretisierten den Vorgang so wenig, daß sich daraus nicht mehr als ein Glauben und Meinen herleiten ließ. Diese Entscheidung ist sehr bemerkenswert. Sie führt zu der Anerkennung des von der Verteidigung vielfach vorgebrachten, von den Revisionsgerichten aber ständig abgewiesenen Revisionsgrundes, das Gericht habe eine Überzeugung nicht gewinnen können[21]. Im Falle des BayOLG's war das tatsächlich wegen

[20] Zu dieser Entscheidung *meine* Besprechung JR 1972, 30, ferner *mein* Gutachten zum 52. DJT, C 39.

[21] Dazu *mein* Gutachten zum 52. DJT, C 49. In der Anm. 58 wird auch die Frage behandelt, ob der Grundsatz: In dubio pro reo in der Praxis und in der herrschenden Lehre nicht eine zu enge, praktisch kaum erhebliche Auslegung erhält.

des bereits objektiven Grundes mangelhafter Tatkonkretisierung nicht möglich.

Die einzelnen angeführten Beispiele für das Eingreifen der Revisionsgerichte in den Bereich des Tatsächlichen lassen sich durchaus vermehren. Jedoch lassen sich ebenso Revisionsentscheidungen anführen, in denen die angeführten Gedanken nicht angewandt worden sind und der Zugriff auf die tatsächlichen Feststellungen abgelehnt worden ist. Daraus ergibt sich die Frage, ob der Zugriff ins Tatsächliche nur in einigen wenigen Fällen erfolgt, in denen die Revisionsrichter ein ungutes Gefühl gegenüber den Feststellungen des Tatrichters hatte, in denen sie den wirklichen oder möglichen Widerspruch zur Gerechtigkeit als beunruhigend empfanden, in denen sie „schwerwiegende Bedenken" gegen die Feststellungen bedrückten, in denen sie die Überzeugungsbildung nicht nachvollziehen konnten[22], oder ob nicht doch trotz aller noch unsicheren Begründungen eine sich entwickelnde Rechtsänderung erkennbar ist. Ganz deutlich zeigt sich von vornherein die Zuneigung der Revisionsgerichte, neben der Rechtseinheit auch die Einzelfallgerechtigkeit zu hüten. Die Frage bleibt aber, woher leiten sich die angeführten Entscheidungen her. Handelt es sich um Einzelfälle außerhalb der Regel oder werden in ihnen neue Regeln erkennbar? Sind sie der Anfang einer zukunftszugewandten Entwicklung oder sind sie nur die Zukunft nicht bestimmende Ausnahmen von der „altbewährten" Revisionsrechtsprechung früherer Zeiten?

Um diese Fragen beantworten zu können, ist es notwendig, die Revisionsrechtsprechung mit dem Wandel der Rechts- und Wissenschaftsentwicklung seit dem Inkrafttreten der Strafprozeßordnung und des Gerichtsverfassungsgesetzes vor hundert Jahren in Verbindung zu setzen.

III.

Mehrere Entwicklungslinien sind für das Verstehen des heutigen Revisionsrechts maßgeblich.

1. Vom Partikularrecht zum einheitlichen deutschen Recht. Gerichtsverfassungsgesetz und Strafprozeßordnung von 1877 schufen ein für das Deutsche Reich einheitlich geltendes Verfahrensrecht. Schon vorher war ein einheitliches Strafgesetzbuch in Kraft getreten. Das Reichsgericht als das für die Revision zuständige Revisionsgericht hatte zunächst einmal die Funktion die Rechtseinheit zu gewährleisten. Aus der Vielheit partikulärer Gesetze und Rechtsauffassungen war ein gemeinsames Recht zu formen. Infolgedessen kam dem Gedanken der Rechtseinheit innerhalb des

[22] Zur „Nichtnachvollziehbarkeit der Überzeugungsbildung vgl. *mein* Lehrbuch 2. Aufl. S. 257, Gutachten zum 52. DJT, C 47; ferner *Roxin*, Strafverfahrensrecht 15. Aufl. (1979) S. 72; *Stree*, In dubio pro reo (1962) S. 40 und JR 1977, 84.

Revisionsrechts eine hervorragende Bedeutung zu. Diese Aufgabe hat das Reichsgericht in den ersten Jahrzehnten seiner Tätigkeit erfüllt.

Sicherlich blieb auf dem einheitlichen Rechtsboden noch die Aufgabe der gleichen Rechtsanwendung. Aber die Qualität dieser Aufgabe unterschied sich wesentlich von der ursprünglichen rechtspolitisch und politisch höchst bedeutsamen Funktion. Die Sicherung der Rechtsgleichheit liegt auch heute noch den Revisionsgerichten ob (vgl. auch die Vorlagepflicht gemäß § 121 Abs. 2 GVG). Aber sie ist nicht mehr eine Aufgabe, die die Tätigkeit der Revisionsgerichte heute noch allein oder vorwiegend ausfüllen kann.

Dieser Entwicklung entspricht es, daß die Fragestellung Gewährleistung der Rechtseinheitlichkeit oder der Einzelgerechtigkeit nicht mehr akut ist[23]. Daß die Revisionsgerichte auch den Einzelfall zu lösen haben, wird heute nicht mehr in Abrede gestellt. Die Einzelgerechtigkeit hat es aber nicht nur mit der Frage zu tun, ob das Gesetz richtig angewandt ist, sondern auch – und sogar vorwiegend – mit der Frage, ob das Gesetz auf einen richtig festgestellten Sachverhalt angewandt worden ist.

2. *Vom Laienrichtertum zum Berufsrichtertum.* Die Zuständigkeit für die fast gesamte schwere Kriminalität lag nach der Gerichtsverfassung des vorigen Jahrhunderts bei den Schwurgerichten (vgl. § 80 GVG a. F.). Die Entscheidung über den Schuldspruch war den zwölf Geschworenen, mithin Laienrichtern, übertragen. Erst im Jahre 1924 erfolgte die Umbildung der alten Schwurgerichte in große Schöffengerichte. Berufsrichter und Laienrichter entschieden seitdem gemeinsam über die Schuld- und Straffrage. Zahlenmäßig hatten die Laien noch das Übergewicht (6 : 3). Zudem wurde gleichzeitig die Zuständigkeit der Schwurgerichte begrenzt. Seit dem 1. Januar 1975 sind die Schwurgerichte von 1924 in große Strafkammern umgewandelt worden (§ 74 Abs. 2 GVG). Nur noch aus historischen Gründen behält diese Strafkammer die irreführende Kennzeichnung Schwurgericht bei. Die neue Regelung führte zu dem Übergewicht der Berufsrichter. Sie sind nicht nur zahlenmäßig stärker beteiligt (3 : 2), sondern haben damit auch gegenüber den beiden Schöffen eine sich von selbst ergebende bestimmende Macht. Wenn auch die beiden Schöffen rein rechtlich eine Verurteilung verhindern können, ist es doch tatsächlich so gut wie ausgeschlossen, daß sich beide Schöffen gegen die Überzeugung der drei Berufsrichter, sofern sie einig sind, sträuben.

[23] *Schwinge*, Grundlagen des Revisionsrechts, 2. Aufl. 1970 sieht noch das Wesen der Revision in dem Gedanken der Rechtseinheit. „Nachprüfbar sind immer nur diejenigen Teile des Urteilsspruches, deren Bestehenbleiben in irgendwelcher Weise für die Gleichförmigkeit der Rechtsprechung nachteilig sein kann" (S. 48). Freilich ist auch von diesem Ausgang her ein Übergang auf die einheitliche Anwendung der Vorschriften zur Sachverhaltsfeststellung denkbar.

Die Abschaffung der Schwurgerichte bedeutet eine Änderung der Struktur sowohl des materiellen als auch des prozessualen Strafrechts. Eine Untersuchung darüber, inwieweit sich durch die Änderung der Schwurgerichte im Jahre 1924 das materielle Strafrecht verändert hat, inwieweit vor allem die Verkomplizierung des Strafrechts auf diesen strafprozessualen Wandel zurückzuführen ist, steht noch aus[24]. Für das Verfahren sind die Folgen außerordentlich groß. Anstelle des von den Laien bestimmten Schuldspruchs tritt die von den Berufsrichtern maßgeblich gebildete Überzeugung. Zu einer Verurteilung bedarf es wenigstens der Zustimmung von zwei Berufsrichtern. Das bedeutet, daß die Entscheidung wesentlich den akademisch, also wissenschaftlich vorgebildeten Richtern übertragen worden ist. Die maßgeblich beteiligten Richter sind – oder sollten es wenigstens sein – vorgebildet, nach Sachkenntnissen rational zu entscheiden. Die Laienrichter fachlich vorzubilden, hätte nicht nur dem Sinn des Volksrichtertums widersprochen, sondern war geradezu unmöglich.

Die freie Überzeugungsbildung, wie sie in § 261 StPO niedergelegt ist, war bei der vorwiegend von Laien bestimmten Gerichtsbarkeit, nicht beschränkbar. Im Grund beruhte das System der Rechtsprechungsgewalt der Laien im alten Verfahren auf der Vorstellung der Findung der Wahrheit durch das unverkümmerte Empfinden der dem Volk entnommenen Richter. Die Schwurgerichte, wie sie infolge der französischen Revolution auf den europäischen Kontinent übergegriffen haben, beruhten auf Grundvorstellungen, die denen des späteren „gesunden Volksempfindens" entsprachen[25].

Dieser Wandel der Gerichtsverfassung bringt mit der Rationalisierung und Verwissenschaftlichung der Rechtsprechung die Tendenz zur Objektivierung auch der Sachverhaltsfeststellung mit sich. Objektivierung bedeutet allgemein erkennbare und verbindliche Vergegenständlichung. Daraus folgt wiederum Erweiterung der Revisionsmöglichkeiten.

[24] So wäre eine Untersuchung der Durchführung der Strafprozesse mit annähernd gleichen Deliktsvorgängen vor und nach 1924 aufschlußreich gewesen. Aber umfassende empirische Untersuchungen waren vor 50 Jahren noch nicht üblich. Auch Erinnerungen älterer Juristen, die noch beide Systeme miterlebt haben, hätten Aufklärung bringen können. Die aufgeworfene Frage ist in der Vergangenheit jedoch als Problem nicht erkannt und daher nicht untersucht worden. Jedoch ist auch heute noch ein Vergleich der einzelnen Lehrbücher in den früheren und späteren Auflagen, sowie von Lehrbüchern älterer und neuerer Autoren möglich. Gleiches gilt für die Kommentare und Einführungsbücher in die Praxis. Vgl. zur Themenstellung überhaupt: *meine* Tübinger Antrittsvorlesung: Die strafrechtsgestaltende Kraft des Strafprozesses 1963 S. 36; ferner Der neue Strafprozeß (1975) S. 30f.

[25] Trotzdem darf ein wesentlicher Unterschied nicht außer acht gelassen werden. Es ist etwas anderes, ob die Feststellung eines Sachverhalts dem Empfinden des Bürgers überlassen wird, oder, ob eine Rechtsanwendung allgemeinen, z. T. auch historisch zu erklärenden Wertauffassungen zugrunde gelegt wird.

3. Vom freien zum gebundenen Ermessen. Zunächst hat die Verwaltungswissenschaft, insbesondere die Verwaltungslehre, erkannt, daß es in der Verwaltung keinen völlig freien Ermessensraum gibt. Die Betätigung des Ermessens ist innerhalb des vom Recht bestimmten Rahmens an Sachnotwendigkeiten gebunden. Erst dort, wo diese keine Hinweise mehr geben und keine Schlüsse mehr zulassen, kann die subjektiv bestimmte Tätigkeit des Handelnden einsetzen. Die Erkenntnis, daß Ermessensentscheidungen subjektive Letztentscheidungen auf objektiver Grundlage bedeuten, ist auch für die Strafrechtsanwendung und das Strafverfahren von weittragender Bedeutung. Die verwaltungsrechtlichen Auffassungen sind von der Strafrechtswissenschaft[26], vor allem von der Strafzumessungslehre[27], aufgenommen und verarbeitet worden. In ihre ist dann die Lehre von der Revision der Straf- und sonstige Rechtsfolgebemessung entwickelt worden. Auch der Gesetzgeber hat die materiellrechtlichen Folgen gezogen[28].

Die Begrenzung des Ermessens, wie sie im Verwaltungsrecht herausgearbeitet worden ist, hat auch auf das strafprozessuale Beweisrecht übergegriffen. Von besonderer Bedeutung war die bereits erwähnte Beschränkung der richterlichen Freiheit bei der Bestimmung des Umfangs der Beweisaufnahme (§ 244 Abs. 3–5 StPO). Demgegenüber hat die Freiheit der Überzeugungsbildung, wie sie in § 261 StPO niedergelegt ist, noch keinen gesetzlichen Rahmen erhalten. Daraus läßt sich jedoch nicht der Schluß ziehen, daß es nicht einen von der Sache her bestimmten und bestimmbaren Rahmen gibt. Es läßt sich auch nicht annehmen, daß ausgerechnet bei der Sachverhaltsfeststellung Subjektivismus herrschen sollte, da eine solche Auffassung gegenüber der Rechtsentwicklung systemwidrig wäre[29].

4. Von der vorwissenschaftlichen Kriminalistik zur wissenschaftlichen Kriminalistik. Der Hinweis auf Sachnotwendigkeit und Sachgebotenheit bedarf der Beantwortung der Frage, woher die Objektivierung der Sachverhaltsfeststellung zu gewinnen ist. Grundlegend ist die Wissenschafts-

[26] Schon zur Weimarer Zeit hat sich die strafprozessuale Wissenschaft mit dem Ermessensproblem befaßt. Vgl. *Drost,* Das Ermessen des Strafrichters 1930; *K. Peters,* Die kriminalpolitische Stellung des Strafrichters bei der Bestimmung der Strafrechtsfolgen 1932. Aus späterer Zeit: *Warda,* Dogmatische Grundlagen des richterlichen Ermessens im Strafrecht 1962; *Frisch,* Ermessen, unbestimmter Begriff und „Beurteilungsspielraum" im Strafrecht NJW 1973, 145.

[27] *Bruns,* Strafzumessungsrecht 2. Aufl. 1974; *Frisch,* Revisionsrechtliche Probleme der Strafzumessung 1971; *Grünwald,* Tatrichterliches Ermessen bei der Strafzumessung? MDR 1969, 713, 808; *K. Peters,* Art. Strafzumessung HdK 2. Aufl. ErgBd. 1. Lief. 1977 – *von Weber,* Die richterliche Strafzumessung 1956 – *Zipf,* Die Strafmaßrevision 1969.

[28] Vgl. § 46 StGB.

[29] Zu den Problemen der Überzeugungsbildung vgl. *mein* Gutachten zum 52. DJT C 46ff.

entwicklung. Die Strafprozeßordnung entstammt aus einer Zeit, in der eine wissenschaftliche Kriminalistik noch nicht bestand. Um von ihr sprechen zu können, bedurfte es der Entwicklung der ihre Fundament bildenden Wissenschaften. Es sind das einerseits die Naturwissenschaften, die Technik und die Gerichtsmedizin, andererseits Psychologie und Soziologie. Aus ihnen hat sich die übergreifende Kriminalistik[30] entwickelt. Aus ihr sind die Erkenntnisse und Erfahrungen zu gewinnen, die der Sachverhaltsfeststellung zugrundezulegen sind. Teils lassen die Ergebnisse der Kriminalistik zwingende Schlüsse zu, teils ergeben sich aus ihnen Erfahrungsregeln, die vor allem zur Vorsicht und Zurückhaltung vor voreiligen Schlüssen warnen und aus denen sich unter Umständen herleiten läßt, daß gewisse Schlüsse sich mit ausreichender Sicherheit nicht ziehen lassen.

Der Übergang zum akademisch gebildeten Richter als dem für die Entscheidung maßgeblich Verantwortlichen und das Vorhandensein eines in zahlreichen Einzelwissenschaften verwurzelten Erkenntnis- und Erfahrensbereichs können in einem der Wahrheit und Gerechtigkeit dienenden Verfahren nicht unbeachtet bleiben, weder in dem Tatrichterrechtszug noch in dem Revisionsrechtszug. Der Richter beider Rechtszüge kann auf die gleichen Erkenntnisquellen zurückgreifen. Das wiederum bedeutet, daß der Revisionsrichter auch die Sachverhaltsfeststellung jedenfalls soweit in seine Kontrolle einbeziehen kann, als das Gericht der unteren Instanz allgemein gültige Erkenntnisse und Erfahrungen nicht hinreichend beachtet. Allerdings ergibt sich hier zunächst nur ein „kann". Besteht aber auch ein „muß"?

Daß eine derartige Kontrolle nicht nur eine unverbindliche Möglichkeit sein kann, ergeben die Untersuchungen über die Fehlerquellen im Strafprozeß[31]. Sie lassen erkennen, daß die Fehlerhaftigkeit der Sachverhaltsfeststellungen in den Urteilen einen durchaus ernst zu nehmenden Umfang einnehmen. Es wäre unverständlich, wenn der Revisionsrichter die in seine Hand gegebenen Kontrollmöglichkeiten nicht ausschöpfen würde.

5. *Der Weg zur Verwirklichung der Persönlichkeits- und Menschenrechte.* Das Grundgesetz und die ins deutsche Recht übernommene Menschenrechtskonvention haben den Schutz der Einzelpersönlichkeit gegenüber den Eingriffen der staatlichen Gewalt in eindrucksvoller Weise entwickelt. Davon ist auch der Strafprozeß berührt.

Bereits das BayObLG 1971, 128 verweist auf Art. 6 Abs. 2 MRK als Eingriffsschranke für die Strafgerichtsbarkeit. Aus der Vermutung der

[30] Zur Geschichte der Kriminalistik vgl. *Groß-Geerds,* Kriminalistik Bd. I, 10. Aufl. 1977.

[31] Dazu *K. Peters,* Fehlerquellen im Strafprozeß Bd. I 1970, Bd. II 1974. Über ausländische Erfahrungen berichten verschiedene Autoren in *Jescheck-Meyer* (Hsg.), Die Wiederaufnahme des Strafverfahrens im deutschen und ausländischen Recht 1974.

Unschuld ist herzuleiten, daß nicht nur ein Meinen des Richters maßgeblich ist, sondern daß die gesetzlich niedergelegte Vermutung widerlegt sein muß. Das erfordert jedoch einen rechtsstaatlich abgesicherten Beweis. Daraus ergibt sich, daß der Richter die ihm zur Verfügung stehenden Erkenntnisse und Erfahrungen wissenschaftlicher Art verwerten muß. Soweit er sie nicht besitzt, ist er gehalten, sich in ihren Besitz zu setzen. Das bedeutet, daß er die wissenschaftlichen Erkenntnisse und Erfahrungen zur Kenntnis nehmen und anwenden muß, daß er sich mit den aus der Kriminalistik und den sie unterstützenden Einzelwissenschaften gewonnenen Ergebnissen zu befassen hat. Das gilt für den Richter gleich welcher Instanz, für den die Beweisaufnahme durchführenden, als auch sie kontrollierenden Richter.

Neben Art. 6 Abs. 2 MRK verdient aber auch Art. 6 Abs. 1 MRK der Beachtung. Es ist dort in Satz 1 von der „Stichhaltigkeit" der gegen den Beschuldigten erhobenen Anklage die Rede. Der Begriff Stichhaltigkeit weist auf die Verobjektivierung der Schuldfeststellung hin. Ob ein Schuldvorwurf stichhaltig erhoben worden ist, kann nur aus der Überprüfung der hinreichend objektiv abgesicherten Beweisaufnahme und Beweiswürdigung ermittelt werden.

Schließlich erfordert auch die in Art. 2 GG gesicherte Persönlichkeitssphäre, daß nur in einer rechtsstaatlich abgesicherten Weise in sie eingedrungen werden darf. Daran fehlt es, wenn die Schuldfeststellung der Subjektivität des Richters ausgeliefert ist. Subjektivität bedeutet Überlassung des Angeklagten an das jeweilige Empfinden und den jeweiligen Eindruck des einzelnen Richters. Sicherlich setzt auch bei der Schuldfeststellung, wie bei einer Ermessensentscheidung, an einer Stelle die subjektive Wertung, das persönliche Für-richtig-halten, ein. Jedoch bedarf dieses des objektiven Fundaments. Davon abzusehen ist mit den Freiheitsrechten, wie sie das Grundgesetz entwickelt hat, unvereinbar. Daraus ergibt sich die Pflicht der Richter, auch der Revisionsrichter, die in der ihnen gesetzlich gegebenen Verfahrensart mögliche Kontrolle durchzuführen. Die Ausnutzung der Leistungsmöglichkeiten der Revisionsinstanz ist daher ein verfassungsrechtliches Muß.

IV.

Daraus ergibt sich, daß die zur Zeit noch zaghaften Bemühungen der Revisionsgerichte die Sachverhaltsfeststellung zu kontrollieren, innerhalb ihrer Leistungsfähigkeit der Rechtsentwicklung entsprechen. Sie sind Zeichen der sich abzeichnenden strafprozessualen Erneuerung. Nicht darauf, diese in gesetzliche Form zu gießen, kommt es an, sondern darauf, daß die Revisionsrechtsprechung sie erkennt. Diese Entwicklung kann man mit dem Schlagwort: „erweiterte Revision" kennzeichnen. Nur muß man sich bewußt sein, daß sie innerhalb der die Revision maßgeblich bestimmenden Vorschrift des § 337 StPO liegt. Erweitert haben sich die Kontrollmöglichkeiten und Kontrollpflichten; bestehen geblieben ist aber die Rechtsgrundlage, nämlich die Verletzung einer Rechtsnorm.

Die Rechtsanwendungskontrolle bezieht sich auf dreierlei[32]:

1. Materielle Rechtskontrolle
   a) Rechtsfehlerhaftigkeit: Beanstandung falscher Anwendung materiellrechtlicher Gesetzesbestimmungen;
   b) Rechtseinheitlichkeit: Auswahl unter mehreren rechtlichen Lösungsmöglichkeiten zum Zweck der einheitlichen Rechtsprechung;
   c) Rechtsfortbildung: Weiterentwicklung der Rechtsprechung bei neuauftauchenden materiellrechtlichen Problemen.
2. Verfahrenskontrolle:
   Gewährleistung der Einhaltung von Verfahrensvorschriften:
   a) Sicherung der reinen Verfahrensvorschriften;
   b) Sicherung des Ablaufs der Beweisaufnahme.
3. Entscheidungskontrolle:
   Beachtung der der Entscheidungsfreiheit gesetzten Grenzen:
   a) rechtliche Grenzen:
      aa) vom Gedanken der Freiheitsgarantie des Art. 2 GG, des Stichhaltigkeitsgebots des Art. 6 Abs. 1 S. 1 MRK und der Unschuldsvermutung des Art. 6 Abs. 2 MRK her;
      bb) durch das Gewißheitserfordernis.
   b) Sachgrenzen:
      aa) Widerspruchslosigkeit, Lückenlosigkeit, logische Gesetzmäßigkeit,
      bb) kriminalistische Zuverlässigkeit.

Diese Dreiteilung: Materielle Rechtskontrolle, Verfahrenskontrolle, Entscheidungskontrolle, wie sie sich aus der Weiterentwicklung des allgemeinen und des strafprozessualen Rechts ergibt, macht deutlich, daß zur Klärung des Revisionsrechts früher benutzte Gegensatzpaare heute von keiner oder doch nur untergeordneter Bedeutung sind. Das gilt zunächst für das Gegensatzpaar: Rechtsfrage–Tatfrage. Die Tatfrage greift in die Rechtsfrage über. Das ergibt sich daraus, daß die Tatfrage nur in einer rechtsgebundenen Weise gelöst werden kann. Ungenügend ist auch das Gegensatzpaar: Verfahrensrüge–Sachrüge. Mit diesem läßt sich die Frage, wann der Revisionsführer seine Revisionsgründe näher darlegen muß, nicht beantworten. Das ergibt sich aus der unterschiedlichen Auffassung darüber, in welche der beiden Alternativen die Aufklärungsrüge,

[32] Die Übersicht entspricht mit geringfügigen Änderungen der in *meinem* Gutachten z. 52. DJT C 41 F.

die Rüge mangelhafter Beweisaufnahme und fehlerhafter Beweiswürdigung gehört. In zahlreichen Entscheidungen sprechen die Revisionsgerichte hier von einer Sachrüge[33]. Das dient durchaus den Erfordernissen der Angemessenheit und Gerechtigkeit. Nur erscheint die Zumessung zu der einen oder anderen Seite willkürlich. In Wirklichkeit liegt dieser Rechtsprechung ein anderes Gegensatzpaar zugrunde, nämlich aus dem Urteil erkennbare Mängel – erst aus der Sitzungsniederschrift oder aus den Akten erkennbare Mängel. Was bereits aus dem Urteil für den Revisionsrichter erkennbar ist, braucht der Revisionsführer im einzelnen nicht erst darzulegen[34]. Diese Mängel gelten als Rechtsfehler. Die übrigen Mängel müssen erst belegt werden. Sie gelten als Verfahrensfehler.

Ob man die alten Gegensatzpaare weiter verwenden will, ist von untergeordneter Bedeutung, sofern man nur den sich vollzogenen Wandel erkennt.

V.

Es sei noch auf einige Folgerungen hingewiesen, die sich aus den vorstehenden Darlegungen ergeben.

1. Für das Revisionsrecht. Soweit die Revisionsrüge sich auf fehlerhafte Beweisaufnahme und unzulängliche Beweiswürdigung stützt, werden zwar die Grundlagen für diese Mängel innerhalb der dafür keineswegs langen Revisionsbegründungsfrist von einem Monat vom Revisionsführer dargestellt werden können. Dagegen wird es kaum möglich sein, sie in allen Einzelheiten und Verästlungen vorzutragen. Manches wird sich überhaupt erst im mündlichen Vortrag verdeutlichen lassen. Daraus ergibt sich die Notwendigkeit von der Verwerfung der Revision als offensichtlich unbegründet, keinen extensiven Gebrauch zu machen. Das bedeutet, daß der Begriff „offenbar" in dem ursprünglichen Sinn der eindeutig unzulänglich angebrachten Revision zu verstehen ist.

Ergänzungsbedürftig ist § 357 StPO (Revisionserstreckung auf Mitangeklagte). Diese Vorschrift baut auf der Unterscheidung: Verletzung des materiellen Strafrechts und Verletzung des Strafverfahrensrechts auf. Die Abgrenzung beruht darauf, daß eine materiellrechtliche Gesetzesverletzung die Richtigkeit der Verurteilung berührt, während die Verletzung des prozessualen Rechts die Richtigkeit der Verurteilung offen läßt. Fehler in der Sachverhaltsfeststellung, sei es aufgrund ungenügender Beweisaufnahme, sei es aufgrund unzulänglicher Beweiswürdigung, stellen die Richtigkeit des Urteils in Frage. Infolgedessen muß die Revisionsent-

[33] Zum Thema: Aufklärungsrüge und Sachrüge vgl. *Fezer,* Möglichkeiten S. 176.

[34] Insoweit ist die Tatsachenrüge formell Darstellungsrüge, jedoch ist sie materiell Inhaltsrüge.

scheidung, sofern derselbe Fehler die Feststellung gegenüber dem nicht am Revisionsverfahren beteiligten Mitangeklagten betrifft, zur Mitererstreckung führen. Insoweit ist § 357 StPO schon heute analog anzuwenden.

Die Einbeziehung der Beweisaufnahme und der Beweiswürdigung in die Revisionskontrolle, durch die die Schuldfeststellung betroffen wird, legt die Frage nahe, ob die im Schrifttum nicht unumstrittene Auffassung der Revisionsgerichte, ihre Entscheidungen mit einfacher Mehrheit zu treffen, noch aufrecht erhalten werden kann. Solange es vorwiegend um die Rechtsauslegung, sei es in materieller, sei es in prozessualer Hinsicht ging, war es immerhin noch verständlich, die Anwendung einer einfachen Mehrheitsentscheidung zu unterstellen. Nachdem aber die Entscheidungsrevision Eingriffe auch zuungunsten in die Sachverhaltsgestaltung und Sachverhaltswürdigung zuläßt, liegt es nahe, die in § 263 StPO für den Tatrichter geltende Regelung auch auf die Revisionsinstanz anzuwenden[35].

Die hier zuletzt angeschnittenen Fragen berühren nicht die Kernprobleme und das Wesen der Revision. Von grundsätzlicher Bedeutung ist schon die auf dem 52. Deutschen Juristentag in Wiesbaden angeschnittene Frage nach der Haltbarkeit der These von der Unüberprüfbarkeit der Überzeugungsbildung und nach der Änderungsbedürftigkeit des § 261 StPO.

2. *Für die Richterausbildung.* Am dringendsten ist jedoch das Problem der strafrichterlichen Ausbildung. Die Versachlichung der Beweisaufnahme und der Beweiswürdigung setzt eine hinreichende Ausbildung auf dem Gebiete der Kriminalistik und der sie stützenden Grundwissenschaften voraus. Soll die Sachverhaltsfeststellung von richterlichem Subjektivismus befreit werden, so bedarf es der hinreichenden Grundkenntnis. Wenn so oft von Richtern zu hören ist, daß die Sachverhaltsfeststellung, vor allem die Glaubwürdigkeitsprüfung „ureigenste Aufgabe" des Richters sei, so setzt die Erfüllung dieser Aufgabe eine zuverlässige Ausbildung auf den in Betracht kommenden Gebieten voraus. Sie ist für den Richter, dem die Entscheidung über Schuldig oder Nichtschuldig in der mit der Durchführung der Beweisaufnahme betrauten Instanz ebenso notwendig wie für den kontrollierenden Revisionsrichter. Die Änderung der Ausbildung des Strafrichters ist eine Grundvoraussetzung für eine rechtsstaatlich abgesicherte Beweisaufnahme und Beweiswürdigung.

[35] Vgl. *Kleinknecht* StPO, 34. Aufl. zu § 352 Rdnr. 5; Löwe-Rosenberg StPO, 23. Aufl. zu § 351 Rdnr. 11; zur anderen Ansicht *K. Peters,* Strafprozeß, 2. Aufl. (1966) S. 580.

Prolegomena zu einer Gesamtreform des Strafverfahrensrechts[1]

PETER RIESS

Die Geschichte der Strafprozeßreform seit dem Inkrafttreten der Reichsstrafprozeßordnung vor einhundert Jahren am 1. Oktober 1879 ist die Geschichte ihrer Fehlschläge. Wir sind – trotz mancherlei verbaler Bekenntnisse zur Notwendigkeit einer Totalerneuerung des Strafverfahrensrechts[2] – von ihr heute weiter entfernt als vor 70 Jahren. Auch der nachfolgende Beitrag bringt kein fertiges Reformkonzept. Er soll durch eine Erörterung der Grundvoraussetzungen dazu beitragen, die Reformdiskussion voranzutreiben.

Der erste Abschnitt enthält eine Bestandsaufnahme des gegenwärtigen Zustandes des Strafverfahrensrechts und der Reformbemühungen. Im zweiten Abschnitt werden die Grundlagen für eine Gesamtreform behandelt; er erörtert die Verfahrenszwecke, die gegeneinander abzuwägenden Formalziele und die zugrundezulegenden Realfaktoren, sucht tragende Konstitutionsprinzipien, ermittelt die Reformimpulse und bestimmt die Grundstrukturen eines künftigen Verfahrens. Im dritten Abschnitt wird der Versuch unternommen, den wesentlichen Inhalt wichtiger Teile eines neuen Strafverfahrensrechts nach der augenblicklichen Diskussionslage in leitsatzmäßiger Zuspitzung zu umschreiben. Die mehr oder minder große Konkretheit der einzelnen Leitsätze verdeutlicht dabei, welche Erkenntnisdefizite noch vorhanden sind. Der vierte Abschnitt ist der Frage gewidmet, auf welche Weise sich die Gesamtreform bewerkstelligen lassen könnte.

[1] Das Manuskript dieses Beitrages, der lediglich die persönliche Auffassung des Verfassers zum Ausdruck bringt, wurde im wesentlichen Mitte Juni 1979 abgeschlossen. Späteres Schrifttum, so namentlich die bedeutsamen Vorschläge des *Arbeitskreises Strafprozeßreform* zur Reform der Verteidigung (Die Verteidigung, Gesetzentwurf mit Begründung, 1979) konnte überwiegend nur noch in den Anmerkungen berücksichtigt werden.

[2] Vgl. etwa *Vogel*, 100 Jahre oberste deutsche Justizbehörde, 1977, S. 7: „eine heute noch nicht bewältigte Aufgabe"; *Vogel*, Strafverfahrensrecht und Terrorismus – eine Bilanz, NJW 1978, 1217ff. (1219): „eine Aufgabe, der sich der Gesetzgeber noch zu stellen haben wird".

I. Bestandsaufnahme

1. Alternde Kodifikation. Die Darstellung, die der verehrte Jubilar in der Einleitung des Kommentars zur Strafprozeßordnung von *Löwe-Rosenberg*[3] einerseits über die Entwicklungsgeschichte der Strafprozeßordnung und des Gerichtsverfassungsgesetzes, andererseits über die Reformbemühungen gegeben hat, zeigt, daß in der einhundertjährigen Geschichte der Strafprozeßordnung über weite Zeiten Novellengesetzgebung und Ansätze für eine Gesamtreform beziehungslos, wenn nicht gar gegenläufig verlaufen sind. Meist war die Novellengesetzgebung an Tagesbedürfnissen orientiert; nur gelegentlich schöpfte sie aus dem Vorrat von Reformgedanken.

Trotz des bisherigen Scheiterns aller umfassenden Reformbemühungen[4] ist die am 1. Oktober 1879 in Kraft getretene Reichsstrafprozeßordnung nicht die, die am 1. Oktober 1979 gilt. Reformatorische Abstinenz ist – wie die Zahl von insgesamt 82 Änderungsgesetzen beweist – nicht identisch mit legislatorischer Behutsamkeit gewesen. Die mangelnde Fähigkeit zur Totalrevision des Strafverfahrens hat den Gesetzgeber immer wieder zu partiellen Änderungen gezwungen; deren zunehmende Dichte verdeutlicht wachsenden Innovationsbedarf. Die steigende Gesetzesflut wird aus der Zahl der ändernden Rechtssetzungsakte und der geänderten Vorschriften allein der Strafprozeßordnung in den einzelnen Jahrzehnten ihrer Geltung erkennbar[5].

Bei einem derzeitigen Bestand von 538 Vorschriften der Strafprozeßordnung und bei einer nunmehrigen Geltungsdauer von 100 Jahren heißt das, daß rund alle 15 Monate Eingriffe in die Strafprozeßordnung vorgenommen wurden und daß im statistischen Durchschnitt jede Norm etwa 2,5mal geändert wurde.

Natürlich hat nicht jede Änderung materiellen Gehalt. Die Änderungsflut der letzten Zeit hat ihre Ursache auch in einem mehr gesetzestechnisch bedingten steigenden Änderungsaufwand einer alternden, zunehmend ausdifferenzierten und in ihren Zusammenhängen komplizierter werdenden Kodifikation. Der durch steigende Komplikation und Ausdifferen-

[3] Löwe-Rosenberg (künftig abgekürzt: LR)-*Schäfer*, 23. Aufl., 1975, Einl., Kap. 3 bis 5.

[4] Zu den bisherigen Entwürfen eingehend LR-*Schäfer*, Einl., Kap. 4; Nachweis der bisherigen Entwürfe auch bei *Rieß*, Der Beschuldigte als Subjekt des Strafverfahrens, in: Vom Reichsjustizamt zum Bundesministerium der Justiz, 1977, S. 429.

[5] Namentlich in der Zeit von 1920 bis 1945 läßt sich die Zahl der Änderungsgesetze und der geänderten Vorschriften nicht völlig zuverlässig ermitteln, weil die Rechtssetzungspraxis dazu neigte, die StPO nicht explizit zu ändern, sondern mit sie überlagernden Sondervorschriften zu arbeiten. Die auffallend große Zahl der geänderten Vorschriften im Zeitraum 1950 bis 1959 ist überwiegend durch die Wiederherstellung der Rechtseinheit durch das Gesetz vom 12. 9. 1950 (BGBl. S. 455) bedingt. Von ihm abgesehen sind in diesem Zeitraum nur 77 Vorschriften der StPO geändert worden.

Zeitraum	Änderungsgesetze	Geänderte Vorschriften der Strafprozeßordnung
1880–1889	0	0
1890–1899	2	3
1900–1909	1	1
1910–1919	1	2
1920–1929	11	124
1930–1939	14	173
1940–1949	12	116
1950–1959	7	321
1960–1969	12	211
1970–1979	22	431
	82	1382

zierung gekennzeichnete Alterungsprozeß läßt sich schon rein äußerlich am Gesetzeswortlaut vielfach belegen. Zur Zeit verfügt die Strafprozeßordnung über 538 Paragraphen, bei ihrem Inkrafttreten 1879 enthielt sie 506. Noch deutlicher wird dieser Zuwachs, wenn man die Zahl der Absätze zugrunde legt. Während es heute 1240 sind, enthielt die Strafprozeßordnung 1877 nur 962; das bedeutet eine Zunahme von rund 30 %. Die wortreichste Bestimmung der damaligen Strafprozeßordnung, § 472, eine etwas abseitige Vorschrift über das Verfahren gegen Abwesende, welche sich der Wehrpflicht entzogen haben, benötigte 278 Wörter; sie war eine seltene Ausnahme. Der Spitzenreiter des gegenwärtigen Gesetzestextes ist der die Anforderungen an die schriftlichen Urteilsgründe regelnde § 267; ein Monstrum, das in 6 Absätzen und 16 Sätzen 608 Wörter verwendet[6]. Das ist kein Einzelfall mehr. Um das Verhältnis zwischen Strafvollstreckungskammer und Gericht des ersten Rechtszuges bei Nachtragsentscheidungen – keineswegs zweifelsfrei[7] – zu regeln, benötigt der heutige Gesetzgeber in § 462a in 6 Absätzen 15 Sätze mit 409 Wörtern. Die gegenwärtige Kostenregelung bei Nichtverurteilung des Angeklagten (§ 467) erfordert in 5 Absätzen 210 Wörter, für den gleichen Sachbereich kam die Strafprozeßordnung 1877 noch mit 2 Absätzen und 31 Wörtern aus. Die materiellen Haftvoraussetzungen (§§ 112, 113) regelte der Gesetzgeber von 1877 mit 179 Wörtern; heute sind dafür (§§ 112, 112a, 113) 422 Wörter erforderlich. Für die Regelung von Amtsaufklä-

[6] Um den gleichen Sachverhalt zu regeln, kam die StPO 1877 (damals § 266) noch mit vier Absätzen, 6 Sätzen und 167 Wörtern aus.

[7] Vgl. die Darstellung der Kontroversen bei LR-*Schäfer*, § 462a.

rung, Beweisantragsrecht und Pflicht zur Verwendung präsenter Beweismittel begnügte sich die Strafprozeßordnung in ihrer Ursprungsfassung (§ 243 Abs. 2, 3, § 244) mit insgesamt 5 Sätzen und 120 Wörtern, heute (§ 244 Abs. 2 bis 6, § 245) werden hierfür 12 Sätze mit 369 Wörtern gebraucht.

Gerade die beiden letzten Beispiele zeigen aber, daß man nicht einfach die Unfähigkeit oder Geschwätzigkeit des heutigen Gesetzgebers für den steigenden Normenumfang verantwortlich machen kann. Niemand tritt heute für derartig weitgespannte Haftvoraussetzungen ein, wie sie 1877 für tragbar gehalten wurden, und gerade die kontinuierlichen Änderungen in den §§ 244, 245 bedeuten die Anerkennung des die Subjektqualität des Beschuldigten mit konstituierenden Beweiserhebungsanspruchs[8]. Doch hängt der Befund einer infolge Alterung mehr und mehr an Umfang zunehmenden und an Übersichtlichkeit und Klarheit abnehmenden Kodifikation unmittelbar mit der bisher unterbliebenen Totalrevision zusammen. Der ad-hoc und punktuell novellierende Gesetzgeber ist in den Sachzwängen der vorgegebenen Legalordnung und des von der Wissenschaft und der höchstrichterlichen Rechtsprechung erarbeiteten systematischen und dogmatischen Gerüstes gefangen. Er muß bemüht sein, sich an die vorgegebenen Regelungen anzupassen; er wird dazu neigen, kleinere Neuerungen in ein Prokrustesbett vorhandener Zusammenhänge einzupassen. Die interpretierende Wissenschaft wird ähnlich verfahren; Novellengesetzgebung gibt ihr kaum Grund, dogmatische Systeme grundlegend zu überdenken. Vielmehr werden Brüche und Friktionen mühsam hinweginterpretiert und geglättet. Am Ende steht eine Verfahrensordnung, die für den Fachmann ihre Funktion noch einigermaßen zu erfüllen vermag, bei der aber ein unaufhörliches Wechselspiel zwischen interpretierender Dogmatik, Bedürfnisse anmeldender Praxis, punktuell reagierendem Gesetzgeber und dessen Lösungen erneut verarbeitender Rechtsprechung und Wissenschaft das Regelungssystem einer kodifikatorischen Spätzeit entstehen läßt, dessen Maschen immer enger geflochten und dessen Lücken dadurch immer auffälliger werden.

Eine einhundertjährige Novellengesetzgebung hinterläßt auch an der Substanz einer Kodifikation Spuren. Hier und dort wird es ihr freilich gelingen, die im Ursprungskonzept angelegten Entwicklungslinien konsequent fortzuentwickeln oder neue Institute harmonisch in das vorhandene Gefüge einzuarbeiten. Doch führt sie nicht selten dazu, daß die ursprünglichen Grundprinzipien und Maximen mit Hilfe immer komplizierter werdender Normierungen von Ausnahmen und Gegenausnahmen nur noch scheinbar tradiert werden, während in Wirklichkeit dieses Verfahren die legitimierende Kraft der Maxime in Frage stellt. Besonders bedrohlich

[8] Näher *Rieß* (Fn. 4), S. 419ff.

wird diese Entwicklung, wenn die Maximen außerstrafprozessuale Bezugspunkte hatten, die ebenfalls verloren gehen. Ein eindrucksvolles Beispiel hierfür stellt das Legalitätsprinzip dar, das – seinerzeit Eckpfeiler des Strafverfahrens – von drei Seiten in eine Legitimierungskrise geraten ist[9], innerstrafprozessual durch den immer umfangreicher werdenden Ausnahmenkatalog der §§ 153ff.; materiellstrafrechtlich durch die Überwindung des Vergeltungsgedankens[10] sowie durch die sozialwissenschaftlichen, kriminologischen und empirischen Erkenntnisse über die soziale Funktion des Dunkelfeldes und den selektiven Charakter strafverfolgender Tätigkeit[11]. Novellengesetzgebung kann dieses Problem des Funktionsverlustes überkommener Prinzipien nicht zureichend bewältigen; sie kann weder, weil im Ansatz zu kurz, eine zeit- und funktionsgerechte Neulegitimierung oder eine konsequente Umstellung auf neue Grundsätze bewerkstelligen, noch – weil sonst wesentliche Verfahrensstrukturen ins Wanken geraten würden – auf alte Prinzipien schlechthin verzichten. Folglich wird sie sich äußerlich an sie klammern und sie zugleich den Augenblicksbedürfnissen entsprechend weiter durchlöchern[12].

2. *Der Ertrag der Novellengesetzgebung.* Brechen wir das Thema „alternde Kodifikation" an dieser Stelle ab und wenden uns der Frage zu, inwieweit die Novellengesetzgebung wesentliche Neukonzeptionen und Strukturänderungen hat bewerkstelligen können. Dabei können die durch die nationalsozialistische Gesetzgebung vorgenommenen Veränderungen[13], weil inzwischen weitgehend rückgängig gemacht, unberücksichtigt bleiben. Außer Betracht bleiben kann in diesem Zusammenhang auch das

[9] Dazu zuletzt m. weit. Nachw. *Weigend*, Anklagepflicht und Ermessen, 1978, S. 40ff.; ferner *F. C. Schroeder*, Legalitätsprinzip und Opportunitätsprinzip heute, Festschrift Karl Peters, 1974, S. 411ff.; *Zipf*, Kriminalpolitische Überlegungen zum Legalitätsprinzip, Festschrift Karl Peters, 1974, S. 487ff.

[10] Dazu statt vieler *Baumann*, Strafrecht, Allgemeiner Teil, 8. Aufl., 1977, S. 14ff.; *Maurach-Zipf*, Strafrecht, Allgemeiner Teil, Teilband 1, 5. Aufl., 1977, S. 65ff.; *Schmidhäuser*, Vom Sinn der Strafe, 1963.

[11] Dazu z. B. *Lüderssen*, Strafrecht und Dunkelziffer, 1972; *Popitz*, Über die Präventivwirkung des Nichtwissens, 1968; sowie empirisch *Schöch*, Ist Kriminalität normal? Kriminologische Gegenwartsfragen, Heft 12, 1976, S. 211ff.; *Schwind*, Dunkelfeldforschung in Göttingen, BKA-Forschungsreihe, Bd. 2, 1975; *Stephan*, Die Stuttgarter Opferbefragung, BKA-Forschungsreihe, Bd. 3, 1976.

[12] Weitere Beispiele für mangelnde Fähigkeit der Novellengesetzgebung zur Entwicklung und Beachtung geeigneter dogmatischer und systematischer Zusammenhänge bei *Rieß*, Gesamtreform des Strafverfahrensrechts – eine lösbare Aufgabe? ZRP 1977, 67ff. (72). Auch die neuesten Vorschläge des *Arbeitskreises Strafprozeßreform* zur Neuordnung der Verteidigung (Fn. 1) erstreben zwar eine einheitliche Regelungskonzeption für diesen Teilbereich, machen aber trotz einiger Hinweise ein umfassendes Reformkonzept nicht ausreichend deutlich und beziehen ihre Konzeption zu unreflektiert auf die gegenwärtige prozessuale Gesamtstruktur.

[13] Übersicht bei LR-*Schäfer*, Einl., Kap. 3 Rdn. 21 bis 44.

Vereinheitlichungsgesetz 1950; es hat, wie wichtig es auch in seiner Funktion war, die Rechtseinheit wiederherzustellen, trotz einiger neuer Ansätze retrospektiven, wenn nicht restaurativen Charakter[14].

Es verbleiben in der hundertjährigen Geschichte der Strafprozeßordnung – Entwicklungen in Teilbereichen ausgeklammert[15] – vier bedeutende Änderungsgesetze: Die Emminger-Reform 1924[16], die sogenannte kleine Strafprozeßreform durch das Strafprozeßänderungsgesetz 1965[17], die am 1. Januar 1975 in Kraft getretene Gesetzestrias durch das Einführungsgesetz zum Strafgesetzbuch, das Erste Gesetz zur Reform des Strafverfahrensrechts und das Ergänzungsgesetz hierzu[18] sowie das Strafverfahrensänderungsgesetz 1979[19]. Typisch für alle vier Epochen ist ihre einseitige Ausrichtung an Formalzielen; Stärkung der Position des Beschuldigten durch das StPÄG 1965, Vereinfachung durch die Emminger-Reform, Beschleunigung durch das 1. StVRG und nochmals Straffung und Vereinfachung durch das StVÄG 1979. Als *Dauererträge* der großen Novellenepochen lassen sich vier strukturelle Veränderungen von besonderem Gewicht ausmachen:

(1) Der in der Reichsstrafprozeßordnung nur kompromißhaft gelöste gerichtsverfassungsrechtliche Antagonismus zwischen der Laienbeteiligung in Form des Geschworenensystems und des Schöffensystems ist durch die Emminger-Reform zugunsten des Schöffensystems entschieden worden; erst durch das StVÄG 1979 freilich sind die letzten Überreste jenes Antagonismus beseitigt worden[20]. Damit verbunden

[14] *Rieß* (Fn. 12), ZRP 1977, 68.

[15] Etwa die Haftrechtsreform durch Gesetz v. 27. 12. 1926 (RGBl. I S. 529) – lex Höfle –; dazu LR-*Schäfer*, Einl., Kap. 3 Rdn. 14; die „kleine Kostenrechtsreform" durch das EGOWiG v. 24. 5. 1968 (BGBl. I S. 503), dazu LR-*Schäfer*, Kap. 3 Rdn. 81; und die Einführung einer zweiten Instanz in Staatsschutz-Strafsachen durch Gesetz v. 8. 9. 1969 (BGBl. I S. 1582), dazu LR-*Schäfer*, Kap. 3 Rdn. 85.

[16] Verordnung über Gerichtsverfassung und Strafrechtspflege v. 4. 1. 1924 (RGBl. I S. 15); zum Inhalt LR-*Schäfer*, Einl., Kap. 3 Rdn. 9 bis 11.

[17] Gesetz zur Änderung der Strafprozeßordnung und des Gerichtsverfassungsgesetzes (StPÄG) v. 19. 12. 1964 (BGBl. I S. 1067); zum Inhalt LR-*Schäfer*, Einl., Kap. 3 Rdn. 61 bis 75; *Kleinknecht*, JZ 1975, 113 ff., 153 ff.

[18] Einführungsgesetz zum Strafgesetzbuch (EGStGB) v. 2. 3. 1974 (BGBl. I S. 469), zum Inhalt LR-*Schäfer*, Einl. Kap. 5 Rdn. 22 bis 44; *Göhler*, NJW 1974; 825 ff. Erstes Gesetz zur Reform des Strafverfahrensrechts (1. StVRG) v. 9. 12. 1974 (BGBl. I S. 3393); zum Inhalt LR-*Schäfer* a. a. O., Rdn. 45 bis 92; *Rieß*, NJW 1975, 81 ff. Gesetz zur Ergänzung des ersten Gesetzes zur Reform des Strafverfahrensrechts v. 20. 12. 1974 (BGBl. I S. 3686); zum Inhalt LR-*Schäfer*, Rdn. 93 bis 110; *Baumann*, ZRP 1975, 38.

[19] Strafverfahrensänderungsgesetz 1979 (StVÄG 1979) v. 5. 10. 1978 (BGBl. I S. 1645); zum Inhalt *Katholnigg*, NJW 1978, 2375; *Kurth*, NJW 1978, 2481; *Rieß*, NJW 1978, 2265; *Rudolphi*, JuS 1978, 864; *F. C. Schroeder*, NJW 1979, 1521.

[20] Die Schritte im einzelnen: 1924 beseitigt die Emminger-Reform das Schwurgericht als Rechtssprechungstyp und wandelte es unter Beibehaltung des Namens und seiner gerichts-

ist eine ständige Erweiterung der Zuständigkeit von Spruchkörpern niedrigerer Ordnung.

(2) Das Legalitätsprinzip ist in einer kontinuierlichen Entwicklung durch unterschiedlich motivierte und strukturierte Ausnahmen vielfach durchbrochen worden[21].

(3) Das Ermittlungsverfahren wurde in zunehmendem Maße in die alleinige normative Verantwortung der Staatsanwaltschaft übertragen (Abschaffung der gerichtlichen Voruntersuchung), der synchron damit zusätzliche Ermittlungskompetenzen eingeräumt wurden[22].

(4) Die die Subjektqualität des Beschuldigten ausmachenden Befugnisse und Positionen wurden verstärkt; der Anspruch auf rechtliches Gehör wurde ausgebaut und durch Belehrungspflichten gesichert[23]. Hierzu gehört auch die Normierung des Beweisantragsrechts, bei dem freilich der Gesetzgeber im wesentlichen lediglich eine Entwicklung der Rechtsprechung legalisiert hat[24].

Alle anderen Veränderungen im Strafverfahrensrecht der letzten hundert Jahre sind – so gewichtig sie im einzelnen auch sein mögen – entweder wieder korrigiert worden und damit Episode geblieben[25] oder Ausdifferenzierungen bereits von Anfang an vorhandener Strukturen und Institute oder schließlich im weitesten Sinne Folgeänderungen außerstrafverfahrensrechtlicher Entwicklungen und Impulse, wie etwa die bisher nur recht äußerliche Einbeziehung der Zweispurigkeit des strafrechtlichen Sanktionssystems in das Strafprozeßrecht. Man darf diesen hier nicht im einzelnen zu entfaltenden Ertrag des bisherigen Novellengesetzgebung keineswegs unterschätzen. Er hat wesentlich dazu beigetragen, die Praktikabilität des Strafverfahrensrechts zu sichern und es sowohl den veränderten realen Verhältnissen als auch der veränderten Verfassungslage und dem

verfassungsrechtlichen Sonderstellung in ein großes Schöffengericht um. 1972 wurde die Sonderbezeichnung seiner Laienrichter „Geschworene" aufgegeben. 1975 wurde es in eine Spezialstrafkammer des Landgerichts umgewandelt und 1979 wurde die besondere Auslosung der Schöffen für diese „Schwurgerichtskammer" beseitigt. Zum Ganzen kritisch und die daraus folgende „Verwissenschaftlichung von Straf- und Strafverfahrensrecht" betonend *Peters,* Der neue Strafprozeß, 1975, S. 78; *Peters,* Beschleunigung des Strafverfahrens und die Grenzen der Verfahrensbeschleunigung, in: Strafprozeß und Reform, 1979, S. 84ff.

21 Übersicht über die Entwicklung bei *Weigend* (Fn. 9), S. 28ff.

22 Ein Vorgang, den *Grünwald* (Die Strafprozeßreform – Sicherung oder Abbau des Rechtsstaates, Vorgänge, 1975, Heft 6, S. 36) überzogen als „Zerstörung des Gleichgewichts im Strafprozeß" wertet.

23 Dazu ausführlich *Rieß* (Fn. 4).

24 *Schneidewin* in Lobe, Fünfzig Jahre Reichsgericht, 1929, S. 328ff.

25 Beispiele dafür: die 1924 durch die Emminger-Reform fast vollständig erreichte und 1930/32 wieder aufgegebene Berufung in allen Strafsachen (dazu *Tröndle,* Zur Frage der Berufung in Strafsachen – Rückschau und Ausblick, GA 1967, 166ff.) und das 1965 eingeführte und 1975 wieder beseitigte Schlußgehörsverfahren bei Abschluß der staatsanwaltschaftlichen Ermittlungen.

dogmatischen Fortschritt anzupassen. Prozeßgesetz, Prozeßpraxis und Prozeßrechtswissenschaft sind auf der Basis dieser vielfach geänderten und angepaßten Kodifikation auch heute noch in fruchtbarer Weise aufeinander bezogen. Daß sich, wie etwa der Inquisitionsprozeß am Ende seiner dreihundertjährigen Geschichte, unsere Strafverfahrensordnung total überlebt habe, davon kann keine Rede sein. Das Strafverfahren funktioniert nicht zuletzt dank einer kontinuierlichen Novellengesetzgebung heute nicht schlechter als vor einhundert Jahren.

Dennoch sind wichtige inhaltliche Defizite unverkennbar: Die Wandlung der Auffassung vom Sinn des materiellen Strafrechts vom tatbezogenen Hegelianischen Vergeltungsdenken der Mitte des vorigen Jahrhunderts zum täterorientierten Präventivdenken, das die soziale Sinnhaftigkeit der strafrechtlichen Reaktion betont[26], hat im Strafverfahrensrecht noch keine ausreichende Entsprechung gefunden. Neuere kriminologische und sozialwissenschaftliche Erkenntnisse über die reale Struktur des Strafverfahrens als eines Teilstücks im Prozeß sozialer Kontrolle[27] sind auf ihre normative Relevanz ebenso unvollkommen untersucht wie interaktionistische und kommunikationstheoretische Ansätze der Hauptverhandlung[28]. Es ist fraglich, ob die Realität des Verhältnisses von Staatsanwaltschaft und Polizei[29] der normativen Vorgabe entspricht und wieweit und in welcher Richtung diese normative Vorgabe unter Besinnung auf strafverfahrensrechtliche Grundprinzipien anzupassen ist[30]. Prozeßziel und Prozeßfunktion sind nicht ausreichend an neueren wissenschaftstheoretischen und dogmatischen Erklärungsversuchen gemessen wor-

[26] Vgl. statt vieler *Baumann* (Fn. 10), S. 7f.; *Rudolphi* in SK, 2. Aufl., 1977, vor § 1 Rdn. 1; *Zipf*, Kriminalpolitik, 1973, S. 23.

[27] Dazu z. B. *Blankenburg-Sessar-Steffen*, Die Staatsanwaltschaft im Prozeß strafrechtlicher Sozialkontrolle, 1978; *Blankenburg*, Die Staatsanwaltschaft im System der Strafverfolgung, ZRP 1978, 263; *Feest-Blankenburg*, Die Definitionsmacht der Polizei, 1972; *Kaiser*, Strategien und Prozesse strafrechtlicher Sozialkontrolle, 1972; *Kerner*, Normbruch und Auslese der Bestraften, Kriminologische Gegenwartsfragen, Heft 12, 1976, S. 137ff.

[28] Dazu etwa *Kühne*, Strafverfahrensrecht als Kommunikationsproblem, 1978; *Schünemann*, Zur Reform der Hauptverhandlung im Strafprozeß, GA 1978, 161ff.

[29] Dazu empirisch *Blankenburg-Sessar-Steffen* (Fn. 27), insbes. S. 89ff.; *Steffen*, Analyse polizeilicher Ermittlungstätigkeit aus der Sicht des späteren Strafverfahrens, BKA-Forschungsreihe, Bd. 4, 1976.

[30] Vgl. etwa die Leitsätze der Innen- und Justizminister über das zukünftige Verhältnis von Staatsanwaltschaft und Polizei (abgedruckt in Polizei und Justiz, BKA-Vortragsreihe, Bd. 23, 1977, S. 147ff.; Kriminalistik, 1976, 545; bei *Kuhlmann*, DRiZ 1976, 266). Zur Auseinandersetzung um ihre Verwirklichung vgl. die Arbeitstagung des Bundeskriminalamts im Oktober 1976 (dazu BKA-Vortragsreihe, Bd. 23, mit den Beiträgen von *Gemmer* und *Wendisch*); *Goergen*, ZRP 1976, 59; *Häring*, Kriminalistik 1979, 269ff. (mit Wiedergabe der wesentlichen Teile des die Leitsätze konkretisierenden „Vorentwurfs eines Gesetzes zum Verhältnis von Staatsanwaltschaft und Polizei"); *Römer*, Kriminalistik 1979, 275ff.; *Rupprecht*, ZRP 1977, 275ff., *Steinke*, Kriminalistik 1976, 395ff.; *Ullrich*, ZRP 1977, 158ff. Umf. Nachw. des Diskussionsstandes bei *Blankenburg-Sessar-Steffen* (Fn. 27), S. 89 bis 96.

den[31]. Auch die verfassungsrechtlichen Implikationen, namentlich die Impulse des Sozialstaatsprinzips bedürften einer umfassenderen Einarbeitung in die Strafprozeßordnung, als sie im Wege einer an Augenblicksbedürfnissen orientierten Novellengesetzgebung möglich ist[32].

Insgesamt ist das Urteil, das vor hundert Jahren *Löwe* im Vorwort der ersten Auflage des Kommentars zur Strafprozeßordnung fällte, heute eher mehr als seinerzeit gerechtfertigt und auch nach der jüngsten Novellengesetzgebung nicht zu revidieren, die Strafprozeßordnung sei nichts weniger als ein in seinen Teilen harmonisches Ganzes und die Gestaltung des Verfahrens sei, im ganzen wie im einzelnen betrachtet, eine sehr komplizierte geworden.

3. Vorarbeiten für eine Gesamtreform

a) Weder der den Kampf gegen die Normenflut beschwörende Zeitgeist[33] noch der Stand der Vorarbeiten scheint im Augenblick einer Gesamtreform günstig zu sein[34]. Sie ist lange verschleppt worden. Daß zunächst und mit Nachdruck die Reform des materiellen Strafrechts zu bewerkstelligen war, liegt zwar in der Natur der Dinge und hat seinen Grund in dem Verhältnis von materiellem Recht und Prozeßrecht. Danach aber ist unverkennbar Ermattung zu spüren. Namentlich fehlt in der dreißigjährigen Rechtsentwicklung der Bundesrepublik weitgehend eine koordinierende, Impulse setzende ministerielle Bemühung um eine Totalerneuerung des Strafverfahrens. Der einstimmige Beschluß des Deutschen Bundestages[35] bei der Verabschiedung des Strafprozeßänderungsgesetzes 1965, die Bundesregierung möge alsbald eine Große Strafverfahrenskommission zur Reform des Strafverfahrensrechts einberufen, ist bisher ohne Resonanz geblieben; ex post erscheint der Hinweis auf seine Feigenblattfunktion[36] nicht unberechtigt.

[31] Übersicht bei Schreiber, Verfahrensrecht und Verfahrenswirklichkeit, ZStW Bd. 88 (1976), S. 117 ff.

[32] *Rieß* (Fn. 12), ZRP 1977, 72.

[33] Zur „Normenflutdiskussion" zuletzt *Maassen,* Die Freiheit des Bürgers in einer Zeit ausufernder Gesetzgebung, NJW 1979, 1473; *Vogel,* Zur Diskussion um die Normenflut, JZ 1979, 321 ff. Allerdings entstammen die Widerstände, die von der Normenflutdiskussion her der Totalrevision einer alternden Kodifikation entgegengesetzt werden können, eher dem Atmosphärischen. Gerade die sorgfältig vorbereitete, umfassende Erneuerung einer Kodifikation trägt dazu bei, den laufenden Änderungsbedarf zu verringern.

[34] Vgl. *Roxin,* Fragen der Hauptverhandlungsreform im Strafprozeß, Festschrift Schmidt-Leichner, 1977, S. 145: „Es ist keine gute Zeit für Reformen im Strafrecht und Strafverfahren."

[35] Stenogr. Protokolle des Deutschen Bundestages, 4. Legislaturperiode, IV, S. 6478, 6506.

[36] *Hanack,* Das Legalitätsprinzip und die Strafrechtsreform, Festschrift Gallas, 1973, S. 339 ff. (Anm. 2).

Ein aktueller Fundus an Gesamtentwürfen und koordinierter Bemühung um eine umfassende Reform, auf den die heutige Gesetzgebung zurückgreifen könnte, ist nicht mehr vorhanden; die früheren Entwürfe können in ihrer Gesamtkonzeption heute nicht mehr als Grundlage dienen. Der Entwurf 1939 scheidet – unbeschadet der Diskussionsfähigkeit mancher Detailansätze – hierfür schon wegen seiner mit dem heutigen Rechtsverständnis unvereinbaren Grundkonzeption aus. Von ihm abgesehen liegt die letzte umfassende, veröffentlichte Diskussion über die Totalerneuerung des Strafverfahrensrechts, die zu den Entwürfen 1909 und 1919 führte, mit den Beratungen der Kommission für die Reform des Strafprozesses von 1903 bis 1905[37] heute rund 75 Jahre zurück; sie spiegelt damit die damalige gesellschaftliche Wirklichkeit und den damaligen dogmatischen Erkenntnisstand wider[38] und ist durch zwischenzeitliche Novellengesetzgebung in vielen Punkten überholt. Damit soll die Nützlichkeit einer sorgfältigen Auswertung der damaligen Diskussion auch für die Gegenwart nicht geleugnet werden, doch findet der heutige Reformgesetzgeber in jenen Kommissionsberichten und Entwürfen keine in ihrer Grundkonzeption tragfähige und allenfalls im Detail zu modifizierende Ausgangsbasis mehr vor; so wertvolle Argumente und Anregungen für Detailfragen er auch gewinnen kann.

b) Aus den insoweit positiven Erfahrungen bei der Reform des materiellen Strafrechts und angesichts des Scheiterns der Gesamtentwürfe 1909 und 1919 erwuchs das Konzept der *Gesamtreform durch Teilgesetze*, dessen erstes das 1972 erstmals eingebrachte 1. StVRG darstellen sollte. Die Entwurfsbegründung[39] umschreibt dieses Konzept mit folgenden Worten:

> „In Abweichung von den bisherigen Versuchen, die Strafprozeßordnung durch Vorlage eines geschlossenen neuen Entwurfs zu reformieren, ist nunmehr beabsichtigt, die Gesamtreform in einer Reihe aufeinander abgestimmter, schrittweise folgender Teilgesetze zu verwirklichen, deren erster der vorliegende Entwurf darstellt."

Obwohl diesem Entwurf eines Ersten noch vor seiner Verabschiedung der Entwurf eines Zweiten Reformgesetzes[40] folgt, deutet sich bereits Ende 1974 ein Wandel in der Grundhaltung an. Teile des Entwurfs gehen

[37] Protokolle der Kommission für die Reform des Strafprozesses, 2 Bd., Berlin, 1905. Ausführliche kritische Auseinandersetzung mit den Vorschlägen auf Veranlassung der Deutschen Landesgruppe der IKV in dem von *Aschrott* herausgegebenen Sammelband Reform des Strafprozesses, Berlin, 1906.

[38] Sie ist darüber hinaus, blickt man einmal auf den Fragenkatalog der Reformdiskussion (vgl. Protokolle, Bd. 1, S. 1 bis 8) insofern retrospektiv, als sie sich vorwiegend als Fortsetzung der bei der Beratung der Reichsjustizgesetze kontrovers gebliebenen Probleme versteht oder einzelne vermeintliche oder echte Unzuträglichkeiten in den ersten 25 Jahren der Geltung der StPO ins Auge faßt.

[39] BT-Drucks. 7/551, S. 33f.

[40] BT-Drucks. 7/2526.

im Gesetz zur Ergänzung des 1. StVRG auf; die restlichen bleiben unverabschiedet im Bundestag hängen. Deutlich wird dieser Auffassungswandel durch die nächste umfangreiche Novelle. Das StVÄG 1979, an Umfang und rechtspolitischer Bedeutung dem 1. StVRG vergleichbar, vermeidet den an sich naheliegenden Namen Zweites Reformgesetz; die Entwurfsbegründung enthält keine nennenswerten Hinweise mehr auf eine in Teilschritten zu verwirklichende Gesamtreform[41].

Noch vor wenigen Jahren konnte zwar skeptisch, aber nicht ohne Unterton von Hoffnung gefragt werden, ob das Prinzip der Gesamtreform durch Teilgesetze seine Bewährungsprobe bestanden habe; es war trotz aller Vorbehalte als einzige realistische Möglichkeit für eine alsbaldige Fortführung der Reform zu bezeichnen[42]. Heute liegt es näher, dieses Konzept als gescheitert anzusehen[43]. Die Bemühungen um eine Fortführung der Gesamtreform nach dem Inkrafttreten des 1. StVRG, soweit sie überhaupt angestellt worden sind, sind frustrierend verlaufen. Die ministerielle und parlamentarische Aktivität wurde im wesentlichen durch Maßnahmen reaktiver Krisenbewältigung[44] absorbiert; zu einer nennenswerten Diskussion von übergreifenden Gesamtzusammenhängen ist es kaum gekommen. Die nahezu einhellige Ablehnung, die der Diskussionsentwurf für ein Gesetz über die Rechtsmittel in Strafsachen[45] als ein weiteres Teilreformgesetz dieser Art in der rechtspolitisch interessierten Fachöffentlichkeit gefunden hat[46], hat die Abhängigkeiten deutlich gemacht, die zwischen den verschiedenen Prozeßabschnitten bestehen und die es ausschließen, Strukturfragen eines Abschnitts zu entscheiden, ohne damit die Reformrichtung anderer Abschnitte prinzipiell zu präjudizieren. Das Strafverfahrensrecht als integratives, vielfach verzahntes und ineinandergreifendes Ganzes läßt sich durch Novellen nur insoweit verändern, als man seine Grundkonzeption nicht in Frage stellt und auch dies nur um

[41] Unberechtigt allerdings insoweit der Vorwurf von *F. C. Schroeder*, NJW 1979, 1528, hinter der Bezeichnung „Änderungsgesetz" solle der gravierende Charakter von Reformen versteckt werden. Zutreffender dürfte die Deutung sein, daß der Gesetzgeber eingesehen hat, daß der Inhalt dieses Gesetzes stärker von aktuellen Tagesbedürfnissen geprägt ist als daß er einer Totalerneuerung des Strafverfahrens dient.

[42] *Rieß* (Fn. 12), ZRP 1977, 72.

[43] Ebenso *Schreiber*, Tendenzen der Strafprozeßreform, in: Strafprozeß und Reform, 1979, S. 23; skeptisch auch *Vogel* (Fn. 2), NJW 1978, 1219, Anm. 30.

[44] *Rieß* (Fn. 12), ZRP 1977, 69. Gesamtübersicht bei *Vogel* (Fn. 2), NJW 1978, 1217ff.

[45] Diskussionsentwurf für ein Gesetz über die Rechtsmittel in Strafsachen, herausgegeben im Auftrage der Konferenz der Justizminister und -senatoren von der Bund-Länder-Arbeitsgruppe „Strafverfahrensreform", 1975. Inhaltsübersicht bei *Rieß*, DRiZ 1976, 3ff.; eingehende Auseinandersetzung bei *Peters*, Zur Einführung eines Einheitsrechtsmittels in Strafsachen, Gutachten zum 52. DJT, Verh. d. 52. DJT, Bd. I, Teil C, 1978.

[46] Nachweise und Bilanz der Diskussion bei *Rieß*, Was bleibt von der Reform der Rechtsmittel in Strafsachen? ZRP 1979, 198ff.

den Preis, einzelne Änderungen durch ein kompliziertes Gefüge von stützenden Folgeänderungen im Kontext zu halten[47].

Daß mit dem 1. StVRG eine Gesamtreform durch Teilgesetze erfolgreich eingeleitet zu sein schien, war ein Trugschluß, der darauf zurückzuführen ist, daß es sich tiefergreifender Eingriffe in den Kernbereich des Gesamtverhältnisses von Ermittlungsverfahren, Verfahren erster Instanz und Rechtsmittelsystem enthielt, und, was strukturelle Änderungen angeht, auf die Abschaffung der in der Praxis schon vorher ziemlich bedeutungslosen gerichtlichen Voruntersuchung und die vorsichtige Übertragung entsprechender Kompetenzen an die Staatsanwaltschaft beschränkte. Insgesamt hat dieses Gesetz zwar zu bedeutungsvollen Akzentverschiebungen im Strafverfahren geführt, fällt aber bei nachträglicher Betrachtung aus dem Rahmen der bisherigen Novellengesetzgebung nicht heraus.

Die darauffolgende Gesetzgebung ist durch Maßnahmen reaktiver Krisenbewältigung gekennzeichnet[48]. Sie macht eine weitere Gefahr erkennbar, der das Programm einer Totalerneuerung durch Teilgesetze ausgesetzt ist. Es steht zu befürchten, daß eine durch die Sachzwänge bedingte Unfähigkeit, in Teilreformgesetzen eine auf die Zukunft gerichtete Totalerneuerung größerer zusammenhängender Abschnitte des Verfahrensrechts zu bewirken, zu einem inhaltlichen Vakuum führt, das durch Formalziele ausgefüllt wird, welche den Bedürfnissen der Gegenwart folgen und sie einseitig überbetonen. Die zunehmende Verengung des Themenkatalogs der letzten Novellen auf Straffung, Beschleunigung, Mißbrauchsabwehr und Verfahrenssicherung macht dies deutlich[49]. Eingebettet in ein Konzept der Gesamtreform durch Teilgesetze erhalten solche Ziele ein bedenkliches Eigengewicht. Der Gesetzgeber könnte der Gefahr unterliegen, Notlösungen in einem „Jahrhundertgesetz" zu verankern, die er besser zurücknehmen sollte, sobald der Anlaß entfallen ist.

[47] Ein Beispiel hierfür stellt etwa das System der durch die Zunahme von Spezialspruchkörpern bedingten Zuständigkeitsregelungen durch das StVÄG 1979 (Darstellung bei *Rieß*, NJW 1978, 2266) mit insgesamt 11 Änderungen der StPO, 4 des GVG und 7 des JGG dar, das das Urteil von *F. C. Schroeder* (NJW 1979, 1527) vom „Einzug der Technokratie in den Strafprozeß" verständlich macht.

[48] Zum Inhalt dieser Gesetzgebung ausführlich *Vogel* (Fn. 2), NJW 1978, 1217ff. Überblick über die gesamte sogenannte „Anti-Terrorismus-Gesetzgebung" bei *Rieß*, Die „Anti-Terrorismus-Gesetzgebung" in der Bundesrepublik Deutschland, in: Freiheit und Sicherheit, Schriftenreihe der Bundeszentrale für politische Bildung, Bd. 148, 1979, S. 69ff.

[49] *Rieß* (Fn. 12), ZRP 1977, 71; *Schreiber* (Fn. 43), S. 20; Bedenken auch bei *Hanack* (Fn. 36), S. 342. Besonders der Topos „Beschleunigung und Straffung" droht zu einem kaum noch reflektierten Schlagwort zu werden, an dem jede Gesetzesänderung vorrangig gemessen wird. Wesentlich differenzierter und auf die Grenzen und Gefahren des Beschleunigungsdenkens hinweisend *Peters* (Fn. 20). Dagegen sind die Vorschläge bei *Gössel*, Überlegungen zur Beschleunigung des Strafverfahrens, GA 1979, 241, zu einseitig auf aktuelle Beschleunigung gerichtet; sie lassen die Bedürfnisse der Gesamtreform außer acht.

c) Dennoch sind *Grundlagen* erkennbar, von denen her eine Gesamtreform in Angriff genommen werden kann. Die fachbezogen rechtspolitische Diskussion wendet sich – wenn auch überwiegend punktuell – einzelnen Reformfragen zu[50]; halbamtlich veröffentlichte Diskussionsentwürfe tragen dazu bei, die Klärung von Teilabschnitten voranzutreiben[51] und die Abhängigkeiten deutlicher werden zu lassen. Durch empirische Untersuchungen[52] ist in den letzten Jahrzehnten der früher vorwiegend normative Aspekt von Reformüberlegungen ebenso bereichert worden, wie durch rechtsvergleichende Darstellungen[53]. Die vielfach geforderte Konsolidierungspause ließe sich für eine weitere Vertiefung dieser Ansätze nutzen.

4. Zwischenergebnis. Ziehen wir ein Fazit dieser Bestandsaufnahme: Eine die hundertjährige Geltungsdauer begleitende, immer intensiver werdende Novellengesetzgebung hat die Praktikabilität des Strafverfahrens-

[50] Insbesondere die beiden Sammelbände von *Lüttger*, Probleme der Strafprozeßreform, 1975 (mit Beiträgen von *Dünnebier, Jescheck, Peters, Roxin* und *Tröndle*) und *Schreiber*, Strafprozeß und Reform, 1979 (mit Beiträgen von *Beulke, Peters, Rieß, Schöch* und *Schreiber*) sowie der Gesetzentwurf des *Arbeitskreises Strafprozeßreform* (Fn. 1). Ferner (ohne Anspruch auf Vollständigkeit) *Amelung*, Rechtsschutz gegen strafprozessuale Grundrechtseingriffe, 1976, *Deml*, Zur Reform der Wiederaufnahme des Strafverfahrens, 1979; *Dippel*, Zur Reform der Wiederaufnahme des Verfahrens im Strafprozeß, GA 1972, 97ff.; *Fezer*, Möglichkeiten einer Reform der Revision in Strafsachen, 1975; *Gössel* (Fn. 49); *Hahn*, Die notwendige Verteidigung im Strafprozeß, 1975; *Kaiser* (Fn. 27), S. 71 bis 99; *Meyer*, Wiederaufnahmereform, 1977; *Strafrechtsausschuß der Bundesrechtsanwaltskammer*, Denkschrift zur Reform des Rechtsmittelrechts und des Rechts der Wiederaufnahme des Verfahrens im Strafprozeß, 1971; *Schünemann* (Fn. 28); *Zipf* (Fn. 9).

[51] Vgl. die an den DE-Rechtsmittelgesetz (Fn. 45) sich anschließende Diskussion, die in der Beratung auf dem 52. DJT 1978 ihren Höhepunkt fand.

[52] Auch hier ohne Anspruch auf Vollständigkeit z. B. *Ahrens*, Die Einstellung in der Hauptverhandlung gem. §§ 153 Abs. 2, 153 a Abs. 2 StPO, 1978; *Blankenburg-Sessar-Steffen* (Fn. 27); *Casper-Zeisel*, Der Laienrichter im Strafprozeß, 1979; *Dölling*, Die Zweiteilung der Hauptverhandlung 1978; *Feest-Blankenburg* (Fn. 26); *Fezer*, Die erweiterte Revision – Legitimierung der Rechtswirklichkeit, 1974; *Haddenhorst*, Die Einwirkung der Verfahrensrüge auf die tatsächlichen Feststellungen im Strafverfahren, 1971; *Koewius*, Die Rechtswirklichkeit der Privatklage, 1974; *Mikinovic-Stangl*, Strafprozeß und Herrschaft, 1979; *Peters*, Fehlerquellen im Strafprozeß, 3. Bd., 1970 bis 1974; *Schöch*, Strafzumessungspraxis und Verkehrsdelinquenz, 1973; *Steffen* (Fn. 29); über die Gesamtheit der derzeitigen empirischen Aktivitäten unterrichtet *Hartwieg*, Rechtstatsachenforschung und Kriminologie, 2. Aufl., 1978, S. 54 bis 86.

[53] Zur Bedeutung vgl. *Jescheck*, Rechtsvergleichung als Grundlage der Strafprozeßreform, in: Probleme der Strafprozeßreform, 1975, S. 7ff. Umfassende Rechtsvergleichung z. B. *Jescheck-Krümpelmann*, Die Untersuchungshaft im deutschen, ausländischen und internationalem Recht, 1971; *Jescheck-Meyer*, Die Wiederaufnahme des Strafverfahrens im deutschen und ausländischen Recht, 1974. Einzelne Rechtsordnungen und Entwicklungen etwa im Vergleich bei *Arzt*, Der Ruf nach Recht und Ordnung, 1976; *Herrmann*, Die Reform der deutschen Hauptverhandlung nach dem Vorbild des anglo-amerikanischen Strafverfahrens, 1971; *Schumann*, Der Handel mit Gerechtigkeit, 1977 und *Weigend* (Fn. 9).

rechts gesichert; Rechtsprechung und Wissenschaft haben die Aufgabe erfüllt, das normative Gerüst dogmatisch und systematisch auszufüllen und der praktischen Rechtsanwendung handhabbare Anwendungsregeln zur Verfügung zu stellen. Von einigen Ausnahmen abgesehen sind aber die Grundstrukturen des Strafverfahrens nicht wesentlich verändert worden. Im Funktionszusammenhang der gesamten Rechts- und Sozialordnung sind dadurch gravierende inhaltliche und formale Defizite entstanden. Das Strafverfahrensrecht weist die Merkmale einer alternden Kodifikation auf: Verlust an Elastizität und Auslegungsspielraum; Überwucherung der tragenden Grundsätze durch Ausnahmen und Gegenausnahmen und hieraus folgend systematische und terminologische Unklarheiten; mangelnde Integration neuer Erkenntnisse, Zusammenhänge und Einflüsse; zunehmender Wortreichtum und Regelungsumfang, mit dem es trotzdem nicht gelingt, Regelungslücken zu vermeiden; zunehmender Innovationsbedarf, der durch sich häufende Novellengesetzgebung nur unzureichend, weil weitere Komplikationen erzeugend, befriedigt werden kann. Die daraus folgende Notwendigkeit einer Gesamterneuerung wird zwar verbal als eine anzugehende Aufgabe bezeichnet; doch sind die tatsächlichen Anstrengungen hierfür eher bescheiden. Umfassende Grundlagen, auf denen diese Gesamtreform aufbauen könnte, sind in heute noch verwertbarer Form nicht vorhanden; das Konzept einer Gesamtreform durch Teilgesetze muß als gescheitert angesehen werden. Doch finden sich genügend punktuelle Ansätze, von denen her es aussichtsreich erscheint, die Bemühungen um eine Gesamtreform fortzusetzen.

II. Grundlagen für eine Gesamtreform

1. Verfahrensziel. Das Ziel und die Aufgabe des Strafverfahrens gibt den entscheidenden Maßstab für die inhaltliche Ausgestaltung des Verfahrensrechts ab[54]. Ohne eine Verständigung über den Verfahrenszweck läßt sich daher keine tragfähige Grundlage für eine Totalrevision gewinnen.

a) Insofern ist der lange Zeit fast unbestrittene Konsens, Zweck des Verfahrens sei die *Durchsetzung* des *staatlichen Strafanspruchs* mit justizförmigen Mitteln[55], was zugleich eine dienende Funktion des Verfahrensrechts gegenüber dem materiellen Strafrecht impliziert, brüchig geworden. Die These von der strafrechtsgestaltenden Kraft des Strafprozeß-

[54] Vgl. den Hinweis des *Arbeitskreises Strafprozeßreform* (Fn. 1), S. 20f. auf die notwendige Fundierung formaler rechts- und sozialstaatlicher Argumente in einer inhaltlichen Zweckbestimmung.

[55] Vgl. etwa *Rosenfeld*, Reichs-Strafprozeß, 1912, S. 30; *v. Hippel*, Der Deutsche Strafprozeß, 1941, S. 3; LR-*Schäfer*, Einl., Kap. 6 Rdn. 7 und demgegenüber die knappe Übersicht über die vielfältigeren, neueren Ansätze bei *Rüping*, Theorie und Praxis des Strafverfahrens, 1978, S. 27f.

rechts[56] macht eine Umkehrung der Beziehungen deutlich; *Luhmanns* Theorie von der Legitimation durch Verfahren[57] beinhaltet aus soziologischer Sicht ein von seinen materiellen Bezugspunkten abstrahiertes, prozeßimmanentes Prozeßziel. *Rottleuthners* Modell eines herrschaftsfreien Diskurses[58] ist – aus kommunikationstheoretischen Überlegungen heraus – geeignet, das herrschende Prozeßverständnis aus den Angeln zu heben.

Diese hier nur in Andeutungen angesprochene *Systemkritik*[59] ist insoweit auch reformpolitisch fruchtbar, als sie zusätzliche Aspekte in das Blickfeld rückt, die durch die einseitige Ausrichtung des Verfahrensziels auf das materielle Strafrecht und seine Durchsetzung verstellt werden können. Indessen eignen sich diese Erklärungsversuche nicht dazu, hic et nunc und unter der Herrschaft des gegenwärtigen materiellen Strafrechts – wie jeden Strafrechts, das diesen Namen verdient – Grundlage für ein insgesamt neuartiges Prozeßmodell darzustellen[60]. Wer das Gelingen des Prozesses von der Herstellung der idealen Sprechsituation und die prozessuale Verbindlichkeit der Entscheidung von ihrer Anerkennung durch den Betroffenen abhängig machen will, bewegt sich auf dem Felde der Utopie[61], und wer allein und ohne Rücksicht auf jedenfalls die verfahrensmäßige Intention auf materielle Richtigkeit und Gerechtigkeit darauf abstellen will, daß das Verfahren als solches das Ergebnis legitimiere, redet der Beliebigkeit des Ergebnisses das Wort. Und wer schließlich den Prozeß einseitig als Herrschaftsinstrument kritisiert[62], verkennt, daß es sich um eine rechtlich gebundene Herrschaft handelt, deren Alternative nicht das herrschaftsfreie Miteinander paradiesischen Zusammenlebens darstellt, sondern der Rückfall in Selbsthilfe, Faustrecht und Kampf aller gegen alle.

b) Abweichendes, sozialschädliches und daher von der Rechtsgemeinschaft nicht tolerierbares Verhalten stellt eine Realität dar, auf die jede Sozialordnung reagieren muß. Eine wirksame Sozialkontrolle ist ohne Einsatz des Strafrechts nicht möglich[63]. Es macht eine Seite des Rechtsstaates

[56] *Peters*, Die strafrechtsgestaltende Kraft des Strafprozesses, 1963; *Lüderssen*, Die strafrechtsgestaltende Kraft des Beweisrechts, ZStW Bd. 85 (1973), S. 288ff.

[57] *Luhmann*, Legitimation durch Verfahren, 2. Aufl. 1975, insbes. S. 55ff.; dazu eingehend *Schreiber* (Fn. 31), S. 136ff.

[58] *Rottleuthner*, Zur Soziologie richterlichen Handelns, Krit. Justiz 1971, 60ff.; dazu *Schreiber* (Fn. 31), S. 141 und (Fn. 43) S. 25.

[59] Näher *Schreiber* (Fn. 31), S. 122ff.

[60] *Schreiber*, a. a. O.

[61] *Schreiber* (Fn. 31), S. 146.

[62] So etwa (m. weit. Nachw.) *Mikinovic-Stangl* (Fn. 52), S. 18ff.

[63] *Zipf* (Fn. 26), S. 24; freilich muß auch berücksichtigt werden, daß das Strafrecht nur *ein* Mittel der Sozialkontrolle, und nicht stets das wirksamste, darstellt (dazu *Kaiser* – Fn. 27 –, S. 20 bis 31).

aus, daß er sich diese Reaktion mit den Mitteln des Strafrechts vorbehält, die Gewaltanwendung im Interesse der Friedenssicherung monopolisiert und sich dabei zugleich Rechtsregeln und Bindungen unterwirft. Die Sicherheit des Staates als verfaßter *Friedens- und Ordnungsmacht* rechtfertigt die Institution Staat[64]. Sie erfordert die Bereitstellung und den Einsatz eines Instrumentariums gegen friedensstörendes oder sonst sozialschädliches Verhalten, das sich nach unserer gegenwärtigen Kulturordnung als ultima ratio der Mittel des Strafrechtes bedient. Rechtsstaatsgedanke und der Charakter des Staates als „Ordnungsmacht" erfordern es, die Zwangsordnung Strafrecht in rechtlich gebundener Form und in einem geordneten Verfahren durchzusetzen, das den Betroffenen in seiner Menschenwürde und Persönlichkeit achtet; die Aufgabe des Staates, den Rechtsfrieden zu sichern (Friedensmacht), erfordert die friedensstiftende und damit verbindliche Entscheidung. Der Zweck des Strafverfahrens ist von diesen Funktionszusammenhängen her zu bestimmen.

c) Das einer Gesamtreform zugrundeliegende Ziel des Strafprozesses ist daher die *Sicherung des Rechtsfriedens*[65]. Doch bedarf dieser mehr formale Gesichtspunkt einer materiellen Fundierung, denn gerade für die Ausgestaltung des Verfahrens im einzelnen ist es von entscheidender Bedeutung, daß Rechtsfrieden nicht auf beliebige Weise herstellbar ist. Die friedenssichernde Aufgabe des Strafverfahrens wird nur erreicht, wenn der Prozeßablauf in seinem normativen Gefüge an den materiellen Zielen Wahrheit[66], Gerechtigkeit und Durchsetzung des materiellen Strafrechts orientiert bleibt. Doch bedeutet die Ausrichtung dieser Ziele an dem übergeordneten Gedanken des Rechtsfriedens zugleich deren Begrenzung. Schrankenlose Wahrheitssuche kann den Rechtsfrieden gefährden[67]; auch eine lückenhafte Durchsetzung des Strafrechts ist in der Lage, Rechtsfrieden zu gewährleisten[68].

[64] BVerfGE 49, 24 [57].

[65] Zu den verschiedenen Auffassungen vom Verfahrensziel eingehend *Schmidhäuser,* Zur Frage nach dem Ziel des Strafprozesses, Festschrift Eb. Schmidt, 1961, S. 511 ff.; *Volk,* Prozeßvoraussetzungen im Strafrecht, 1968, S. 173 ff. Die hier zugrundegelegte Prozeßzweckbestimmung steht der Auffassung von *Schmidhäuser* und *Volk* nahe, betont aber stärker die freilich auch von *Schmidhäuser* (S. 523) und *Volk* (S. 201) nicht verkannte Fundierung des Rechtsfriedens in materiellen Werten.

[66] Darüber, daß der Begriff der „Wahrheit" im Strafprozeß nicht im Sinne einer umfassenden Aufklärung des realen Geschehens verstanden werden kann, sondern lediglich ein durch die Strafrechtsdogmatik vorstrukturiertes ausschnittsweises Erkenntnisinteresse zum Gegenstand hat, vgl. *Krauß,* Das Prinzip der materiellen Wahrheit im Strafprozeß, Festschrift Schaffstein, 1975, S. 412 ff.

[67] BGHSt. 14, 358 [365] „Es ist ... kein Grundsatz der Strafprozeßordnung, daß die Wahrheit um jeden Preis erforscht werden müßte".

[68] *Popitz* (Fn. 11); *Lüderssen* (Fn. 11); *Zipf* (Fn. 26), S. 78.

d) Der an Gerechtigkeit und Wahrheit orientierte Rechtsfriede als Verfahrensziel nimmt auf die legitimierende Wirkung eines *justizförmigen Verfahrens*[69] Bezug. Rechtsfriede kann zwar der zwangsweisen Verbindlichkeit und Durchsetzbarkeit prozessualer Entscheidungen letztlich nicht entbehren[70], ist aber in seiner gesellschaftsbezogenen und friedenssichernden Funktion eingebettet in die materiellen Grundwerte unserer Verfassungsordnung, zu denen die Anerkennung einer personalen Menschenwürde und ein Grundbestand an Freiheitsrechten ebenso gehört, wie ein zweckrationales Verfahren und die sozialstaatliche Komponente kompensatorischen Ausgleichs. Die Herstellung einer möglichst unverzerrten Kommunikationsstruktur im Verfahren[71], die Einräumung effektiver Handlungsmacht für die Betroffenen, kurz der Gedanke des „fair trial"[72] wird daher durch diese Verfahrenszielbestimmung nicht nur ermöglicht, sondern gefordert. Ein Strafverfahren, das in seiner Ausgestaltung – aber auch in der praktischen Handhabung durch die Mitglieder des Rechtsstabes – diese Gesichtspunkte vernachlässigt und sich zu früh bei der zwangsweisen Verbindlichkeit beruhigt, verliert seine Fähigkeit zur Friedenssicherung, mag es auch als Ordnungsfaktor seine Aufgabe noch erfüllen.

Ebenso wird mit der Betonung des aus dem Rechtsfrieden hergeleiteten Eigenwerts eines rechtsstaatlichen, justizförmigen Verfahrens die Autonomie des materiellen Strafrechts gegenüber dem Verfahrensrecht relativiert. Wenn verfassungsrechtliche Grundwerte gewisse Eigengesetzlichkeiten des Verfahrens erfordern, und wenn das materielle Strafrecht nur durch das Medium Strafverfahren soziale Wirklichkeit entfalten kann, so wirken die begrenzten Möglichkeiten des Strafverfahrens unmittelbar auf das materielle Strafrecht zurück. Prinzipiell ist an der dienenden Funktion des Strafverfahrens gegenüber dem materiellen Strafrecht zwar festzuhalten, was namentlich bedeutet, daß das Verfahrensrecht ein der Grundorientierung des materiellen Strafrechts entsprechendes Verfahrensmodell vorhalten muß und den Wandlungen der Strafrechtspolitik anzupassen ist, doch muß das materielle Strafrecht auch seinerseits auf die unüberschreitbaren Leistungsgrenzen eines rechtsstaatlichen Verfahrenssystems Rücksicht nehmen.

e) Die den Verfahrensausgang als Zielpunkt setzende Betrachtungsweise, die die Herstellung des an Gerechtigkeit und Wahrheit orientierten

[69] Zur Justizförmigkeit insbes. *Eb. Schmidt* (z.B. Lehrkommentar, Teil I, 2. Aufl., 1964, Rdn. 20ff.), dem die Einsicht in die tragende Bedeutung dieses Begriffs im wesentlichen zu verdanken ist; sowie *Roxin*, Strafverfahrensrecht, 15. Aufl., 1979, S. 2.

[70] *Schreiber* (Fn. 43), S. 25.

[71] *Schreiber*, a.a.O.

[72] Dazu LR-*Schäfer*, Einl., Kap. 6 Rdn. 16 bis 20.

Rechtsfriedens durch das Urteil als Verfahrenszweck erkennt, erschöpft die Aufgabe des Strafverfahrensrechts indessen nicht. Nicht minder wichtig ist seine Funktion als gesetzliche *Eingriffsermächtigung* für Grundrechtseingriffe. Dem Strafverfahren liegt weder der Gedanke des Allgemeinen Landrechts zugrunde, daß die Zuweisung einer Kompetenz zugleich die Befugnis zu allen hierfür erforderlichen Maßnahmen enthalte[73], noch enthält es dem Polizeirecht vergleichbare Generalklauseln für die vielfältigen, den Verfahrensablauf notwendigerweise begleitenden Eingriffe. Eine wesentliche Aufgabe des modernen Strafverfahrens besteht in der Begrenzung der zum Zwecke der Strafverfolgung notwendigen Eingriffe in die Privatsphäre des Bürgers durch das Prinzip der einzelnen, tatbestandsmäßig umschriebenen, an normative Voraussetzungen geknüpfte Eingriffsermächtigungen[74]. Insoweit läßt sich die Strafprozeßordnung als Ausführungsgesetz zum Grundgesetz interpretieren; die Abwägung der hierbei widerstreitenden Interessen sachgerecht vorzunehmen, gehört zu den Grundaufgaben jeder Strafverfahrensreform.

2. *Abwägungsnotwendigkeit.* Bereits der Zweck des Strafverfahrens läßt sich nur als ein nur mühsam harmonisierbares Gebilde verschiedener Topoi bestimmen. Noch weniger ist es möglich, zur Erreichung der Verfahrenszwecke einen einzigen tragenden Gesichtspunkt zu bezeichnen. Die verschiedenen Prinzipien stehen in einem nicht vollkommen auflösbaren Spannungsverhältnis zueinander[75]. Sicherung des Rechtsfriedens erfordert, daß in einer überschaubaren Zeit die Endentscheidung ergeht und daß ihre Verbindlichkeit nicht vorschnell in Frage gestellt wird, Wahrheitsorientierung dagegen drängt zur umfassenden Ausschöpfung der Erkenntnisse und zur Entscheidungskorrektur; Durchsetzung des materiellen Strafrechts intendiert Effektivität des Verfahrens, daß überhaupt ein rechtlich normiertes und damit notwendigerweise die Machtmittel der Gemeinschaft begrenzendes Verfahren besteht, bewirkt per se einen Effektivitätsverzicht, die mit der Gerechtigkeit verbundene Justizförmigkeit bedeutet – ebenso wie das System von Einzeleingriffsermächtigungen – die Bereitschaft zum Verzicht auf die Durchsetzung des mate-

[73] § 89 Einl. ALR: „Wem die Gesetze ein Recht geben, dem bewilligen sie auch die Mittel, ohne welche dasselbe nicht ausgeübt werden kann."

[74] *Vogel* (Fn. 2), NJW 1978, 1225 mit Hinweis auf die Schwächen und Vorzüge dieses Systems. Zweifelnd *Gössel*, Über die Rechtmäßigkeit befugnisloser strafprozessualer rechtsgutverletzender Maßnahmen, JuS 1979, 163, der es für erwägenswert hält, in der Aufgabenzuweisung des § 163 Abs. 1 StPO zugleich eine Generalklausel für Eingriffsbefugnisse zu sehen, m. E. eine mit dem Gesamtsystem der StPO nicht zu vereinbarende Auffassung. Auch BVerfGE 47, 239 [247ff.] schlägt diesen Weg nicht ein, sondern prüft sorgfältig, ob sich durch Auslegung der normierten Eingriffsbefugnisse ein Rechtssatz ableiten lasse, der die zwangsweise Veränderung der Heer- und Barttracht gestattet.

[75] *Roxin* (Fn. 65), S. 3.

riellen Strafrechts um jeden Preis; Verfahrensökonomie, verstanden als der sinnvolle Einsatz der beschränkten und nur auf Kosten anderer wichtiger Gemeinschaftsaufgaben vermehrbaren Mittel der Strafjustiz kann einerseits den auf Wahrheitsfindung und Gerechtigkeit ausgerichteten Intentionen entgehenstehen, andererseits aber auch das Ziel der umfassenden Realisierung des materiellen Strafrechts einschränken[76]. Insgesamt sind, und zwar sowohl bei der Beantwortung grundlegender Strukturfragen als auch bei der Detailregelung, stets folgende vier Formalziele gegeneinander abzuwägen:

(1) Gewährleistung umfassender Sachverhaltsaufklärung und Wahrheitsfindung,
(2) Verfahrensökonomie und zügige Durchführung des Verfahrens,
(3) Schutz des Beschuldigten und anderer Verfahrensbeteiligter durch Einräumung gesicherter und effektiver Einwirkungsmöglichkeiten und Begrenzung der staatlichen Machtmittel,
(4) ausreichende Effizienz des Systems zur Durchsetzung des materiellen Strafrechts.

Dabei sind einseitige Zuordnungen dieser Formalziele zu bestimmten rechtspolitischen Programmaussagen verfehlt. So erschöpft sich ein rechtsstaatliches Strafverfahren nicht in der einseitigen Maximierung der dem Beschuldigten dienenden Befugnisse, auch die Aufrechterhaltung einer funktionsfähigen Strafrechtspflege ist Bestandteil des Rechtsstaates[77]. Ebensowenig ist es richtig, allein Verfahrensökonomie und Effizienz dem Gemeinwohl zuzuordnen und dies dem Individualinteresse an Schutz und Justizförmigkeit entgegenzusetzen und von dieser Antithese her von einer mehr oder minder großen Liberalisierung des Strafverfahrensrechts zu sprechen. Mit der Justizförmigkeit und dem Beschuldigtenschutz entspricht der Gesetzgeber keinem Individualinteresse, sondern er konstituiert damit ein zentrales Gemeinschaftsinteresse[78], denn Rechtsfrieden läßt sich nur in einem ausgewogenen Verfahren erreichen.

Die Novellengesetzgebung neigt dazu, sich einseitig an bestimmten Formalzielen zu orientieren. Das führt im zeitlichen Verlauf zu eigenartigen Wellenbewegungen und zu der kritischen Diagnose einer „Tendenzwende"[79], wenn die sachlichen Notwendigkeiten das Umsteigen auf ein anderes Formalziel erzwingen. Für eine Gesamtreform darf keines dieser

[76] Auf sozusagen „unterer Ebene" ließe sich in diesem Punkt der Verfahrensökonomie entweder durch Einschränkung des Aufwandes für die Wahrheitsermittlung oder durch Verzicht auf umfassende Aburteilung Rechnung tragen.

[77] *Vogel* (Fn. 2), NJW 1978, 1218 m. weit. Nachw. der Rechtsprechung des BVerfG; ablehnend *Grünwald*, JZ 1976, 772; gegen ihn *Schreiber* (Fn. 43), S. 21.

[78] *Seelmann*, Die Ausschließung des Verteidigers, NJW 1979, 1128.

[79] *Ebert*, Tendenzwende in der Straf- und Strafprozeßgesetzgebung? JR 1978, 136; ähnlich *Rudolphi*, Strafprozeß im Umbruch, ZRP 1976, 169ff.

Formalziele als tragender Gesichtspunkt hervortreten; vielmehr begrenzen sie den Inhalt der einzelnen Regelungen. In der augenblicklichen legislatorischen Stimmungslage ist namentlich vor einer Übertragung des die Novellengesetzgebung der letzten Jahre beherrschenden Straffungs- und Beschleunigungsdenkens auf Planung und Durchführung einer Gesamtreform eindringlich zu warnen. Es wäre höchst schädlich, weil es die Ausgewogenheit der formalen Prozeßziele aufs äußerste gefährden würde, würde man der Gesamtreform mit der gleichen Intensität wie in den letzten fünf Jahren die Ausrichtung an Straffung, Beschleunigung und Mißbrauchsabwehr zugrundelegen und wünschenswerte oder notwendige Neuerungen nur daran messen, wieweit sie zu einem zügigen Verfahren beitragen können[80].

3. Waffengleichheit – Chancengleichheit. Als tragendes Konstitutionsprinzip für den gesamten Prozeß kann nicht das vielverwendete Prinzip der Waffengleichheit dienen[81]. Dieser Begriff mag als symbolische und eher bildhafte Beschreibung eines angestrebten Zustandes bei der Überwindung des Inquisitionsprozesses seinen Sinn gehabt haben[82]. Für das gesamte Strafverfahren ist er schon deshalb – selbst als Zustandsbeschreibung – wenig erhellend, weil er notwendig eine dreiseitig angelegte Verfahrensstruktur voraussetzt, in der zwei Prozeßbeteiligte gegeneinander vor einem unabhängigen Dritten agieren, und er kann auch hier nur in dem Sinne verstanden werden, daß er beiden Beteiligten die gleiche Einwirkungschance auf die Entscheidung gewährleisten will. Deshalb kennzeichnet er allenfalls das Verhältnis zwischen Ankläger und Angeklagten im erstinstanzlichen Hauptverfahren und in der Rechtsmittelinstanz. Doch auch hier ist das Wort „Waffengleichheit" schief. Den vielbeschworenen überlegenen Machtmitteln der staatlichen Strafverfolgungsorgane steht der Umstand gegenüber, daß der Beschuldigte das Recht zum Schweigen hat, daß seine Lüge zumindest strafprozessual irrelevant ist, daß er regelmäßig als Einziger über eine umfassende Sachverhaltskenntnis

[80] Angesichts der starken Betonung dieses Formalziels in der neueren Novellengesetzgebung ist eher zu fordern, diesen Gesichtspunkt etwas zurückzudrängen.

[81] Umfassend mit kritischer, der hier vertretenen Auffassung nahekommender Grundhaltung *Egon Müller,* Der Grundsatz der Waffengleichheit im Strafverfahren, NJW 1976, 1063ff.; zurückhaltend auch *Roxin* (Fn. 69), S. 57. Die Verwendung des Begriffs in BVerfGE 38, 105 [111] ist durch die Paranthesesetzung des Wortes erkennbar relativiert. Auf die Verwandtschaft zum „fairen Verfahren" macht *Kohlmann,* Waffengleichheit im Strafprozeß, Festschrift Karl Peters, 1974, S. 311 ff. aufmerksam. Einerseits zu eng, andererseits zu sehr auf das gerichtliche Verfahren bezogen seine Auffassung, der Grundsatz erfordere prinzipiell die gleiche verfahrensrechtliche Stellung für Anklage und Verteidigung; der Frage, ob die auch von ihm anerkannten sachlogischen Unterschiede den Begriff nicht bis zur Bedeutungslosigkeit relativieren, geht *Kohlmann* nicht ausreichend nach.

[82] *Müller* (Fn. 81), S. 1064.

verfügt, also weiß, wie es wirklich gewesen ist, ohne dieses Wissen in den Prozeß einbringen zu müssen.

Die Verwendung dieses Terminus präjudiziert aber vor allem die gefährliche Vorstellung, daß es richtig sei und genüge, den Prozeßbeteiligten zur Erreichung gleicher Einwirkungschancen auf die Entscheidung die gleichen Mittel zur Verfügung zu stellen; sie verdunkelt, daß Unterschiede in der Prozeßrolle und der Sozialstruktur es erfordern können, gerade im Interesse einer Chancengleichheit unterschiedliche Mittel bereitzustellen. Waffengleichheit als Reformtopos verlockt dazu, und sei es auch nur in Detailfragen, notwendige strukturelle und funktionelle Unterschiede zwischen den Prozeßbeteiligten einzuebnen und trotz formaler Rechtsgleichheit unterschiedliche reale Einwirkungschancen zu zementieren.

Richtigerweise zielt der mißverständliche Begriff der Waffengleichheit auf Chancengleichheit für die Erreichung einer günstigen Entscheidung. Sie erfordert Ausbalanzierung der Einzelrechte der Prozeßbeteiligten in allen Prozeßabschnitten, Herstellung eines Prozeßgleichgewichts, das den Beschuldigten in seiner Menschenwürde und als Prozeßsubjekt achtet[83]. Zu dieser Ausbalanzierung trägt der Begriff der Waffengleichheit nicht förderlich bei.

4. Realfaktoren

a) Strafprozeßrecht will, wie jede moderne Normsetzung, die soziale Wirklichkeit beeinflussen, wird aber andererseits auch von ihr geprägt und begrenzt[84]. Dem Einfluß solcher Realfaktoren ist auch eine Totalerneuerung des Verfahrensrechts ausgesetzt; es wäre realitätsblinde Utopie, ein idealtypisches Strafprozeßmodell verwirklichen zu wollen, ohne die Bedingungen der sozialen Wirklichkeit mit zu berücksichtigen, unter denen es angewandt werden soll. Damit soll nicht einer wertblinden, rein an der Wirklichkeit orientierten Gesetzgebung das Wort geredet werden; Gesetzgebung hat auch die Aufgabe, der Realität nicht voll kongruente Wertvorstellungen durchzusetzen und die Realität zu verändern. Doch darf die Möglichkeit normativer Einflußnahme nicht überschätzt werden. Die Wirklichkeit verändert sich nicht schlagartig, weil der Gesetzgeber es will. Reformierende Normsetzung kann zwar die Rahmenbedingungen für eine solche Wirklichkeitsveränderung setzen und die Richtung signalisieren, sie muß aber Realitäten in Rechnung stellen, die mächtiger sind als die Wirkungsmöglichkeiten normativer Impulse.

Bei gesetzgeberischen Überlegungen ist insbesondere vor der Illusion zu warnen, daß das Strafverfahrensrecht die Verfahrenswirklichkeit allein

[83] *Müller* (Fn. 81), S. 1067.

[84] Hierzu *Noll*, Gesetzgebungslehre, 1973, insbes. S. 63, 86ff.

verändern könne. Den normativ vollkommen determinierten Strafprozeß gibt es allenfalls als blutleere Lehrbuchabstraktion. In der Wirklichkeit gibt es so viele Strafprozesse unterschiedlichen Verlaufes und unterschiedlicher Struktur, wie es reale Strafverfahren gibt[85]. Abstrahiert man hiervon mehr oder weniger unwesentliche Unterschiede, so zeigen sich reale Verfahrenstypen, die nicht mit den normativen Prozeßtypen identisch zu sein brauchen. Das Verhalten der Mitglieder des Rechtsstabes wird durch eine Vielzahl von Faktoren geprägt, unter denen die normativen Vorgaben des Gesetzgebers nur einen Teil darstellen. Dies ist offensichtlich in den Bereichen, in denen das Gesetz selbst nur Zielvorgaben und Grenzen für ein im übrigen selbständig auszufüllendes Handlungsermessen enthält, wie es etwa im Ermittlungsverfahren der Fall ist[86]. Aber auch in stärker durchnormierten Bereichen, etwa im Hauptverfahren und selbst im scheinbar fast vollständig normativ durchstrukturierten Revisionsverfahren[87] gilt Ähnliches. Stets ist die Realität des Verfahrens nicht bloßer Normvollzug, sondern selbständige und eigenverantwortliche Gestaltung der sozialen Wirklichkeit Strafverfahren.

Für die Gesamtreform ergeben sich hieraus mehrere wichtige Konsequenzen. Sie können hier nur in Stichworten angedeutet werden:

(1) Für reformatorische Überlegungen ist nicht nur die Kenntnis der Rechtslage wichtig, sondern auch Kenntnis der Realität[88]. Breit angelegte und praxisbezogene empirische Forschung muß deshalb Reformüberlegungen begleiten und fundieren; das Erfahrungswissen der Rechtspraktiker muß in diese eingebracht werden.

(2) Reform des Verfahrensrechts bewirkt allein keine Veränderung der Verfahrenswirklichkeit. Sie erfordert nicht nur Implementierung durch organisatorische Folgemaßnahmen, was eine Selbstverständlichkeit darstellt, wenn es auch nicht immer beachtet wird, sondern auch Veränderung des Rollenverhaltens der Mitglieder des Rechtsstabes.

[85] *Schreiber* (Fn. 31), S. 145.

[86] Vgl. die Unterscheidung von rechtlichen und pragmatischen Anwendungsregeln bei *Blankenburg-Sessar-Steffen* (Fn. 27), Kap. 4; *Kerner* (Fn. 27), S. 147. Mit der bloßen Wiedergabe der maßgeblichen rechtlichen Regelungen läßt sich die Realität des Ermittlungsverfahrens nicht einmal im Ansatz zutreffend erfassen.

[87] So ist etwa höchst fraglich, ob der revisionsrechtliche Zentralbegriff der Gesetzesverletzung (§ 337 StPO) das Handeln der Revisionsgerichte noch zutreffend beschreibt (vgl. m. weit. Nachw. *Rieß*, Zur Revisibilität der freien tatrichterlichen Überzeugung, GA 1978, 257 ff.).

[88] Es wäre, um ein fast banales Beispiel zu geben, verfehlt, eine Reform der Hauptverhandlung an der vorhandenen gesetzlichen Möglichkeit des Kreuzverhörs (§ 239 StPO) zu orientieren, ohne zur Kenntnis zu nehmen, daß dieses Rechtsinstitut seit der Schaffung der StPO ein bloßes Papierdasein führt.

(3) Schwerwiegende Diskrepanzen zwischen Verfahrenswirklichkeit und Verfahrensrecht können deutlich machen, daß die normativen Wertvorstellungen des Gesetzgebers an unüberwindbaren Realfaktoren scheitern. Wenn keine Aussicht besteht, diese Realität zu verändern, hat es wenig Sinn, solche verfahrens*rechtlichen* Aussagen als Reformansätze weiterzuentwickeln.

(4) Umgekehrt indiziert die über die Vorstellungen des Gesetzgebers hinausgehende Anwendung eines Instituts, daß es den Bedürfnissen der Verfahrenswirklichkeit entgegenkommt. Solche Institute sollte der Gesetzgeber bei der Reform ausbauen. Theoretisch fundierte Kritik an ihnen kann dann allenfalls Anlaß geben, die Details zu überprüfen[89].

b) An dieser Stelle ist näher auf die statistisch belegbare *quantitative Dimension* des Strafverfahrens als einer Realität einzugehen, mit der jede Reform in Übereinstimmung gebracht werden muß. Das Strafverfahren hat eine Massenerscheinung zu bewältigen, in der das normative Leitbild der Strafprozeßordnung, der Prozeß, der über das Ermittlungsverfahren, die Hauptverhandlung vor der großen Strafkammer und das Rechtsmittelverfahren verläuft, statistisch gesehen die Ausnahme darstellt. Die *Erledigungspyramide* der Strafjustiz läßt sich etwa durch die Tabelle auf S. 178 verdeutlichen[90].

Dieses Zahlenverhältnis erfordert zwingend den Einsatz von Erledigungsstrategien, die in ihrem Einsatz von personellen und sächlichen Mitteln und von gewährten Rechtsgarantien der Bedeutung der Verfahren Rechnung tragen. Der Einsatz unterschiedlich besetzter und in ihrer für den Einzelfall vorgegebenen Arbeitskapazität unterschiedlich belasteter Spruchkörper, die Bereitstellung vereinfachter Verfahrensarten für geeignete Fälle und die Anerkennung einer Vorselektion durch die staatsanwaltschaftliche Abschlußverfügung müssen bei dieser statistisch belegbaren Realität auch einer Gesamtreform zugrundegelegt werden. In ihrem

[89] Beispiele: Angesichts des breiten zahlenmäßigen Anwendungsbereichs, den der neue § 153a StPO innerhalb weniger Jahre gefunden hat (vgl. *Rieß*, Vereinfachte Verfahren für die kleinere Kriminalität, in: Strafprozeß und Reform, 1979, S. 120, 146) und der deutlich macht, daß mit dieser Vorschrift angebbare Bedürfnisse der Praxis befriedigt werden (*Ahrens* – Fn. 52 –, S. 229), kann es allenfalls um eine inhaltliche Verbesserung, nicht aber um die Beseitigung dieser Vorschrift gehen. Wenn die gegenwärtigen Möglichkeiten des Revisionsgerichts zur Beschlußentscheidung in der Sache (§ 349 Abs. 2 bis 4 StPO) vom BGH in über 90 % aller Entscheidungen genutzt werden, so ist es (entgegen der Kritik von *Peters* – Fn. 20 –, S. 105) geboten, diese Entscheidungsform auch bei Reformüberlegungen nicht vorschnell in Frage zu stellen.

[90] Weitere statistische Angaben bei *Rieß* (Fn. 89), S. 143 bis 149.

		Zur Erledigung eingesetzte Richter und Staatsanwälte	Verfahren		
			Zahl	%	%
Staatsanwaltschaftliche Ermittlungsverfahren		3 220	3 000 000	100	—
Gerichtliche Verfahren erster Instanz (darunter in vereinfachten Verfahrensarten)		3 120	951 000 (575 000)	31,7 (19,2)	100 (60,5)
davon	Strafrichter und Jugendrichter	1 740	838 000	27,9	88,1
	Schöffengerichte	630	102 000	3,4	10,7
	Strafkammer	750	11 000	0,4	1,2
Gerichtliche Verfahren in zweiter Instanz		770	68 000	2,3	7,2
Gerichtliche Verfahren in dritter Instanz		140	8 000	0,3	0,8

Zuschnitt ist die Erledigungspyramide auch für die Reform vorgegeben[91]. Reformüberlegungen können zwar in Betracht ziehen, etwa den Rechtsschutz und die Aufklärungssorgfalt einer Strafkammerverhandlung auf einige weitere Fälle zu erstrecken, indem sie die Zuständigkeit der Strafkammer etwas erweitern, sie können aber realistischerweise nicht etwa den Gesamtzuschnitt der Erledigungspyramide auf den Kopf stellen, indem sie davon ausgehen, jedes gerichtliche Verfahren als Strafkammerverfahren zu verhandeln. Reformüberlegungen können darauf abzielen, die Maßstäbe für das Selektionsverhalten der Staatsanwaltschaft anders zu bestimmen, sie können auf diese Selektion nicht verzichten. Die Reformdiskussion kann Inhalt und Ausgestaltung der vorhandenen vereinfachten

[91] Darüber, daß die materiell-strafrechtlichen Entkriminalisierungstendenzen nicht in der Lage sind, die spezifischen verfahrensrechtlichen Probleme zu lösen, die sich aus dieser Erledigungspyramide ergeben, vgl. näher *Rieß* (Fn. 89), S. 115, 122.

Verfahrensarten in Frage stellen; sie kann aber dann nicht darauf verzichten, alternative vereinfachte Verfahrensarten anzubieten.

5. *Reformimpulse.* Wenn das Ziel des Strafprozesses sich, bei allem Eigenwert des Verfahrens, letztlich außerhalb des Verfahrens findet, wenn richtig ist, daß das Strafverfahren ein empfindlicher Seismograph der Staatsverfassung ist[92], so müssen bei einer Gesamtreform auch außerstrafprozessuale Impulse ausgemacht und diskutiert werden. Strafverfahrensreform erschöpft sich dann nicht nur darin, einen optimalen Verfahrensablauf zu garantieren und ein systematisch und dogmatisch stimmiges Gebäude zu errichten.

a) Im Strafprozeß verwirklicht sich das materielle Strafrecht. An dessen *kriminalpolitischer Zielsetzung* muß sich das Strafverfahrensrecht ausrichten. Die in diesem Zusammenhang bedeutendste Veränderung in der einhundertjährigen Geltungsdauer der Strafprozeßordnung ist der Übergang vom tatbezogenen Vergeltungsstrafrecht zum täterbezogenen Resozialisierungsstrafrecht[93], in dem allerdings weiterhin die Tatschuld eine gewichtige Rolle spielt. Die Strafprozeßordnung war in ihrer ursprünglichen Fassung dem damaligen tatbezogenen Strafrecht voll adäquat; das strafprozessuale Instrumentarium ist primär auf die Aufklärung der äußeren Umstände eines abgrenzbaren, historischen Lebenssachverhaltes, des Tatvorwurfs zugeschnitten. Weniger geeignet war und ist es zur Aufklärung und richtigen Erfassung der eher einen Lebenslängsschnitt darstellenden Täterpersönlichkeit.

Eine der wichtigsten Reformaufgaben bei der Strafprozeßreform besteht daher darin, diese verlorengegangene Kongruenz mit den Strafzwecken des materiellen Strafrechts wiederherzustellen[94]. Es bedarf in allen Abschnitten des Verfahrens instrumenteller Vorkehrungen zur stärkeren Berücksichtigung der Täterpersönlichkeit. Das abgestufte Sanktionensystem des heutigen materiellen Strafrechts erfordert prozessuale Entsprechungen. Die strafrechtliche Sanktion, in sozialer Sinnhaftigkeit als Mittel des Rechtsgüterschutzes verstanden, verlangt keine absolute Durchsetzung und rechtfertigt damit Lockerungen des Legalitätsprinzips. Sanktion mit der Zielsetzung, auf den Täter einzuwirken, erfordert den Einbau prognostischer Techniken und zur Prognose erforderlichen Sachverstandes in den Entscheidungsprozeß und trotz Rechtskraftwir-

[92] *Roxin* (Fn. 69), S. 8.

[93] Wie Fn. 10.

[94] *Roxin* (Fn. 69), S. 6; *Roxin,* Die Reform der Hauptverhandlung im deutschen Strafprozeß, in: Probleme der Strafprozeßreform, 1975, S. 64; *Schöch,* Die Reform der Hauptverhandlung, in: Strafprozeß und Reform, 1979, S. 57. Bezeichnend der Aufsatztitel von *Dahs sen.* in NJW 1970, 1505: „Fortschrittliches Strafrecht in rückständigem Strafverfahren".

kung die Möglichkeit späterer Prognosekorrektur. Daß auch die Novellengesetzgebung sich nicht ohne Erfolg bemüht hat, diesen Anforderungen nachzukommen, ist nicht zu verkennen, doch gibt erst eine Gesamtreform die Chance, dies mit Hilfe eines das gesamte Verfahren umfassenden Ansatzes zu unternehmen.

Trotz aller Anpassungsbedürfnisse ist jedoch eine schon dem materiellen Strafrecht zu entnehmende Grenze zu beachten. Dessen Ziele sind nicht einseitig die eines Resozialisierungs- und Behandlungskonzeptes; es hält an einer tatbezogenen Schuld als Grundlage der Strafe fest; die Tatbegehung ist nicht bloßer Anlaß für Behandlung, und Tatschuld wird nicht durch Lebensführungsschuld ersetzt. Auch unser heutiges Strafrecht ist zwar täterorientiert, aber tatgebunden[95]. Der vom Gesetzgeber bei der Reform des materiellen Strafrechts durch die Kompromißformel der §§ 46, 47 StGB die Ablehnung des Konzepts der reinen défense social einschließende Konsens darf bei einer Reform des insoweit nur folgenden Strafverfahrens nicht unterlaufen werden[96]. Daraus folgt: Auch das zukünftige Strafverfahren muß zwar prozessuale Freiräume für die Berücksichtigung der Täterpersönlichkeit und der sachgerechten Prognosebildung und -korrektur bereitstellen, aber weiterhin die Tataufklärung mit allen rechtsstaatlichen Garantien gewährleisten. Dazu gehört, daß nicht etwa wegen der potentiellen Behandlungsbedürftigkeit eines Verdächtigen der Grundsatz „in dubio pro reo“ unterlaufen wird; daß auch die Sanktionsbemessung ein Akt richterlicher Entscheidung bleibt und nicht der Einsatz medizinischen, psychologischen und sozialwissenschaftlichen Expertenwissens an ihre Stelle tritt. Der Interessenwiderstreit zwischen strafender Staatsgewalt und Beschuldigtem wird nicht dadurch geringer, daß die strafrechtliche Reaktion mit dem Anspruch verhängt wird, der Resozialisierung zu dienen und dieser Anspruch darf nicht dazu verwendet werden, rechtsstaatliche Verfahrenssicherungen in Frage zu stellen[97]. Das Strafverfahren als solches ist nicht dazu bestimmt und wegen seines rechtsstaatlichen Eigenwertes überhaupt nicht in der Lage, etwa als therapeutische Gemeinschaft angelegt, bereits Resozialisierung in Angriff zu nehmen. Es kann von ihm äußerstenfalls verlangt werden, daß es Möglichkeiten einer späteren Resozialisierung und Therapie nicht verschüttet.

Umgekehrt und solange die Verteidigung der Rechtsordnung als legitimer Zweck der Strafe anerkannt ist, vermag die Berücksichtigung günstiger Sozialprognose und mangelnden Therapiebedürfnisses den Verzicht

[95] *Baumann* (Fn. 10), S. 18, 27, 30, 100ff.

[96] *Zipf* (Fn. 26), S. 41 weist zu Recht darauf hin, daß mit dem Konzept der défense sociale nahezu alle Grundsätze des heutigen Strafprozeßrechts unvereinbar wären.

[97] Vgl. *Grünwald*, Antiliberale Tendenzwende in der Strafrechtspflege, Vorgänge, 1978, Heft 6, S. 12ff. (16); *Schreiber* (Fn. 43), S. 24; grundsätzlich abweichend *Krauß* (Fn. 66), S. 424, 428ff.; dagegen mit Recht entschieden *Schreiber*, a. a. O.

auf ein Strafverfahren allein nicht zu rechtfertigen. Es ist die Aufgabe des materiellen Strafrechts, die Grenzen der Strafbarkeit zu bestimmen und die Schwere der Schuld durch die differenzierten Strafrahmen der Tatbestände anzudeuten. Das Strafverfahrensrecht ist grundsätzlich nicht dazu legitimiert, durch Opportunitätserwägungen oder Instrumente wie das plea bargaining[98] diese Differenzierungen wieder einzuebnen; strafprozessualer Verfolgungsverzicht außerhalb der materiell-rechtlichen Differenzierungen bedarf deshalb stets prozessualer Rechtfertigung und muß die materiell-rechtlichen Grundentscheidungen respektieren. Eine wichtige Aufgabe der Strafprozeßreform wird darin bestehen, nach der Abkehr vom Prinzip der strengen Tatschuldvergeltung Verfahrensformen und normative Aussagen zu finden, die in Kongruenz mit den Kompromißentscheidungen des materiellen Strafrechts sachgerechten Verzicht und sachgerechte Einschränkung der Strafverfolgung ermöglichen und dabei die prozessualen Eigeninteressen der Rechtsstaatlichkeit und der Verfahrensökonomie nicht aus den Augen verlieren[99].

b) Niemand wird dem Strafprozeßrecht des Jahres 1877 eine liberal-rechtsstaatliche Grundhaltung absprechen. Dennoch erfordert die *Entfaltung des Rechtsstaates* durch das Grundgesetz auch Konsequenzen bei der Strafprozeßreform. Der Bestand an Grundrechten, die Verankerung von Justizgrundrechten, der Verhältnismäßigkeitsgrundsatz und namentlich die Verpflichtung, die Menschenwürde zu schützen und zu achten, stellen wichtige Leitentscheidungen für die Ausgestaltung des Strafverfahrens dar. Sie stellen zusammengefaßt den Reformgesetzgeber vor die Aufgabe, den Beschuldigten, aber auch andere Prozeßbeteiligte in größtmöglichem Umfang als mit eigenen Rechten ausgestattete Prozeßsubjekte in den Prozeß zu integrieren, unter Beachtung des Verhältnismäßigkeitsgrundsatzes die unvermeidlichen Nachteile der Verstrickung in ein Verfahren zu minimalisieren und sie verbieten es, die Persönlichkeit des Beschuldigten zu zerbrechen. Zur Subjektqualität des Beschuldigten gehört seine Freiheit der Willensentschließung, unter verschiedenen Verteidigungsmöglichkeiten zu wählen und die Strategien seiner Verteidigung eigenverantwortlich zu bestimmen[100].

[98] Dazu m. weit. Nachw. *Schumann* (Fn. 53).

[99] Einen interessanten ersten Ansatz der Verknüpfung materiell-strafrechtlicher Strafzumessungsregeln mit prozessualem Verfolgungsverzicht stellt der durch das StVÄG 1979 geänderte § 154 Abs. 1 Nr. 2 StPO dar, in dem unmittelbar auf die (und zwar entgegen dem Wortlaut auf alle – vgl. LR-*Rieß*, Ergänzungsband zur 23. Aufl. 1979, § 154 Rdn. 17, 18 –) materiellen Strafzwecke Bezug genommen wird.

[100] Die Unzulässigkeit des Lügendetektors findet ihren Grund nicht in seiner Unzuverlässigkeit, sondern in der zu schützenden Subjektqualität der Beschuldigten. Es ist deshalb schon im Ansatz verfehlt, wenn neuerdings *Schwabe*, Rechtsprobleme des Lügendetektors, NJW 1979, 576 für die Zulassung des Polygraphen auch mit Erwägungen eintritt, die die

In einen schwierigen Zielkonflikt geraten die Bedürfnisse eines täterorientierten Strafrechts, auch in Bereiche der Intimsphäre einzudringen[101], und die Verpflichtung zum Schutz der Menschenwürde. In diesem Zusammenhang und zur Lösung dieses Konflikts wird auch die Frage nach der Funktion und den Grenzen des Öffentlichkeitsprinzips neu zu durchdenken sein[102], und es wird im Prinzip anerkannt werden müssen, daß es einem mit der Menschenwürde und der Persönlichkeitsverwirklichung verbundenen Kernbestand zu schützender Vertrauensverhältnisse gibt, vor dem das strafprozessuale Aufklärungsinteresse Halt machen muß.

Der Rechtsstaat ist jedoch keine Einbahnstraße in Richtung auf einen einseitigen Schutz des Individuums. Er verlangt notwendig die Einrichtung und Aufrechterhaltung einer funktionsfähigen – und das heißt auch mit zumutbaren Mitteln erbringbaren – Strafrechtspflege[103]. Es ist nicht etwa obrigkeitsstaatliches Denken oder einseitige Kumulierung staatlicher Macht und schon gar nicht krampfhafte Aufrechterhaltung eines Herrschaftssystems, wenn beim Entwurf eines Strafverfahrensrechts auch im Blickfeld bleibt, ob dieses Instrument noch in der Lage ist, in einer hinreichenden Zahl von Fällen den Schuldigen zu überführen. Der Rechtsstaat soll sich gewiß nicht zu Tode schützen[104], aber er darf sich auch nicht zu Tode „liberalisieren". Es wäre eine gefährliche Illusion, wollte man ein Strafverfahrensrecht nur im Hinblick auf Unschuldige, hilflos in die Justizmaschinerie Geratene, Kooperationsbereite und Gutwillige entwerfen. Funktionsfähige Strafrechtspflege erfordert ein hinreichendes Maß an Eingriffsbefugnissen, wirksame Mittel gegen Versuche der Verfahrenssabotage und ausreichende Möglichkeiten, den Sanktionsanspruch auch ohne Mitwirkung des Beschuldigten durchzusetzen. Gerade weil dem Beschuldigten gegenüber fair trial zwar geschuldet wird, von ihm aber nicht unter Berufung auf den Rechtsstaat erwartet oder gar gefordert werden

Verläßlichkeit seiner Ergebnisse betreffen. Unabhängig hiervon beachtet *Schwabe* nicht genügend, daß die von ihm befürwortete Zulässigkeit des Polygraphen allein bei Einverständnis des Betroffenen zum Zwecke der Entlastung des Unschuldigen notwendig einen indirekten Zwang bewirken müßte, sich diesem Test zu unterziehen.

[101] Vgl. dazu m. weit. Nachw. *Krauß,* Der Schutz der Intimsphäre im Strafprozeß, Festschrift Gallas, 1973, S. 365 ff. Das rein funktionale Verständnis der Intimsphäre bei *Krauß* (S. 381 ff.) birgt indessen die Gefahr, daß der Gesetzgeber sich von materiellen Grenzen allzu leicht frei fühlen könnte.

[102] Dazu de lege lata *Kleinknecht,* Schutz der Persönlichkeit des Angeklagten durch Ausschluß der Öffentlichkeit in der Hauptverhandlung, Festschrift Schmidt-Leichner, 1977, S. 111 ff.; unter Reformgesichtspunkten *Schöch* (Fn. 94), S. 55, 72.

[103] Vgl. Fn. 77.

[104] *Dahs,* Das „Anti-Terroristengesetz" – eine Niederlage des Rechtsstaates, NJW 1976, 2145 ff. (2151); dagegen *Vogel* (Fn. 2), NJW 1978, 1228.

darf, bedarf das Prozeßrecht eines freilich an Justizförmigkeit und Verhältnismäßigkeitsprinzip gebundenen Zwangsapparates.

Aus dieser doppelten Zielrichtung des Rechtsstaatsgedankens folgt, daß sich die inhaltliche Ausgestaltung des Strafverfahrensrechts nicht aus diesem mehr formalen Gesichtspunkt allein ableiten läßt[105]. Sie erklärt das Phänomen, daß sich stärker die Rechte des Einzelnen betonende Tendenzen der Gesetzgebung ebenso mit rechtsstaatlichen Erwägungen rechtfertigen lassen wie Epochen stärkerer Betonung der Effektivität des Verfahrens[106]. Rechtsstaatliche Erfordernisse begrenzen einen gesetzgeberischen Spielraum nach beiden Seiten, füllen ihn aber inhaltlich nicht aus.

c) Stärker als das Rechtsstaatsprinzip bedarf das *Sozialstaatsprinzip* des Grundgesetzes bei einer Strafprozeßreform noch der Umsetzung in konkrete strafverfahrensrechtliche Regelungen[107]; insbesondere besteht ein Bedürfnis für kompensatorischen Ausgleich von real unterschiedlicher Handlungsmacht bei formaler Rechtsgleichheit. Die neuere empirische Sozialforschung hat die Benachteiligung bestimmter Schichten im Strafverfahren deutlich gemacht[108]. Schichtenspezifische Selektionen beruhen jedoch überwiegend nicht auf Vorurteilen des Rechtsstabes, sondern auf der mangelnden Fähigkeit der Unterschichten, vorhandene Befugnisse sinnvoll einzusetzen[109]. Wichtiger als die Begründung weiterer formaler Befugnisse ist daher die Hilfeleistung für die sachgerechte Ausnutzung der vorhandenen und die Verringerung von Zugangsbarrieren. Dabei können sozialstaatliche Notwendigkeiten die Einschränkung liberal-rechtsstaatlicher Freiheitspositionen rechtfertigen. So läßt sich etwa das Institut der notwendigen Verteidigung auch gegen den Willen des Beschuldigten angesichts der unvermeidlichen Kompliziertheit des modernen fachspezifischen Straf- und Strafverfahrensrechts aus fürsorgerisch-sozialstaatlichen Überlegungen heraus rechtfertigen[110].

[105] *Schöch* (Fn. 94), S. 53 weist zu Recht darauf hin, daß sich nicht alles rechts- und kriminalpolitisch Wünschenswerte aus der Verfassung ableiten lasse und nicht umgekehrt jeder reformbedürftige Zustand vorher als verfassungswidrig entlarvt werden müsse; ähnlich auch *Geppert,* Der Grundsatz der Unmittelbarkeit im deutschen Strafverfahren, 1979, S. 299. Das heißt aber auch, daß nicht schon deswegen eine Regelung auch für eine Reform sozusagen „sakrosankt" ist, weil das Bundesverfassungsgericht ihre Verfassungsmäßigkeit bestätigt hat.

[106] *Arbeitskreis Strafprozeßreform* (Fn. 1), S. 21 ff.

[107] *Roxin* (Fn. 69), S. 10; *Schreiber* (Fn. 43), S. 24; *Zipf* (Fn. 26), S. 18 f.

[108] Umfassend m. weit. Nachw. z. B. *Blankenburg-Sessar-Steffen* (Fn. 27), Kap. 5.

[109] *Blankenburg-Sessar-Steffen* (Fn. 27), S. 309 ff.; *Blankenburg* (Fn. 27), ZRP 1978, 266; *Kaiser* (Fn. 27), S. 73 Anm. 12; *Kerner* (Fn. 27), S. 149.

[110] *Rieß* (Fn. 4), S. 414; kritisch *Welp,* Der Verteidiger als Anwalt des Vertrauens, ZStW Bd. 90 (1978), S. 101 ff. (115 ff.).

In unmittelbarer Beziehung zur Sozialstaatlichkeit steht das Institut der gerichtlichen und staatsanwaltschaftlichen Fürsorgepflicht[111]. Bei einer Gesamtreform wird zu prüfen sein, wieweit dieser Gedanke namentlich für diejenigen Prozeßbeteiligten zu aktivieren ist, denen das geltende Recht, wie etwa Geschädigten und Zeugen, im Hinblick auf die ihnen zustehenden Rechtspositionen nur eine Randstellung einräumt.

d) Zu den gegenüber der Zeit vor hundert Jahren tiefgreifend veränderten, das Strafprozeßrecht beeinflussenden Umständen gehören die immensen Fortschritte der exakten Naturwissenschaften, die dem *Sachbeweis,* der Gewinnung der verfahrensrelevanten Information mit naturwissenschaftlichen und damit exakten und prinzipiell intersubjektiv nachvollziehbaren und überprüfbaren Mitteln, eine von den Vätern der Strafprozeßordnung kaum vorhersehbare Bedeutung haben zuwachsen lassen[112]. Was 1877 an Sachbeweis relevant sein konnte, ist in den §§ 87 bis 93 StPO einigermaßen exakt erfaßt. Inzwischen hat – ohne nennenswerte Ergänzung dieser Bestimmungen – diese Beweisart so zugenommen, daß teilweise von einer anderen Verfahrensqualität gesprochen werden kann.

Die auf den klassischen Personalbeweis als den subjektiver, personengebundener Interpretation zugänglichen und bedürftigen Beweis zugeschnittene Strafprozeßordnung muß an diese Veränderung angepaßt werden[113]. Das Leitbild der Strafprozeßordnung von der Vorläufigkeit des Ermittlungsverfahrens und der Endgültigkeit der Beweiserhebung in der Hauptverhandlung paßt nicht auf den naturwissenschaftlichen Sachbeweis, bei dem die entscheidenden Weichen außerhalb der Hauptverhandlung gestellt werden. Die Position des Beschuldigten muß beim Sachbeweis schon im Ermittlungsverfahren gestärkt werden, um ihn den notwendigen Einfluß auf die Beweisgestaltung und Beweisgewinnung zu sichern[114]. Für die Erhebung des Sachbeweises sind normative Regeln zu schaffen, die Gewinnung und Behandlung der Beweisgrundlagen, Kontrollierbarkeit des Beweisergebnisses und Verläßlichkeit der angewandten Methode gewährleisten. Die Einspeisung des Sachwissens in den richterli-

[111] *Zipf* (Fn. 26), S. 19. Zur Fürsorgepflicht z. B. *Kleinknecht,* StPO, 34. Aufl. 1979, Einl. Rdn. 152ff.; LR-*Schäfer*, Einl., Kap. 6 Rdn. 21 bis 24; *Maiwald,* Zur gerichtlichen Fürsorgepflicht im Strafprozeß und ihren Grenzen, Festschrift Lange, 1976, S. 745ff.; *Müller-Sax* (KMR), 6. Aufl., 1966, Einl. 13.

[112] Umfassende Erörterung der Thematik des Sachbeweises und seiner strafprozessualen Implikationen zuletzt auf der Arbeitstagung des Bundeskriminalamtes vom 23. bis 26. 10. 1978. Dazu der Arbeitsbericht, Der Sachbeweis im Strafverfahren, BKA-Vortragsreihe, Bd. 24, 1979.

[113] Ausführlicher mein Diskussionsbeitrag auf der Arbeitstagung des BKA (Fn. 112), S. 19.

[114] Zur Problematik der Verteidigung gegenüber dem Sachbeweis *Dahs,* Der Standpunkt des Verteidigers zum Sachbeweis, in Arbeitsbericht (Fn. 112), S. 19.

chen Entscheidungsvorgang muß möglicherweise aus dem tradierten System Sachverständiger, sachverständiger Zeuge und schriftliches Gutachten gelöst werden[115]. Es ist zu prüfen, ob Unmittelbarkeit und Mündlichkeit ihre Funktion, die Entscheidungsrichtigkeit zu gewährleisten, beim Sachbeweis noch hinreichend erfüllen und wieweit seine Exaktheit und vollständige intersubjektive Nachvollziehbarkeit zu einer Revision des Grundsatzes der Verbindlichkeit der freien richterlichen Überzeugung (§ 261 StPO) führen muß.

e) Die Kriminalitätswirklichkeit bietet gegenüber der von vor hundert Jahren ein teilweise verändertes Bild. *Neue Kriminalitätsformen* sind aufgetreten; es fragt sich, wieweit das Instrumentarium der Strafprozeßordnung in diesen Bereichen noch ausreichende Sachverhaltsaufklärung erreichen kann. Mit der Prädominanz des Zeugenbeweises und der mündlichen Verhandlung mit Konzentrations- und Unmittelbarkeitsmaxime ist die Strafprozeßordnung auf Aufklärung und Aburteilung eines sich in Veränderungen der Außenwelt manifestierenden, zeitlich, räumlich und stofflich überschaubaren Tatgeschehens angelegt; sie geht davon aus, daß der Richter zur Erkenntnis des Sachverhaltes in der Regel Spezialwissens nicht bedarf und es sich in Sonderfällen durch einen Sachverständigen unschwer vermitteln lassen kann.

Diese sozusagen „klassische Kriminalität" hat ihre Bedeutung zwar nicht eingebüßt, neben sie ist aber mit der *Wirtschaftskriminalität* eine Kriminalitätsform getreten, die in vielen Punkten ein anderes Erscheinungsbild aufweist, und bei der die Eignung des Strafverfahrensrechts zur sachgerechten Bewältigung zumindest zweifelhaft ist[116]. Das häufige Fehlen individueller Geschädigter (Subventionskriminalität), die nicht selten schwer faßbare individuelle Tatverantwortung, die Verquickung des Tatgeschehens mit komplizierten ökonomischen Gesamtzusammenhängen und die daraus sich ergebende Stoffülle[117] können Sonderstrategien der Strafverfolgung, den stärkeren Einsatz spezifischer Sachkenntnis und abweichende Verfahrensstrukturen erfordern[118].

[115] Dazu der Bericht über die Gruppendiskussion „Ablehnungsprobleme bei Polizeibediensteten als Sachverständigen" in Arbeitsbericht (Fn. 112), S. 67ff.

[116] Für die besonderen Erscheinungsformen der sog. NSG-Kriminalität und der Terrorismuskriminalität gilt an sich das Gleiche, doch kann angenommen werden, daß es sich hierbei, anders als bei der Wirtschaftskriminalität, um vorübergehende Erscheinungen handelt.

[117] Die Zahl der sogenannten Monstreverfahren, bei denen es sich vorwiegend um Wirtschaftsstrafsachen handelt, ist in den letzten Jahren deutlich gestiegen. Von 1971 bis 1977 nahm z. B. die Zahl der Hauptverhandlungen mit mehr als 10 Hauptverhandlungstagen beim Landgericht erster Instanz von 103 auf 210 zu.

[118] Zum ganzen hier nur anzudeutenden Problemkreis näher aus empirischer Sicht *Berckhauer,* Die Erledigung von Wirtschaftsstraftaten durch Staatsanwaltschaften und Ge-

Die neuere Novellengesetzgebung läßt Bemühungen um eine sachgerechte Bewältigung auch der Wirtschaftskriminalität erkennen[119]; die Gesamtreform darf dieses Sondergebiet nicht aus dem Blickfeld verlieren. Auch hier gilt, daß die materiell-strafrechtlichen Intentionen, die mit der Neufassung des Wirtschaftsstrafrechts[120] bemüht sind, diese in ihrer eminenten Sozialschädlichkeit erkannten Formen abweichenden Verhaltens angemessen zu kriminalisieren, nicht infolge mangelnder strafverfahrensrechtlicher Anpassungen unterlaufen werden dürfen. Die friedenssichernde Funktion des Strafverfahrens wäre empfindlich getroffen und der Vorwurf schichtenspezifischer Ungleichbehandlung gewänne an Glaubwürdigkeit, wenn die Besonderheiten der Wirtschaftskriminalität dazu führen würden, daß im herkömmlichen Strafverfahren auf diesem Gebiet eine effektive Durchsetzung des materiellen Strafrechts nicht möglich wäre.

6. *Grundstrukturen eines künftigen Strafverfahrensrechts*

a) Bleibt das Ziel des Strafverfahrens auch künftig der den Rechtsfrieden in Intention auf Wahrheit und Gerechtigkeit wiederherstellende, dem Rechtsstaats- und Sozialstaatsprinzip verpflichtete Prozeß, so besteht – auch bei Prüfung von Alternativen – kein Grund, das gegenwärtige Prozeßmodell in seiner Kombination aus Anklageform und auf materielle Wahrheitserforschung gerichtetem gerichtlichen Verfahren mit einer der Objektivität verpflichteten Anklagebehörde und einem mit eigenen Rechten als Prozeßsubjekt konstituierten Beschuldigten prinzipiell in Frage zu stellen. Ebensowenig sind Zweifel an der generellen Tauglichkeit der Prozeßmaximen der Unmittelbarkeit und Mündlichkeit gerechtfertigt, noch ist es erforderlich, das Prinzip der freien richterlichen Überzeugungsbildung aufzugeben. In ihren für die grundsätzliche Konzeption des Strafverfahrens entscheidenden Grundlagen ist die der Strafprozeßordnung zugrundeliegende Auffassung von der Struktur der staatlichen Ordnung

richte, ZStW Bd. 89 (1977), S. 1015ff.; *Blankenburg-Sessar-Steffen* (Fn. 27), Kap. 8. 2; allgemein *Tiedemann* (Hrsg.), Das Verbrechen in der Wirtschaft, 1972; zu Reformfragen die Verhandlungen der strafrechtlichen Abteilungen des 49. DJT 1972 in Düsseldorf (Wirtschaftskriminalität) und des 50. DJT 1974 in Hamburg (Großverfahren) sowie *Herrmann,* Das Versagen des überlieferten Strafprozeßrechts in Monstreverfahren, ZStW Bd. 85 (1973), S. 255ff.

[119] Ansatzweise zeichnen sich Konturen eines in das allgemeine Strafverfahrensrecht eingebetteten Sonderverfahrensrechts für Wirtschaftsstrafsachen ab, teilweise durch explizite Bestimmungen (§ 74c GVG), teilweise durch allgemein geltende, deren Anwendung aber typischerweise – und auch nach der gesetzgeberischen Absicht – besonders für umfangreiche Wirtschaftsstrafverfahren in Betracht kommt (z. B. die §§ 110, 162 Abs. 1 Satz 2, § 249 Abs. 2 StPO, § 143 GVG).

[120] Z. B. Erstes Gesetz zur Bekämpfung der Wirtschaftskriminalität v. 29. 7. 1976 (BGBl. I S. 2034; zum Inhalt *Müller-Emmert-Maier,* NJW 1976, 1657ff.).

und vom Verhältnis des Einzelnen zum Staate noch die unsrige; im Kern ist das Strafrecht von 1871 nur fortentwickelt und entfaltet, nicht durch ein anderes System der Kontrolle abweichenden Verhaltens ersetzt worden. Die Gesamtreform des Strafverfahrensrechts verlangt heute nicht einen der Ablösung des Inquisitionsprozesses vergleichbaren Systemwechsel, sondern ein gewiß nicht geringes, aber doch behutsames Fortentwikkeln des überkommenen Systems.

Das heißt nicht Bewahrung um jeden Preis. Was am Ende herauskommen wird, mag sich rein äußerlich gesehen von der Strafprozeßordnung des Jahres 1877 bis in die Legalordnung hinein so tiefgreifend unterscheiden, daß dem oberflächlichen Beobachter die Unterschiede größer erscheinen mögen als die Gemeinsamkeiten. Doch sollte sich das Bemühen auf eine intrasystematische Reform richten und nicht Systemveränderung als Ziel postulieren.

b) Die These, eine intrasystematische Strafprozeßreform sei ausreichend und geboten, wird bestätigt, wenn man die *Alternativen* ins Auge faßt.

Weder mit der Verfassungslage noch mit dem gegenwärtigen Zustand des materiellen Strafrechts vereinbar wäre es, den Strafprozeß lediglich in ein normativ begrenztes Verfahren zur Ermittlung und Festlegung der erforderlichen Therapie zu verwandeln, in dem der Richter ein Expertengremium vorwiegend in Hinblick auf die Einhaltung der rechtlichen Grenzen überwacht[121]. Das bedarf nach dem bereits Gesagten keiner weiteren Begründung, sondern nur noch des Hinweises, daß dadurch eine andersartige, aber doch die Menschenwürde nicht minder ignorierende Form eines den Beschuldigten als Objekt verstehenden Inquisitionsprozesses geschaffen werden würde.

In der Konsequenz eines rein liberalistisch verstandenen nur die formale Rechtsgleichheit ins Auge fassenden Rechtsstaatsbegriffes könnte es liegen, den Strafprozeß vom mißverständlichen Schlagwort der Waffengleichheit her als reinen *Parteiprozeß* auszugestalten, die Anklagebehörde von ihrer Verpflichtung zur Objektivität zu entbinden, die Beweisvorführung und Beweisgewinnung dem Geschick oder Ungeschick der Beteiligten zu überlassen und durch ein bindendes Schuldeingeständnis eine Dispositionsbefugnis über den „Sanktionsanspruch" der Rechtsgemeinschaft zu ermöglichen. Seit den Untersuchungen *Herrmanns*[122] ist klargestellt, daß dieses Modell eines antagonistisch interessenorientierten Parteiprozesses mit einem am Ergebnis uninteressierten Richter sich entgegen mancherlei Mißverständnissen nicht auf das Vorbild des anglo-amerikanischen Strafverfahrens berufen kann. Überlegungen dieser Art verkennen

[121] Ebenso *Zipf* (Fn. 26), S. 88.
[122] *Herrmann* (Fn. 53).

den öffentlich-rechtlichen Charakter des Strafrechts und übersehen, daß man nur metaphorisch von einem dem zivilrechtlichen Anspruch vergleichbaren staatlichen Strafanspruch reden kann[123]. Die strafrechtliche Sanktion findet ihre Rechtfertigung nur in der vom Gericht eigenverantwortlich festzustellenden Täterschaft, nicht in einem zufälligen Unterliegen in einem Parteiprozeß. Das bedeutet nicht unbedingt, die gegenwärtige inquirierende Rolle des Gerichts bei der Wahrheitsfindung in der Hauptverhandlung uneingeschränkt beizubehalten. Es ist eine zu diskutierende Frage, ob durch größere Freiräume für die Initiative der Prozeßbeteiligten die Wahrscheinlichkeit umfassender Aufklärung gesteigert werden kann, aber es ist daran festzuhalten, daß dem erkennenden Richter ein entscheidender Einfluß auf die Beweisgewinnung erhalten bleiben muß.

Auch das richtig verstandene und nicht fehlinterpretierte *anglo-amerikanische Prozeßmodell* ist insgesamt nicht übernahmefähig. Sein tragendes Element ist das klassische Geschworenensystem, die alleinige Entscheidung der Laien über die Schuldfrage. Für unser dogmatisch hochdifferenziertes und verwissenschaftliches Strafrecht ist die Rückkehr zu diesem System keine taugliche Alternative. Plea guilty und plea bargaining sind systemspezifische vereinfachte Verfahrensarten dieses Gesamtsystems, mit denen dort die notwendige Prozeßökonomie erreicht wird[124].

c) Allerdings sollte sich die Strafprozeßreform entsprechend dem in der juristischen Methodenlehre erkennbaren Wandel vom dogmatisch-systematischen zum problemorientierten topischen Denken[125] stärker als vor hundert Jahren an *Funktionszusammenhängen* und weniger an Maximen orientieren. Die Prozeßmaximen der Unmittelbarkeit, Mündlichkeit, Öffentlichkeit, des Anklageprinzips und der freien Beweiswürdigung haben, indem sie die prinzipiellen Gegenpositionen für die Überwindung des Inquisitionsprozesses zusammenfassend beschrieben, in der Mitte des vergangenen Jahrhunderts eine ganz andere Bedeutung gehabt als heute. Heute geht es darum, wieweit sie noch in der Lage sind, Problemlösungen und Funktionszusammenhänge zu determinieren. Das kann ihre Relativierung erfordern. Im einzelnen müßten nach einer vorhe-

[123] Eingehend *Hilde Kaufmann*, Strafanspruch Strafklagerecht, 1968, S. 77ff.; vgl. auch *Volk* (Fn. 65), S. 175, 183.

[124] Dazu *Herrmann* (Fn. 53), S. 163 und *Arzt* in der Besprechung des Buches von *Herrmann*, MSchrKrim., 1972, 386. Weil es sich um systemspezifische Vereinfachungen handelt, kommt auch ihre isolierte Übernahme entgegen der Anregung von *Dünnebier* (Reform der Untersuchungshaft? in: Probleme der Strafprozeßreform, 1975, S. 50) schwerlich in Betracht (*Rieß* – Fn. 89 –, S. 126).

[125] Dazu hier nur *Esser*, Gesetzesrationalität im Kodifikationszeitalter und heute, in: 100 Jahre oberste deutsche Justizbehörde, 1977, S. 13; *Larenz*, Methodenlehre der Rechtswissenschaft, 4. Aufl., 1979, S. 128ff.; *Noll* (Fn. 84), insbes. S. 131ff.

rigen Hierarchisierung von Lösungsgesichtspunkten und Problemen[126] auf jeder Ebene des Vorgehens, das heißt sowohl bei den grundsätzlichen Strukturfragen als auch bei der Lösung von Einzelfragen die Funktionen bestimmter Institutionen und Einwirkungsbefugnisse offengelegt werden. Die Konfliktsmöglichkeiten gegenüber anderen Funktionen und Aufgabenzuweisungen wären zu überprüfen; funktionell gleichwertige, wenn auch institutionell andersartige Alternativen wären in die Überlegungen einzubeziehen.

Dieser Ansatz soll am Beispiel des Unmittelbarkeitsprinzips[127] näher verdeutlicht werden. Es wäre zunächst die Funktion dieses Prinzips zu bestimmen; hier mag als Arbeitshypothese davon ausgegangen werden, sie in einer erhöhten Richtigkeitsgewähr für die tatrichterliche Entscheidung zu sehen. Es wäre danach zu untersuchen, unter welchen Bedingungen und für welche Beweisarten diese Richtigkeitsgewähr durch unmittelbare Beweisaufnahme vor dem erkennenden Gericht überhaupt erwartet werden kann. Soweit dies nur unvollkommen oder gar nicht erreichbar ist, müßten unter Aufgabe oder Einschränkung des Grundsatzes andere Regelungen gesucht werden, die – möglicherweise an einer ganz anderen Stelle und in ganz anderer Art – die Funktion erhöhter Richtigkeitsgewähr übernehmen könnten. Ferner wären unerwünschte und funktionswidrige sowie andere legitime Aufgaben und Funktionen des Verfahrens beeinträchtigende Auswirkungen des Prinzips offenzulegen und möglichst zu minimalisieren und es müßten die Rahmenbedingungen für eine optimale Funktionserfüllung festgelegt werden. Solche Überlegungen könnten beispielsweise – ohne daß dies hier abschließend beurteilt werden kann – beim Sachbeweis die Aufgabe des Prinzips nahelegen, wenn zugleich den Prozeßbeteiligten bei dessen Erhebung stärkere Einflußmöglichkeiten gewährt würden. Aus der materiellen Funktion des Prinzips könnte eine stärkere Betonung des Grundsatzes hergeleitet werden, das tatnächste Beweismittel zu verwenden. Andererseits könnte die Erkenntnis strukturell beschränkter Leistungsmöglichkeiten des Prinzips dazu führen, Abhilfe in der Stoffsammlungsphase zu schaffen, in der den Prozeßbeteiligten eine umfassendere Ausschöpfung der Beweismittel zu ermöglichen wäre. Dieser Weg wiederum könnte zu einer generellen Einschränkung des Unmittelbarkeitsprinzips führen, etwa indem dem Verzicht der Prozeßbeteiligten auf die Unmittelbarkeit von Teilen der Beweisaufnahme größere Bedeutung beigemessen würde.

Es mag sein, daß eine an Problemlösungen und Funktionszusammenhängen orientierte Strafprozeßreform einiges an systematischer Klarheit

[126] Zu diesem Ansatz *Arbeitskreis Strafprozeßreform* (Fn. 1), S. 30.

[127] Grundlegend in historischer und dogmatischer Sicht zum Unmittelbarkeitsprinzip neuestens *Geppert* (Fn. 105).

einbüßen und einen pragmatischen Charakter haben wird. Der Wunsch nach einem in allen Teilen harmonischen Ganzen läßt sich aus systematischer Sicht sicherlich nicht optimal erfüllen, wenn man in differenzierten Lösungen konkreter Problemzusammenhänge die Hauptaufgabe sieht. Doch ist die Strafprozeßordnung nie in allen Teilen ein harmonisches Ganzes gewesen und sie verdankt ihre verhältnismäßig gute Fähigkeit, heute noch ein taugliches Instrument zu sein, wohl nicht zuletzt dieser pragmatisch kompromißhaften Grundanlage. Auch muß die Berücksichtigung problemorientierter und funktionaler Zusammenhänge bei der Gesamtreform nicht notwendig zu *größeren* Komplizierungen führen, wie sie die vielfältigen Ausnahmen und Durchbrechungen der vorhandenen Maximen durch die Novellengesetzgebung bereits herbeigeführt haben. Es läßt sich vielmehr erwarten, daß eine klarere Herausarbeitung der verschiedenen Funktionsbereiche wieder zu einem einfacheren und durchschaubareren Gesamtaufbau führen wird.

d) Eine erste *funktionale Beschreibung des Gesamtverfahrens* soll hier versucht werden[128]: Aufgabe des Strafverfahrens ist die nacheinandergeschaltete, in justizförmiger Weise verlaufende Selektion von Tatverdächtigen nach steigenden Verdachtsgraden unter zunehmender Formalisierung der Sachverhaltsgewinnung und Verstärkung der Subjektstellung des Betroffenen. Die Steigerung von Verdachts- und Formalisierungsgrad rechtfertigt dabei die Verhängung einschneidenderer Sanktionen. Neben ihrer selbständigen Selektionsfunktion haben die ersten Verfahrensabschnitte zugleich die Aufgabe, die weiteren Abschnitte vorzubereiten. Dieser Funktionszusammenhang rechtfertigt die Annahme dreier großer Verfahrensabschnitte:

(1) Die *Phase der Stoffsammlung*, die etwa mit dem Ermittlungsverfahren und (mit Einschränkungen) dem Eröffnungsverfahren korrespondiert. Ihr Schwergewicht liegt in der Erforschung von möglicherweise strafbaren Sachverhalten, in der Materialbeschaffung für späterer Entscheidungen. Im Interesse der Entlastung des Gesamtapparates sind aber in ihr auch abschließende Entscheidungen möglich und notwendig, die zu einer Selektion von weniger Verdächtigen führen. Ziel dieses Abschnittes ist Verdachtsüberprüfung, nicht Gewißheit. Dem entspricht ein geringer Grad an Formalisierung der Sachverhaltsgewinnung. Die Vorläufigkeit der Entscheidung rechtfertigt eine geringere Einflußmöglichkeit des Betroffenen. Deshalb ist aber auch nur geringfügiges und informelles Sanktionieren im Einverständnis mit dem Betroffenen möglich. Strukturell geprägt ist dieser Abschnitt

[128] Ausgeklammert bleiben hierbei die Strafvollstreckung und die Aufgabe des Strafverfahrensrechts, Eingriffsermächtigungen tatbestandsmäßig zu bestimmen.

durch eine zweiseitige Beziehung zwischen einem inquirierenden Strafverfolgungsorgan und einem Betroffenen, dem mindestens insoweit eine gesicherte Rechtsposition einzuräumen ist, als er Eingriffe abwehren und die Stoffsammlung im Hinblick auf ihre Wirkung auf spätere Abschnitte beeinflussen kann und dessen Entscheidungsfreiheit und Information zu gewährleisten ist.

(2) Die *Entscheidungsphase*, die dem Hauptverfahren entspricht. In ihr wird in den nicht bereits ausgeschiedenen Verfahren auf der Grundlage des in der Stoffsammlungsphase gesammelten Materials und innerhalb des am Ende jener Phase bestimmten thematischen Bereichs durch das Gericht als einem an der Stoffsammlung und Vorselektion unbeteiligten Dritten die Entscheidung über das materielle Strafrecht getroffen. Die angestrebte Endgültigkeit und Verbindlichkeit der Entscheidung und die Möglichkeit einer zwangsweisen Sanktion erfordert größere Richtigkeitsgewähr. Am Ende dieses Abschnitts steht daher subjektive Gewißheit, Verdacht reicht zur Sanktionierung nicht aus. Aus dem gleichen Grunde wird der Formalisierungsgrad der Sachverhaltsgewinnung erhöht und die Einflußmöglichkeit des Betroffenen gesteigert. Er erhält die gleiche Chance zur Einwirkung auf die Entscheidungsträger wie derjenige, der die Stoffsammlung und das thematische Programm bestimmt hat. Die Struktur der Entscheidungsphase stellt sich deshalb dreiseitig dar; dem Entscheidungsträger treten mit prinzipiell chancengleicher Einwirkungsmöglichkeit der Betroffene und der Ankläger gegenüber.

(3) Die *Kontrollphase* entspricht dem Rechtsmittelverfahren. In ihr wird auf Initiative des Anklägers oder des Betroffenen das Entscheidungsergebnis der zweiten Phase auf die Richtigkeit seines Inhalts und auf die Einhaltung der formalen Regeln für die Entscheidungsgewinnung überprüft.

Diese funktionelle Beschreibung des Verfahrensablaufs ist zwar an einem dem geltenden Strafprozeßrecht entsprechenden Vorverständnis orientiert. Sie verdeutlicht aber zugleich, daß dieses Verständnis sachlogischen Gegebenheiten entspricht. Keine Entscheidung komplexer Art wie regelmäßig im Strafverfahren, die Anspruch auf Richtigkeit erhebt, kann ohne vorherige Sammlung der Entscheidungsgrundlagen und ohne eine das Entscheidungsprogramm bestimmende thematische Festlegung ergehen, und keine Entscheidung von der Schwere des strafrechtlichen Urteils vermag den Rechtsfrieden wiederherzustellen, wenn nicht den von ihr Betroffenen die Möglichkeit einer Kontrolle eingeräumt wird. Entspricht aber diese Struktur sachlogischen Zusammenhängen, so heißt das einmal, daß sie auch bei der Reform zu beachten ist, zum anderen aber auch, daß das geltende Strafprozeßrecht im Kern funktionell sachgerecht ist.

III. Leitsätze

Ein detailliertes Bild eines neuen Strafverfahrensrechts läßt sich noch nicht entwerfen. Zwar sind einige Einzelfragen verhältnismäßig weit ausdiskutiert; eine gesetzgeberische Entscheidung wäre möglich. An anderen Stellen kann aber gerade erst auf die Problemlage aufmerksam gemacht werden. Deshalb kann lediglich ein examplarisch gemeintes System von Leitsätzen zu verschiedenen Detailbereichen als Anregung für die weitere Diskussion vorgestellt werden, dessen Unvollständigkeit und Vorläufigkeit dem Verfasser bewußt ist, von denen er aber meint, daß es die Konturen seiner Vorstellung vom künftigen Strafverfahrensrecht deutlich macht[129].

1. Die Grundprinzipien

Leitsatz 1: Aufgabe des Strafverfahrens ist die Herstellung gestörten Rechtsfriedens und damit die Verwirklichung des materiellen Strafrechts. Rechtsfrieden läßt sich nur erreichen, wenn dieses Ziel in justizförmiger Weise und in Intention auf eine auf Wahrheit beruhende Gerechtigkeit angestrebt wird[130].

Leitsatz 2: Die Verfolgung von Straftaten ist eine öffentliche Aufgabe der Rechtsgemeinschaft; das differenzierte, täterorientierte Sanktionensystem des materiellen Strafrechts erfordert Sachverhaltsaufklärung und Klageerhebung frei von individuellen Eigeninteressen. Das Prinzip der öffentlichen Klage ist daher beizubehalten.

Leitsatz 3: Der Beschuldigte ist in keiner Lage des Verfahrens allein Objekt, sondern ein in seiner Menschenwürde zu achtendes, mit selbständigen, eigenverantwortlich wahrzunehmenden Rechten auszustattendes Prozeßsubjekt. Seine Rechte sind funktionsbezogen nach dem Prinzip der Chancengleichheit auszugestalten. Effektive Handlungsmacht, die Gewährleistung eines wirksamen und umfassenden Gehörs[131] sowie die Garantie, nicht aktiv zur eigenen Überführung beitragen zu müssen[132], prägen seine prozessuale Stellung. Dennoch kann eine funktionsfähige Strafrechtspflege auf Zwangsmittel gegenüber dem Beschuldigten nicht verzichten.

[129] Die Leitsätze sollen ein Gesamtkonzept umreißen; eine isolierte Verwirklichung einzelner Anregungen kommt vielfach nicht in Frage. Eine ins einzelne gehende Begründung ist in diesem Beitrag ebensowenig möglich, wie ein vollständiger Nachweis des einschlägigen Schrifttums und eine Auseinandersetzung mit ihm.

[130] Näher oben II 1.

[131] Dazu zuletzt mit umfangr. Nachw. *Rüping*, Der Grundsatz des rechtlichen Gehörs und seine Bedeutung im Strafverfahren, 1976.

[132] Dazu m. weit. Nachw. *Rogall*, Der Beschuldigte als Beweismittel gegen sich selbst, 1977.

Leitsatz 4: Das materielle Strafrecht dient auch der Verteidigung der Rechtsordnung. Auch der Verletzte hat ein schutzwürdiges, im Strafverfahren angemessen zu berücksichtigendes Genugtuungsinteresse[133].

Leitsatz 5: Rechtssicherheit und Gerechtigkeit erfordern Unparteilichkeit und damit Trennung von anklagender und richterlicher Aufgabe. Die thematische Bindung des Richters an den Anklagevorwurf (die prozessuale Tat) ist hierfür unverzichtbar. Deshalb ist das Anklageprinzip grundsätzlich beizubehalten. Nur hierdurch wird dem Betroffenen auch Chancengleichheit in seinen Verteidigungsmöglichkeiten gewährleistet. Diese Chancengleichheit – wie die Idee des Rechtsfriedens – erfordert auch, daß das Institut der Rechtskraft erhalten bleibt und Verfahrensgegenstand und Rechtskraftwirkungen einander entsprechen[134].

Leitsatz 6: Der Grundsatz der Amtsaufklärung durch das erkennende Gericht ist beizubehalten. Die richterliche Entscheidung ist ein personengebundener, wenngleich der Rationalität verpflichteter Vorgang subjektiver Überzeugung[135]. Dem Entscheidenden muß daher eine eigenverantwortliche Erhebung der Beweise ohne Bindung an Verzichte der übrigen Prozeßbeteiligten möglich sein.

Leitsatz 7: Die konzentrierte mündliche Verhandlung vor dem erkennenden Gericht, in der zumindest die entscheidenden Personalbeweismittel unmittelbar verwertet werden, bleibt für schwierige Verfahren die optimale Form der Gewinnung der Entscheidungsgrundlagen. Am Prinzip der Hauptverhandlung ist für den normativen Regelfall festzuhalten.

Leitsatz 8: Im Prinzip muß wegen des Ernstes des Strafrechts und der Folgen für den Betroffenen eine Kontrolle der richterlichen Entscheidung möglich sein. Rechtsstaatliches Strafverfahrensrecht verlangt daher grundsätzlich die Möglichkeit der Überprüfung durch ein Rechtsmittel.

Leitsatz 9: Das Bestreben nach Effektivität des Strafverfahrens und voller Aufklärung des Sachverhaltes darf nicht verabsolutiert werden. Es wird durch andere hochwertige Gemeinschafts- und Individualrechtsgüter begrenzt. Ein justizförmiges und rechtsstaatliches Strafverfahrensrecht rechtfertigt auch Einschränkungen der Wahrheitsfindung durch Zeugnis- und Auskunftsverweigerungsrechte; es fordert die Anerkennung von Be-

[133] Näher unten, III 5.

[134] Darüber, daß dieses Abhängigkeitsverhältnis zwischen Strafklageverbrauch und Verfahrensgegenstand – und damit das Prinzip der Chancengleichheit – bei den aktuellen Überlegungen zur Einschränkung des Strafklageverbrauchs in bedenklicher Weise verkannt wird, vgl. *Grünwald,* Der Verbrauch der Strafklage bei Verurteilungen nach den §§ 129, 129a StGB, Festschrift Bockelmann, 1979, S. 733ff. (752ff.).

[135] Näher m. weit. Nachw. *Rieß* (Fn. 87), GA 1978, 261ff.

weisverboten, deren Umfang und Reichweite im Grundsatz gesetzlich zu regeln ist[136].

Leitsatz 10: Bis zur Rechtskraft gibt es im Strafverfahren nur Verdächtige und damit möglicherweise Unschuldige. Alle verfahrensrechtlichen Bestimmungen müssen daher so beschaffen sein, daß sie auch dem Umschuldigen gegenüber noch als Sonderopfer gerechtfertigt werden können. Aufgabe des Verfahrens ist nicht die präventive, therapeutische Einwirkung auf den Täter gegen dessen Willen. Der Strafprozeß muß aber die Grundlagen dafür schaffen, daß nach der Rechtskraft diese täterorientierte Prävention aufgrund sachgerechter Erkenntnisse möglich ist.

2. Zur Position der Staatsanwaltschaft. Die Staatsanwaltschaft hat im Strafverfahren eine vierfache Funktion zu erfüllen. Sie soll (1) die Justizförmigkeit und Rechtsstaatlichkeit des Ermittlungsverfahrens gewährleisten und (2) in diesem für die Ermittlung der für ihre eigene Abschlußverfügung und für ein mögliches späteres gerichtliches Verfahren relevanten Erkenntnisse rechtzeitig und umfassend Sorge tragen. In ihrer Abschlußverfügung (§ 170 StPO) bewirkt sie (3) mit erheblichen eigenen Beurteilungsspielräumen und – nach dem neuen § 153a StPO – mit einer Befugnis zu eigener (informeller) Sanktionierung eine Selektion von Verdächtigen und eine Beschränkung des weiteren Verfahrensstoffes; sie trifft hier Entscheidungen von faktisch verfahrensbeendigender Wirkung. Im gerichtlichen Verfahren selbst (4) ermöglicht ihr Auftreten als Prozeßbeteiligter die Konstituierung der Subjektstellung des Beschuldigten[137] und gewährleistet die Unabhängigkeit des entscheidenden Gerichts. Diese vier verschiedenartigen Aufgabenzuweisungen lassen sich nicht gänzlich friktionslos miteinander vereinbaren; auch ist fraglich, ob es ihre Arbeitskapazität der Staatsanwaltschaft überhaupt ermöglicht, alle Aufgaben mit gleicher Intensität zu erfüllen. Das erfordert eine Hierarchisierung der unterschiedlichen Aufgaben; es kann einen Teilrückzug aus einzelnen Funktionen notwendig machen.

Nicht ernsthaft in Frage gestellt werden kann bei diesen vielfältigen Aufgabenzuweisungen allerdings, daß die Staatsanwaltschaft als Institution für das rechtsstaatliche Strafverfahren unentbehrlich ist, und zwar, namentlich im Hinblick auf die erste und dritte Funktion, als eine *Institution,* die *der rechtsprechenden Gewalt* funktionell und organisatorisch zugeordnet ist. Ihre ersten beiden Aufgaben erfordern zwingend eine Lei-

[136] Letzte Zusammenstellung der Beweisverbotslehre m. weit. Nachw. bei *Rogall,* Gegenwärtiger Stand der Lehre von den strafprozessualen Beweisverboten, ZStW Bd. 91 (1979) S. 1 ff., der (S. 43) ein Eingreifen des Gesetzgebers zwar nicht für unerläßlich, aber für wünschenswert hält.

[137] *Welp* (Fn. 110), S. 119.

tungs- und Bestimmungsfunktion bei der Sachverhaltsaufklärung im Ermittlungsverfahren; nicht unerläßlich ist allerdings, daß die Staatsanwaltschaft die Stoffsammlung auch selbst betreibt. Insbesondere ihre dritte Aufgabe könnte sie nicht erfüllen, wenn sie nicht zur umfassenden, auch die entlastenden Umstände berücksichtigenden Ermittlung und Würdigung verpflichtet wäre; ihr diese Objektivitätspflicht auch im gerichtlichen Verfahren einzuräumen, rechtfertigt sich durch das kompensatorische Bedürfnis nach Herstellung von Chancengleichheit. Allerdings: Die Verpflichtung zur Objektivität kann bei einer inquirierenden und anklagenden Behörde eine psychologische Zumutung darstellen, und dies um so mehr, je mehr eigene Ermittlungstätigkeit ihr zugewiesen wird. Die Staatsanwaltschaft als „objektivste Behörde der Welt" ist ein normatives Postulat, nicht notwendig Realität. Es entbindet nicht von der Notwendigkeit, dem Beschuldigten eine eigene, gesicherte Verteidigungsposition gegenüber der Staatsanwaltschaft einzuräumen[138].

Dennoch erscheint das *Objektivitätspostulat* gegenüber der Staatsanwaltschaft als Institution[139] als am notwendigsten sicherungsbedürftig, nicht etwa, weil Zweifel an dem subjektiv aufrichtigen Streben nach Objektivität bei den Trägern des staatsanwaltschaftlichen Amtes begründet wären, sondern weil die verschiedenen Aufgabenzuweisungen hier die größte Gefahr von Interessenkollisionen herbeiführen und weil die Objektivität namentlich für die Kontrolle des Ermittlungsverfahrens und für die rechtsfriedenssichernde Funktion der Einstellungsverfügung von existentieller Bedeutung ist. Deshalb sollte die Objektivität der Staatsanwaltschaft normativ stärker gesichert und durch eine Verlagerung des Schwergewichts bei den Funktionszuweisungen besser gewährleistet werden.

Dieser Ansatz ist insbesondere für das *Verhältnis von Staatsanwaltschaft und Polizei* im Ermittlungsverfahren von Bedeutung. Es erscheint fraglich, ob die vorhandenen Reformvorschläge[140], die die eigenverantwortliche Ermittlungstätigkeit der Staatsanwaltschaft wenigstens in Teilbereichen stärker wiederherstellen wollen, den Realitäten und den funktionalen Bedürfnissen optimal gerecht werden. In neueren empirischen Untersuchungen wird deutlich, daß sich im Bereich der Klein- und Mittelkriminalität die Staatsanwaltschaft auf die justizförmige Absicherung des polizeilichen Ermittlungsergebnisses beschränkt und daß ihre Rückverfügungen weniger darauf zielen, dieses zu kontrollieren und zu verän-

[138] Dazu *Fezer,* Richterliche Kontrolle der Ermittlungstätigkeit der Staatsanwaltschaft vor Anklageerhebung, Gedächtnisschrift Horst Schröder, 1978, S. 407 ff.; *Müller* (Fn. 81), NJW 1976, 1067.

[139] Aus dem sich allerdings (entgegen *Kaiser* – Fn. 27 –, S. 98) kein Argument für eine sachliche Unabhängigkeit des einzelnen Staatsanwalts herleiten läßt.

[140] Vgl. Fn. 30.

dern, als für das weitere gerichtliche Verfahren abzustützen[141]. Diese Erkenntnis ist deshalb alarmierend, weil sie die Gefahr deutlich macht, daß die Staatsanwaltschaft ihre Kontrollfuntkion für die justizförmige Durchführung des Ermittlungsverfahrens und die kritische Würdigung des Schlußergebnisses nicht zureichend erfüllt. Durch die Beseitigung der gerichtlichen Voruntersuchung könnte in bezug auf die Kontrolle des Ermittlungsverfahrens ein Vakuum entstanden sein, dessen Ausfüllung eine dringlicher der Staatsanwaltschaft zuzuweisende Aufgabe wäre, als das Bemühen, sie in die eigentliche ermittelnde Tätigkeit zu integrieren. Unter diesem Aspekt könnte das in den Leitsätzen der Justiz- und Innenministerkonferenz über das Verhältnis von Staatsanwaltschaft und Polizei entwickelte Reformkonzept die Gesamtreform an dieser Stelle zu früh präjudizieren. Unter den verschiedenen Aufgaben der Staatsanwaltschaft ist – angesichts der Möglichkeiten polizeilicher Ermittlungstätigkeit – die über die Bestimmung des Ermittlungsgegenstandes und die Leitung des Ermittlungsverfahrens hinausgehende eigene Ermittlung des Sachverhalts sicherlich nicht die vorrangigste, obwohl sie ohne Zweifel für bestimmte Verfahrenstypen unentbehrlich ist[142]. Vor endgültigen Festlegungen durch den Gesetzgeber erscheint daher die Entwicklung und Diskussion anders strukturierter Modelle der Kompetenzträgerschaft im Ermittlungsverfahren notwendig, die diese Zusammenhänge stärker beachten.

Die *Stellung* der Staatsanwaltschaft *im gerichtlichen Verfahren* bedarf gegenüber dem geltenden Recht nur weniger, vorsichtiger Korrekturen.

Leitsatz 11: Die Staatsanwaltschaft als eine vom Gericht unabhängige, der rechtsprechenden Gewalt zugeordnete Justizbehörde ist beizubehalten.

Leitsatz 12: Aufgabe der Staatsanwaltschaft bis zur Anklageerhebung ist es einmal, Art und Umfang des Ermittlungsverfahrens in Hinblick auf die an dessen Ende erforderliche sachgerechte Selektion und eine möglichst vollständige Stoffsammlung zu bestimmen, zweitens, es in seiner Justizförmigkeit zu kontrollieren, und drittens, in ihrer Abschlußverfügung eine am Verfahrensziel orientierte Selektion von Tatverdächtigen vorzunehmen und den Stoff des gerichtlichen Verfahrens zu bestimmen.

Leitsatz 13: Die Staatsanwaltschaft hat in ihrer gesamten Tätigkeit objektiv die für und gegen den Beschuldigten sprechenden Umstände zu ermitteln und zu würdigen; sie darf nicht einseitig gegen ihn handeln.

[141] Vgl. *Blankenburg* (Fn. 27); *Blankenburg-Sessar-Steffen* (Fn. 27), Kap. 4.1; *Steffen* (Fn. 29), S. 294.

[142] Zu weitgehend daher *Kaiser* (Fn. 27), S. 97 mit der Forderung, die Polizei auch normativ als „Herrin des Ermittlungsverfahrens" anzuerkennen. Der vielverwendete Begriff des „Herrn des Ermittlungsverfahrens" ist für die hier zu treffenden schwierigen Kompetenzabgrenzungen gänzlich ungeeignet.

Leitsatz 14: Diese Verpflichtung zur Objektivität ist durch gesetzliche Regelungen über die Ausschließung und Ablehnung des Staatsanwalts zu sichern[143].

Leitsatz 15: Die Weisungsgebundenheit des Staatsanwaltes, die ihre Grenze in der Unverbindlichkeit rechtswidriger Weisungen findet, ist aufrechtzuerhalten[144].

Leitsatz 16: Es ist weder möglich noch wünschenswert, daß die Staatsanwaltschaft im durchschnittlichen Strafverfahren die Ermittlungen ganz oder überwiegend selbst vornimmt. Dies ist vielmehr eine selbständige Aufgabe der Polizei, die nicht lediglich ein ausführendes Organ der Staatsanwaltschaft ist. Eigene staatsanwaltschaftliche Ermittlung kann aber in besonderen Verfahrenslagen notwendig werden.

Leitsatz 17: Für das Verhältnis von Staatsanwaltschaft und Polizei im Ermittlungsverfahren ist ein Modell zu entwickeln und zu diskutieren, das durch folgende Elemente gekennzeichnet ist: (1) Staatsanwaltschaftliche Leitung polizeilicher Ermittlungstätigkeit vorwiegend durch allgemeine Weisungen und Richtlinien bei grundsätzlicher Selbständigkeit der polizeilichen Ermittlungen im Einzelfall; (2) Einschaltung der Staatsanwaltschaft im Einzelfall vorwiegend bei der Anordnung von Eingriffen oder als Kontrollinstanz auf Anrufung durch den Beschuldigten; (3) durch Informationspflichten der Polizei gesicherte Eingriffsmöglichkeit der Staatsanwaltschaft in laufende Ermittlungen; (4) Schaffung prozessualer Regelungen, durch die die Staatsanwaltschaft zu einer kritischen Würdigung des polizeilichen Ermittlungsergebnisses vor ihrer Abschlußverfügung veranlaßt werden kann.

Leitsatz 18: Die rechtlich uneingeschränkte Möglichkeit, staatsanwaltschaftliche Ermittlungsverfahren nach Einstellung jederzeit wieder aufzunehmen, widerspricht der faktischen Beendigungswirkung. Im Interesse der Rechtssicherheit und des Rechtsfriedens sollte der staatsanwaltschaftlichen Einstellung eine beschränkte Rechtskraftwirkung zukommen[145].

[143] Dazu zuletzt m. weit. Nachw. *Frisch*, Ausschluß und Ablehnung des Staatsanwalts, Festschrift Bruns, 1978, S. 385 ff.; *Wendisch*, Zur Ausschließung und Ablehnung des Staatsanwalts, in diesem Band; die Vorschläge des Referentenentwurfs eines Gesetzes zur Änderung des Rechts der Staatsanwälte hierzu sind wiedergegeben bei LR-*Schäfer*, § 145 GVG Rdn. 9.

[144] Die Berufung der Staatsanwälte auf die Weisungsfreiheit des Richters scheitert daran, daß diese ihre funktionelle Grenze in der Kontrolle durch den Instanzenzug findet, ein auf die Staatsanwaltschaft als Institution nicht übertragbares Modell. Zum Weisungsrecht und seinen Grenzen näher LR-*Schäfer*, § 146 GVG Rdn. 6 bis 20.

[145] Zum augenblicklichen Rechtszustand und seiner Problematik *Loos*, Probleme der beschränkten Sperrwirkung strafprozessualer Entscheidungen, JZ 1978, 592 ff. (594).

Leitsatz 19: Die Staatsanwaltschaft bleibt rechtsmittelbefugt. Es dient der sozialstaatlichen, kompensatorischen Herstellung von Chancengleichheit, wenn sie Rechtsbehelfe auch zugunsten des Verurteilen einlegen kann, doch darf dies nicht gegen den Willen des Betroffenen geschehen[146].

3. Legalitätsprinzip. Eine Wiederherstellung des der Strafprozeßordnung von 1877 zugrundeliegenden strengen Legalitätsprinzips ist weder aus materiell-rechtlichen Überlegungen heraus notwendig, noch mit dem Ökonomieprinzip vereinbar. Die rechtsfriedenssichernde Funktion des Strafverfahrens verlangt ebensowenig, daß jede Tat vollen Umfangs verfolgt werde, wie ein weniger am Vergeltungsdenken als an der Prävention orientiertes materielles Strafrecht. Ausnahmen vom Anklagezwang sind im erheblichen Umfange geboten[147], nicht das „ob" der Ausnahmen vom Anklagezwang ist ein Reformproblem, sondern das „wie". Dabei ist es von untergeordneter Bedeutung, ob der Gesetzgeber entsprechend der bisherigen Tradition den Anklagezwang als Prinzip und dessen Durchbrechungen als Ausnahme regelt oder umgekehrt[148]. Denn auch der Übergang zum sogenannten Opportunitätsprinzip entbindet den Gesetzgeber schon im Hinblick auf den Gleichheitssatz nicht von der Pflicht, allgemeine Regeln darüber aufzustellen und normative Vorstellungen zu entwickeln, unter welchen Voraussetzungen eine Anklage erfolgen soll[149].

Nach der Abkehr vom Vergeltungsstrafrecht läßt sich die sachgerechte Begrenzung der Verfolgungspflicht vor allem unter den drei Gesichtspunkten Gleichheitssatz, Sanktionszweck und Verfahrensökonomie vornehmen. Mindestens die beiden ersten enthalten aber (unbestimmte) Rechtsbegriffe[150]. Auf der anderen Seite enthält aber auch die Einstellung nach § 170 Abs. 2 StPO mangels genügenden Anlasses zur Erhebung der

[146] *Strafrechtsausschuß der Bundesrechtsanwaltskammer* (Fn. 50), S. 13f.

[147] Diese Auffassung dürfte heute im Grundsatz nahezu unbestritten sein. Vgl. etwa *Cramer,* Ahndungsbedürfnis und staatlicher Sanktionsanspruch, Festschrift Maurach, 1972, S. 487ff.; *Gössel,* Strafverfahrensrecht, 1977, S. 31; *Grünwald,* Empfiehlt es sich, besondere strafprozessuale Vorschriften für Großverfahren einzuführen?, Gutachten zum 50. DJT, Verh. d. 50. DJT, Bd. I S. C 19ff.; *Hünerfeld,* Kleinkriminalität und Strafverfahren, ZStW Bd. 90 (1978), S. 905ff. (921); *Roxin* (Fn. 69), S. 64; *F. C. Schroeder* (Fn. 9), S. 415f.; *Zipf* (Fn. 9), S. 500.

[148] Ebenso *Weigend* (Fn. 9), S. 172. *F. C. Schroeder* (Fn. 9), S. 425 weist darauf hin, daß die Begriffe „Legalitäts-" und „Opportunitätsprinzip" die Sachlage nicht mehr richtig wiedergeben.

[149] Dazu *Faller,* Verfassungsrechtliche Grenzen des Opportunitätsprinzips im Strafprozeß, Festschrift Maunz, 1971, S. 69ff.; LR-*Meyer-Goßner,* § 152 Rdn. 42.

[150] Im methodischen Ansatz mehr als im Ergebnis abweichend *Weigend* (Fn. 9), Kap. 7, der im Prinzip vom Verfolgungsermessen der Staatsanwaltschaft ausgeht, dies aber durch normative Ermessensrichtlinien so weit binden will, daß inhaltlich eine wesentliche Differenzierung zum Entscheidungsspielraum unbestimmter Rechtsbegriffe nicht bestehen dürf-

öffentlichen Klage nicht unbeträchtliche Beurteilungsspielräume. Damit wird die traditionelle Differenzierung zwischen der rechtlich gebundenen, reinen Gesetzesvollzug darstellenden Einstellung nach § 170 Abs. 2 StPO einerseits und der im Ermessen der Staatsanwaltschaft stehenden – und damit nur beschränkt justitiablen – Einstellung nach den §§ 153ff. StPO zweifelhaft; eine nähere Zusammenführung beider Einstellungsformen, eine gleichartige Rechtsschutzgewährleistung für den Verletzten und eine gleichmäßige Reaktion des Gerichtes auf das Vorliegen der Einstellungsvoraussetzungen nach Erhebung der Klage erscheint möglich[151]. Freilich hängt dies davon ab, wieweit es dem Gesetzgeber gelingt, die Einstellungsvoraussetzungen der gegenwärtigen §§ 153ff. StPO mit sachlichem Gehalt zu füllen.

Sieht man – wie es hier geschieht – in der staatsanwaltschaftlichen Abschlußverfügung eine Tätigkeit mit wertendem Entscheidungscharakter, die qualitative Verwandtschaft mit der richterlichen Entscheidung hat, so ist die Einstellung gegen Auflagen und Weisungen nach § 153a StPO kein Systembruch, sondern Teil eines abgestuften Systems der Reaktionen auf abweichendes Verhalten und als eigenständige Sanktion bei fehlendem Strafbedürfnis der eigentlichen Strafe vorgelagert. Die Beibehaltung dieser Reaktionsform entspricht sowohl kriminalpolitischen Bedürfnissen als auch verfahrensökonomischen Gesichtspunkten[152].

Leitsatz 20: Durchbrechungen des Legalitätsprinzips sind im Prinzip aufrechtzuerhalten. Im einzelnen ist jedoch eine Rückbesinnung auf die tragenden Grundsätze unerläßlich. Die Voraussetzungen sind im größtmöglichen Umfang vom Gesetzgeber unter Berücksichtigung des Gleichheitssatzes, des Strafzwecks des materiellen Strafrechts und von Gesichtspunkten der Verfahrensökonomie zu konkretisieren.

Leitsatz 21: Regelmäßig bedeutet die Anwendung dieser Voraussetzungen für das Absehen von der Strafverfolgung durch die Staatsanwaltschaft

te. Zu den von *Weigend* (S. 178ff.) vorgeschlagenen inhaltlichen Konkretisierungen kann hier nicht im einzelnen Stellung genommen werden, doch sind seine Anregungen geeignet, zu einer Präzisierung der Leerformel „Öffentliches Interesse an der Strafverfolgung" beizutragen.

[151] Vgl. etwa die Anregung von *Zipf* (Fn. 9), S. 500f., die Einstellungsvoraussetzungen als Verfahrenshindernisse zu interpretieren; zu den damit verbundenen Problemen *Rieß* (Fn. 89), S. 127.

[152] *Rieß* (Fn. 89), S. 133. Gegenüber der anfänglich nahezu einhelligen Kritik des Schrifttums (Nachweise bei *Ahrens* – Fn. 52 –, S. 25ff.; umfassende Zusammenstellung der Kontroverse bei *Naucke,* Gutachten D für den 51. DJT, 1976, S. D 77ff.) wird das neue Rechtsinstitut neuerdings mehr und mehr akzeptiert, wenn nicht gar begrüßt (vgl. etwa *Geerds,* Ladendiebstahl, Festschrift Dreher, 1977, S. 535; *Hünerfeld* – Fn. 147 –. S. 916; *Kaiser,* Möglichkeiten der Bekämpfung von Bagatellkriminalität in der Bundesrepublik Deutschland, ZStW Bd. 90 (1978), S. 877ff., 902; *Krauß* (Fn. 66), S. 431; *Peters* – Fn. 20 –, S. 95).

Rechtsanwendung und nicht Ermessen. Es ist die Möglichkeit zu schaffen, daß der Verletzte diese Rechtsanwendung gerichtlich überprüfen lassen kann; das Vorliegen der Einstellungsvoraussetzungen sollte auch im gerichtlichen Verfahren zu beachten sein.

Leitsatz 22: Die Möglichkeit, daß die Staatsanwaltschaft im Einverständnis mit dem Beschuldigten das Verfahren gegen Auflagen und Weisungen einstellt, ist beizubehalten.

4. Verteidigung. Der in der jüngsten Zeit aufgebrochene Streit darüber, ob der Verteidiger Organ der Rechtspflege oder einseitiger Interessenvertreter des Beschuldigten sei[153], ist unfruchtbar und führt für die Reform des Strafprozesses nicht weiter[154]. Aus dem Begriff des Organs der Rechtspflege läßt sich nur mit begriffsjuristischen Mitteln mehr an Bindungen herausholen, als sich aus einer funktionsbezogenen Analyse seiner Befugnisse nach der Strafprozeßordnung ergibt; die Vorstellung des einseitigen Interessenvertreters gibt nicht mehr Rechte, als das Gesetz hergibt. Beide Begriffe entbinden auch bei einer Reform nicht von der Aufgabe, aus den Funktionszusammenhängen des Strafverfahrens heraus die Verteidigeraufgabe, Verteidigerbefugnisse und Verteidigerstellung zu bestimmen. Nicht die einseitige Ausrichtung an Prinzipien kann die Grundlage für die sachgerechte Bestimmung der Verteidigerfunktion im künftigen Strafverfahren sein, sondern die aus den Zusammenhängen der Totalerneuerung abgeleitete Neubestimmung einzelner Verteidigerrechte[155].

Der Verteidiger hat dem Beschuldigten bei der Wahrnehmung seiner Rechte beizustehen und nach bestem Wissen und Gewissen dafür zu sorgen, daß er nicht schuldig gesprochen wird, wenn er nicht der ihm zur Last gelegten Straftat überführt ist[156]. Es widerspricht seiner Aufgabe, wenn dem Verteidiger angesonnen wird, im Interesse einer vermeintlichen Bindung an eine objektive Gerechtigkeit gegen die Interessen des Beschuldigten zu handeln, die dieser autonom bestimmen kann. Insofern mag man seine Stellung als die eines einseitig orientierten Interessenvertreters kennzeichnen. Der Umfang, in dem dem Verteidiger selbständige –

[153] Dazu *Arbeitskreis Strafprozeßreform* (Fn. 1); *Beulke,* Wohin treibt die Reform der Strafverteidigung? in: Strafprozeß und Reform, 1979, S. 30ff.; *Holtfort* (Hrsg.), Strafverteidiger als Interessenvertreter, 1979; *Hahn* (Fn. 50); *Hannover,* Strafverteidiger in der Vertrauenskrise, Krit. Justiz 1978, 221ff.; *Knapp,* Der Verteidiger, ein Organ der Rechtspflege?, 1974; *Welp* (Fn. 110).

[154] Im Ansatz übereinstimmend *Beulke* (Fn. 153), S. 43.

[155] *Beulke* a. a. O.

[156] So in heute noch unübertroffener Prägnanz § 159 des Entwurfs 1919 eines Gesetzes über den Rechtsgang in Strafsachen (Nachdruck in: Materialien zur Strafrechtsreform, 14. Band), eine Formulierung, deren Übernahme in ein künftiges Strafverfahrensrecht ernsthaft erwägenswert erscheint.

und über die des Beschuldigten hinausgehende – prozessuale Befugnisse eingeräumt werden können, ist von der rechtlich begründeten Erwartung abhängig, daß der Verteidiger diese Rechte nicht zur Verfahrenssabotage mißbrauchen wird. Insofern erfordert der Vertrauensvorschuß der Rechtsordnung in die Korrektheit des Verteidigerhandelns dessen rechtliche Bindung und verlangt Sanktionierung illegalen Verhaltens. Dieses Verhältnis mag man, wenn man will, mit der Formel vom Organ der Rechtspflege kennzeichnen; selbständige Bedeutung kommt ihr dabei nicht zu. Der Reformgesetzgeber muß sich aber entscheiden, ob er Anspruch auf fair trial auch gegenüber dem Verteidiger erheben und den Umfang seiner Befugnisse entsprechend weit bemessen will, oder ob er auf diesen Anspruch verzichtet und Vorkehrungen gegen Mißbräuche durch restriktive Fassungen der Verteidigerbefugnisse trifft. Er würde seiner rechtsstaatlichen Verpflichtung zur Aufrechterhaltung einer funktionsfähigen Strafrechtspflege zuwiderhandeln, wenn er die Befugnisse des Verteidigers maximiert und dessen Bindungen beseitigt.

Das Recht auf den Verteidiger ist angesichts eines hoch ausdifferenzierten, fachspezifischen Straf- und Strafverfahrensrechts eine notwendige Bedingung für die Anerkennung der Subjektqualität des Beschuldigten. Der sozialstaatliche Gedanke kompensatorischer Chancengleichheit rechtfertigt den Grundsatz der notwendigen Verteidigung[157]. Dessen Einsatz ist immer schon dann erforderlich, wenn für das weitere Verfahren präjudizielle Entscheidungen getroffen oder die Weichen für sie gestellt werden. Wenn auch normative Regelungen die Chancengleichheit zwischen Wahl und Bestellung des Verteidigers nicht allein bewirken können, so sollten sie doch so angelegt werden, daß sie diese Chancengleichheit fördern[158].

Die in jüngster Zeit deutlich gewordene Problematik der sogenannten „Zwangsverteidigung" hängt in erster Linie mit den Mechanismen des geltenden dogmatischen Systems zusammen. Da in den Fällen notwendiger Verteidigung die Verteidigeranwesenheit Voraussetzung ordnungsmäßiger Hauptverhandlung darstellt, stellt der „Zwangsverteidiger"

[157] Wie Fn. 110. Auch der *Arbeitskreis Strafprozeßreform* (Fn. 1), S. 60 hält an der notwendigen Verteidigung als Ausdruck staatlicher Fürsorge fest.

[158] Zu wenig differenziert und zu weitgehend allerdings m. E. der Vorschlag des *Arbeitskreises Strafprozeßreform* (Fn. 1) in § 3 (Begr. S. 49ff.), nach dem jeder Beschuldigte auf Kosten der Staatskasse einen Verteidiger wählen kann. Der Arbeitskreis hat vor den in der Begründung dargelegten, unbestreitbaren Schwierigkeiten einer differenzierten Regelung m. E. zu vorschnell kapituliert. Das Konzept ist nicht nur wegen seiner finanziellen Dimensionen bedenklich; es erreicht trotz seines Aufwands die angestrebte Chancengleichheit nicht, da es dem Reichen weiterhin möglich bleibt, über Honorarvereinbarungen den Einsatzwillen der von ihm gewählten Verteidiger zu beflügeln. Eingehender Diskussion bedürften aber vor allem die psychologischen Auswirkungen einer hoheitlichen Honorierung auf das Selbstverständnis der Anwaltschaft und das Vertrauensverhältnis zum Mandanten.

primär ein Mittel gegen Verfahrenssabotage dar. Man kann diese Situation durch die zur Zeit vielfach empfohlene Institution des „Ersatzverteidigers"[159] entschärfen; lösen kann man sie damit freilich nicht[160]. Klarere Verhältnisse ließen sich schaffen, wenn man im Prinzip anerkennt, daß das Recht auf die Mitwirkung eines Verteidigers verwirkbar ist.

Leitsatz 23: Der Verteidiger ist Beistand des Beschuldigten und hat dessen Interessen wahrzunehmen. Doch ist er in der Ausübung seiner Befugnisse insoweit rechtlich gebunden, als er zum fair trial verpflichtet ist und nicht illoyal handeln darf. Sein prozessuales Handeln bestimmt er in diesen Grenzen eigenverantwortlich; er ist insoweit unabhängig gegenüber Gericht, Staatsanwaltschaft und Beschuldigten.

Leitsatz 24: Ein Verteidiger, der die Grenzen dieser rechtlichen Gebundenheit überschreitet, ist unbeschadet sonstiger Sanktionierungsmöglichkeiten aus dem Verfahren auszuschließen[161].

Leitsatz 25: Das Recht des Beschuldigten, sich in jeder Lage des Verfahrens eines Verteidigers zu bedienen, unterliegt keinen Beschränkungen. Eines Verbots der Verteidigung mehrerer Beschuldigter bedarf es nicht[162]; wer sich durch die Mehrfachverteidigung dem Verdacht des Parteiverrats aussetzt, ist auszuschließen.

Leitsatz 26: Ein Kernbestand ungehinderter Kommunikation zwischen Verteidiger und Beschuldigten ist unverzichtbar. Dazu gehört das unüberwachte mündliche Gespräch mit dem inhaftierten Beschuldigten. Sonstige Überwachungsmaßnahmen sind nur insoweit vertretbar, als die Sicherung einer funktionsfähigen Strafrechtspflege sie unabweisbar gebietet. Die Geheimsphäre des Verteidigers ist umfassend zu gewährleisten[163].

[159] Dazu z. B. *Arbeitskreis Strafprozeßreform* (Fn. 1), S. 123 ff.; *Beulke* (Fn. 153) S. 47; *Roxin* (Fn. 69), S. 94 und namentlich *Rudolph*, Wahlverteidiger – Pflichtverteidiger, DRiZ 1975, 210, Probleme der Pflichtverteidigung, Festschrift Schmidt-Leichner, 1977, S. 159 ff. (168).

[160] *Welp* (Fn. 110), S. 126 ff. Zurückhaltend auch *Hanack*, Aktuelle Probleme der Strafverteidigung in der Bundesrepublik Deutschland, Festschrift Hans Schultz, 1977, S. 299 ff. (308).

[161] Die umstrittenen und im Detail schwierigen Einzelheiten der Ausschließungsgründe und des Ausschließungsverfahrens (dazu zuletzt m. weit. Nachw. *Seelmann* – Fn. 78 –) sind hier nicht zu erörtern. Im Prinzip hält auch der *Arbeitskreis Strafprozeßreform* (Fn. 1), S. 133 ff. am Verteidigerausschluß fest.

[162] Ebenso *Arbeitskreis Strafprozeßreform* (Fn. 1), S. 48. Zu den vielfältigen Schwierigkeiten und Problemen des neuen § 146 StPO vgl. etwa die Kommentierung bei LR-*Dünnebier*, § 146 und *Roxin* (Fn. 69), S. 93; positiv zur Neuregelung *Peters* (Fn. 20), S. 130; im Prinzip auch *Hanack* (Fn. 160), S. 306.

[163] Dazu mit Hinweisen auf empfindliche und bei einer Reform zu schließende Lücken des geltenden Rechts *Welp*, Die Geheimsphäre des Verteidigers in ihrer strafprozessualen

Leitsatz 27: Der Verteidiger soll befugt sein, bei jeder Vernehmung des Beschuldigten anwesend zu sein. Seine Befugnis zur Anwesenheit bei anderen Beweisaufnahmen im Ermittlungsverfahren ist prinzipiell zu gewährleisten, doch sind Einschränkungen bei Gefährdungen des Untersuchungszwecks vorzusehen. Die Verwertbarkeit von Beweisaufnahmen des Ermittlungsverfahrens in der Hauptverhandlung ist durch das Anwesenheitsrecht des Verteidigers bedingt[164].

Leitsatz 28: Der Verteidiger ist im Prinzip zur umfassenden Einsicht in die Akten befugt. Unter gesetzlich zu normierenden, möglichst engen Voraussetzungen[165] kann das Akteneinsichtsrecht während des Ermittlungsverfahrens beschränkt werden. Daneben soll aber auch dem Beschuldigten selbst das Recht auf Akteneinsicht eingeräumt werden, wenn nicht wichtige Gründe entgegenstehen[166].

Leitsatz 29: Es ist ausdrücklich klarzustellen, daß der Verteidiger zu eigenen Ermittlungen befugt ist; Zwangsbefugnisse stehen hierfür nicht zur Verfügung[167].

Leitsatz 30: Das Institut der notwendigen Verteidigung ist aufrechtzuerhalten und auf Verfahren vor dem Schöffengericht sowie auf alle Fälle der Untersuchungshaft zu erstrecken. Der Zeitpunkt des Beginns der notwendigen Verteidigung ist vorzuverlegen.

Leitsatz 31: Einem minderbemittelten Beschuldigten ist auf Antrag auch dann ein Verteidiger zu bestellen, wenn die Verteidigung nicht notwendig ist.

Leitsatz 32: Es bleibt Aufgabe des Vorsitzenden, bei notwendiger Verteidigung den Verteidiger zu bestellen. Dabei ist grundsätzlich dem Wunsch des Beschuldigten Rechnung zu tragen. Die Unabhängigkeitsgarantien für den bestellten Verteidiger sind zu verbessern[168].

Funktion, Festschrift Gallas, 1973, S. 391 ff.; Vorschläge beim *Arbeitskreis Strafprozeßreform* (Fn. 1), §§ 13, 14 S. 109 ff.

[164] In der Zielrichtung übereinstimmend *Arbeitskreis Strafprozeßreform* (Fn. 1), S. 88 ff.; *Beulke* (Fn. 153), S. 46.

[165] Vorschläge, die einen gegenüber dem geltenden Recht engeren Ausnahmekatalog enthalten, beim *Arbeitskreis Strafprozeßreform* (Fn. 1), § 11, S. 97 ff. Anscheinend für ein uneingeschränktes Akteneinsichtsrecht *Beulke* (Fn. 153), S. 46.

[166] So schon § 34 des Entwurfs 1919 (Fn. 156).

[167] Ebenso *Arbeitskreis Strafprozeßreform* (Fn. 1), § 10 S. 95 ff.; *Beulke* (Fn. 153), S. 46.

[168] Namentlich ist entgegen der schon nach geltendem Recht problematischen Auffassung (OLG Koblenz, JR 1979, 36 mit abl. Anmerkung *Rieß*) sicherzustellen, daß auch der bestellte Verteidiger grundsätzlich nur im Ausschlußverfahren abberufen werden kann, wenn sich Verteidiger und Angeklagter der Abberufung widersetzen (vgl. dazu auch LR-*Dünnebier*, § 138 a Rdn. 2 bis 6; *Welp* – Fn. 110 – S. 112 f.).

Leitsatz 33: Die Bestellung eines Verteidigers neben einem gewählten Verteidiger ist gegen den Willen des Beschuldigten nicht zulässig. Lehnt der Beschuldigte die Bestellung eines weiteren Verteidigers ab, so hindert der Ausfall des gewählten Verteidigers den weiteren Fortgang des Verfahrens nicht.

5. Zur Position des Verletzten. Ein auf Wiederherstellung des Rechtsfriedens gerichteter Strafprozeß darf den Verletzten nicht in eine allzu starke Randposition drängen oder gar völlig aus dem Prozeß entfernen[169]. Mit dem gegenwärtigen Konzept, ihn mit Hilfe des Klageerzwingungsverfahrens das Legalitätsprinzip mit sichern zu lassen, ihn aber bei den Einstellungen nach §§ 153 ff. StPO zu ignorieren, ihm im Privatklageverfahren bei mangelndem öffentlichen Interesse die gesamte Last der Strafverfolgung aufzubürden und damit in der Realität die Verweisung auf den Privatklageweg als zusätzliche Einstellungsmöglichkeit zu verwenden[170], und in Form der Nebenklage einer verfolgungswilligen Staatsanwaltschaft einen fast gleichwertigen Zusatzbeteiligten zur Verfolgung von Individualinteressen nur für einige, in ihrer Abgrenzung wenig sinnvolle Fälle zur Seite zu stellen, wird die Strafprozeßordnung der Aufgabe, den Verletzten in das Strafverfahren zu integrieren, in einer höchst unvollkommenen Weise gerecht. Bei einer Gesamtreform scheint es geboten, nach einem neuartigen einheitlichen Konzept der Beteiligung des Verletzten an Strafverfahren zu suchen, für das freilich zur Zeit so gut wie keine Vorarbeiten vorhanden sind[171].

Leitsatz 34: Dem Verletzten ist gegen jede Verfahrenseinstellung durch die Staatsanwaltschaft die Möglichkeit einzuräumen, eine gerichtliche Entscheidung herbeizuführen. Es sollte erwogen werden, die erheblichen Zugangsbarrieren des gegenwärtigen Klageerzwingungsverfahrens zu senken.

Leitsatz 35: Die gegenwärtige Privat- und Nebenklage sind zu beseitigen. Der Wegfall des Entlastungseffekts bei der Staatsanwaltschaft durch Ver-

[169] Ebenso, wenn auch in den Konsequenzen wohl überzogen, *Hellmer,* Identitätsbewußtsein und Wiedergutmachungsgedanke, JZ 1979, 41 ff. (45).

[170] Dazu *Hirsch,* Gegenwart und Zukunft des Privatklageverfahrens, Festschrift Lange, 1976, S. 815 ff.; *Kaiser* (Fn. 152), S. 885 f.; *Koewius* (Fn. 52).

[171] Der Vorschlag von *Hirsch* (Fn. 170), S. 826 ff. (ähnlich auch *Zipf* – Fn. 25 –, S. 75), einen Teil der Privatklagedelikte als „Verfehlungen" zu entkriminalisieren und – auf Initiative des Verletzten – in einem vereinfachten Verfahren zu erledigen, enthält keine umfassende Lösung des Problems der Stellung des Verletzten im Strafverfahren. Im übrigen ist gegen ihn einzuwenden, daß er Ungleichbehandlungen in der Verfolgung dieser Verfehlungen geradezu provozieren würde. Nicht der individuelle Verletzte, namentlich nicht der schichtenspezifisch benachteiligte, ist als Betreiber dieses Verfahrens zu erwarten, sondern der Verletzte mit effektiver Handlungs- und Beschwerdemacht, das Kaufhaus, das Verkehrsunternehmen.

weisung zur Privatklage[172] ist durch entsprechende Lockerungen des Anklagezwangs aufzufangen.

Leitsatz 36: Jedem durch eine Straftat Verletzten ist im gerichtlichen Strafverfahren die Stellung eines Beteiligten einzuräumen. Als solcher kann er an der Hauptverhandlung teilnehmen oder sich vertreten lassen, Beweisanregungen geben und hat Anspruch auf rechtliches Gehör.

Leitsatz 37: Ob das Adhäsionsverfahren praktikabel und effektiv gemacht werden kann, ist zu prüfen. Sofern dies aussichtsreich erscheint, sollte nicht auf die Möglichkeit verzichtet werden, über zivilrechtliche Ansprüche schon im Strafverfahren zu entscheiden.

6. Strafprozessuale Eingriffsermächtigungen

Leitsatz 38: Das strafverfahrensrechtliche System der Einzeleingriffsermächtigung ist beizubehalten; es soll nicht durch eine allgemeine oder beschränkte Generalklausel ersetzt werden[173]. Dabei sind die Eingriffsermächtigungen so weit zu fassen, daß sie den Bedürfnissen einer wirksamen Strafverfolgung gerecht werden.

Leitsatz 39: Die tatbestandsmäßigen Eingriffsvoraussetzungen und die Anordnungskompetenzen sind so weit wie möglich zu vereinfachen[174]; gewisse Differenzierungen sind allerdings wegen der unterschiedlichen Schwere der Eingriffe unerläßlich. Bei den Anordnungskompetenzen ist zu erwägen, teilweise die traditionelle Regelung der Strafprozeßordnung (grundsätzlicher Richtervorbehalt, aber Eilkompetenz der Staatsanwaltschaft und ihrer Hilfsbeamten) durch eine originäre Kompetenz der Strafverfolgungsorgane mit wirksamer nachträglicher richterlicher Kontrolle zu ersetzen.

Leitsatz 40: Inhaltlich stellen die vorhandenen Eingriffsbefugnisse einen Minimalkatalog dar, der für eine wirksame Strafrechtspflege unverzichtbar ist[175]. Es erscheint dagegen nicht ausgeschlossen, daß einige zusätzli-

[172] Zur Abschichtungswirkung des Privatklageverfahrens (etwa 75%) *Rieß* (Fn. 89), S. 138 Anm. 23 und S. 148. Für eine Kombination von Beseitigung des Privatklageverfahrens und Einführung des vom DE-Rechtsmittelgesetz (Fn. 45) vorgeschlagenen Strafbescheidsverfahrens *Vogler,* Möglichkeiten und Wege einer Entkriminalisierung, ZStW Bd. 90 (1978), S. 132ff., 169. Allerdings dürfte diese Entlastung kaum ausreichen, da sie nur die anhängig gewordenen Privatklagen im Auge hat, während es darauf ankommt, ein funktionales Äquivalent für die Einstellungswirkung der Verweisung zur Privatklage durch die Staatsanwaltschaft zu finden.

[173] Vgl. oben III 1 e, insbes. Fn. 74.

[174] *Rieß* (Fn. 12), ZRP 1977, 73.

[175] Das schließt Einzelkorrekturen nicht aus, insbesondere erscheint der Schutz der Vertrauens- und Geheimsphäre, namentlich bei Zufallserkenntnissen, ausbaubedürftig (vgl. *Rudolphi* – Fn. 79 –, S. 171). Eine substantielle Rücknahme des Bestandes auch der neu begründeten Eingriffsbefugnisse (Kontrollstellen, Maßnahmen der Identitätsfeststellung) wäre dagegen nicht vertretbar.

che Eingriffsbefugnisse gesetzlich anerkannt werden müssen. Die Anerkennung der Persönlichkeitssphäre und des Datenschutzes kann es erforderlich machen, Ermächtigungen für strafverfahrensrechtliche Datensammlungen zu schaffen. Neue Techniken der Informationsverarbeitung können neben der Zeugnispflicht Auskunfts- und Erkundigungspflichten begründen.

Leitsatz 41: Der vorhandene Bestand an Zeugnis- und Auskunftsverweigerungsrechten bedarf keiner Einschränkung. Seine Erweiterung kommt allenfalls dort in Betracht, wo rechtlich anerkannte Vertrauensverhältnisse von hoher Bedeutung zu schützen sind[176].

Leitsatz 42: Der Rechtsschutz gegen strafprozessuale Zwangsmaßnahmen ist zu vereinheitlichen und effektiv auszugestalten. Dazu gehört, daß strafprozessuale Zwangsmaßnahmen nicht mittels ihrer Qualifikation als Prozeßhandlungen einer gesonderten Anfechtung entzogen werden[177] und daß auch bei erledigten Zwangsmaßnahmen nachträglicher Rechtsschutz möglich ist[178].

Leitsatz 43: Die materiellen Haftrechtsvoraussetzungen des § 112 Abs. 1 und 2 StPO sind im Prinzip unverzichtbar[179]. Die Möglichkeit, Untersuchungshaft ohne Haftgrund nach § 112 Abs. 3 StPO zu verhängen, erscheint entbehrlich, jedenfalls sind auch hier konkrete Haftvoraussetzungen zu normieren[180]. Der Haftgrund der Wiederholungsgefahr (§ 112a StPO) ist, wenn seine kriminalpolitische Notwendigkeit überzeugend belegt werden kann, aus seinem systematischen Zusammenhang mit der lediglich der Verfahrenssicherung dienenden Untersuchungshaft zu lösen und – mit den erforderlichen Konsequenzen – als strafprozessuale Präventivmaßnahme auszugestalten[181].

Leitsatz 44: Die Möglichkeit der Haftverschonung einschließlich der Sicherheitsleistung[182] ist beizubehalten und nach Möglichkeit auszubauen[183].

[176] Vgl. *Rudolphi* (Fn. 79), S. 170f.

[177] Zu dieser Problematik umfassen LR-*Schäfer*, § 23 EGGVG Rdn. 47 bis 60.

[178] Umfassend *Amelung* (Fn. 50) sowie NJW 1979, 1687ff. Ferner *Vogel* (Fn. 2), NJW 1978, 1226 Anm. 151. Daß das BVerfG (BVerfGE 49, 329) es für mit dem Grundgesetz noch vereinbar angesehen hat, eine Beschwerde wegen prozessualer Überholung zu versagen, sollte de lege ferenda nicht das letzte Wort sein.

[179] Erwägenswert aber der Vorschlag von *Dünnebier* (Fn. 124), S. 31f., die Untersuchungshaft wegen Verdunkelungsgefahr zeitlich zu befristen.

[180] *Dünnebier* (Fn. 124), S. 32 Anm. 7.

[181] Zur systematischen Einordnung *Dünnebier* (Fn. 124), S. 32f. und LR-*Dünnebier*, § 112a Rdn. 9 bis 12. Eine der Konsequenzen wäre die obligatorische Anrechnung dieser „Sicherungshaft“ auf die erkannte Strafe, die der Gesetzgeber überraschenderweise in § 51 Abs. 1 StGB nicht vorgesehen hat.

Leitsatz 45: Das Rechtsschutzsystem der Untersuchungshaft (allgemeine Haftprüfung, besondere Haftprüfung nach § 121 StPO, Beschwerde und weitere Beschwerde) muß erheblich vereinfacht werden[184].

Leitsatz 46: Die wichtigsten Grundsätze des Untersuchungshaftvollzugs sind gesetzlich zu regeln[185].

7. Zur Ausgestaltung des Ermittlungsverfahrens. Die Diskussion über die Reform des Ermittlungsverfahrens steht noch in den Anfängen. Sie sollte intensiviert werden.

Die Strafprozeßordnung von 1877 hat das Ermittlungsverfahren vernachlässigt, indem sie es einseitig als auf die Vorbereitung der öffentlichen Klage gerichtet verstand und darüber hinaus der gerichtlichen Voruntersuchung eine Schutzfunktion beigemessen hat, die ihr faktisch niemals zugekommen ist[186]. Die Unmittelbarkeit der Beweisaufnahme in der Hauptverhandlung rechtfertigte es nach damaliger Auffassung, die Einwirkungsmöglichkeiten des Beschuldigten auf das Ermittlungsverfahren in Hinblick auf die Vorläufigkeit der in diesem stattfindenden Erhebungen recht rudimentär auszugestalten. Die Vorstellung, die Hauptverhandlung sei Kernstück und Höhepunkt des gesamten Strafprozesses, verleitet auch heute noch allzuleicht dazu, die Bereiche rechts- und reformpolitisch zu vernachlässigen, die diesem Kernstück und Höhepunkt vorangehen und nach der problematischen Legalordnung der Strafprozeßordnung nur seiner „Vorbereitung" dienen[187].

[182] Der gelegentlich erhobene Vorwurf des „Reichenprivilegs" bei der Sicherheitsleistung beruht auf mangelnder Sachkunde. Er ist, wie *Dünnebier* (Fn. 124), S. 35 zu Recht ausführt, unberechtigt.

[183] Prüfenswert ist die Anregung von *Dünnebier* (Fn. 124), S. 48f., Untersuchungshaft und Haftsurrogate durch freiwillige Unterwerfung unter eine zu erwartende Strafe oder andere Urteilsfolgen (Unterstellung unter einen Bewährungshelfer) zu ersetzen. Dazu mit eingehenden Hinweisen auf das schweizerische Recht *Schubarth,* Zur Rechtsnatur des vorläufigen Strafvollzuges, Schweizerische Zeitschrift für Strafrecht, Bd. 96 (1979), S. 295ff.

[184] Es geht dabei nicht um eine Verkürzung des Rechtsschutzes. Doch beruht das gegenwärtige System auf verschiedenen, nicht ausreichend koordinierten Entwicklungsschichten der StPO. Es ist zersplittert, nicht unbedingt effektiv, unübersichtlich und kann den Verfahrensfortgang bis zur Lähmung hemmen.

[185] *Dünnebier* (Fn. 124), S. 46f.; LR-*Dünnebier,* § 119 Rdn. 11 bis 13.

[186] Dazu *Fezer* (Fn. 138); *Rieß* (Fn. 4), S. 434.

[187] Auch das neuere Reformschrifttum vertritt zwar die Auffassung, die Stellung des Beschuldigten im Ermittlungsverfahren sei verbesserungsbedürftig (z. B. *Beulke* – Fn. 153 –, S. 46; *Müller* – Fn. 81 –, S. 1067), läßt aber abgesehen von einigen Einzeluntersuchungen (so etwa *Fezer* – Fn. 138 –) ein auffallendes Desinteresse an der Entwicklung umfassender Reformvorstellungen erkennen (vgl. aber *Kaiser* – Fn. 27 –, S. 77ff.), das im merkwürdigen Gegensatz zu der lebhaften Diskussion über die Reform des Hauptverfahrens, der Rechtsmittel und der Wiederaufnahme steht. Die eifrig erörterten Teilfragen Stellung der Staatsanwaltschaft und Verhältnis Staatsanwaltschaft und Polizei (vgl. Fn. 30) sind zwar nicht unwichtig, erschöpfen aber die Reformproblematik bei weitem nicht.

In der empirisch orientierten Strafprozeßlehre ist heute Allgemeingut, daß dem Ermittlungsverfahren eine weitaus größere und selbständige Bedeutung zukommt und daß es eine stark prägende Wirkung für den weiteren Verfahrensablauf entfalten kann. *Peters* hat in seiner Untersuchung über das Fehlurteil im Strafprozeß nachgewiesen, in welchem Umfang Ermittlungsfehler im Vorverfahren Fehlurteile hervorrufen können[188]. Angesichts der verhältnismäßig geringen Freispruchsquote im gerichtlichen Verfahren bedeutet die Entscheidung über die Anklageerhebung am Ende des Ermittlungsverfahrens und damit auf der Basis der Qualität der Ermittlungen für den Beschuldigten die hohe Wahrscheinlichkeit, auch verurteilt zu werden, die Entscheidung über die Einstellung in aller Regel die Nichtdurchsetzung des materiellen Strafrechts. Bleibt – wie hier vorgeschlagen – auch im zukünftigen Strafverfahren die Aktenkenntnis des erkennenden Gerichts erhalten, so ändert sich von dieser Seite her an der Bedeutung des Ermittlungsverfahrens nichts. Mit einem rechtsstaatlichen und justizförmigen Strafverfahren ist es nicht zu vereinbaren, dem Beschuldigten effektive Verteidigungsmöglichkeiten im Ermittlungsverfahren vorzuenthalten.

Dies kann allerdings nicht durch Übertragung von Maximen, Institutionen und Gewährleistungen des Hauptverfahrens erreicht werden. Das Ermittlungsverfahren ist aufgrund sachlogischer Vorgegebenheiten anders strukturiert als das Hauptverfahren[189]. Es ist seinem Schwerpunkt nach Stoffsammlungsphase, wenn auch entscheidungsorientiert und am Ende Entscheidungen ermöglichend, und kann – soll nicht anders ein „Vorermittlungsverfahren" mit gleicher Problematik die notwendige Folge sein – weder in den Einleitungsvoraussetzungen noch in seiner thematischen Bestimmung noch in seinem Ablauf und in seinen Rechtskraftwirkungen auch nur annähernd den Formalisierungsgrad des Hauptverfahrens erreichen. Das für die Hauptverhandlung typische Dreiecksverhältnis der vor einem unabhängigen Richter agierenden Kläger und Beklagten läßt sich für das Ermittlungsverfahren im Ganzen nicht herbeiführen. Seine Strukturmerkmale sind: ein geringer Anfangsverdacht als Auslöser, formloser Freibeweis, nur vage thematische Begrenzung und damit erhebliche Stoffülle, Verdachtsverstärkung oder Verdachtsverminderung als Verfahrensziel und Zusammenfall des inquirierenden mit dem entscheidenden Organ. Sie sind nur in Grenzen zu verändern. Folglich kann das Ziel der Reform hier nicht gleichartige, sondern nur gleichwertige Rechtsschutzgewährung sein.

Davon abgesehen ist das Ermittlungsverfahren im Interesse der Gewährleistung wirksamer Verbrechensbekämpfung einer schrankenlosen

[188] *Peters* (Fn. 52), insbes. Bd. II, S. 195 ff.

[189] Und das Hauptverfahren kann seine eigenständige Struktur nur deshalb bewahren, weil ihm ein besonderes Ermittlungsverfahren vorgeschaltet ist.

Verstärkung der Verteidigungsbefugnisse nicht zugänglich. Die Gefährdung des Untersuchungszwecks als Grund für die Versagung von Befugnissen ist unverzichtbar.

In dieser schwierigen und zielkonfliktsträchtigen Situation bietet die Beibehaltung des Eröffnungsverfahrens und sein Ausbau einen gewissen Ausweg[190]. Mit ihm läßt sich vor der Durchführung der Hauptverhandlung die Entscheidung des unbeteiligten Dritten erreichen; es ermöglicht höhere Formalisierungsgrade und die konzentrierte Verteidigung gegen das Ermittlungsergebnis.

Leitsatz 47: In der Legalordnung der Strafprozeßordnung ist die selbständige Bedeutung des Ermittlungsverfahrens zu verdeutlichen. Es darf nicht allein als ein Abschnitt des Verfahrens im ersten Rechtszug angesehen werden, der nur der Vorbereitung der öffentlichen Klage dient.

Leitsatz 48: Anlaß für das Ermittlungsverfahren ist bereits das Vorliegen zureichender tatsächlicher Anhaltspunkte für eine Straftat; ein höherer Verdachtsgrad ist nicht zu vertreten. Sein doppeltes Ziel ist die Gewinnung aller erforderlichen Informationen für die an seinem Ende stehende Selektion und ihre Bewahrung für das (eventuelle) Hauptverfahren. Für diese Informationsgewinnung gilt regelmäßig Freibeweis; höhere Formalisierungsgrade können angebracht sein, wenn abzusehen ist, daß die Ergebnisse für die Hauptverhandlung relevant werden.

Leitsatz 49: Bei Straftaten, die typischerweise keinen individuellen Verletzten aufweisen, ist stärker darauf hinzuwirken, daß den Strafverfolgungsorganen Verdachtsumstände bekannt werden; zu diesem Zweck ist auch die Einführung gesetzlicher Anzeige- und Mitteilungspflichten bei Straftaten von hoher Sozialschädlichkeit in Betracht zu ziehen[191].

Leitsatz 50: Im Ermittlungsverfahren sind objektiv die be- und entlastenden Informationen zu erheben. Der Beweiserhebungsanspruch des Be-

[190] Das Eröffnungsverfahren ist seit jeher umstritten (vgl. die Nachweise bei LR-*Meyer-Goßner,* Vor § 198 Rdn. 11 bis 14; *Roxin* – Fn. 69 –, S. 216), verdient aber gerade wegen der hier beschriebenen und bei der Reform zu aktivierenden Funktion nicht die verbreitete negative Bewertung (wie hier *Fezer* – Fn. 138 –, S. 420f. und *Grünwald* – Fn. 147 – S. C 48f.). Abzulehnen ist insbesondere aus den von *Meyer-Goßner* (Rdn. 14) dargelegten Gründen auch die Einführung eines vom erkennenden Gericht personenverschiedenen Eröffnungsrichters (abweichend *Roxin* – Fn. 94 –, S. 61 f.; *Schöch* – Fn. 94 –, S. 64; *Schünemann* – Fn. 28 –, S. 172). Die bei *Kaiser* (Fn. 27), S. 98 vorgenommene Verknüpfung zwischen Abschaffung der gerichtlichen Voruntersuchung und Beseitigung des Zwischenverfahrens leuchtet nicht ein.

[191] In Betracht kommen namentlich einige Formen der Wirtschaftskriminalität (etwa Subventionsbetrug). Vgl. dazu *Tiedemann,* Welche strafrechtlichen Mittel empfehlen sich für eine wirksame Bekämpfung der Wirtschaftskriminalität, Gutachten für den 49. DJT, Verh. d. 49. DJT, 1972, Bd. I, S. C 99ff.

schuldigten[192] ist zu verstärken; zumindest eine Bescheidungspflicht der Staatsanwaltschaft über seine Beweisanträge ist zu erwägen[193]; ob die Möglichkeit einer Anrufung des Gerichts gegen die Ablehnung beantragter Beweiserhebungen geschaffen werden soll, ist noch zu prüfen[194]. Bei der Verwendung von Sachbeweismitteln ist die Einwirkungsmöglichkeit des Beschuldigten in besonderem Maße zu gewährleisten[195].

Leitsatz 51: Die Ermittlungen über die Täterpersönlichkeit im Ermittlungsverfahren sind zu intensivieren. Ein verstärkter Einsatz hierfür speziell ausgebildeter Ermittlungsorgane (Gerichtshilfe) ist anzustreben; das Recht des Beschuldigten, die Mitwirkung an der Sachaufklärung zu verweigern, darf dadurch nicht beeinträchtigt werden.

Leitsatz 52: Dem Beschuldigten ist möglichst frühzeitig Gelegenheit zu seiner Verteidigung zu geben[196].

Leitsatz 53: Der genügende Anlaß zur Erhebung der öffentlichen Klage = hinreichender Tatverdacht bedeutet hohe Verurteilungswahrscheinlichkeit und ist daher als dringender Tatverdacht zu interpretieren. An dieser hohen Verurteilungswahrscheinlichkeit als Anklagevoraussetzung ist festzuhalten[197].

Leitsatz 54: Das gerichtliche Zwischenverfahren mit einem positiven Eröffnungsbeschluß ist beizubehalten. Die Verpflichtung zur ergänzenden Beweisaufnahme zur Vorbereitung der Eröffnungsentscheidung sollte deutlicher gemacht werden. Eine Trennung zwischen eröffnendem und erkennendem Gericht würde die Filterwirkung des Eröffnungsverfahrens gefährden; sie ist deshalb abzulehnen.

[192] Zur Entwicklung des Beweiserhebungsanspruchs im Vorverfahren in der bisherigen Novellengesetzgebung und zur Reformgeschichte *Rieß* (Fn. 4), S. 419ff.

[193] Dafür u.a. *Beulke* (Fn. 153), S. 46; *Fezer* (Fn. 138), S. 415ff.; *Müller* (Fn. 81), S. 1067.

[194] So *Müller* (Fn. 81), S. 1067; skeptisch *Fezer* (Fn. 138), S. 418.

[195] Vorschläge zur Verbesserung der Befugnisse des Beschuldigten bei der Sachverständigenbestellung im Vorverfahren z.B. bei *Grünwald* (Fn. 147), S. C40f.

[196] Vgl. *Müller* (Fn. 81), S. 1067. Wenn der geltende § 163a Abs. 1 StPO bestimmt, der Beschuldigte sei spätestens *vor* dem Abschluß der Ermittlungen zu vernehmen, so liegt *dieser* Zeitpunkt jedenfalls zu spät.

[197] Im Ansatz verfehlt sind die Schlußfolgerungen, die *Blankenburg-Sessar-Steffen* (Fn. 27) S. 248ff. aus dem Umstand ziehen, daß von der Staatsanwaltschaft angeklagte Fälle nicht regelmäßig zur Verurteilung kommen und daß beweisschwierige Verfahren häufiger zum Freispruch führen. Hieraus zu schließen, daß für den Staatsanwalt die Durchsetzung des Strafanspruchs wichtiger sei als die Beweislage und daraus eine „Versuchsballontheorie" zu entwickeln (S. 260), ist schon deshalb unzulässig, weil die Anklage- und Eröffnungsvoraussetzung des bloßen Tatverdachts (auch eines dringenden) normativ niedriger liegt als die Verurteilungsvoraussetzung der Überzeugung. Die empirischen Ergebnisse beweisen nicht mehr, als daß Staatsanwaltschaft und Gericht das geltende Recht anwenden.

8. Zur Ausgestaltung des erstinstanzlichen gerichtlichen Verfahrens. Über die Reform des erstinstanzlichen Hauptverfahrens ist eine intensive rechtspolitische und rechtswissenschaftliche Diskussion geführt worden, die die wesentlichen Alternativen und Implikationen herausgearbeitet hat[198]. Dabei hat sich in mehreren Fragen ein verhältnismäßig breiter Konsens gebildet, dem die nachfolgenden Leitsätze in vielen Punkten folgen. Einigkeit besteht zunächst darüber, daß die volle Ausschöpfung aller Erkenntnismöglichkeiten unter Verwendung auch der Ergebnisse des Ermittlungsverfahrens für das erkennende Gericht erhalten bleiben muß, mit anderen Worten, daß Aktenkenntnis für den Verhandlungsleiter unerläßlich ist[199]. Ein lediglich die von den Beteiligten präsentierten Beweise entgegennehmender, auf eine mehr schiedsrichterliche Rolle beschränkter Richter wird als Reformmodell nicht ernsthaft vertreten. In diesem Rahmen der Beibehaltung von Aktenkenntnis und Amtsaufklärungsprinzip, die beide untrennbar miteinander verbunden sind, geht es bei der strukturellen Reform der Hauptverhandlung im wesentlichen um drei Dinge: in ihr Freiräume zu öffnen, in denen die täterorientierte Komponente der Entscheidungsfindung deutlicher berücksichtigt werden kann (Zweiteilung der Hauptverhandlung durch ein Schuldinterlokut[200] und Einbau der Gerichtshilfe); durch eine Veränderung der Rollenzuweisungen der Prozeßbeteiligten Verteidigung und Anklagebehörde stärker in das Wahrheitsfindungsgeschehen einzubinden und dadurch die Kommunikation zu verbessern (Übertragung von Inquisitionsaufgaben auf Anklage und Verteidigung[201]) und den Persönlichkeitsschutz der Prozeßbeteiligten zu verstärken (Einschränkung der Öffentlichkeit). Diesen Reformvorstellungen liegen Hypothesen zugrunde, die teilweise empirisch überprüfbar sind[202]. Die ersten Ergebnisse sind ermutigend. Sie beweisen die

[198] Vgl. aus dem allmählich unübersehbar werdenden Schrifttum nur mit jeweils weit. Nachw. *Dölling* (Fn. 52); *Herrmann* (Fn. 53); *Roxin* (Fn. 94) und (Fn. 65), S. 234 ff.; *Schöch* (Fn. 94); *Schünemann* (Fn. 28).

[199] *Roxin* (Fn. 94), S. 56; *Schöch* (Fn. 94), S. 65.

[200] Die fast ausschließlich befürwortende (ablehnend nur *Heinitz,* Zweiteilung der Hauptverhandlung, Festgabe von Lübtow, 1970, S. 835 ff.; zurückhaltend *Gössel* – Fn. 135 –, S. 185) Literatur ist ungewöhnlich umfangreich. Ausführliche Nachweise bei *Dölling* (Fn. 52); Übersicht bei *Schreiber-Schöch,* Ist die Zweiteilung der Hauptverhandlung praktikabel? ZRP 1978, 62 ff.

[201] Für das Konzept des „Wechselverhörs" namentlich *Roxin* (Fn. 94), S. 59 ff. und näher in Auseinandersetzung mit der scharf ablehnenden Stellungnahme *Schünemanns* (Fn. 28) in Festschrift Schmidt-Leichner (Fn. 34), S. 145 ff. Zu *Schünemanns* Gegenkonzeption einer Protokollierung der Zeugenaussagen und der Abgabe von „Statements" kritisch *Schöch* (Fn. 94), S. 74.

[202] Bisher erschienen die ausführliche Untersuchung von *Dölling* (Fn. 52) zur Zweiteilung der Hauptverhandlung. Über weitere Aktivitäten und erste Ergebnisse unterrichtet *Schöch* (Fn. 94).

Praktikabilität der Zweiteilung der Hauptverhandlung und ihren Nutzen[203].

Die hier geforderte Umstrukturierung der Hauptverhandlung soll den Wahrheitsfindungsprozeß in der Tatsacheninstanz verbessern. Zweiteilung der Hauptverhandlung und Verlagerung von inquirierenden Aufgaben auf Verteidigung und Anklagevertretung bedeuten eine höhere Formalisierung der Hauptverhandlung; Mehraufwand kann die Folge sein[204]. Die Umsetzung dieses Teils der Reform in die Realität setzt eine tiefgreifende Veränderung der Handlungsmuster und der Handlungsgewohnheiten bei den Mitgliedern des Rechtsstabes voraus. Es ist vorauszusehen, daß all dies nicht unerhebliche Widerstände hervorrufen wird[205]. Sie würden unüberwindbar, wenn die Reformkonzeption zu weit ausgreifen würde. Die Durchsetzbarkeit sollte daher gerade hier im Blick behalten werden; die jeweils kleinste, das Reformziel noch erreichende Lösung erscheint die realistischste. Daraus sind folgende Konsequenzen zu ziehen:

(1) Hat die Reform das Ziel, den Wahrheitsfindungsprozeß in der ersten Instanz zu optimieren, so kann die Rechtsmittelüberprüfung ihn nicht wiederholen, sondern muß auf Kontrolle angelegt sein. Das legt den Verzicht auf die Berufung dort nahe, wo die Hauptverhandlungsreform verwirklicht wird.

(2) Die neuen Institute, namentlich Wechselverhör und Zweiteilung der Hauptverhandlung, sind nicht dogmatisch zu verabsolutieren, sondern pragmatisch und funktionsbezogen einzusetzen[206]. Das erfordert flexible Lösungen, die Ausnahmen zulassen. Wegen des Behar-

[203] *Dölling* (Fn. 52). Zusammenfassung der Ergebnisse auch bei *Schreiber-Schöch* (Fn. 200) und *Schöch*, Strafzumessung und Persönlichkeitsschutz in der Hauptverhandlung, Festschrift Bruns, 1978, S. 457 ff.

[204] Zum Mehraufwand beim Schuldinterlokut eingehend *Dölling* (Fn. 52), S. 218 ff. Der von ihm für die Hauptverhandlungsdauer errechnete Mehraufwand von 30 % läßt sich nicht ohne weiteres verallgemeinern und rechtfertigt vor allem nicht den Schluß auf eine insgesamt zu erwartende erhebliche Verfahrensverzögerung (*Schöch* –Fn. 94 –, S. 62). Angesichts der verhältnismäßig kurzen Dauer der Hauptverhandlung in allen untersuchten Verfahren, die nur Verhandlungen vor Schöffengerichten und Einzelrichtern betrafen, kann vor allem nicht unterstellt werden, daß die ohnehin aufwendigeren Verhandlungen vor der Strafkammer in gleicher Weise verlängert würden. Völlig ungesichert und eher unwahrscheinlich erscheint mir der von *Dölling* (S. 233 f.) rechnerisch bei Einführung der Zweiteilung ermittelte Richtermehrbedarf (vgl. die Hinweise von Blankenburg, Zur neueren Entwicklung der Justiz, DRiZ 1979, 197 ff. (201), daß Richterarbeit ohne zwingendes Normalmaß dehnbar oder kontrahierbar sei, was freilich nicht unbegrenzt gelten wird).

[205] Zur negativen Bewertung des Schuldinterlokuts in der Praxis *Achenbach*, Das Schuldinterlokut und die justitielle Praxis, MSchKrim. 1977, 242 ff.; *Schöch* (Fn. 94), S. 59 f.

[206] Deshalb unrealistisch die ein zweigeteiltes Ermittlungsverfahren und eine Zäsur nach dem ersten Teil der Hauptverhandlung einschließenden Vorschläge von *Dahs jun.*, Praktische Probleme des Schuldinterlokuts, GA 1971, 353 ff. Bedenklich auch die Forderung von *Roxin* (Fn. 94), S. 68, die Ermittlungsakten zu den persönlichen Verhältnissen dem Gericht

rungsvermögens der Praxis muß allerdings eine normative Priorität für die neuen Rechtsinstitute erkennbar sein[207].

(3) Der Mehraufwand durch erhöhte Formalisierung sollte teilweise dadurch ausgeglichen werden, daß die aufwendigen Prozeßmaximen der Unmittelbarkeit und Mündlichkeit unter Berücksichtigung funktioneller Zusammenhänge relativiert werden.

(4) Die einfachen und unproblematischen Fälle mit geringer Sanktionserwartung sind durch ein vereinfachtes Verfahren zu erledigen[208]. Dieses wird statistisch die überwiegende Zahl aller Verfahren erfassen.

Leitsatz 55: Für alle bedeutenderen Verfahren ist die mündliche, den Regeln des Strengbeweises unterliegende Hauptverhandlung beizubehalten.

Leitsatz 56: Es ist jedoch zu erwägen, dem erkennenden Gericht über das geltende Recht (§§ 206 a, 206 b StPO) hinaus die Möglichkeit zu geben, die Sache im schriftlichen Verfahren durch Beschluß zu beenden, wenn eine mündliche Hauptverhandlung zur Aufklärung offensichtlich nicht geboten ist[209].

Leitsatz 57: Der Amtsaufklärungsgrundsatz ist beizubehalten. Die Aufgabe der Verhandlungsleitung obliegt dem Vorsitzenden.

Leitsatz 58: Verteidigung und Anklagevertretung sollten stärker an der Erhebung der Beweise beteiligt werden. Die zu diesem Zweck entwickelte Konzeption des Wechselverhörs erscheint zur Zeit der hierfür geeignetste Ansatz, muß aber noch weiter überprüft werden.

Leitsatz 59: Die Hauptverhandlung soll regelmäßig in zwei Abschnitten ablaufen. Es ist gesetzlich vorzuschreiben, daß der erste Abschnitt sich auf die Aufklärung der dem Angeklagten vorgeworfenen Tat beschränkt; die Frage der Schuldfähigkeit soll im ersten Abschnitt nur behandelt werden, wenn dies zur Tataufklärung oder aus anderen wichtigen Gründen gebo-

erst zu Beginn des zweiten Abschnitts der Hauptverhandlung vorzulegen. Auch der Anregung von *Krauß* (Fn. 66), S. 431, im zweiten Verhandlungsteil die Entscheidung weitgehend Sozialisierungs- und Vollzugsfachleuten zu übertragen, ist abgesehen von ihrer rechtsstaatlichen Bedenklichkeit aus mancherlei Gründen nicht realistisch.

[207] Eine Vorschrift, die wie etwa Art. 173 der neuen Strafprozeßordnung des Kantons Appenzell A. Rh. vom 30. April 1978 lediglich bestimmt, das Gericht *könne* „beschließen, daß über die Feststellung der Schuld und die Ausfällung der Strafen und Maßnahmen getrennt verhandelt und beraten wird", dürfte kaum Änderungen im Prozeßverhalten bewirken können.

[208] Näher unten, III 10.

[209] In Betracht käme eine solche Verfahrensweise etwa bei Rückverweisungen durch das Revisionsgericht, die sich nur noch auf Nebenfolgen oder nachträgliche Gesamtstrafenbildungen beziehen. Der Gesetzgeber wird die Voraussetzungen dieses Verfahrens, das Ausnahmecharakter haben soll, eng fassen müssen.

ten ist. Der zweite Abschnitt dient der Aufklärung der für die Rechtsfolgenzumessung bedeutsamen Umstände in der Person des Täters.

Leitsatz 60: Auf Antrag eines Prozeßbeteiligten muß, andernfalls kann das Gericht am Ende des ersten Abschnittes der Hauptverhandlung besondere Schlußvorträge anordnen und über die Tatfrage getrennt beraten und durch einen mündlich zu begründenden Zwischenbescheid entscheiden. Er ist nicht gesondert anfechtbar und bindet nicht für das weitere Verfahren[210]; jedoch entscheidet das Gericht über Beweisanträge zur Tatfrage im zweiten Teil nach freiem Ermessen.

Leitsatz 61: Der zweite Teil der Hauptverhandlung ist grundsätzlich nicht öffentlich. Auf Verlangen des Angeklagten ist die Öffentlichkeit herzustellen. Auch für den ersten Teil der Hauptverhandlung sind die Voraussetzungen für den Ausschluß der Öffentlichkeit zu erleichtern[211].

Leitsatz 62: Von einer bestimmten Sanktionsschwere an ist in der Hauptverhandlung ein Vertreter der Gerichtshilfe zu hören[212].

Leitsatz 63: Eine Einschränkung der Unmittelbarkeit der Beweisaufnahme in folgender Richtung ist zu erwägen: Verwertbarkeit polizeilicher und staatsanwaltschaftlicher Niederschriften und sonstiger schriftlicher Mitteilungen von Zeugen bei Einverständnis aller Prozeßbeteiligten nach pflichtgemäßem Ermessen des Gerichts, weitgehende Verwertbarkeit schriftlicher Sachverständigengutachten; Verlesung von Urkunden nur noch auf Antrag eines Prozeßbeteiligten.

Leitsatz 64: Das gegenwärtige Beweisantragsrecht, das unmittelbare Ladungsrecht, die Pflicht zur Verwendung präsenter Beweismittel und das Fragerecht sind grundsätzlich beizubehalten.

Leitsatz 65: Anzustreben ist eine zuverlässige Dokumentation der Beweisaufnahme in der Hauptverhandlung; sie könnte sowohl die Kontrollmöglichkeiten im Rechtsmittelverfahren erweitern[213] als auch den Kommunikationsprozeß in der Hauptverhandlung verbessern[214]. Die Möglichkeiten des Wortprotokolls oder einer diktierten Zusammenfassung der Aussage und ihre Auswirkungen auf Stil und Ablauf der Hauptverhandlung sollten deshalb näher geprüft werden.

[210] Abweichend für eine beschränkte Bindung *Roxin* (Fn. 94), S. 72; *Schöch* (Fn. 94), S. 64. Die Untersuchung von *Dölling* (Fn. 52), S. 137 ff. macht jedoch kein Bedürfnis für eine solche, gesetzestechnisch nur kompliziert zu verwirklichende Bindung deutlich.

[211] *Schöch* (Fn. 94), S. 72 ff.

[212] *Schöch* (Fn. 94), S. 71 f.

[213] Dazu *Dahs*, Die Urteilsrüge – ein Irrweg, NJW 1978, 1551 ff. (1554); *Rieß* (Fn. 46), ZRP 1979, 195.

[214] *Schünemann* (Fn. 28); skeptisch *Roxin* (Fn. 34), S. 152, 156; *Schöch* (Fn. 94), S. 74.

9. Zur Ausgestaltung der Rechtsbehelfe

a) Die anhand konkreter Entwürfe in den letzten Jahren geführte sehr ausführliche Diskussion zur *Rechtsmittelreform*[215] hat einen breiten Konsens für die Beibehaltung des bisherigen Rechtsmittelsystems gegen Urteile gebracht[216]. Ihm ist unter dem Aspekt einer isolierten Reform des Rechtsmittelsystems durch ein Teilreformgesetz zuzustimmen; bei einer Gesamtreform kann diese Abstinenz allerdings nicht aufrechterhalten werden. Die hier zugrundegelegte Verbesserung der erstinstanzlichen Hauptverhandlung erfordert notwendig eine Konzentration der Rechtsmittel gegen Urteile, deren Ausgestaltung, da an anderer Stelle näher begründet[217], hier nur knapp umrissen zu werden braucht:

Leitsatz 66: Die Berufung kommt als Rechtsmittel überall dort nicht in Betracht, wo das erstinstanzliche Verfahren in der hier vertretenen Richtung reformiert wird.

Leitsatz 67: Insoweit ist gegen erstinstanzliche Urteile als einziges Rechtsmittel eine am Ziel der Einzelfallgerechtigkeit orientierte und nach diesem Ziel gesetzlich auszugestaltende Revision vorzusehen. Es bedarf noch weiterer Prüfung, ob der Gesetzgeber neben der Rüge der Gesetzesverletzung eine zusätzliche „Tatsachenrüge“ einführen soll.

Leitsatz 68: Für den von der Reform der Hauptverhandlung auszunehmenden Bereich kleinerer Kriminalität (Strafrichtersachen) ist die Berufung beizubehalten. Für das Berufungsverfahren gelten die für die Hauptverhandlungsreform entwickelten Grundsätze.

b) Auch das *Wiederaufnahmerecht* ist ein in der jüngeren Reformdiskussion außerordentlich intensiv behandeltes Thema, zu dem eine Reihe von konkreten Vorschlägen vorliegt[218]. Die rechtsfriedenssichernde Aufgabe des Strafverfahrens erfordert es, am Ausnahmecharakter der Wiederaufnahme festzuhalten. Wichtiger als die – mit diesem außerordentlichen Rechtsbehelf stets nur unvollkommen mögliche – Korrektur von Fehlur-

[215] Zur Reformdiskussion etwa die Übersichten bei *Fezer* (Fn. 50), S. 6 bis 12; *Peters* (Fn. 45); *Rieß,* Referat für die Abteilung Strafprozeß des 52. DJT, Verh. d. 52. DJT, Bd. II S. L 10ff.; *Tröndle,* Zur Reform der Rechtsmittel im Strafverfahren, in: Probleme der Strafprozeßreform, 1975, S. 73ff. Die die Verhandlungen des 52. DJT vorbereitende literarische Diskussion ist bei *Rieß* (Fn. 46), ZRP 1979, 193, Anm. 2, 4 nachgewiesen.

[216] *Rieß* (Fn. 46), ZRP 1979, 194.

[217] Verh. d. 52. DJT, Bd. II, S. L 8 bis 34. An meinen dort aufgestellten und begründeten Thesen halte ich *im Grundsatz* für die Ausgestaltung der Rechtsmittel im Zuge der Gesamtreform insoweit fest, als sich mit der reformierten Hauptverhandlung keine Berufung verträgt und die Revision als Erstrechtsmittel im Interesse der Einzelfallgerechtigkeit bis an die Grenze ihrer Leistungsfähigkeit auszuschöpfen ist.

[218] Vgl. die Angaben in Fn. 50 und 53. Nachweis der Reformvorschläge auf dem neuesten Stand bei *Deml* (Fn. 50), S. 21ff.

teilen ist es, durch verbesserte Richtigkeitsgarantien im Ermittlungs- und Hauptverfahren die Gefahr von Fehlurteilen zu verringern.

Leitsatz 69: Die Möglichkeit der Wiederaufnahme des Verfahrens nach Rechtskraft ist beizubehalten. Zentraler Wiederaufnahmegrund soll die Erschütterung der tatsächlichen Grundlagen des angefochtenen Urteils sein.

Leitsatz 70: Bei der Ausgestaltung des Wiederaufnahmeverfahrens ist die Bedeutung der Zulässigkeitsprüfung zugunsten der Begründetheitsprüfung zu verringern[219]. Kompensatorische, sozialstaatliche Hilfen für den Verurteilten zur Vorbereitung eines Wiederaufnahmeverfahrens sind zu verstärken[220]. Es kann erwogen werden, den Wiederaufnahmeantrag mit Devolutivwirkung auszustatten.

Leitsatz 71: Grundsätzlich sollte eine Wiederaufnahme mit dem Ziel einer milderen Strafbemessung[221] weiterhin ausgeschlossen sein. Ausnahmen sind für das Vorliegen minder schwerer Fälle, für die Strafmilderung nach § 21 StGB und für den Wegfall von Einzelakten einer fortgesetzten Handlung zu erwägen[222].

Leitsatz 72: Es ist zu erwägen, die Wiederaufnahme zuungunsten des Verurteilten gänzlich zu beseitigen[223].

10. Vereinfachtes Verfahren[224]. Es gehört zu den einer Gesamtreform des Strafverfahrens zugrundezulegenden Realfaktoren, daß angesichts der Kriminalität als Massenerscheinung der notwendig an den Rechtsschutzbedürfnissen des schwierigen Verfahrens und der schweren Sanktionserwartung auszugestaltende Normalprozeß eine unökonomische und inadäquate Erledigungsform für einfach gelagerte Fälle und geringfügige Sanktionen darstellt. Kein Strafverfahren kann deshalb auf summarische Erledigungsformen verzichten, die rein zahlenmäßig gesehen den größten Teil der Verfahren erfassen. Das verfahrensrechtliche Hauptproblem derartiger vereinfachter Verfahrensarten ist die Darstellung und Entwicklung

[219] Näher *Deml* (Fn. 50), S. 82 ff.

[220] *Rieß* (Fn. 12), ZRP 1977, 76 ff.

[221] Zum Diskussionsstand mit Nachw. *Deml* (Fn. 50), S. 164 ff.

[222] Eine nicht im Zusammenhang mit der Wiederaufnahme stehende, deren Lösung aber beeinflussende Frage ist allerdings, in welchem Umfang die Rechtskraftwirkung auch der Sanktionsfeststellung generell eingeschränkt werden kann und soll. Wie weit die prognostische Grundlage der Sanktionsbemessung eine Einschränkung der Unabänderlichkeit der Entscheidung nahelegt und ob für eine Prognosekorrektur ein materiell-rechtlicher oder ein prozessualer Ansatz sachgerecht ist, ist eine bisher kaum behandelte und dringend erörterungsbedürftige Frage.

[223] Dazu mit eingehenden Nachweisen und für die Beibehaltung *Deml* (Fn. 50), S. 135 ff.

[224] Ausführlicher und mit weiteren Nachweisen *Rieß* (Fn. 89).

von Verfahrensabläufen, die dem Schwierigkeitsgrad der Sache gerecht werden. Diese Aufgabe ist unabhängig von der hier nicht näher zu erörternden Problematik der Entkriminalisierung von Bagatellunrecht; sie bliebe auch bestehen, wenn jene Aufgabe gelänge.

Bei den dem hier entwickelten Konzept zugrundeliegenden Änderungen der Hauptverhandlung und des Rechtsmittelsystems mit ihrem wesentlich erhöhten Formalisierungsgrad reicht das Strafbefehlsverfahren als im Augenblick einziges statistisch relevantes[225] vereinfachtes Verfahren nicht mehr aus. Die ihm zugrundeliegende reine Aktenlageentscheidung setzt ihm Grenzen, die deutlich unterhalb des Schwierigkeitsgrades und der Tatschwere liegen, für die die neue Hauptverhandlung funktionell erforderlich ist. Es erscheint deshalb notwendig, ihm ein vereinfachtes Verfahren mit mündlicher Verhandlung zur Seite zu stellen.

Leitsatz 73: Das Strafbefehlsverfahren ist beizubehalten; in ihm sind die Einflußmöglichkeiten des Beschuldigten auf die richterliche Entscheidung zu vergrößern, die Entscheidungsgrundlage zu verbessern und dem Richter ein größerer Entscheidungsspielraum einzuräumen[226].

Leitsatz 74: Neben dem Strafbefehlsverfahren ist ein vereinfachtes Verfahren mit mündlicher Verhandlung zu schaffen. Es ist anzuwenden, wenn der Sachverhalt einfach und keine höhere Strafe als Geldstrafe bis zu 90 Tagessätzen zu erwarten ist[227].

Leitsatz 75: Für dieses Verfahren empfiehlt sich: der Wegfall des formellen Eröffnungsbeschlusses, eine freiere Gestaltung des Verhandlungsablaufs, die Lockerung der Anwesenheitspflicht des Angeklagten, die Abschaffung des Beweisantragsrechts unter Beibehaltung des Amtsaufklärungsgrundsatzes und eine erhebliche Lockerung des Unmittelbarkeitsprinzips. Gegen die Urteile in diesem Verfahren ist Berufung gegeben.

11. Zu einigen gerichtsverfassungsrechtlichen Fragen

Leitsatz 76: Überwiegende Gründe sprechen dafür, eine Laienbeteiligung im Strafverfahren grundsätzlich beizubehalten. Die Mitwirkung von Laien erleichtert die Wiederherstellung des Rechtsfriedens und Abnahme

[225] *Rieß* (Fn. 89), S. 120 mit statistischen Angaben.

[226] Konkrete Vorschläge bei *Rieß* (Fn. 89), S. 132f. Für eine Verbesserung des rechtlichen Gehörs bereits *Eser*, Das rechtliche Gehör im Strafbefehls- und Strafverfügungsverfahren, JZ 1966, 660ff. (668); dazu auch *Hünerfeld* (Fn. 147), S. 923ff.

[227] Ähnlich, aber mit engerem Anwendungsbereich *Peters* (Fn. 45), S. 19ff. Positiv zu einem vereinfachten Verfahren mit mündlicher Verhandlung (entgegen der überwiegenden Kritik, vgl. die Nachweise bei *Rieß* – Fn. 89 –, S. 140, Anm. 48) auch *Ahrens* (Fn. 52), S. 248; *Naucke* (Fn. 152), S. 112; *Vogler* (Fn. 172), S. 169, freilich in Kombination mit der hier nicht vertretenen Konsequenz, § 153a StPO zu beseitigen.

der Entscheidung durch die Rechtsgemeinschaft. Am Schöffensystem ist festzuhalten.

Leitsatz 77: Die Möglichkeit von Spruchkörpern mit einem gesetzlich zugewiesenen besonderen Geschäftsbereich zum Zweck des besseren Einsatzes notwendigen Spezialwissens ist beizubehalten. Dagegen kommt weder in diesen Fällen noch bei einer Zweiteilung der Hauptverhandlung für den zweiten Verfahrensabschnitt eine Erweiterung des Gerichts durch „Sachverständige" auf der Richterbank in Betracht[228].

Leitsatz 78: Schöffengericht und Große Strafkammer sind in der gegenwärtigen Besetzung als Spruchkörper für das „normale Verfahren" beizubehalten. Für die Zuständigkeitsabgrenzung zwischen ihnen sollen in erster Linie der Umfang oder die Schwierigkeit des Verfahrens maßgebend sein[229].

Leitsatz 79: Der Strafrichter (Einzelrichter in Strafsachen) soll für die vereinfachten Verfahrensarten zuständig sein. Als Berufungsgericht gegen seine Entscheidungen ist die große Strafkammer vorzusehen.

Leitsatz 80: Die Revisionszuständigkeit ist zwischen dem Bundesgerichtshof und den Oberlandesgerichten aufzuteilen.

IV. Möglichkeiten einer Reformdurchführung

Der Versuch, möglichst detailliert Leitsätze für den Inhalt eines künftigen Strafverfahrens aufzustellen, zeigt, daß wir von einer Realisierungsmöglichkeit noch weit entfernt sind. Mehr als richtungsanzeigende Problemskizzen und Tendenzaussagen stellt die Mehrzahl von ihnen nicht dar; manche dürften einer kritischen Diskussion und Durchleuchtung letztlich nicht standhalten. Viele intrikate und im Detail höchst schwierige Einzelprobleme, die für die praktische Bewährung eines neuen Strafverfahrensrechts von entscheidender Bedeutung sein werden, mußten gänzlich unerörtert bleiben. Es erscheint ausgeschlossen, kurzfristig auf der Grundlage des gegenwärtigen für die verschiedenen Teilbereiche ausgesprochen ungleichgewichtigen empirischen und kriminalpolitischen Diskussionsstandes einen auch nur als Vorentwurf verwendbaren Gesamtentwurf eines neuen Strafverfahrensrechts zu erstellen. Angesichts der im ersten Abschnitt vorgenommenen Bestandsaufnahme kann dies nicht verwundern. Die Versäumnisse eines halben Jahrhunderts lassen sich nicht von heute auf morgen ausgleichen.

[228] So aber für das Schuldinterlokut *Krauß* (Fn. 66), S. 431.

[229] Dazu Verh. d. 52. DJT, 1978, Bd. II, Teil L, S. 23, 216f., sowie der Beschluß E 1 der Abteilung Strafprozeß (S. 224).

Schon die Vorbereitung einer Gesamtreform setzt die zur Zeit fragliche Bereitschaft der rechtspolitisch Verantwortlichen voraus, Arbeitskapazität und finanzielle Mittel alsbald und in der ungewissen Erwartung eines weitaus späteren Ertrages einzusetzen[230]. Diese Vorbereitung müßte sich über mehrere Legislaturperioden erstrecken und wäre im vorparlamentarischen Raum und ohne Bindung an Legislaturperioden zu leisten. Selbst ein konsensfähiger, auf seine praktische Realisierbarkeit und rechtspolitische und dogmatische Tragfähigkeit durchdiskutierter Gesamtentwurf, bei dem die Alternativkonzeptionen ebenfalls ausdiskutiert und auf ein Minimum reduziert worden sind, wird bei der beschränkten Arbeitskapazität überlasteter Parlamentsausschüsse nur unter Anstrengung in einer Legislaturperiode bewältigt werden können. Vor dieser Konzentration des Beratungsstoffes und der Meinungsverschiedenheiten den parlamentarischen Gesetzgeber mit einem Gesamtentwurf zu beschäftigen, wäre für dessen Verwirklichung und – da das Konzept der Gesamtreform durch Teilgesetze gescheitert ist – für die Gesamtreform insgesamt tödlich.

Die Vorbereitung kann weder allein von der Strafprozeßwissenschaft noch von der Ministerialbürokratie noch gar selbständig von den Verbandsorganisationen oder von den gesellschaftlichen und politischen Kräften geleistet werden. Andererseits ist die Mitwirkung aller dieser Kräfte unentbehrlich, weil nur auf diese Weise Konsensfähigkeit erreichbar ist. Rechtspolitik ist in einer pluralistischen Demokratie auch Interessenausgleich und Suche nach kompromißfähigen Lösungen, dies läßt sich nur in einem möglichst frühzeitigen Gespräch erreichen. An der Bildung einer großen Strafprozeßkommission dürfte deshalb bei aller begründeten Skepsis in bezug auf die Schwerfälligkeit von Kommissionsarbeiten kein Weg vorbeiführen[231]. Der dahin zielende Auftrag des Bundestages aus dem Jahre 1964[232] ist noch unerfüllt, er wäre nunmehr zu erfüllen. In dieser Kommission müßten Vertreter der politischen Parteien, der Berufsverbände der Richter, Staatsanwälte und Verteidiger, der Strafrechtswissenschaft im weitesten Sinne, der Landesjustizverwaltungen sowie Strafrechtspraktiker vertreten sein; der Ministerialbürokratie käme neben ihrer mitberatenden Aufgabe die wichtige Funktion der Koordinierung und Organisation zu.

Das weitgespannte Spektrum pluralistischer Meinungsvielfalt läßt sich allerdings trotz aller Bemühung um Repräsentativität in einer Kommission, deren Größe im Interesse ihrer Arbeits- und Konsensfähigkeit Grenzen gesetzt sind, nicht einfangen. Kommissionsergebnisse bedürfen

[230] Notwendig ist darüber hinaus die Bereitschaft, bis zur Gesamtreform die Novellengesetzgebung auf das Unerläßlichste zu reduzieren.

[231] Ebenso *Schreiber* (Fn. 43), S. 23.

[232] Fn. 35.

notwendig externer Kritik und der Aufstellung alternativer Entwürfe[233]; diese Kritik muß in die weiteren Kommissionsarbeiten einfließen. Der Umstand, daß die Reform des materiellen Strafrechts erst nach der Aufstellung von Alternativentwürfen verwirklicht werden konnte, sollte bei einer Prozeßreform von Anfang an Beachtung finden. Die Tätigkeit einer Kommission findet in der Bildung von Alternativgruppen ein notwendiges Gegengewicht.

Der Verfahrensablauf einer solchen durch Alternativentwürfe gestützten Kommissionsarbeit kann die in dem Konzept einer Gesamtreform durch Teilgesetze steckenden fruchtbaren Gedanken nutzen. Ihm liegt die sinnvolle Überlegung zugrunde, daß bei der insgesamt zu komplexen Aufgabe, in einem Arbeitsgang den weitgespannten Funktionsbereich Strafprozeß in allen Einzelheiten und Implikationen zu reformieren, durch eine Konzentration auf Teilbereiche die erforderliche Reduktion von Komplexität erzielt wird. Undurchführbar ist dieses Konzept nur dann, wenn es auf Verbindlichkeit der in den Teilgesetzen vorgeschlagenen Einzellösungen abzielt, ohne Korrekturmöglichkeiten bei Friktionen zu eröffnen, die bei der späteren Behandlung von Teilkomplexen deutlich werden. Diesen Schwierigkeiten ist eine Verfahrensweise nicht ausgesetzt, die Teilkonzepte in ihrer Vorläufigkeit als problematische Diskussionsentwürfe versteht und Korrekturen vorzusehen bereit und in der Lage ist. Deshalb erscheint die Erwägung *Vogels*[234] beachtenswert, Teilbereiche vorzubereiten und zur Diskussion zu stellen, aber erst nach Abschluß dieser Diskussion die neue Strafprozeßordnung abschließend zu behandeln.

Nach allem erscheint ein vierphasiges Vorgehen bei der Gesamtreform zweckmäßig.

(1) Die erste Phase nach der Bildung einer Kommission wäre einer Grundsatzdiskussion über die Ziele der Strafprozeßreform, der Aufstellung vorläufiger Richtlinien, einer Bestandsaufnahme und einem Arbeitsplan vorzubehalten. Die Ergebnisse dieser Grundsatzerörterung sollten der öffentlichen Diskussion zugänglich gemacht werden, damit schon hier Gegenpositionen erarbeitet werden können.

(2) In der zweiten Phase, für die ein beträchtlicher Zeitraum in Rechnung zu stellen wäre, müßte die Kommission für einzelne Abschnitte oder Problembereiche des Strafverfahrens nacheinander vorläufige Diskussionsentwürfe erstellen und veröffentlichen. Ihnen wären – sofern dies für notwendig gehalten wird – Alternativentwürfe gegenüberzustellen; die praktische Realisierung wäre durch breite Beteiligung der

[233] Zur Bedeutung von Alternativkonzeptionen für die Gesetzgebung näher *Noll* (Fn. 84), S. 107ff.

[234] NJW 1978, 1219 Anm. 30.

Praxis und, soweit möglich, durch empirische Untersuchungen zu überprüfen.

(3) In der dritten Phase wäre der eigentliche Gesamtentwurf zu erstellen. Dabei wären die bei der Erörterung der Teilentwürfe gewonnenen Erkenntnisse zu berücksichtigen und es müßten die notwendigen Korrekturen vorgenommen werden. Dabei wären auch die Grenzen der Konsensfähigkeit herauszuarbeiten. Wo im Grundsätzlichen unüberwindbare Meinungsverschiedenheiten bestünden, wären für die parlamentarische Gesetzgebung die Alternativen und ihre Konsequenzen deutlich zu machen.

(4) Letztlich muß auch das Schlußergebnis der Kommission einer nochmaligen ausführlichen rechtspolitischen Diskussion zugänglich sein. Das Fazit aus allem zu ziehen, ist die Aufgabe derer, die verfassungsrechtlich zur Gesetzesinitiative berufen sind.

Die mit diesem Konzept verbundenen zeitlichen Dimensionen sind exakt nicht vorhersehbar; sie werden jedoch beträchtlich sein. Es ist kaum anzunehmen, daß der Zeitaufwand wesentlich kürzer sein kann, als die rund 20 Jahre, welche von den ersten Vorarbeiten für die große Strafrechtsreform bis zu ihrem Abschluß vergangen sind[235]. Es geht um die Strafprozeßordnung des Jahres 2000, nicht um die von morgen oder übermorgen.

Der Verfasser ist sich bewußt, daß er hiermit ein anspruchsvolles Programm vorschlägt, dessen Chance, realisiert zu werden, in einer von Reformmüdigkeit geprägten Zeit gering eingeschätzt werden muß. Doch läßt sich mit Halbheiten und einer zu kurz gegriffenen Vorbereitung nur die Zahl der Fehlschläge um einen weiteren vermehren.

[235] Die Kommission für das Zivilprozeßrecht hat für ihre noch nicht abschließend legislatorisch umgesetzten Beratungen 11 Jahre (1964 bis 1975), die für das Recht der freiwilligen Gerichtsbarkeit zur Erarbeitung eines vollständigen Entwurfs 13 Jahre (1964 bis 1977) benötigt, obwohl beide auf die fünfjährigen Vorarbeiten der Kommission zur Vorbereitung einer Reform der Zivilgerichtsbarkeit (1955 bis 1960) zurückgreifen konnten. Die Arbeiten des Koordinierungsausschusses zur Vereinheitlichung der VwGO, der FGO und des SGG, also nicht zur umfassenden Reform dieser Verfahrensgesetze, nahmen einen Zeitraum von 5 Jahren (1971 bis 1976) in Anspruch.

Zur Tierhalterhaftung des § 833 BGB

Gerhard H. Schlund

Vorbemerkung: Man sollte meinen, daß die fast 80 Jahre alte Norm der Tierhalterhaftung des § 833 BGB heutzutage keine größeren ungelösten Fragen mehr aufwirft und die obergerichtliche wie höchstrichterliche Rechtsprechung hierzu mittlerweile eine einheitliche Auslegung gefunden haben müßte. Diese Vermutung widerlegt aber ein kurzer Blick in juristische Fachzeitschriften der jüngsten Vergangenheit. Die darin enthaltenen zahlreichen gerichtlichen Entscheidungen[1] und umfangreichen Aufsätze werfen ein bezeichnendes Licht auf eine offenbar nach wie vor hoch aktuelle Vorschrift.

So meint beispielsweise *Jürgen Bornhövd* in seinem Beitrag „Zur Tierhalterhaftung"[2], daß auf diesem auch für die Versicherungspraxis bedeutsamen Rechtsgebiet in neuerer Zeit eine Fülle von Gerichtsentscheidungen ergangen sei, die die Mühe lohnten, eine Art Zwischenbilanz auf „diesem teilweise noch im Fluß befindlichen Rechtsgebiet zu ziehen". Und *Erwin Deutsch* zeigt in seinem Beitrag „Der Reiter auf dem Pferd und der Fußgänger unter dem Pferd"[3] Irrwege der Rechtsprechung zur Haftung für die Tiergefahr auf.

Nachdem auch *Karl Schäfer* in der 10./11. Auflage des J. v. Staudingers Kommentar[4] eine umfangreiche Darstellung der Tierhalterhaftung gegeben hat, soll in seiner Festgabe – nach einer kurzen geschichtlichen Einführung – zu immer wieder aktuellen Problemen der Tierhalterhaftung im Sinne von § 833 BGB kurz Stellung genommen werden.

I. Zur Geschichte der Tierhalterhaftung

1. Die Haftung aus dem Gesichtspunkt der Haltung eines Tieres scheint uralt zu sein, denn schon das römische Recht kannte eine Tierhaftung. Sie

[1] Vgl. statt vieler: BGH NJW 1976, 2130, NJW 1977, 2158; neuerdings noch OLG Celle VersR 1979, 161; OLG Hamm VersR 1979, 580; OLG Koblenz VersR 1979, 655; LG Osnabrück VersR 1979, 459; LG Wiesbaden VersR 1979, 636.

[2] VersR 1979, 398 ff.

[3] NJW 1978, 1998 ff.

[4] Vgl. Recht der Schuldverhältnisse Bd. II 5. Teil §§ 823 bis 853, 1975, S. 112–138.

basierte auf einer Bestimmung der Zwölftafeln, wonach eine actio de pauperie für Tierschäden gegeben wurde. Dieser Norm zufolge hatte der Eigentümer das Haustier, welches Schaden angerichtet hatte, dem Verletzten herauszugeben („in noxam dedere"), oder aber den angerichteten Schaden in Geld wieder gutzumachen („noxam sarcire")[5]. Als Täter galt ursprünglich der Tierdämon[6], weshalb auch – anfänglich – nur eine Klagemöglichkeit gegen das Tier gegeben war. Erst später wurde diese Voraussetzung zum Erfordernis sublimiert, daß das Tier den Schaden entgegen seiner natürlichen Friedfertigkeit angerichtet haben müsse[7].

2. Während der erste Entwurf zum BGB den Tierhalter nur für nachgewiesenes Verschulden haften lassen wollte, wurde im weiteren Verlauf der Beratungen hiervon abgegangen und nach einem Vorschlag der 2. Kommission eine Gefährdungshaftung für Nicht-Haustiere und schließlich eine solche für alle Tiere im Gesetz verankert[8]. Jedoch erst mit der Novelle vom 30. 8. 1908[9] wurde, nachdem schon bald nach Inkrafttreten des BGB insbesondere im Interesse landwirtschaftlicher Kreise eine weitgehende Milderung der zuerst strengen Haftung angestrebt worden war, Satz 2 der jetzigen Fassung eingefügt[10].

Nunmehr gilt grundsätzlich die Gefährdungshaftung und als Ausnahme für Haustiere, die dem Erwerb usw. dienen, eine vermutete Verschuldenshaftung, die der Tierhalter aber durch den Nachweis sorgfältigen Verhaltens widerlegen kann.

II. Zum Begriff des Tierhalters in der Rechtsprechung. Das Gesetz spricht lediglich von demjenigen als zum Schadenersatz Verpflichteten, „welcher das Tier hält", und verzichtet damit auf eine klare Formulierung, was unter einem „Tierhalter" zu verstehen ist. Dies hatte zur Folge, daß der Begriff des Tierhalters anfänglich stark umstritten war[11]. Selbst wenn auch heute noch keine völlige Einmütigkeit darüber herrscht, so hat sich doch im Verlaufe der letzten fünf Jahrzehnte in Rechtsprechung und Lehre in etwa folgende Definition herausgebildet: Tierhalter ist, wer das Tier im eigenen Interesse *nicht* nur vorübergehend in *seinem Hausstand* oder in seinem *Wirtschaftsbetrieb* verwendet.

Das hindert jedoch nicht, auch denjenigen noch als Tierhalter anzusehen, der sein Tier einem anderen – auch längerfristig – in Pension gibt; hier

[5] Vgl. *E. Deutsch* a. a. O., 1999.

[6] Vgl. hierzu auch *Haase* JR 1973, 12.

[7] Vgl. *E. Deutsch* a. a. O. 1999.

[8] Vgl. hierzu *E. Deutsch,* a. a. O. 1999, sowie *Litten,* Die Ersatzpflicht des Tierhalters, 1905 S. 10 ff.

[9] RGBl. I S. 313.

[10] Vgl. hierzu Einzelheiten bei Staudinger-*Schäfer* a. a. O. Rd.Nr. 6 zu § 833, sowie bei *Bornhövd* a. a. O. 401.

[11] Vgl. hierzu Einzelheiten bei Staudinger-*Schäfer* a. a. O. Rd.Nr. 39 ff.

liegt die maßgebliche Betonung auf der Pflicht zur Verschaffung von Obdach und Unterhalt[12]. Die oberlandesgerichtliche Rechtsprechung hat aber auch als Nuancierung zum Tierhalterbegriff die Herrschaft über das Tier im Sinne einer Entscheidungsgewalt als wesentliches Kriterium angesehen[13]. Bedeutsam für die Haltereigenschaft ist danach, wem die Entscheidung über die Betreuung und letztlich das Leben – und damit die Existenz der Tiergefahr – zusteht[14].

Eine weitere „griffige" Definition des Tierhalters gibt auch die neuere Rechtsprechung des BGH[15], wonach im Regelfall für die Tierhaltereigenschaft entscheidend ist, wem die *bestimmende Herrschaft* über das Tier zusteht, wer somit über das „Wohl und Wehe" des Tieres entscheiden kann. Denn speziell bei der Tierhalterhaftung liege – so der BGH[16] – der Haftungsgrund „in der Unberechenbarkeit des Verhaltens eines Tieres und der dadurch hervorgerufenen Gefährdung von Leben, Gesundheit und Eigentum Dritter", der Tierhalter müsse daher „für all das einstehen, was infolge dieser tierischen Unberechenbarkeit an Schaden entsteht"[17].

III. Die spezifische Tiergefahr. Aus der Formulierung des § 833 BGB, der eine Tötung, Körperverletzung oder Gesundheitsbeschädigung eines Menschen oder die Beschädigung einer Sache „durch ein Tier" voraussetzt, folgerte man, daß der Schaden nicht nur lediglich adäquat kausal auf ein Tier zurückzuführen sein muß, sondern daß der Tierhalter nur für „spezifische" (= „typische") Tiergefahr einzustehen hat. D.h., der Schaden muß auf einen gefährlichen Ausbruch der tierischen Natur, auf der von keinem vernünftigen Wollen geleiteten Entfaltung der tierischen organischen Kraft, auf der selbständigen Entwicklung einer nach Wirkung und Richtung unberechenbaren tierischen Energie beruhen[18]. Damit fällt z. B. auch der Deckakt des männlichen Hundes als die Resultante der jeweiligen Triebkonstellation von Hündinnen und Rüden als „Wirklichkeit gewordene Tiergefahr" unter die Haftungsnorm des § 833 BGB[19].

IV. Zum Umfang des Schutzzwecks des § 833 BGB. Die Tierhalterhaftung – jedenfalls im Bereich der Gefährdungshaftung für Luxustiere –

[12] So BGH VersR 1978, 864, 865.

[13] Vgl. hierzu OLG Hamm VersR 1973, 1054; OLG Frankfurt VersR 1976, 1138.

[14] So *Bornhövd* a. a. O. 398.

[15] Vgl. VersR 1976, 1090, 1091; VersR 1976, 1176; VersR 1978, 515; sowie OLG Stuttgart VersR 1978, 1123, 1124.

[16] BGH, VersR 1976, 1090, 1091; vgl. hierzu auch *Bornhövd* a. a. O., 398.

[17] Zu Beispielen aus der Rechtsprechung, wer als Tierhalter angesehen wird, vgl. die Zusammenstellung bei *Geigel,* Der Haftpflichtprozeß 17. Aufl. 1979, Rd.Nr. 1 zu § 833 BGB.

[18] Vgl. hierzu BGH, VersR 1976, 2130, 2131; Erman-*Drees* 1. Bd. 6. Aufl. Rd.Nr. 4 zu § 833 BGB.

[19] So BGH VersR 1976, 2131.

stellt aufgrund des Wortlauts des § 833 Satz 1 BGB eine sehr weitgehende und rigorose Haftung dar. Dies nahmen in der Vergangenheit die Gerichte immer wieder zum Anlaß, den Tatbestand der Tierhalterhaftung vom *Schutzzweck* der Norm her etwas zu „reduzieren" und damit zu entschärfen. Dabei mag ihnen der Gedanke vorgeschwebt haben, daß der Geschädigte den Schutz der Tierhalterhaftung dann nicht mehr verdient, wenn er sich den Unfall selbst zuzuschreiben, er sein Unglück gewissermaßen selbst provoziert hat[20]. Aus diesem Grund schlossen sich einzelne Gerichte der These vom „sozialen Zwang" an[21]. Der BGH, der diese These verwarf[22], weil sie ihm zu unbestimmt war, wandte sich seinerseits mit dem nämlichen Bestreben, den Tatbestand der Gefährdungshaftung des § 833 Satz 1 BGB einzuschränken, der Auffassung zu, die im Kern auf eine *Interessenabwägung* hinausläuft, die den Tierhalter treffende Gefährdungshaftung beruhe auf der Schaffung einer Gefahrenquelle im *Interesse* des Tierhalters. Diese Ausgangslage sei dann nicht mehr vorhanden, wenn der Verletzte die Herrschaft über das Tier und damit die unmittelbare Einwirkungsmöglichkeit vorwiegend in *seinem* Interesse und in Kenntnis der damit verbundenen besonderen Tiergefahr übernommen habe[23].

Diese These wurde vor allem von der Literatur[24] als ebenfalls zu weitgehend bzw. als zu konturlos kritisiert.

In seiner Entscheidung vom 14. 7. 1977[25] führte daher der Bundesgerichtshof wörtlich aus: „Der Gedanke, den Umfang der Haftung einer Norm nach ihrem Schutzzweck zu begrenzen, soll und darf nicht zu einer Aufweichung der Gefährdungshaftung führen"[26]; um dann aber noch hinzuzufügen, das Kriterium der Interessenlage sei als Abgrenzungskriterium ebenso ungeeignet, wie der Begriff des „sozialen Zwanges"[27]. Damit stellt der Bundesgerichtshof klar, daß bei gleichwertiger Interessenlage zwischen Tierhalter und Verletztem die Tierhalterhaftung eingreife.

V. Möglichkeiten des Ausschlusses der Tierhalterhaftung. Als Ausschlußtatbestände sind verschiedene Möglichkeiten denkbar:

1. Einmal kann der Ausschluß der Haftung darauf beruhen, daß kein willkürliches (tierspezifisches) Verhalten des Tieres vorliegt, etwa wenn

[20] Vgl. hierzu Einzelheiten bei *Bornhövd* a. a. O., 399.

[21] Vgl. hierzu OLG Zweibrücken, VersR 1971, 864, 865; LG Duisburg VersR 1972, 475; LG Landau VersR 1976, 103; OLG Frankfurt VersR 1976, 1138.

[22] VersR 1977, 864, 865 ff.

[23] Vgl. BGH VersR 1974, 356, 357.

[24] Vgl. *Haase* JR 1974, 239; *Schmid* JR 1976, 274, 277 und *Bornhövd* JR 1978, 50, 53.

[25] VersR 1977, 864, 865; vgl. auch BGH VersR 1978, 515.

[26] VersR 1977, 864, 865; vgl. hierzu Einzelheiten bei *Bornhövd*, VersR 1979, 400.

[27] BGH VersR 1977, 865.

das Tier wie eine leblose Sache (als „tote Masse"[28]), rein mechanisch beim Schadensfall wirkt. So ist beispielsweise der Sturz eines Radfahrers, der gegen einen liegenden Hund gefahren war, ebenso wenig auf die Tiergefahr zurückgeführt worden[29], wie das Entgleisen eines Eisenbahnzuges durch Überfahren von Rindern, die auf den Gleisen standen[30]. Andererseits löst auch ein unter physiologischem Zwang handelndes Tier, das nur eine Reflexbewegung vollführt, keine Gefährdungshaftung im Sinne von § 833 BGB aus. Zu solchen physiologischen Zwängen sind beispielsweise erhebliche Schmerzempfindungen des Tieres bei zugefügten Verletzungen oder während des Verendungsvorganges gerechnet worden[31].

Schließlich tritt eine Tierhalterhaftung auch nicht ein, wenn das Tier sich nicht nach eigenem Trieb, sondern unter Anleitung eines Menschen bewegt[32].

2. Ein weiterer Ausschlußtatbestand der Haftung kann in einem *stillschweigenden* Verzicht oder in einem *vertraglichen* Ausschluß liegen.

Nach der Rechtsprechung, der auch die Lehre folgt[33], wurde nur unter ganz besonderen Umständen ein stillschweigender Haftungsausschluß angenommen; dann nämlich, wenn beispielsweise eine unentgeltliche Gefälligkeitsmitnahme einer Person auf einem von Tieren gezogenen Fuhrwerk stattfand[34], oder dort, wo jemand die volle Herrschaft über das Tier erhält – wie etwa beim Pferdetrainer[35], oder beim Stallmeister, der es übernimmt, ein Pferd zuzureiten und ihm das Steigen abzugewöhnen[36].

Abgelehnt wurde hingegen ein solcher stillschweigender Haftungsausschluß für *abhängige* Bedienstete des Halters[37], sowie für solche Personen, die an dem Tier eine Tätigkeit auszuführen haben, ohne daß dieses dabei unter ihrer vollen Herrschaftsgewalt steht – wie etwa beim Tierarzt[38] und dem Hufschmied[39].

[28] Vgl. Staudinger-*Schäfer* a. a. O. Rd.Nr. 18.

[29] RG Recht 1909, Nr. 1779 Anm. 19; vgl. hierzu neuerdings auch BGH VersR 1978, 515.

[30] OLG Königsberg, Recht 1908 Nr. 69.

[31] Vgl. hierzu *E. Deutsch* a. a. O., sowie RGZ 69, 399: der zum Zwecke des Kastrierens gefesselte und niedergeworfene Hengst machte Gegenbewegungen; LG Hechingen, VersR 1958, 733: der Hund, der mit dem Bolzengerät getötet werden soll, beißt den mit der Tötung beauftragten Tierarzt; OLG München, VersR 1978, 334: der Hund in der Vollnarkose verletzt den Tierarzt.

[32] Vgl. BGH NJW 1952, 1329; BGH VersR 1966, 1073; vgl. ferner Staudinger-*Schäfer* a. a. O. Rd.Nr. 20 ff. sowie *Geigel* a. a. O. Rd.Nr. 9 ff.

[33] Vgl. RG JW 1911, 28 sowie *Soergel-Siebert*, 10. Auflage Bd. 3 Rd.Nr. 20 zu § 833.

[34] So RGZ 65, 313; RGZ 67, 431.

[35] So RGZ 58, 410.

[36] So RG JW 1905, 143.

[37] So RGZ 50, 244: Kutscher.

[38] So RG SeuffA 67 Nr. 256.

[39] Vgl. BGH NJW 1968, 1932.

Grundsätzlich kann aber der Tierhalterhaftungsausschluß innerhalb der gesetzlichen Grenzen der §§ 276 Abs. 2, 138, 242 BGB und §§ 9ff., 24 AGBGes. auch auf einer *vertraglichen Vereinbarung* beruhen[40]; dies selbst dann, wenn der Halter gegen Haftpflicht versichert ist[41]. Ein ausdrücklicher Haftungsausschluß dürfte jedoch im täglichen Leben selten vorkommen[42].

3. Ein weiterer Ausschlußtatbestand liegt im *Handeln auf eigene Gefahr*, wie er sich in Ansätzen bereits in der früheren Rechtsprechung des Reichsgerichts zur Frage der Gefährdungshaftung bei Gefälligkeitsfahrten findet[43], wie er etwa auch für den Bereich der Gefährdungshaftung des KFZ-Halters seinen Niederschlag in § 8 a StVG gefunden hat[44] und wie er sich in einer umfangreichen – jedoch heftig kritisierten[45] – Rechtsprechung des BGH[46] fortsetzt[47].

4. Letztlich bietet § 833 Satz 2 BGB einen weiteren Enthaftungstatbestand. Handelt es sich nämlich beim Tier, das den Schaden verursacht hat, um ein Haustier, das dem Berufe, der Erwerbstätigkeit oder dem Unterhalte des Tierhalters zu dienen bestimmt ist, so tritt eine Ersatzpflicht nicht ein, wenn der Tierhalter entweder beweist, daß er bei der Beaufsichtigung des Tieres die im Verkehr erforderliche Sorgfalt beachtet hat, oder aber, daß der Schaden auch bei Anwendung dieser Sorgfalt entstanden wärc[48].

VI. Teilaspekte bei der Schadensregulierung im Rahmen der Tierhalterhaftung. Im Rahmen der Schadensregulierung bei der Tierhalterhaftung kann es zu mannigfaltigen Problemen kommen. Ein nicht unrealistisches Schadensproblem behandelt beispielsweise die Entscheidung des Landgerichts München I[49]. Kommt es nämlich zu einem Schaden an einem Tier, verursacht durch ein anderes – bei der Entscheidung des Landgerichts München I war es ein Pudel, der von einem Schäferhund erheblich gebissen und dadurch verletzt worden war –, so sind für die Schadensberechnungen folgende Überlegungen angezeigt:

[40] Vgl. Einzelheiten bei Staudinger-*Schäfer* a. a. O. Rd.Nr. 73ff.
[41] Vgl. RG Warn.Rspr. 08, 353.
[42] Vgl. Erman-*Drees* a. a. O. Rd.Nr. 21.
[43] Vgl. hierzu Einzelheiten bei *Soergel-Siebert* a. a. O. Rd.Nr. 22 zu § 833.
[44] Vgl. hierzu Vorbem. 49 vor § 823 bei *Soergel-Siebert* a. a. O.
[45] Vgl. *Bornhövd* a. a. O., 400.
[46] Vgl. in etwa BGHZ 34, 355, 360; VersR 1961, 427, 428; VersR 1963, 586, 587; VersR 1965, 496; sowie VersR 1974, 356; VersR 1977, 864, 865; VersR 1975, 137, 138.
[47] Vgl. *Soergel-Siebert* a. a. O. Rd.Nr. 23 zu § 833.
[48] Zum Entlastungsbeweis im einzelnen vgl. statt vieler Erman-*Drees* a. a. O. Rd.Nr. 13ff.
[49] NJW 1978, 1862; vgl. hierzu besonders *Berg*, JuS 1978, 672ff.

1. Wurde das Tier, das verletzt wurde, rein *wirtschaftlich* genutzt – das Pferd als Droschkengaul, das Reitpferd zum mietweisen Ausreiten, der Hund als Polizei- oder Bewachungshund –, so richtet sich die Frage der Behandlung zur Wiederherstellung allein auch nach wirtschaftlichen Gesichtspunkten. Der Halter wird das verletzte Tier, dessen Wiederherstellung nicht mehr oder nur mit unverhältnismäßig großem Aufwand möglich ist, daher gem. § 4 des Tierschutzgesetzes (vom 24. 7. 1972) schmerzlos töten lassen müssen, wenn es durch die Verletzung für den vormals ausgeübten bzw. den vorgesehenen Arbeitsbereich nicht mehr tauglich ist. Denn ist eine wirtschaftlich vertretbare Wiederherstellung nicht mehr möglich, hat der Geschädigte lediglich Anspruch gem. § 251 Abs. 1 BGB[50] auf eine Geldentschädigung für ein gleichwertiges Tier und gegebenenfalls gem. § 249 Satz 2 BGB noch auf Ersatz der Kosten, die erforderlich waren, um die sichere Erkenntnis zu gewinnen, ob eine Heilbehandlung noch angebracht ist oder nicht. Hinzu kämen noch die Kosten der Tötung und u. U. noch die Kosten für ein Ersatztier bis zur Wiederbeschaffung eines neuen Tieres[51].

Handelt es sich hingegen um ein Tier, das aus *Liebhaberei* gehalten wurde – Hundehaltung aus Vergnügen, das Halten von Katzen und Kanarienvögeln usw. –, so steht hier das sogenannte *Integritätsinteresse* am Tier eindeutig im Vordergrund. Dieses basiert vordergründig auf dem Gefühls- oder Liebhaberwert, den das Tier für den Geschädigten hat. Obschon dieses ideelle Interesse dominiert, tritt aber beim Tod des Tieres die nämliche Rechtsfolge ein: Das Affektionsinteresse kann mangels Vermögenswert nicht berücksichtigt werden. Der Halter hat auch hier lediglich einen Anspruch auf Wertersatz gem. § 251 Abs. 1 BGB. Ihm steht kein zusätzlicher Ausgleichsanspruch zu, weil das neu zu beschaffende Tier für ihn – zumindest anfänglich – nicht den gleichen Gefühlswert freisetzt, wie das getötete Tier.

Anders gibt sich die Rechtslage beim lediglich *verletzten* Tier, wenn dessen Verletzungen heilbar sind. Dann dient nämlich die Heilbehandlung nicht nur der Wiederherstellung des objektiven Wertes des Tieres, sondern auch der Erhaltung des mit dem Besitz verbundenen Gefühls- und Liebhaberwerts. § 253 BGB steht dem nicht entgegen, denn nach dieser Bestimmung ist nur eine Geldentschädigung aufgrund des § 251 BGB versagt, nicht aber eine Erstattung der zur Wiederherstellung nach § 249 BGB erforderlichen Kosten. Jedoch ist nicht ausschließbar, daß dem Anspruch auf Naturalrestitution entgegengehalten wird, die Wiederherstellung sei nur mit einem unverhältnismäßig großen Aufwand möglich und sei daher unwirtschaftlich (§ 251 Abs. 2 BGB)[52].

[50] Vgl. hierzu Einzelheiten bei *Berg* a. a. O. 672, 673.
[51] So *Berg* a. a. O., 673.
[52] So *Berg* a. a. O., 673.

Bei dieser Sachlage, und insbesondere dann, wenn das geschädigte Tier ohne nennenswerten (Vermögens-)Wert ist und man den ideellen Wert des Tieres außer acht ließe, ist der Geschädigte schadenersatzrechtlich gesehen faktisch schutzlos[53].

Hier schlägt nun die Literatur[54] zur Vermeidung einer solchen untragbaren Konsequenz zwei Lösungsmöglichkeiten vor:

Entweder man hält § 251 Abs. 2 BGB für unanwendbar, da er eine Abwägung vergleichbarer *Vermögens*werte voraussetzt. Dann wird aber § 242 BGB für anwendbar gehalten, weil eine Nichtberücksichtigung des immateriellen Wertes des geschädigten Tiers dem Grundsatz von Treu und Glauben widerspräche. Oder aber man hält § 251 Abs. 2 BGB auch für diesen Fall anwendbar, indem man als vergleichbaren Gegenwert nicht nur ein Vermögensinteresse, sondern auch ein Affektionsinteresse zuläßt.

Der BGH nimmt zu diesem Problemkreis – wenn auch nicht zum Sach- sondern zum Körperschaden entschieden – offenbar einen vermittelnden Standpunkt ein[55], indem er bei der nach § 242 BGB gebotenen Güter- und Interessenabwägung es ablehnt, eine feste Obergrenze zu bestimmen. Er will allein die Umstände des Einzelfalls berücksichtigt wissen und bekennt sich zur Auffassung, daß zwar § 251 Abs. 2 BGB auf Vermögensschäden und nicht auf Schadensfälle, in denen es um die Berücksichtigung immaterieller Schäden geht, zugeschnitten sei, daß es sich jedoch hierbei nur um eine Konkretisierung des allgemeinen Grundsatzes von Treu und Glauben (§ 242 BGB) handele, der auch dann gelte, wenn der Ausgleich immaterieller Nachteile im Vordergrund stehe. Welcher Herstellungsaufwand „unverhältnismäßig" sei, könne auch hier nur aufgrund einer Güter- und Interessenabwägung nach der „Zumutbarkeit für beide Seiten" bestimmt werden[56].

[53] *Medicus,* JuS 1969, 449 bringt das Beispiel einer verletzten Katze im Werte von DM 3,–, die aber das liebste Spielzeug der Kinder des Geschädigten ist, der sie für DM 100,– tierärztlich behandeln läßt.

[54] A. a. O., 674 Fußn. 14.

[55] BGHZ 63, 295: Schadenersatzforderung eines Klägers in Höhe von DM 2500,– für eine kosmetische Operation, die dieser für erforderlich hielt, um eine unfallbedingte Gesichtsnarbe zu beseitigen. Das Berufungsgericht sprach ihm aber lediglich DM 700,– zu, weil die Narbe inzwischen fast verheilt war und kaum mehr auffiel.

[56] Vgl. hierzu weitere Einzelheiten bei *Berg* a. a. O., sowie *J. Schmid,* VersR 1979, 402 ff.

Streitfragen im Recht der „Kosten des Verfahrens“ §§ 464ff. StPO

Herbert Schmidt

I. Zur entsprechenden Anwendung der Vorschriften der ZPO in § 464b StPO

§ 464b Satz 3 StPO bestimmt, daß auf das Verfahren der Kostenfestsetzung die Vorschriften der ZPO entsprechend anzuwenden sind. Die Vorschriften der ZPO haben somit – für das Kostenfestsetzungsverfahren – den Vorrang vor den Vorschriften der StPO, soweit diese abweichen.

Die Frage ist, was unter „Verfahren“ zu verstehen ist. Soll darunter nur das Verfahren von der Stellung des Erstattungsantrages bis zur Entscheidung über das Kostenfestsetzungsgesuch verstanden werden oder das gesamte Verfahren von der Antragstellung bis zur letzten Entscheidung (der Entscheidung des Beschwerdegerichts)? Der zweiten Auffassung ist der Vorzug zu geben. Gegen die erste Alternative spricht, daß es sonst eines Hinweises auf die Vorschriften der ZPO nicht bedurft hätte, denn die Antragstellung und die Entscheidung des Rechtspflegers sind bereits in § 464b Satz 1 StPO behandelt. Zum anderen umfaßt der Begriff „Verfahren“ nicht nur das Verfahren erster Instanz, sondern das gesamte Verfahren, also auch das Beschwerdeverfahren. Schließlich finden nach § 464b Satz 3 StPO auf die Vollstreckung der Entscheidung die Vorschriften der ZPO entsprechende Anwendung. Wenn auch das Geschehen nach der Entscheidung – die Vollstreckung der Entscheidung – sich nach den Vorschriften der ZPO richten soll, muß es – mangels ausdrücklicher Vorschriften – als ausgeschlossen angesehen werden, daß ein Teil des Verfahrens – das Beschwerdeverfahren – sich nicht nach der ZPO, sondern nach der StPO richten soll.

Die entsprechende Anwendung der Vorschriften der ZPO – mit dem Vorrang vor den Vorschriften der StPO – hat zwei wesentliche Folgen:

Im Kostenfestsetzungsverfahren des Zivilprozesses gilt das Verbot der reformatio in peius. Das ist allgemeine Meinung[1]. Aus der entsprechenden Anwendung der Vorschriften der ZPO folgt, daß auch im Kostenfest-

[1] Vgl. z. B. *Stein-Jonas,* ZPO § 104 Rdn. 46 und 59, OLG Hamm AnwBl. 1972, 236 = Rpfleger 1972, 266, OLG Köln NJW 1967, 114 und NJW 1975, 2347.

setzungsverfahren des Strafverfahrens das Verbot der reformatio in peius gilt. *Schäfer*[2] vertritt die gleiche Auffassung. Abweichende Entscheidungen, die sich auf die Vorschriften der StPO berufen, sind unrichtig[3].

Gegen die Entscheidung über das Kostenfestsetzungsgesuch findet die Erinnerung statt, die nach der entsprechend anwendbaren Vorschrift des § 104 Abs. 3 ZPO binnen zwei Wochen einzulegen ist. Das ist auch im Strafverfahren anerkannt[4]. Dagegen ist streitig, ob die Frist der sofortigen Beschwerde gegen die Entscheidung des Erstgerichts, das der Erinnerung abhilft (andernfalls hat das Erstgericht die Sache mit einem Nichtabhilfebeschluß dem Beschwerdegericht vorzulegen), in entsprechender Anwendung der Vorschriften der ZPO, hier des § 577 ZPO zwei Wochen oder in unmittelbarer Anwendung des § 311 StPO nur eine Woche beträgt. In Rechtsprechung und Schrifttum, insbes. auch von *Schäfer*[5], wird die Auffassung vertreten, die Beschwerdefrist betrage eine Woche. Ihr kann jedoch nicht zugestimmt werden[6]. Vorstehend ist ausgeführt, daß das Beschwerdeverfahren gleichfalls ein Verfahren der Kostenfestsetzung ist. Daraus folgt, daß auch insoweit die Vorschriften der ZPO anzuwenden sind. Die entgegenstehende Auffassung geht zum Teil davon aus, nicht alle Vorschriften der ZPO könnten entsprechend angewendet werden. So unterliege – entgegen der Regelung im Zivilprozeß – die sofortige Beschwerde gegen Erinnerungsentscheidungen der Landgerichte eindeutig nicht dem Anwaltszwang. Um dieses Ergebnis zu erzielen, bedarf es jedoch eines Abweichens von den Vorschriften der ZPO nicht. Besteht in dem Verfahren hinsichtlich der Hauptsache kein Anwaltszwang, besteht er auch nicht in Nebensachen. So unterliegt die Beschwerde gegen die Erinnerungsentscheidung des Amtsrichters im Zivilprozeß nicht dem Anwaltszwang. § 569 Abs. 2 Satz 2 ZPO besagt: „Sie (gemeint die Beschwerde) kann auch durch Erklärung zu Protokoll der Geschäftsstelle eingelegt werden, wenn der Rechtsstreit im ersten Rechtszug nicht als Anwaltsprozeß zu führen ist oder war ....“ Können Erklärungen zu Protokoll gegeben werden, können sie auch schriftlich durch die Partei selbst abgegeben werden. Da das Strafverfahren nicht als Anwaltsprozeß zu führen ist, bedarf es zur Vertretung im Beschwerdeverfahren ebenfalls nicht der Zuziehung eines Rechtsanwaltes. Weiter wird auf das Erinnerungs- und Beschwerdeverfahren in den Fällen des § 5 GKG verwiesen. Dort ist

[2] Vgl. z. B. Löwe-Rosenberg StPO 23. Aufl. (künftig zitiert LR) *Schäfer* § 464b Rdn. 12.

[3] LG Bremen KostRsp. StPO § 464b Nr. 57 mit abl. Anm. von *H. Schmidt;* LG Hannover JurBüro 1977, 1383; LG Mainz KostRsp. StPO § 464 b Nr. 65 mit abl. Anm. von *H. Schmidt;* LG Weiden MDR 1971, 683 mit abl. Anm. von *H. Schmidt.*

[4] Vgl. LR *Schäfer* § 464b Rdn. 9 mit Nachweisen.

[5] Vgl. LR *Schäfer* § 464B Rdn. 10 mit Nachweisen, *Kleinknecht*, StPO, § 464b Anm. 6.

[6] Vgl. die Nachweise bei LR *Schäfer* § 464b Rdn. 11.

in Abs. 2 Satz 6 gesagt, daß für die Beschwerde die für die Beschwerde in der Hauptsache geltenden Verfahrensvorschriften anzuwenden sind. Dort ist also ausdrücklich in Strafsachen auf die Vorschriften der StPO hingewiesen. Dieser Hinweis fehlt in § 464 b StPO. Dort ist vielmehr im Gegenteil bestimmt, daß die Vorschriften der ZPO entsprechend anzuwenden sind. Ein Rat sei allerdings gegeben: Solange die herrschende Meinung daran festhält, daß die Beschwerdefrist eine Woche betrage, sollte die Beschwerde binnen einer Woche eingelegt werden.

II. Zur Erstattungsfähigkeit der Kosten mehrerer Verteidiger

Kann ein freigesprochener Angeklagter, der durch zwei Verteidiger verteidigt worden ist, aus der Staatskasse die Erstattung der Vergütung beider Verteidiger verlangen?

Wenden wir uns zunächst der ersten Möglichkeit zu. Der Angeklagte ist durch einen Wahlverteidiger und einen Pflichtverteidiger verteidigt worden. Daß ein Pflichtverteidiger neben einem bereits bestellten Wahlverteidiger bestellt werden kann, ist unstreitig und wird häufig praktiziert[7]. Diese Bestellung geschieht meist im Interesse des Staates, z. B., um in umfangreichen und langwierigen Strafverfahren den Fortgang des Verfahrens zu sichern. Wie kommen nun die beiden Verteidiger zu ihren Vergütungen? Außer Zweifel sollte sein, daß der von dem Angeklagten beauftragte Wahlverteidiger von dem Angeklagten seine Vergütung fordern kann. Der Pflichtverteidiger hat zunächst gegen die Staatskasse Anspruch auf seine Pflichtverteidigergebühren. Die Staatskasse wird die verauslagten Gebühren als Auslagen von dem verurteilten Angeklagten einfordern. Unterstellt, der Angeklagte ist zahlungsfähig, wird der Pflichtverteidiger einen Beschluß nach § 100 Abs. 2 BRAGO erwirken. Dann hat der Angeklagte auch den Unterschied zwischen den Wahlanwaltskosten und der Pflichtverteidigervergütung zu zahlen. Eine Vorschrift, die dem Pflichtverteidiger den Zugriff auf den Angeklagten verwehren könnte, besteht nicht. Der Angeklagte hat sonach die Vergütung zweier Anwälte – des Wahlanwalts und des Pflichtverteidigers – zu zahlen. Das gilt auch dann, wenn der Angeklagte an der Beiordnung des Pflichtverteidigers nicht interessiert war, ihr vielleicht sogar widersprochen hat. Soweit ich früher eine abweichende Auffassung[8] vertreten habe, vermag ich sie nicht mehr aufrecht zu erhalten.

Wird der Angeklagte freigesprochen, gilt folgendes: Der Angeklagte hat zunächst einen Anspruch auf Erstattung der Wahlverteidigervergü-

[7] Vgl. hierzu z. B. OLG Hamm NJW 1978, 1986.
[8] *H. Schmidt* Anw.Bl. 1974, 294.

tung. Dieser – bereits bei Beginn des Verfahrens als bedingt entstandene – Anspruch kann ihm nicht genommen werden. Jedenfalls besteht keine Vorschrift, die ein Versagen des Erstattungsanspruchs rechtfertigt. Auf dem Weg über § 464 a Abs. 2 Nr. 2 StPO, § 91 Abs. 2 Satz 3 ZPO – die Kosten mehrerer Anwälte sind im allgemeinen nicht zu erstatten – kann dem Angeklagten der Erstattungsanspruch nicht genommen werden. Sein – zuerst entstandener – Anspruch hat den Vorrang. Aber auch dem Pflichtverteidiger kann der Vergütungsanspruch nicht genommen werden. Sein Anspruch auf die Pflichtverteidigervergütung beruht auf § 97 BRAGO. Wenn der Angeklagte zahlungsfähig ist (er ist zahlungsfähig, wenn er freigesprochen worden ist und einen Erstattungsanspruch gegen die Staatskasse hat[9]), hat der Pflichtverteidiger außerdem Anspruch auf den Unterschied zwischen der Wahlverteidigervergütung und den Pflichtverteidigergebühren. Eine Möglichkeit, ihm den Erstattungsanspruch gegen die Staatskasse zu nehmen, besteht nicht. Der Staat, der die Entstehung der Kosten verursacht hat, kann sich nicht darauf berufen, daß die Kosten mehrerer Anwälte nicht zu erstatten sind. Noch deutlicher wird die Lage, wenn nicht nur ein Pflichtverteidiger bestellt worden ist, sondern zwei bestellt worden sind (das ist rechtlich zulässig und u. U. geboten, wenn das Verfahren so umfangreich und schwierig ist, daß ein Rechtsanwalt allein die Verteidigung nicht führen kann). Selbstverständlich ist, daß die Staatskasse die Pflichtverteidigervergütungen für beide Pflichtverteidiger zu zahlen hat. Außerdem haben die Pflichtverteidiger gemäß § 100 BRAGO einen Anspruch auf den Unterschied zu den Wahlanwaltsgebühren. Diese Unterschiedsbeträge gehören zu den notwendigen Auslagen, die die Staatskasse zu erstatten hat. Der Staat kann sich nicht darauf berufen, daß nur die Kosten eines Anwalts zu erstatten sind, da er ja selbst die Bestellung von zwei Rechtsanwälten zu Pflichtverteidigern vorgenommen hat. Im Grundsatz steht hiernach fest, daß im Falle eines Freispruchs des Angeklagten die Staatskasse die Kosten zweier Rechtsanwälte zu erstatten hat.

Ob von diesem Grundsatz Ausnahmen zu machen sind, kann offen bleiben, da es für die hier zu entscheidende Frage, ob die Staatskasse die Vergütungen zweier Verteidiger zu erstatten hat, nur auf den Grundsatz ankommt. Nur ein Fall sei bemerkt. Mit Sicherheit reicht der Umstand allein, daß dem Pflichtverteidiger eine über die Höchstgebühren hinaus gehende Pauschvergütung (§ 99 BRAGO) bewilligt worden ist, nicht aus, um die Erstattung der Wahlverteidigervergütung zu verweigern. In dem

[9] Vgl. z. B. *Gerold-Schmidt* § 100 BRAGO, Rdn. 9; *Schumann-Geißinger* BRAGO § 100 Rdn. 15; OLG München Anw.Bl. 1978, 265 = MDR 1978, 779 = JurBüro 1978, 1834; OLG Hamm MDR 1978, 248 = JurBüro 1978, 721; MDR 1979, 191 und JurBüro 1979, 161; a. M. z. B. OLG Hamburg Rpfleger 1978, 35 = MDR 1978, 164 mit abl. Anm. von *H. Schmidt* MDR 1978, 425.

von dem OLG Karlsruhe[10] entschiedenen Fall ist der Wahlanwalt zusätzlich zu dem Pflichtverteidiger bestellt worden, ohne daß der Angeklagte Zweifel an der ordnungsmäßigen Verteidigung durch den Pflichtverteidiger hegte und ohne daß aus besonderen Gründen die Verteidigung durch zwei Verteidiger geboten war. Der Fall, daß der Pflichtverteidiger nur die Pflichtverteidigervergütung erhält und dem Angeklagten zumindest der Unterschied zwischen den Wahlanwaltsgebühren und der Pflichtverteidigervergütung als Ersatz der Kosten seines Wahlverteidigers erstattet verlangen kann, ist durch die Änderung des § 100 BRAGO überholt. Nunmehr kann der Pflichtverteidiger im Falle des Freispruchs des Angeklagten auf jeden Fall den Unterschied zwischen den Wahlanwaltsgebühren und der Pflichtverteidigervergütung selbst fordern[10a], so daß für den Ersatz von Wahlverteidigergebühren nichts verbleibt.

Möglich ist aber auch, daß sich der Angeklagte durch zwei Wahlverteidiger verteidigen läßt. Zulässig ist diese Doppelverteidigung (§ 137 Abs. 1 StPO). Der Angeklagte wird sich insbes. dann durch zwei Verteidiger verteidigen lassen, wenn das Verfahren so umfangreich ist, daß die Verteidigeraufgaben durch einen Rechtsanwalt nicht bewältigt werden können oder schwierige Spezialfragen behandelt werden, so daß neben dem Allgemeinverteidiger ein Spezialist zugezogen werden muß. Das wird insbes. dann der Fall sein, wenn sich die Staatsanwaltschaft durch mehrere Staatsanwälte nebeneinander in der Hauptverhandlung vertreten läßt.

Wird der Angeklagte verurteilt, entstehen keine Probleme. Der Angeklagte hat beide Rechtsanwälte beauftragt. Er muß deshalb auch beiden Anwälten die Vergütung zahlen. Wie aber ist zu entscheiden, wenn der Angeklagte freigesprochen wird?

Die weitaus überwiegende Meinung, die auch von *Schäfer* geteilt wird[11], steht auf dem Standpunkt, daß nur die Kosten eines Anwalts zu erstatten sind. Sie beruft sich dabei auf die nach § 464 a Abs. 2 Nr. 2 StPO anwendbare Vorschrift des § 91 Abs. 2 Satz 3 ZPO: „Die Kosten mehrerer Rechtsanwälte sind nur insoweit zu erstatten, als sie die Kosten eines Rechtsanwaltes nicht übersteigen ..." Mit diesem Hinweis kann jedoch die Erstattungsfähigkeit der Gebühren mehrerer Anwälte nicht verneint werden. Einmal beinhaltet § 91 Abs. 2 Satz 3 ZPO keine Regel ohne Ausnahme. Die Bestimmung ist nur eine Grundsatzregel, die durchbrochen werden kann. Sie wird auch im Zivilprozeß durchbrochen. Das ist allgemein anerkannt.

[10] OLG Karlsruhe AnwBl. 1975, 450 = NJW 1975, 2355 = MDR 1975, 254 = Justiz 1976, 306.

[10a] Vgl. Fn. 9.

[11] Vgl. z. B. LR *Schäfer* § 464 a Rdn. 27; *Mümmler* JurBüro 1978, 1597; OLG Düsseldorf Rpfleger 1975, 256 = JurBüro 1975, 916; KG JR 1975, 476.

So ist unstreitig, daß sowohl die Kosten des Prozeßbevollmächtigten wie die des Verkehrsanwalts zu erstatten sind, wenn die Zuziehung des Verkehrsanwalts geboten war. Der einzige Streit besteht nur darüber, wann die Zuziehung eines Verkehrsanwalts geboten ist[12].

Ferner ist unstreitig, daß die Kosten eines Beweisanwalts neben den Kosten des Prozeßbevollmächtigten zu erstatten sind, wenn es geboten war, einen Beweisanwalt zuzuziehen[13].

Ebenso ist anerkannt, daß die Kosten zweier Rechtsanwälte zu erstatten sind, wenn es geboten war, einen Spezialisten zusätzlich hinzuzuziehen.

Außer Streit sollte auch im Strafverfahren sein, daß neben der Vergütung des Verteidigers die Vergütung des Verkehrsanwalts (§ 91 Ziff. 2 BRAGO) aus der Staatskasse zu erstatten ist, wenn im Einzelfall die Zuziehung eines Verkehrsanwalts geboten war[14].

Das gleiche gilt von dem Beweisanwalt (§ 91 BRAGO), wenn es geboten war, einen Beweisanwalt zuzuziehen[15]. Beispiel: In einem vor dem LG Hamburg anhängigen Strafverfahren ist ein in Garmisch-Partenkirchen wohnender Zeuge durch das dortige Amtsgericht zu vernehmen.

Stellt sich hiernach die Bestimmung des § 91 Abs. 2 Satz 3 ZPO nur als Grundsatzregel für das Strafverfahren, nicht als Bestimmung ohne Ausnahme dar, ergibt ein weiterer Grund, daß die Kosten zweier Verteidiger aus der Staatskasse erstattet werden können.

§ 464a Abs. 2 StPO beginnt mit den Worten „Zu den notwendigen Auslagen eines Beteiligten gehören *auch* ...". § 464a Abs. 2 StPO bestimmt nicht „gehören *nur* ...".

Unstreitig ist, daß § 464a Abs. 2 StPO die Erstattungsfähigkeit nicht auf die dort genannten Auslagen beschränkt. Sind weitere notwendige Auslagen entstanden, sind auch diese zu erstatten. Diese Auffassung vertritt auch *Schäfer*[16].

Zu den „auch" zu erstattenden Auslagen gehören auch die Vergütungen mehrerer Rechtsanwälte.

Mümmler[17] will die Erstattungsfähigkeit der Vergütung des Verkehrs- und Beweisanwalts nicht als Ausnahme von dem Grundsatz des § 91 Abs. 2 Satz 3 ZPO ansehen. Er beruft sich auf § 91 Abs. 1 ZPO, wonach die notwendigen Kosten zu erstatten sind. Wenn man dem folgt, muß man mindestens der hier vertretenen Auffassung folgen, daß die Eingangs-

[12] Vgl. hierzu *Gerold-Schmidt* § 52 Rdn. 21 ff.
[13] Vgl. hierzu *Gerold-Schmidt* § 54 Rdn. 13 ff.
[14] A. M. LG Passau KostRsp. StPO § 464a Nr. 94 mit abl. Anm. von *H. Schmidt.*
[15] LG Coburg AnwBl. 1976, 256 = MDR 1976, 779; LG Krefeld JurBüro 1977, 1238.
[16] Vgl. hierzu LR *Schäfer* § 464a Rdn. 13.
[17] *Mümmler* JurBüro 1978, 1600.

worte „Zu den notwendigen Auslagen eines Beteiligten gehören *auch*“ der Bestimmung des § 91 Abs. 1 ZPO entsprechen.

Es fragt sich noch, ob bei der hier vorgenommenen Auslegung der Hinweis auf § 91 Abs. 2 ZPO noch einen Sinn hat. Diese Frage ist zu bejahen. § 91 Abs. 2 ZPO besagt in Satz 1: „Die gesetzlichen Gebühren und Auslagen des Rechtsanwalts der obsiegenden Partei sind in allen Prozessen zu erstatten ...“ Daraus folgt, daß auch im Strafverfahren die Kosten eines Verteidigers auf jeden Fall zu erstatten sind. Dem Angeklagten kann nicht vorgehalten werden, die Verteidigung sei derart einfach gewesen, daß es der Zuziehung eines Rechtsanwaltes nicht bedurft hätte.

Danach ist festzustellen, daß die Kosten zweier Rechtsanwälte zu erstatten sind, wenn es geboten war, zwei Verteidiger zuzuziehen[18]. Es besteht kein Anlaß, einen Unterschied zu machen, ob ein Wahlanwalt und ein Pflichtverteidiger den Angeklagten verteidigen oder ob der Angeklagte durch zwei Wahlverteidiger verteidigt wird. Die einzige Frage ist: Wann ist es notwendig, daß der Angeklagte durch zwei Verteidiger verteidigt wird? Sicher ist die Zuziehung zweier Verteidiger notwendig, wenn das Verfahren so umfangreich und/oder schwierig ist, daß ein Verteidiger allein die Verteidigung nicht ordnungsgemäß führen kann. Ebenso dürfte die Zuziehung eines zweiten Verteidigers geboten sein, wenn ein Spezialgebiet infrage steht und der zweite Rechtsanwalt Spezialist ist (hier ist nicht nötig, daß der Spezialist den Angeklagten nicht allein verteidigen kann).

Solange die hier abgelehnte Auffassung vertreten wird, die Vergütung des zweiten Verteidigers sei auf keinen Fall erstattungsfähig, kann es geboten sein, den Antrag zu stellen, den zweiten Verteidiger zum Pflichtverteidiger zu bestellen. Wird der zweite Verteidiger zum Pflichtverteidiger bestellt, sind im Falle des Freispruchs des Angeklagten seine Gebühren aus der Staatskasse zu erstatten. In den Fällen, in denen die Verteidigung durch zwei Rechtsanwälte geboten ist, wird sich die Ablehnung der Bestellung des zweiten Verteidigers zum Pflichtverteidiger nicht begründen lassen. Oder soll in Kauf genommen werden, daß der Angeklagte mit dem Rechtsmittel gegen das Urteil vorbringt, er sei in seiner Verteidigung behindert worden?

Zum Schluß noch ein Satz: *Schäfer*[19] sagt mit Recht: „Fiskalische Gründe sollten nicht dazu dienen, eine ordnungsgemäße notwendige Verteidigung zu verhindern.“ In den wenigen Fällen, in denen eine doppelte Verteidigung geboten ist, entspricht es der Billigkeit, daß im Falle des

[18] *Gerold-Schmidt* § 5 Rdn. 3; OLG Stuttgart Rpfleger 1974, 403 = Justiz 1974, 429; LG Limburg KostRsp. StPO § 464 a Nr. 101.

[19] LR *Schäfer* § 464 a Rdn. 22.

Freispruchs die Staatskasse die vollen Verteidigungslasten trägt, also die Vergütungen beider Verteidiger erstattet.

III. Zur Auslegung des § 91 Abs. 2 Satz 4 ZPO im Strafverfahren

Kann ein Rechtsanwalt, der sich selbst verteidigt hat, im Falle des Freispruchs aus der Staatskasse die Erstattung von Verteidigergebühren fordern?

Die Frage wird von einem großen Teil des Schrifttums – insbes. auch von *Schäfer* – und der Rechtsprechung bejaht[20]. Die bejahende Antwort folgt aus der in § 464a Abs. 2 Nr. 2 StPO angeordneten Anwendung des § 91 Abs. 2 ZPO. Da der gesamte Abs. 2 des § 91 ZPO anzuwenden ist, gilt auch der Satz 4: „In eigener Sache sind dem Rechtsanwalt die Gebühren und Auslagen zu erstatten, die er als Gebühren und Auslagen eines bevollmächtigten Rechtsanwalts erstattet verlangen könnte." Der Rechtsanwalt wird sonach auch in eigenen Strafverfahren als Bevollmächtigter behandelt.

Eine abweichende Meinung[21] lehnt die Anwendung des § 91 Abs. 2 Satz 4 ab. Sie meint, aus dem Umstand, daß nach der StPO ein Angeklagter nicht sein eigener Verteidiger sein könne, folge die Unanwendbarkeit der angezogenen Bestimmung. Der Rechtsanwalt als Verteidiger sei ein Organ der Rechtspflege. Der Angeklagte dürfe lügen.

Es soll hier davon ausgegangen werden, daß ein Angeklagter verfahrensrechtlich nicht sein eigener Verteidiger sein kann. Daraus folgt aber nicht, daß ein angeklagter Rechtsanwalt gebührenrechtlich nicht wie ein Verteidiger behandelt werden kann. Diese gebührenrechtliche Behandlung als Bevollmächtigter – aber auch nur diese – hat § 464a Abs. 2 Nr. 2 StPO mit der Bezugnahme auf § 91 Abs. 2 Satz 4 ZPO normiert. Haben die Vertreter der hier abgelehnten Meinung einmal überlegt, ob im Zivilprozeß eine Partei ihr eigener Prozeßbevollmächtigter sein kann? Das ist auch nicht möglich. Deshalb behandelt § 91 Abs. 2 Satz 4 ZPO den Rechtsanwalt in eigenen Sachen gebührenrechtlich wie einen Bevollmächtigten. Die Rechtslage ist also in beiden Fällen die gleiche. Es besteht deshalb auch kein Anlaß zu einer unterschiedlichen Behandlung.

[20] LR *Schäfer* § 464a Rdn. 41 mit weiteren Nachweisen; *Gerold-Schmidt* § 1 Rdn. 74 mit Nachweisen; *Riedel-Sußbauer* § 1 Rdn. 30; *Schumann-Geißinger* § 1 Rdn. 14; *Hartmann* § 1 BRAGO Rdn. 3; *H. Schmidt* NJW 1974, 2246; OLG Frankfurt Rpfleger 1973, 407 = KostRsp. StPO § 464a Nr. 36; LG Traunstein KostRsp. BRAGO § 1 Nr. 73.

[21] *Kleinknecht* § 464a Anm. 9; *Kurzka* MDR 1974, 847 und MDR 1975, 549; LG Darmstadt AnwBl. 1979, 82; LG Nürnberg-Fürth NJW 1973, 913 und NJW 1975, 2246; LG Würzburg JurBüro 1977, 517.

IV. Der Tod des Angeklagten

Nach der weit überwiegenden Auffassung, die von *Schäfer*[22] sehr eingehend begründet wird, ist für eine Auslagenentscheidung nach dem Tode des Angeklagten kein Raum; eine ergangene, aber noch nicht rechtskräftige Entscheidung ist durch den Tod des Beschuldigten gegenstandslos geworden. Begründet wird diese Meinung damit, daß das Strafverfahren mit dem Tode des Angeklagten „ein für allemal aus sei".

Ich halte diese Auffassung nicht für richtig, folge vielmehr der Auffassung des BGH[23], der beim Tode des Angeklagten eine Kosten- und Auslagenentscheidung getroffen hat. Der BGH hat allerdings seinen Beschluß nicht begründet, weil eine Begründung nicht geboten war. Ich habe bereits darauf hingewiesen[24], daß bei *Sarstedt,* die Revision in Strafsachen[25] zu ersehen ist, auf welcher Auffassung die Entscheidung des BGH beruht. Der BGH hat den Tod des Angeklagten als Verfahrenshindernis i. S. des § 206a StPO angesehen.

Die entgegenstehende Auffassung leugnet die Anwendung des § 206a StPO, weil der Tod kein Verfahrenshindernis sei, sondern das Verfahren automatisch beende. Diese Auffassung ist unrichtig. Der Tod des Angeklagten ist ein Verfahrenshindernis, er ist das gewichtigste. Ich habe bereits darauf hingewiesen[26], daß es Fälle geben kann, in denen der Tod des Angeklagten nicht mit letzter Sicherheit festgestellt werden kann. Als Beispiel sei genannt, daß angenommen wird, der Angeklagte sei beim Baden im Meer ertrunken. Sein Leichnam ist jedoch nicht gefunden worden. Soll hier das Verfahren auf ewig anhängig bleiben? Oder ist es nicht angebracht, den Tod durch Beschluß festzustellen und das Verfahren gemäß § 206a StPO einzustellen? Demgegenüber wird eingewandt, aus einem Extremfall könnten keine Schlüsse auf den Regelfall gezogen werden[27]. Ich meine, gerade am Extremfall läßt sich die Richtigkeit oder Unrichtigkeit einer Ansicht feststellen. Eine Rechtsauffassung sollte nicht nur für den Regelfall, sondern auch für den Extremfall gelten.

[22] LR *Schäfer* § 467 Rdn. 12ff.; vgl. außerdem z. B. OLG Düsseldorf JMBl. NRW 1978, 240; KG KostRsp. StPO § 464 Nr. 77 mit krit. Anm. von *H. Schmidt;* OLG Koblenz JurBüro 1974, 1556 mit Anm. von *H. Schmidt* = AnwBl. 1975, 100 = Rpfleger 1974, 403 und NJW 1978, 2257; OLG München NJW 1976, 1548 = JurBüro 1976, 788 = Rpfleger 1976, 254 = KostRsp. StPO § 464 Nr. 135 mit krit. Anm. von *H. Schmidt;* OLG Oldenburg NdsRpfl. 1975, 23; OLG Schleswig MDR 1978, 509.

[23] BGH KostRsp. StPO § 464 Nr. 75; vgl. außerdem z. B. LR *Meyer-Goßner* § 206a Rdn. 28ff.; *Lampe* NJW 1974, 1856; OLG Hamm NJW 1978 = MDR 1978, 162.

[24] *H. Schmidt* Anm. zu KG KostRsp. StPO § 464 Nr. 77.

[25] *Sarstedt* Die Revision in Strafsachen S. 114.

[26] *H. Schmidt* Anm. zu KG KostRsp. StPO § 464 Nr. 77.

[27] OLG Karlsruhe Justiz 1977, 243 = MDR 1977, 952 = KostRsp. StPO § 464 Nr. 149 mit krit. Anm. von *H. Schmidt.*

Ich sehe keine zwingenden Gründe, die es rechtfertigten, den Tod nicht als Verfahrenshindernis anzusehen.

Ich darf zwei Beispiele aus dem Zivilprozeß anführen, die ergeben, daß die Auffassung „das Verfahren sei mit dem Tode ein für allemal aus und lasse weitere Entscheidungen nicht zu" unrichtig ist.

Mit dem Tode eines Ehegatten ist das Scheidungsverfahren praktisch beendet. Trotzdem ist das Scheidungsverfahren nicht „ein für allemal aus". Soll es zu Ende geführt werden, muß die Erledigung der Hauptsache angezeigt werden. Außerdem kann über die Kosten des Verfahrens entschieden werden. An diesem Annexverfahren sind die Erben des verstorbenen Ehegatten beteiligt, obwohl der Eheprozeß als solcher sich nicht auf sie erstreckt hat.

Der Kläger nimmt in einem Zivilprozeß mit Zustimmung des Beklagten die Klage zurück. Hier weiß jeder, daß der Rechtsstreit praktisch beendet ist. Trotzdem kann auf Antrag des Beklagten gemäß § 269 Abs. 3 Satz 3 ZPO durch Beschluß festgestellt werden, daß der Rechtsstreit als nicht anhängig geworden anzusehen ist. Außerdem kann eine Kostenentscheidung ergehen.

Hält man den Tod des Angeklagten für ein Verfahrenshindernis, das es rechtfertigt, das Verfahren gemäß § 206 a StPO einzustellen, folgt weiter, daß § 467 Abs. 3 Satz 2 Nr. 2 StPO anzuwenden ist.

Gegen die Anwendung des § 467 Abs. 3 Satz 2 Nr. 2 StPO werden insbes. von *Schäfer*[28] Bedenken erhoben. Auch das BVerfG[29] führt aus: „Die Verfahrensbeendigung durch den Tod des Beschuldigten sagt für sich nichts über die vor dem Tod vorhandene Chance aus, den staatlichen Strafausspruch gegen den Beschuldigten durchzusetzen. Soll aber, wie es der Systematik des § 467 StPO entspricht, die Frage der Auslagenerstattung nicht völlig losgelöst von der Schuldfrage entschieden werden, so wäre es nötig, über die Schuld des Toten doch noch in gewissem Umfang nachträglich zu richten. Das stünde in Widerspruch zu dem Grundgedanken der Verfahrensbeendigung durch Tod. Über die Schuld des Toten soll nicht mehr gerichtet werden, nicht nur, weil er nicht mehr bestraft werden kann, sondern auch, weil er selbst sich nicht mehr rechtfertigen kann." Die Ausführungen tragen die Nichtanwendung des § 467 Abs. 3 Satz 2 Nr. 2 StPO nicht. Das BVerfG hätte sich besser darauf beschränkt, zu sagen, daß die von dem Strafgericht vertretene Auffassung, eine Auslagenentscheidung sei im Falle des Todes nicht zulässig, nicht gegen das Grundgesetz verstößt. Nicht jede unrichtige Anwendung einer gesetzlichen Bestimmung beinhaltet einen Verstoß gegen das Grundgesetz.

[28] LR *Schäfer* § 467 Rdn. 14 ff.

[29] BVerfG, mitgeteilt von OLG München in JurBüro 1978, 790 und von LR *Schäfer* § 467 Rdn. 15.

Ich halte es für richtiger, daß dem verstorbenen Angeklagten im gegebenen Falle durch Auferlegung seiner Auslagen auf die Staatskasse bescheinigt wird, daß er nicht als überführt angesehen werden kann, als daß die Auslagen des Angeklagten ihm grundsätzlich zur Last fallen, was sonst nur der Fall ist, wenn er als überführt angesehen wird.

Das BVerfG führt weiter aus, der Tote könne sich nicht mehr rechtfertigen. Nun, wenn es zur Anklage gekommen ist (vorher ist für die Anwendung des § 467 StPO kein Raum), wird er sich schon gerechtfertigt haben. Im übrigen sei das Beispiel aus dem Eheprozeß nochmals angeführt. Der tote Ehegatte kann sich auch nicht mehr rechtfertigen (wesentlich vor allem in den Zeiten, in denen noch das Verschuldensprinzip galt). Trotzdem kommt niemand auf den Gedanken, eine Kosten- und Auslagenentscheidung für unzulässig zu halten.

Schäfer[30] meint, auch bei Anwendung des § 467 Abs. 3 Satz 2 Nr. 2 StPO bleiben ungelöste Fragen. Ich bin der Auffassung, auch diese Fragen lassen sich lösen.

Was die Verteidigervollmacht betrifft, wird diese wohl regelmäßig nicht nur die Verteidigung selbst, sondern auch etwaige Annexverfahren umfassen. Sollte im Einzelfall eine auf die Verteidigung beschränkte Vollmacht vorliegen, müßte sich der Rechtsanwalt von den Erben zu weiterer Tätigkeit beauftragen und bevollmächtigen lassen. Ist der Erstattungsanspruch an ihn abgetreten, bedarf es m. M. nach einer Auftragserteilung durch die Erben nicht. Der Rechtsanwalt kann aus eigenem Recht tätig werden.

Daß die Erben in das Annexverfahren einbezogen werden, halte ich für unbedenklich. Im Eheprozeß werden ja die Erben des verstorbenen Ehegatten bei der Verhandlung und Entscheidung über die Kosten des in der Hauptsache erledigten Rechtsstreits ebenfalls beteiligt. Im übrigen kann die Stellung der Erben praktisch nur günstiger werden. Nach der hier vertretenen Auffassung haben sie die Chance, daß die Auslagen der Staatskasse auferlegt werden (nach der entgegenstehenden Meinung müssen sie die Kosten auf jeden Fall tragen).

Es bestehen wohl auch keine Bedenken hinsichtlich des Verfahrens und der Ermessensentscheidung. Das Verfahren nach der durch den Tod des Angeklagten bedingten Einstellung unterscheidet sich nicht von der Einstellung aus anderen Gründen. Unterstellt, unmittelbar nach dem Erlaß des Eröffnungsbeschlusses wird festgestellt, daß die Sache verjährt ist. Hier hat das Gericht in dem Einstellungsbeschluß auch über die Auslagen zu entscheiden, ohne daß weitere Ermittlungen angestellt werden. Die Aufgabe des Gerichts unterscheidet sich in nichts von der Entscheidung nach dem Tode des Angeklagten.

[30] LR *Schäfer* § 467 Rdn. 21.

Zur Ausschließung und Ablehnung des Staatsanwalts

GÜNTER WENDISCH

I. Problemstellung

Die Problematik dieses Themas ist schon seit dem Inkrafttreten der Strafprozeßordnung vor nunmehr 100 Jahren bekannt. Nur hat sie im Schrifttum bis zum Beginn der 70er Jahre dieses Jahrhunderts kaum eine Rolle gespielt[1] und hat sich die Rechtsprechung[2] bis zu diesem Zeitpunkt regelmäßig nur mit einem Teilaspekt, nämlich der Frage befaßt, ob ein Staatsanwalt, nachdem er als Zeuge in der Hauptverhandlung vernommen worden war, anschließend in derselben Verhandlung weiterhin als Staatsanwalt tätig sein darf[3]. Ein Wandel der Anschauungen – im Sinn einer kritischen Auseinandersetzung – ist erst mit der Entscheidung des Oberlandesgerichts Hamm vom 24.10.1968[4] eingetreten. In dieser Entscheidung hat erstmalig ein Obergericht zu zwei Grundsatzfragen Stellung genommen, die auch den Kern dieses Themas bilden, nämlich: Hat der Beschuldigte einen Rechtsanspruch auf Ablösung eines befangenen Staatsanwalts und – bejahendenfalls – kann er einen solchen Anspruch gerichtlich – etwa nach § 23 EGGVG – durchsetzen? Das Oberlandesgericht hat beide Fragen verneint: Zwar könne auch ein Beschuldigter bei dem Dienstvorgesetzten eines Staatsanwalts beantragen, daß dieser durch einen anderen Staatsanwalt ersetzt werde; jedoch werde ein Rechtsanspruch des Beschuldigten dadurch nicht begründet, und könne er deshalb auch keine – auch nicht im Verfahren nach § 23 EGGVG – gerichtliche Entscheidung dahin erzwingen, den von ihm für befangen gehaltenen Staatsanwalt durch einen anderen zu ersetzen.

[1] Vgl. *Peters* Strafprozeß (2. Aufl. 1966), S. 128ff., 138ff.; *Henkel* Strafverfahrensrecht (1968), S. 135; *Bruns* Geburtstagsgabe für Grützner (1970), S. 42; *Frisch* Festschrift für Bruns (1978), S. 385.

[2] Zu früheren Initiativen des Gesetzgebers vgl. die Ausführungen unter II 1 c.

[3] Erstmalig RGSt. 29, 236; alsdann RG GA 67, 437 und GA 71, 93; RG JW 1924, 1761 und JW 1925, 1403, beide mit Anm. *Alsberg*; RG JW 1933, 523 mit Anm. *Drucker*; BGH bei *Dallinger* MDR 1957, 16; BGHSt. 14, 265 und BGHSt. 21, 89.

[4] NJW 1969, 808.

Mit seiner Entscheidung hat das Oberlandesgericht eine noch keineswegs abgeschlossene lebhafte Diskussion im Schrifttum ausgelöst[5]; andere Obergerichte haben das Problem aufgegriffen und stärker als bisher in das Bewußtsein der Verfahrensbeteiligten gerückt[6]. Schließlich wird man auch feststellen dürfen, daß die neue Entwicklung das Bundesjustizministerium mit veranlaßt hat, im Zusammenhang mit der seit Mitte der 60er Jahre erörterten Reform des Zehnten Titels des Gerichtsverfassungsgesetzes in einem ersten Referentenentwurf[7] auch für dieses Problem eine umfassende Regelung vorzuschlagen. Überraschen kann in diesem Zusammenhang allein, daß es fast hundert Jahre gedauert hat, bis die Frage der Ausschließung oder Ablehnung eines Staatsanwalts eine solche Bedeutung erlangt hat, daß sie – erneut – für wichtig genug befunden wurde, um den Versuch zu unternehmen, sie in einem Gesetz zu regeln. Denn in bezug auf einen Richter ist es uns, wie *Frisch* zu Recht ausführt[8], eine wohlvertraute Einsicht, daß dieser, wenn er in bestimmten engen Beziehungen zu einer von ihm zu entscheidenden Sache steht, von der Entscheidung in dieser Sache ausgeschlossen ist. Wir sehen es auch – unabhängig davon, daß die Verfahrensordnungen der verschiedenen Gerichtsbarkeiten[9], aber auch die für die Ehren- und Disziplinargerichte[10], besondere gesetzliche Bestimmungen darüber enthalten – als selbstverständlich an, daß ein solchermaßen ausgeschlossener, aber auch ein Richter, dessen Befangenheit bei der Behandlung der Sache zu besorgen ist, von bestimmten Prozeßbeteiligten abgelehnt werden kann.

II. Grundlagen und Voraussetzungen

1. *Keine gesetzliche Regelung*

a) Strafprozeßordnung und Gerichtsverfassungsgesetz. Für Staatsanwälte sucht man vergeblich nach entsprechenden Regelungen. Weder dem Drit-

[5] Vgl. *Bruns* Fußn. 1 sowie Festschrift für Maurach (1972), S. 483 und JR 1979, 28 ff.; *Buckert* NJW 1970, 847; *Frisch* Fußn. 1; *Kuhlmann* DRiZ 1976, 11 ff.; *Roxin* Festschrift für Schmidt-Leichner (1977), S. 149 und Strafverfahrensrecht (1979), § 9 S. 48 f.; Löwe-Rosenberg Die Strafprozeßordnung und das Gerichtsverfassungsgesetz, 23. Aufl. (künftig abgekürzt LR)-*Dünnebier* Vor § 22 Rdn. 12 ff.; *Kleinknecht* Strafprozeßordnung 34. Aufl. Vor § 22 Rdn. 3 ff.

[6] So OLG Karlsruhe MDR 1974, 423 und OLG Stuttgart NJW 1974, 1394 mit Anm. *Fuchs*.

[7] Entwurf eines Gesetzes zur Änderung des Rechts der Staatsanwaltschaft (EGStAÄG) vom 2. 12. 1976.

[8] A. a. O. S. 385.

[9] Z. B. §§ 18 ff. BVerfGG; §§ 22 ff. StPO; §§ 41 ff. ZPO; § 6 FGG; § 46 Abs. 2 Satz 1 in Verbdg. mit § 49 ArbGG; § 11 LwVG; § 54 VwGO; § 41 a BPatG; § 51 FGO; § 60 SGG.

[10] Vgl. § 7 Abs. 1 RiWahlG – nur Ausschließung; § 116 BRAO in Verbdg. mit § 22 ff. StPO; § 3 BUrkG; § 16 BNotO; § 51 BDO – nur Ausschließung; § 63 DRiG in Verbdg. mit § 51 BDO; § 71 WDO – nur Ausschließung.

ten Abschnitt des Ersten Buchs der Strafprozeßordnung[11], noch den Vorschriften des Zehnten Titels des Gerichtsverfassungsgesetzes[12] können Rechtssätze über die Ausschließung oder Ablehnung von Beamten der Staatsanwaltschaft entnommen werden[13]. Seit dem Inkrafttreten der Reichsjustizgesetze ist weder in der Lehre[14], noch in der Rechtsprechung[15] streitig gewesen, daß die Vorschriften über die Ausschließung und Ablehnung von Gerichtspersonen auf Staatsanwälte nicht anzuwenden sind, daß es überhaupt an einer gesetzlichen Regelung fehlt. Begründet wird dieses Unterlassen in den Motiven zum Entwurf einer Strafprozeßordnung mit folgenden Erwägungen[16]: „...die Organisation der Staatsanwaltschaft gestattet, daß in Fällen, wo die Ersetzung eines staatsanwaltschaftlichen Beamten durch einen anderen geboten oder wünschenswert erscheint, dieselbe auf Antrag des Beschuldigten oder jenes Beamten selbst oder auch von Amts wegen durch die vorgesetzte Behörde bewirkt werden kann, ohne daß es eines förmlichen Verfahrens hierbei bedarf"[17]. Diese – aus heutiger Sicht zu bedauernde – Entscheidung des Gesetzgebers hat schon alsbald nach dem Inkrafttreten der Strafprozeßordnung *Geyer* mit den Worten kritisiert: „Besser wäre es gewesen, statt dieser immerhin unbestimmten und nicht im Gesetz selbst ausgesprochenen nicht auf eine gesetzliche Sanktion gestellten Verpflichtung, die Ausschließung ähnlich wie in der österreichischen Strafprozeßordnung analog der Ausschließung der Richter zu regeln, noch besser aber und allein folgerichtig bei der Stellung der Staatsanwaltschaft in unserem Prozeß, Ausschließung und Ablehnung derselben wie bei den Richtern zuzulassen"[18]. Für seinen Standpunkt kann man ins Feld führen, daß neben der österreichischen Strafprozeßordnung[19] auch zahlreiche deutsche Partikulargesetze zwar nicht die Ablehnung der staatsanwaltschaftlichen Beamten zuließen, wohl aber ihre Ausschließung aus ähnlichen Gründen wie bei Richtern vorschrieben[20]. Schließlich lassen die Erwägungen des historischen Gesetzgebers eindeutig erkennen, daß dieser das Vorliegen von

[11] BVerfGE 25, 345 = NJW 1969, 1106; RG LZ 1918, 454; OLG Hamm a. a. O.; OLG Stuttgart a. a. O.; LR *Dünnebier* Vor § 22 Rdn. 10; *Kleinknecht* Vor § 22 Rdn. 3.

[12] §§ 141 bis 151 GVG.

[13] RGSt. 4, 266.

[14] So schon *Löwe* Strafprozeßordnung 1878, Anm. 4 zu § 22 und zuletzt LR *Dünnebier* Vor § 22 Rdn. 10.

[15] Vgl. RG LZ 1918, 454, aber auch BVerfGE 25, 345 = NJW 1969, 1106; OLG Hamm NJW 1969, 808; OLG Stuttgart NJW 1974, 1394; OLG Karlsruhe MDR 1974, 423.

[16] *Hahn* Mat. 1, 93 zu § 26 (G. § 32).

[17] So schon der Hinweis bei *Löwe* a. a. O. Anm. 4 zu § 22; LR *Dünnebier* a. a. O.; zustimmend auch *Müller-Sax*, StPO, Vor § 22 StPO Anm. 3 und *Henkel* a. a. O. S. 135.

[18] *Geyer* Lehrbuch des gemeinen deutschen Strafprozeßrechts (1880), S. 421.

[19] So § 75 ÖStPO.

[20] *Geyer* a. a. O. S. 420.

Ausschluß- und Befangenheitsgründen für den Staatsanwalt nicht grundsätzlich verneinen, d.h. die Mitwirkung persönlich beteiligter, vorbefaßter oder befangen erscheinender Staatsanwälte nicht etwa für unbedenklich erklären wollte, wie namentlich daraus erhellt, daß sie von einer gebotenen und wünschenswerten Ersetzung sprechen. „Was insofern allein fehlt, ist eine rechtssatzmäßige Bekundung dessen, wovon der Gesetzgeber ausging"[21].

b) Regelung für sonstige Amtspersonen. Daß eine gesetzliche Regelung auch heute noch fehlt, muß auch deshalb befremden, weil die Ausschluß- und Befangenheitsgründe für Richter einen dahingehenden allgemeinen Rechtssatz widerspiegeln, daß Amtspersonen, die mit Verfahrensbeteiligten bis zu einem bestimmten Grad verwandt oder verschwägert, am Verfahren selbst beteiligt sind oder in einer bestimmten Weise mit der den Gegenstand des Verfahrens bildenden Sache vorbefaßt waren, in diesen Verfahren amtlich nicht weiter tätig sein dürfen. Ihr Handeln soll von persönlich-subjektiven Einflüssen selbst dann freigehalten werden, wenn nur der Anschein einer Parteilichkeit bestehen könnte[22]. Diesem Grundsatz hat der Gesetzgeber dadurch Rechnung getragen, daß er die ursprünglich nur für den Richter geschaffenen Vorschriften über deren Ausschließung oder Ablehnung entweder durch Aufnahme inhaltsgleicher Regelungen oder durch Verweisung auf die für Richter geltenden Bestimmungen auch auf andere Amtsträger übertragen hat. Sie gelten – wenn auch nicht überall im gleichen Umfang – mithin für Mitglieder von Schiedsgerichten in bürgerlich- oder arbeitsrechtlichen Streitigkeiten[23], für Rechtspfleger[24], Urkundsbeamte[25], Sachverständige[26], Gerichtsvollzieher[27], Dolmetscher[28], aber auch für Beamte anderer Verwaltungen[29], nur nicht für Staatsanwälte.

c) Folgerungen. Erste Vorschläge, dieses Versäumnis – zumindest teilweise – nachzuholen, enthielten zwei Entwürfe einer Strafverfahrensordnung, einer Friedensrichter- und Schiedsmannsordnung und eines Gerichtsverfassungsgesetzes von 1936 und 1939[30]. In Gesetzesbestimmun-

[21] *Frisch* a.a.O. S. 397.
[22] Ähnlich *Bruns* GebGabe S. 43; *Frisch* a.a.O. S. 398.
[23] § 1032 ZPO; § 103 Abs. 2 ArbGG; beide nur Ablehnung.
[24] § 10 RPflG.
[25] § 31 StPO – auch für Schöffen –; § 49 ZPO; § 41a BPatG.
[26] § 74 StPO; § 406 ZPO; beide nur Ablehnung.
[27] § 155 GVG; nur Ausschließung.
[28] § 191 GVG; § 9 Satz 2 FGG.
[29] §§ 20, 21 VwVfG; §§ 82, 83 AO.
[30] § 126 EStVO 1936; § 132 in Verbdg. mit § 121 Nr. 1, 2, 3, 5, 6 EStVO 1939; beide Vorschriften sehen nur Ausschließungsgründe vor, Ablehnung wegen Befangenheit schließen sie ausdrücklich aus (vgl. Absatz 1 der Begründung zu § 132 EStVO 1939).

gen umgesetzt haben sie nach dem Kriege die Bundesländer Niedersachsen[31] und Baden-Württemberg[32]. Jedoch bestehen gegen die Wirksamkeit dieser beiden Gesetze, soweit sie das hier zu erörternde Problem regeln, wegen ihrer Unvereinbarkeit mit § 6 EGStPO Bedenken. Denn § 6 EGStPO schließt auch den Erlaß – nur lückenfüllender[33] – Verfahrensvorschriften auf dem Gebiet des Strafverfahrensrechts aus[34], weil dieses als Materie der konkurrierenden Gesetzgebung vom Bundesgesetzgeber abschließend geregelt ist[35]. Beiden Gesetzen kann jeweils für das sie betreffende Land – unter dem Gesichtspunkt dienst- oder organisationsrechtlicher Vorschriften – allenfalls Richtlinien-Qualität zuerkannt werden[36]. Ob ihnen diese Qualität allerdings auch außerhalb dieser beiden Länder – mithin in den übrigen Bundesländern – zukommen kann, erscheint zumindest zweifelhaft[37], kann aber letzthin unentschieden bleiben, weil das gleiche Ergebnis schon aufgrund – verfahrensmäßig zulässig – entsprechender Anwendung erreicht werden kann. Einen erneuten Anlauf zu einer gesetzlichen Regelung dieser Fragen kann man nunmehr in dem bereits genannten Entwurf eines Staatsanwaltsänderungsgesetzes sehen[38], auf den später noch näher einzugehen sein wird.

2. Anwendung anderer Gesetzesvorschriften oder allgemeiner Grundsätze des Strafverfahrens

a) § 160 Abs. 2 StPO. Das Fehlen einer ausdrücklichen gesetzlichen Regelung drängt die Frage auf, ob etwa andere Gesetzesvorschriften, namentlich der Strafprozeßordnung, oder allgemeine Grundsätze des Strafverfahrens die fehlende Grundlage für Ausschluß oder Ablehnung des Staatsanwalts bilden könnten. Zu denken ist dabei zunächst an § 160 Abs. 2 StPO, der die Staatsanwaltschaft verpflichtet, nicht nur die zur Belastung, sondern auch die zur Entlastung dienenden Umstände zu ermitteln. Diese – aus ihrer Amtsstellung als Staatsorgan abzuleitende – Verpflichtung stellt klar, daß die Staatsanwaltschaft in ihrer gesamten Amtsführung zur strikten Objektivität verpflichtet ist[39]. Sie ist nicht Partei und darf es nicht

[31] Vgl. § 7 NdsAGGVG vom 5. 4. 1963 – GVBl. S. 225.
[32] Vgl. § 11 BWAGGVG vom 16. 12. 1975 – GBl. S. 868.
[33] So ausdrücklich die Begründung.
[34] LR *Schäfer* § 6 EGStPO Rdn. 1.
[35] So mit Recht *Frisch* a. a. O. S. 389.
[36] *Kleinknecht* Vor § 22 Rdn. 5, offengelassen bei *Frisch* a. a. O. S. 390, Fußn. 23.
[37] Bejahend: OLG Stuttgart NJW 1974, 1395; *Kuhlmann* a. a. O. S. 15; *Roxin* StVR 1979, § 9 S. 48, 5; *Dahs* DRiZ 1971, 84; *Fuchs* NJW 1974, 1397, der eine weitere Parallele in Nr. 169 Abs. 2 – jetzt Nr. 170 Abs. 2 – RiStBV sieht; für *Frisch* a. a. O. S. 389 ist die Verbindlichkeit einer solchen Richtlinie in anderen Bundesländern dagegen schlechterdings unerfindlich.
[38] S. Fußn. 7.
[39] BGHSt. 15, 159; OLG Stuttgart NJW 1974, 1395; *Gaul* SchlHA 1969, 85 f.; *Bruns* GebGabe S. 49; *Kuhlmann* a. a. O. S. 13.

sein[40]. Die Pflicht zur Abwägung der belastenden und entlastenden Momente gibt der Verfolgungsaufgabe der Staatsanwaltschaft die rechtsstaatliche und rechtsethische Fundierung[41]. Mit Hilfe der Staatsanwaltschaft verwirklicht der Staat seinen Rechtswillen in einem nach bestimmten Grundsätzen geordneten Verfahren, das in gleicher Weise für die Gerichte gilt. Beiden obliegt gemeinsam die Aufgabe der Justizgewährung. In dem sinnvollen Zusammenwirken beider verwirklicht sich der Rechtsstaat auf dem Gebiet des Strafverfahrensrechts. Erst beide zusammen sind „die Strafjustiz", die der Rechtsstaat postuliert[42]. Dieses Verständnis vom Wesen der Staatsanwaltschaft entspricht der einhelligen Auffassung in Rechtsprechung und Literatur. Der Bundesgerichtshof[43] und – ihm folgend – die Rechtslehre[44] nennen sie ein dem Gericht gleichgeordnetes Organ der Strafrechtspflege, dem die Strafverfolgung und Mitwirkung im Strafverfahren obliegt. Das Bundesverwaltungsgericht[45] bezeichnet sie als ein durch Gesetz geschaffenes Organ, das – ohne selbst Gericht zu sein – organisatorisch aus der Verwaltung herausgelöst und bei den Gerichten mit der Aufgabe errichtet ist, sich an gerichtlichen Entscheidungen zu beteiligen und diese zu fördern. Das Bundesverfassungsgericht[46] stuft sie ein als wesentlichen Bestandteil der Justiz im Rechtsstaat: Entsprechend ihrer organischen Eingliederung in die Justiz sei ihr insoweit eine besondere Stellung eingeräumt, als sie nicht verwalte, sondern gemeinsam mit dem Gericht die Aufgabe „Justizgewährung" in der Weise erfülle, daß für andere als justizmäßige Einflüsse auf ihre Entschließung kein Raum sei.

Aus dieser Einordnung der Staatsanwaltschaft wird gefolgert: Sei die Staatsanwaltschaft zur Objektivität verpflichtet, an Wahrheit und Gerechtigkeit gebunden, so müsse ein Staatsanwalt unter denselben Voraussetzungen ausgeschlossen sein wie der gleichfalls zur Objektivität verpflichtete Richter[47]. Dieses an sich überzeugende Argument hilft hier deshalb nicht weiter, weil es letztlich nur besagt, daß ein den Maximen des § 160 Abs. 2 StPO zuwider ermittelnder Staatsanwalt prozeßordnungs-

[40] Vgl. auch *Krause* SchlHA 1968, 107, 109; noch nicht so eindeutig die Motive, vgl. *Hahn* Mat. 1, 93; zweifelnd auch *Geyer* a. a. O. S. 420.

[41] *Henkel* a. a. O. S. 135; *Bruns* GebGabe S. 49 und unter Bezugnahme darauf OLG Stuttgart NJW 1974, 1395.

[42] Vgl. dazu *Wendisch* in BKA-Vortragsreihe Bd. 23 „Polizei und Justiz" (1976), S. 21.

[43] BGHSt. 24, 170, 171.

[44] LR *Schäfer* Vor § 141 GVG Rdn. 10ff.; *Kleinknecht* Vor § 141 GVG Rdn. 1ff. und § 163 StPO Rdn. 3ff.; *Müller-Sax* Vor § 158 Anm. 2, *Peters* Kriminalistik (1970), S. 425 und Der neue Strafprozeß (1975), S. 96; *Roxin* DRiZ 1969, 385; *Wagner* MDR 1973, 714.

[45] NJW 1961, 1496, 1497; vgl. auch NJW 1975, 894.

[46] BVerfGE 9, 223, 228 = NJW 1959, 871; vgl. auch BVerfGE 32, 199, 217 = NJW 1972, 25, 26: „Notwendige Organe der Rechtspflege".

[47] Vgl. OLG Stuttgart a. a. O. S. 1395; *Bruns* GebGabe S. 47f.; *Henkel* a. a. O. S. 135; *Roxin* StVR 1979, § 9 S. 46.

widrig handelt und eine darauf beruhende Amtshandlung fehlerhaft ist. Bedeutsam für die hier zu entscheidende Frage könnte nur sein, daß der Staatsanwalt – etwa zufolge persönlicher Betroffenheit – es unterläßt, den Beschuldigten entlastende Umstände zu ermitteln und aufzuklären. Selbst dieses Versäumnis würde nur dann entscheidungserheblich werden, wenn die mangelnde Aufklärung zum Verlust des Beweismittels führen und damit in dem späteren gerichtlichen Verfahren nicht mehr zur Verfügung stehen würde[48]. Weil ein Verstoß gegen § 160 Abs. 2 StPO mithin nur in seltenen Ausnahmefällen entscheidungserheblich sein kann, muß er schon aus diesem Grund als allgemeine Rechtsgrundlage für den Ausschluß oder die Ablehnung wegen Befangenheit entfallen[49]. Sein Rechtsgedanke kann nur die Fälle erfassen, in denen der Staatsanwalt aufgrund enger persönlicher Beziehungen oder zufolge bestimmter Vortätigkeiten tatsächlich nicht in der Lage ist, objektiv zu handeln, nicht aber die – erheblich zahlreichen – Fälle, bei denen die Gefahr mangelnder Objektivität gar nicht besteht, vielmehr nur der Anschein der Parteilichkeit entstehen könnte, der aber – wie beim Richter – auch zum Ausschluß des Staatsanwalts führen muß[50].

b) Prozessuale Fürsorgepflicht und faires Verfahren. Scheidet § 160 Abs. 2 StPO als Grundlage für den Ausschluß oder die Ablehnung eines Staatsanwalts aus, ist zu prüfen, ob deren Zulässigkeit allgemeinen Grundsätzen des Strafverfahrensrechts entnommen werden kann. Als ein solcher Grundsatz kommt das auf die prozessuale Fürsorgepflicht[51] – und damit auch auf § 160 Abs. 2 StPO – sowie die allgemeine Rechtspflicht, das Verfahren justizförmig, pfleglich und zweckvoll zu gestalten[52], gestützte Recht des Beschuldigten auf ein faires Verfahren in Betracht. Ein dem Gedanken der Fairneß verpflichtetes Strafverfahren verlangt von allen staatlichen Organen, namentlich mithin von der Staatsanwaltschaft[53], daß diese die eine Selbstbeschränkung staatlicher Mittel anordnenden Vorschriften nicht nur korrekt, sondern auch fair handhabt[54]. Daß das

[48] In sonstigen Fällen könnte und müßte der Richter, für den der Amtsaufklärungsgrundsatz in gleicher Weise gilt, das Versäumnis nachholen.

[49] So im Ergebnis auch *Kuhlmann* a. a. O. S. 13.

[50] Aus diesem Grund lehnt *Frisch* § 160 Abs. 2 StPO als Rechtsgrundlage ab: Da § 160 Abs. 2 nicht die Grundlage für die entscheidenden Anknüpfungspunkte darstelle, könne er selbstverständlich auch nicht die ganze Last der angestrebten Ausschlußgründe tragen; a. a. O. S. 390.

[51] Zum Begriff vgl. LR *Schäfer* Einl. Kap. 6, Rdn. 21 bis 24 sowie *Römer* ZRP 1977, 92, 99; aber auch *v. Löbberke* GA 1973, 200; in der Rechtsprechung BGHSt. 22, 118, 122; 25, 325; 26, 1, 4; OLG Hamm NJW 1973, 381; OLG Frankfurt NJW 1974, 1151; OLG Celle NJW 1974, 1260.

[52] *Kleinknecht* Einl. 153.

[53] *Kuhlmann* a. a. O. S. 14.

[54] BVerfGE 30, 1, 27 = NJW 1971, 275; BVerfGE 38, 105, 111 = NJW 1975, 103.

Recht auf ein faires Verfahren zu den wesentlichen Grundsätzen eines rechtsstaatlichen Verfahrens zählt, ist seit der Entscheidung des Bundesverfassungsgerichts vom 3. 6. 1969[55] allgemein anerkannt.

Dieses Recht muß für alle Verfahrensabschnitte gelten, namentlich auch dort Anwendung finden, wo ein Staatsanwalt tätig wird, der aufgrund seiner persönlichen Bindungen an Tat oder Täter oder anderer Voreingenommenheit sich in einem Zustand befindet, der seine vollkommen gerechte, von jeder falschen Rücksicht freie Einstellung zur Sache beeinträchtigen kann[56]. Denn in einem solchen Fall liegt die Möglichkeit einer Verletzung der gebotenen Objektivität so nahe, daß vom Standpunkt eines vernünftig denkenden Menschen[57], eines unbefangenen Dritten[58], eines verständigen[59] oder vernünftigen[60] Angeklagten die begründete Befürchtung besteht, der ermittelnde Staatsanwalt werde den Sachverhalt nicht unvoreingenommen, sondern möglicherweise parteiisch, d. h. unter Mißachtung der Grundsätze eines fairen Verfahrens prüfen.

Diesem Standpunkt scheint nunmehr auch das Bundesverfassungsgericht zuzuneigen. In seiner Entscheidung vom 24. 4. 1978 führt es nämlich zu dieser Grundsatzfrage aus: „Selbst wenn man davon ausgehen wollte, daß der Anspruch auf ein faires Verfahren auch das Recht umfaßt, einen befangenen Staatsanwalt abzulehnen, schließen die vom Beschwerdeführer für die Befangenheit des Staatsanwalts vorgetragenen Gründe dessen weitere Mitwirkung nicht aus, zumal da für Richter und Staatsanwälte wegen ihrer verschiedenen verfahrensrechtlichen Stellung nicht die gleichen Maßstäbe für die Beurteilung ihrer Befangenheit gelten können."[61] Zwar hat das Bundesverfassungsgericht seine Rechtsansicht wiederum[62] mehr beiläufig und in Form einer hypothetischen Äußerung erklärt; jedoch ist ihr immerhin zu entnehmen, daß es die Möglichkeit nicht mehr schlechthin ausschließt, auch ein Staatsanwalt könne wegen Mißachtung der Regeln über ein faires Verfahren befangen sein. Bestärkt wird diese Ansicht einmal durch die Feststellung, daß die für den konkreten Fall vorgetragenen Gründe die weitere Mitwirkung des Staatsanwalts nicht ausschlössen und zum anderen durch den weiteren Hinweis, daß bei der Be-

[55] BVerfGE 26, 66, 71 = NJW 1969, 1423; vgl. auch BVerfGE 40, 95, 99 = NJW 1975, 1597; BGHSt. 24, 131; vgl. im übrigen zum Begriff des fairen Verfahrens LR *Schäfer* Einl. Kap. 6, Rdn. 16 bis 20.

[56] *Kuhlmann* a. a. O. S. 14; vgl. für den Richter: RGSt. 55, 57; 60, 44; 61, 69; RG JW 1912, 943; RG GA 71, 132; OLG Koblenz VRS 44, 292 sowie LR *Dünnebier* § 24 Rdn. 5.

[57] BayObLG Recht 1915, 581.

[58] BGH JR 1957, 68.

[59] RGSt. 65, 43.

[60] BGHSt. 21, 341.

[61] JR 1979, 28.

[62] Wie in der Entscheidung vom 16. 4. 1969 = BVerfGE 25, 336, 345 = NJW 1969, 1104.

urteilung ihrer Befangenheit für Richter und Staatsanwälte nicht die gleichen Maßstäbe gelten könnten. Beide Anmerkungen wären überflüssig gewesen, wenn das Bundesverfassungsgericht den Ausschluß oder die Ablehnung eines Staatsanwalts nicht grundsätzlich für zulässig erachten würde[63].

c) Ergebnis. Als Ergebnis ist danach festzuhalten, daß das in engem Zusammenhang mit der allgemeinen Fürsorgepflicht stehende Recht des Beschuldigten auf ein faires Verfahren schon jetzt eine Grundlage für die Ausschließung und Ablehnung eines Staatsanwalts bietet und daß die Mitwirkung eines unter Verletzung dieser Prinzipien weiterhin tätig werdenden Staatsanwalts – weil prozeßordnungswidrig – unzulässig ist.

Dieser Ansicht scheint – zumindest im Grundsatz – auch *Frisch* zuzustimmen. Gleichwohl lehnt er den Rückgriff auf verfassungsrechtliche Grundsätze ab: Ein Rückgriff auf mögliche Konkretisierungen verfassungsrechtlicher Prinzipien komme immer nur in letzter Linie in Betracht; ihm gehe allemal die Rechtsfortbildung anhand der von speziellen Gesetzen für vergleichbare Fallgruppen bereits aufgestellten Grundsätze und Entscheidungen vor[64]. Dieser bei methodischem Vorgehen naheliegendste Weg einer gesetzesimmanenten Rechtsfortbildung durch Lückenerfassung und -ausfüllung sei bisher weder gründlich untersucht, geschweige beschritten worden[65]. In einer den Schwerpunkt seines Aufsatzes bildenden eingehenden Untersuchung bejaht *Frisch* alsdann das Vorliegen einer Gesetzeslücke, die sich als „planwidrige Unvollständigkeit des Gesetzes" erweise und daher der Ausfüllung durch analoge Anwendung der anderweitigen Ausschlußregeln zugänglich sei und auch bedürfe[66].

Da beide Ansichten zum gleichen Ergebnis führen und mit dem gestellten Thema in erster Linie die Praxis angesprochen werden soll, muß darauf verzichtet werden, sich mit ihnen besonders auseinanderzusetzen. Das scheint auch deshalb erlaubt, weil beide Methoden nicht von einer eigenen selbständigen und unmittelbaren Grundlage für einen Ausschluß oder eine Ablehnung des Staatsanwalts ausgehen, ihnen vielmehr als Ausgangspunkt letztlich die den §§ 22ff. StPO[67] zugrundeliegenden Erwägungen unter Berücksichtigung der besonderen Stellung des Staatsanwalts im Strafverfahren dienen. Auf sie – namentlich den Umfang ihrer Anwendungsmöglichkeit – wird nunmehr einzugehen sein.

[63] So auch *Bruns* JR 1979, 31.

[64] Vgl. a.a.O. S.391.

[65] A.a.O. S.392, 395.

[66] A.a.O. S.396 bis 406; im Ergebnis ebenso *Bruns* JR 1979, 32.

[67] Aber auch den in den Fußnoten 9 bis 29 aufgeführten anderweitigen gesetzlichen Ausschließungs- oder Befangenheitsvorschriften.

3. Umfang der Anwendungsmöglichkeit der Vorschriften über die Ausschließung

a) Persönliche Beziehung zu Täter oder Tat. Die Feststellung, auch der Staatsanwalt unterliege den für sonstige Gerichtspersonen geltenden (materiellen) Regeln der Ausschließung und Befangenheit[68], bedeutet selbstverständlich nicht, daß diese Vorschriften ausnahmslos und im gleichen Umfang wie bei jenen auf den Staatsanwalt übertragen werden könnten. Ob das möglich ist, ist vielmehr für jede Vorschrift einzeln und nunmehr getrennt für Ausschließung und Befangenheit zu prüfen.

Keine Schwierigkeit bereitet insoweit die Untersuchung der Nrn. 1 bis 3 des § 22 StPO. Daß der selbst betroffene Staatsanwalt, sei es als Verletzter oder als Beschuldigter (vgl. Nr. 1); der Staatsanwalt, der Ehegatte oder Vormund des Beschuldigten oder Verletzten ist oder gewesen ist (Nr. 2); aber auch der Staatsanwalt, der mit dem Beschuldigten oder Verletzten in gerader Linie verwandt oder verschwägert, in der Seitenlinie bis zum dritten Grad verwandt oder bis zum zweiten Grad verschwägert ist oder war (Nr. 3), in diesem Verfahren nicht mehr tätig werden darf, liegt förmlich auf der Hand[69]. Denn für die Tätigkeit des zur strikten Objektivität verpflichteten Staatsanwalts[70] ist Voraussetzung, daß er diese in voller Unbefangenheit ausübt. Nahe Beziehungen zum Verletzten oder zum Beschuldigten, aber auch zum Verfahren selbst, stellen – wie beim Richter – auch die Unparteilichkeit des Staatsanwalts in Frage und lassen ihn daher für eine weitere Tätigkeit in dieser Sache ungeeignet erscheinen[71].

b) Nichtrichterliche Vortätigkeit. Übereinstimmung besteht auch dahin, daß – wiederum wie beim Richter – bestimmte Vortätigkeiten in der Sache, etwa als Anwalt des Verletzten oder Verteidiger des Beschuldigten (§ 22 Nr. 4 StPO), die spätere Tätigkeit als Staatsanwalt in dieser Sache schon deshalb hindern, weil auch von einem solchen Staatsanwalt – abgesehen von dem hier handgreiflichen Anschein der Parteilichkeit[72] – zufolge seiner vorhergehenden Tätigkeit nicht erwartet werden kann, er werde die ihm als Staatsanwalt obliegende besondere Objektivität gleichwohl erfüllen. Diese ist immer schon dann in Zweifel zu ziehen, wenn

[68] Unter II 1 a ist ausgeführt, schon der historische Gesetzgeber sei davon ausgegangen, daß auch beim Staatsanwalt solche Gründe vorliegen könnten.

[69] *Koffka* ZStW 84, 671; *Bruns* GebGabe S. 46; einschränkend *Kuhlmann* a. a. O. S. 12: Diese Bestimmungen geben jedoch keinen hinreichenden Anlaß, sie sinngemäß auch auf Staatsanwälte anzuwenden.

[70] BGHSt. 15, 159; OLG Stuttgart NJW 1974, 1395; *Gaul* SchlHA 1969, 85f.; *Bruns* GebGabe S. 49; *Kuhlmann* a. a. O. S. 13.

[71] *Henkel* a. a. O. S. 135.

[72] So *Frisch* a. a. O. S. 399.

auch nur der Verdacht einer Parteilichkeit besteht[73], unabhängig davon, ob diese begründet ist oder nicht.

Anders verhält es sich dagegen bei einer Vortätigkeit als ermittelnder Staatsanwalt. Niemand wird verlangen, daß ein Staatsanwalt in der Hauptverhandlung ausgeschlossen ist, weil er die Ermittlungen geführt hat. Denn es liegt im Interesse der Sache, daß möglichst ein Staatsanwalt als Sitzungsvertreter mitwirkt, der die Sache genau kennt. Es ist deshalb allgemeine Übung, daß – namentlich in Kapital-, aber auch in Wirtschaftsstrafsachen oder sonstigen Großverfahren – der Staatsanwalt, der die Sache ermittelt hat, sie auch in der Hauptverhandlung vertritt[74]. Zwar hat das u. U. zur Folge, daß ein solcher Staatsanwalt nahezu zwangsläufig mit einer bestimmten Vorstellung in die Verhandlung geht. Jedoch darf – und wird das in aller Regel auch nicht der Fall sein – ihn das nicht hindern, aufgrund des Ergebnisses der Hauptverhandlung zu anderen Schlüssen zu kommen[75].

Im übrigen dürfte für die Übertragung dieser Vorschrift auf den Staatsanwalt auch deshalb kein Raum sein, weil auch der Eröffnungsrichter, dessen Eröffnungsbeschluß sich inhaltlich regelmäßig mit der Anklageerhebung deckt, von späterer richterlicher Tätigkeit nicht ausgeschlossen ist[76]. Das war – jedenfalls für erstinstanzliche Strafkammersachen – nicht immer so. Im Gegenteil bestimmte § 23 Abs. 3 StPO in der Fassung vom 1. 2. 1877[77], daß an der Hauptverhandlung vor der (mit fünf Berufsrichtern besetzten) Strafkammer nicht mehr als zwei Richter mitwirken durften, die an der Entscheidung über die Eröffnung des Hauptverfahrens teilgenommen hatten, und war der Richter, der Berichterstatter im Zwischenverfahren gewesen war, stets ausgeschlossen. Wie wechselvoll die Entwicklung dieser Vorschrift war, läßt der Gesetzgebungsgang erkennen[78]: Zunächst enthielt § 17 des Entwurfs nicht die Bestimmung des Absatzes 3 und hatte die Reichstagskommission in der 1. und 2. Lesung die Ausschließung aller Richter – als Kompensation für den Wegfall der Berufung in Strafkammersachen – beschlossen, welche an der Entscheidung über die Eröffnung des Hauptverfahrens teilgenommen hatten. Jedoch war dieser Beschluß an dem Widerspruch der Vertreter des Bundesrats[79]

[73] *Kuhlmann* A. a. O. S. 15; LR *Dünnebier* § 22 Rdn. 36.

[74] So schon die Begründung zu § 132 EStVO 1939, S. 74; vgl. im übrigen LR *Dünnebier* Vor § 22 Rdn. 13 Fußn. 3; *Blomeyer* GA 1970, 169 und *Kuhlmann* a. a. O. S. 15: mit Ausnahme der Rechtsmittelinstanz.

[75] *Koffka* a. a. O. S. 671; enger *Frisch* a. a. O. S. 402; kritisch auch *Hanack* JR 1967, 230.

[76] Worauf *Frisch* besonders hinweist: a. a. O. S. 401.

[77] RGBl. 253.

[78] Vgl. dazu *Hahn* Mat. zur StPO S. 1, 6, 90, 1203 bis 1205, 1518, 1609 bis 1613, 1662.

[79] Mit dem Hinweis auf die Schwierigkeiten für die Organisation namentlich in kleineren Staaten sowie auf die Verschiedenheit der Stellung und der Aufgabe des eröffnenden und erkennenden Richters.

gescheitert, so daß schließlich die Ausschließung auf *einen* Richter[80] beschränkt wurde.

Obwohl diese Regelung während der Folgezeit mehrfach zu zahlreichen Klagen Anlaß gegeben und ihre Aufhebung in mehreren Entwürfen zur Änderung des Strafverfahrensrechts vorgesehen war[81], blieb sie fast 45 Jahre geltendes Recht. Beseitigt wurde sie erst – ohne nähere Begründung – durch die Verordnung über Verfassung und Strafrechtspflege vom 4.1.1924[82], deren § 21 Abs. 1 bestimmte: „Die Mitwirkung bei der Eröffnung des Hauptverfahrens bildet keinen Ausschließungsgrund für die Teilnahme am Hauptverfahren." Seit dieser „gesetzgeberischen" Entscheidung steht fest, daß die Vorbefassung als Eröffnungsrichter die weitere (richterliche) Tätigkeit in der Sache nicht ausschließt. Es besteht kein Grund, der Anklageerhebung eine größere Bedeutung beizumessen, als sie der vergleichbaren Eröffnung des Hauptverfahrens zukommt. Wer als ermittelnder Staatsanwalt namentlich die das Ermittlungsverfahren abschließende Anklage erhoben hat, ist mithin von der weiteren Tätigkeit als Sitzungsvertreter in der Hauptverhandlung nicht ausgeschlossen.

Vermag die Vortätigkeit als ermittelnder Staatsanwalt keine Ausschließung zu begründen, so ist schließlich der weitere Schluß gerechtfertigt, daß auch die frühere Tätigkeit als Polizeibeamter zu keinem anderen Ergebnis führen kann. Dieser wird in seiner Eigenschaft als Hilfsbeamter der Staatsanwaltschaft[83] – auch wenn er aus eigener Entschließung tätig wird – in gleicher Weise und mit dem gleichen Ziel tätig wie der Staatsanwalt[84], so daß die Begriffe Sache und Tätigkeit bei ihm nicht anderes als beim Staatsanwalt aufgefaßt werden können[85].

c) Zeuge oder Sachverständiger. Nach § 22 Nr. 5 StPO ist von der Ausübung des Richteramts kraft Gesetz ausgeschlossen, wer in der Sache als

[80] Zwar ist das dem Wortlaut nicht ohne weiteres zu entnehmen, folgt aber daraus, daß die Strafkammer über die Eröffnung des Hauptverfahrens nur mit drei Richtern entschied, von denen notwendig einer Berichterstatter war. Wenn aber dieser auf keinen Fall an den Entscheidungen der Strafkammer im Hauptverfahren teilnehmen durfte, und die beiden übrigen der Eröffnungskammer nicht ausgeschlossen waren, folgt daraus, daß nur der Berichterstatter von dem weiteren Verfahren ausgeschlossen war. So schon *Löwe* a. a. O. Anm. 9 zu § 23; *Geyer* a. a. O. S. 353; vgl. auch *Peters* Fehlerquellen, 2. Band 1972, § 34 I. S. 253.

[81] Schon die Vorlage von 1895 und alsdann die Entwürfe von 1908 (Mat. zur StRRef. Bd. 11, S. 26, 198), 1909 (Bd. 12, S. 26, 64f.; Bd. 13 – Bericht der 7. Kommission zum Aktenstück des Reichstags Nr. 638, S. 3162, 3495) und 1919 (Bd. 14, S. 18, 35) sahen die Regelung – jeweils in ihrem § 16 – nicht mehr vor.

[82] Sog. EmmingerVO: RGBl. I 15.

[83] Nur dieser wird hier angesprochen: LR *Dünnebier* § 22 Rdn. 56; *Kuhlmann* a. a. O. S. 15.

[84] *Koffka* a. a. O. S. 671.

[85] LR *Dünnebier* § 22 Rdn. 58; anders allerdings § 7 Abs. 1 Buchst. d) NdsAGGVG sowie *Bruns* GebGabe S. 46.

Zeuge oder Sachverständiger vernommen worden ist. Daß die Vernehmung als Zeuge auch den Staatsanwalt hindert, nach seiner Vernehmung weiterhin in dieser Funktion aufzutreten, ist heute allgemein anerkannt[86]. Schon im Jahre 1896 hat das Reichsgericht entschieden, eine „Vereinigung der Stellungen der Zeugen und des öffentlichen Anklägers in einer Person widerstrebt schon dem natürlichen Gefühl; sie ist aber nicht bloß unangemessen, sondern auch geradezu ungesetzlich"[87]: Denn es sei undenkbar, daß der als Zeuge vernommene Staatsanwalt unbefangen prüfen könne, welche Anträge auf Vorhalte oder nach Gegenüberstellung zu stellen seien, wenn Widersprüche zwischen den Aussagen der vernommenen Zeugen hervortreten; außerdem sei der Staatsanwalt unmöglich in der Lage, in seinen Schlußausführungen objektiv und unbefangen die Glaubwürdigkeit der Zeugen und das Gewicht ihrer Aussagen zu erörtern, wenn seine eigene Person und seine eigene Aussage in Frage stünden. An dieser Ansicht hat das Reichsgericht – abgesehen von einer vereinzelt gebliebenen Entscheidung[88] – stets festgehalten[89]. Ebenso wie die spätere obergerichtliche Rechtsprechung[90] hat ihr auch das Schrifttum zugestimmt[91]. Der Grundsatz der Unvereinbarkeit von Zeugenschaft und Anklagevertretung kann daher als geltendes Recht angesehen werden. Es bestehen auch keine Bedenken, diesen Grundsatz wegen der Identität der geforderten Erkenntnisleistungen auf eine vorangegangene Vernehmung als Sachverständiger zu erstrecken, ist doch die Stellung des Sachverständigen in vielfacher Hinsicht der des Zeugen verwandt, wie schon daraus erhellt, daß die Bestimmungen des Zeugenbeweises grundsätzlich auch auf den Sachverständigenbeweis anzuwenden sind[92].

[86] LR *Dünnebier* Vor § 22 Rdn. 15; *Roxin* StVR 1979, § 26 S. 134; *Dose* NJW 1978, 349.

[87] RGSt. 29, 236.

[88] JW 1924, 1761: Die Aussage des Staatsanwalts wird zwar als unverwertbar angesehen, dem Staatsanwalt aber gleichwohl nicht die Fähigkeit abgesprochen, weiterhin in derselben Verhandlung staatsanwaltschaftliche Funktionen auszuüben; *Alsberg* hat diese Ansicht in einer Anmerkung heftig kritisiert.

[89] So GA 67, 437 und JW 1925, 1403: Verstoß gegen allgemeine Grundsätze über die Rechtsstellung der Staatsanwaltschaft im Strafprozeß; vgl. im übrigen in zeitlicher Reihenfolge weiter GA 71, 93; LZ 1926, 832; JW 1933, 523.

[90] Erstmalig BGH bei *Dallinger* MDR 1957, 16: Der als Zeuge gehörte Staatsanwalt hat als Sitzungsvertreter auszuscheiden; alsdann BGHSt. 14, 265; 21, 89: Ausnahme, soweit sich die spätere Antragstellung von Erörterung und Bewertung einer Zeugenaussage trennen läßt; ablehnend dazu *Hanack* JR 1967, 230; JZ 1971, 91; 1972, 81; ebenso BayObLGSt. 1953, 27; OLG Stuttgart NJW 1974, 1396.

[91] LR *Dünnebier* Vor § 22 Rdn. 15; LR *Meyer* Vor § 48 Rdn. 25 f.; LR *Gollwitzer* § 226 Rdn. 9; *Eb. Schmidt* Vor § 48 Rdn. 7; *Müller-Sax* Vor § 48 Anm. 4 b; *Peters* Strafprozeß (1968), S. 289; *Henkel* Strafverfahrensrecht (1968), S. 203; *Alsberg-Nüse* Beweisantrag im Strafprozeß (1969), S. 198 Fußn. 11; *Drucker* JW 1933, 523; a. A. *Beling* Reichsstrafprozeßrecht (1928), S. 296; *Gerland* Strafprozeß (1927), S. 196.

[92] Vgl. § 72 StPO; LR *Meyer* Vor § 72 Rdn. 1.

4. Weitere Vortätigkeiten als Ausschließungsgrund

a) Ermittlungs- oder Eröffnungsrichter. Unter 3b Absatz 2 ist bereits ausgeführt, daß die Vortätigkeit des ermittelnden Staatsanwalts seinem späteren Einsatz als Sitzungsvertreter in der Hauptverhandlung nicht entgegensteht. Das gleiche gilt für richterliche Vorbefassungen während des vorbereitenden Verfahrens. Denn wenn schon die Vortätigkeit des ermittelnden Staatsanwalts für das gesamte vorbereitende Verfahren kein Hinderungsgrund für ein weiteres Tätigwerden während des Hauptverfahrens ist, dann muß es um so mehr für nur einzelne richterliche Handlungen gelten, etwa die Vernehmung des Beschuldigten, den Erlaß eines Durchsuchungs- oder Haftbefehls oder den Beschluß, das Hauptverfahren zu eröffnen, zumal da diese Maßnahmen – wie ebenfalls schon ausgeführt – nicht einmal die spätere Ausschließung als Richter zur Folge haben. Das erscheint auch deshalb gerechtfertigt, weil es sich bei diesen Vorbefassungen stets nur um vorläufige Entscheidungen handelt und davon ausgegangen werden kann, daß diese den Staatsanwalt nicht hindern, bei anderer Beweislage zu einem anderen Ergebnis zu gelangen[93].

b) Entscheidender Richter. Anders liegt der Fall, wenn der Sitzungsvertreter in einer späteren Hauptverhandlung einen Antrag zu einer Entscheidung stellen soll, die er selbst in einem früheren Zeitpunkt im Sinn einer endgültigen Sachentscheidung getroffen hat. Denn bei einer solchen Sachlage befindet sich der Staatsanwalt in keiner anderen Situation wie der Rechtsmittelrichter, der bei der durch ein Rechtsmittel angefochtenen Entscheidung mitgewirkt hat. Da dieser von einer weiteren Mitwirkung in der Sache ausgeschlossen ist, muß das gleiche für den Staatsanwalt gelten. Auch bei ihm kann nicht ausgeschlossen werden, daß er sich von einer früheren auf Endgültigkeit zielenden Entscheidung nicht lösen werde[94]. Ein Staatsanwalt, der als Richter erster Instanz das mit der Berufung angefochtene Urteil erlassen hat, darf deshalb in der Hauptverhandlung vor dem Berufungsgericht nicht als Sitzungsvertreter der Staatsanwaltschaft auftreten[95]. Hier wird die innere Bindung des Staatsanwalts an das von ihm selbst gefällte Urteil zumindest nach dem Eindruck eines Außenstehenden so stark sein, daß er seiner Pflicht, die Beweise objektiv zu würdigen und auch alle den Angeklagten entlastenden Umstände zu berücksichtigen, zwangsläufig nicht mit der erforderlichen Unabhängigkeit nachkommen kann, wie das seiner Stellung als Organ der Rechtspflege und seiner Aufgabe entspricht, das Gericht bei der Wahrheits- und Rechtsfindung zu unterstützen.

[93] *Koffka* a.a.O. S. 671; vgl. auch *Peters* Fehlerquellen, 1. Bd. § 31 II, S. 517.
[94] *Frisch* a.a.O. S. 400.
[95] OLG Stuttgart NJW 1974, 1394 mit zust. Anm. *Fuchs*.

c) Abschließend plädierender Staatsanwalt. Ob die Notwendigkeit, im Schlußplädoyer einen bestimmten, das Verfahren abschließenden Antrag zu stellen, eine gleiche Konsequenz erfordert, d.h. ebenfalls dazu zwingt, ihn von der Sitzungsvertretung in der Rechtsmittelinstanz oder auch im Wiederaufnahmeverfahren auszunehmen, ist umstritten. Sicherlich ist ein solcher Wechsel schon aus Gründen der Objektivität wünschenswert. Es ist deshalb in einigen Staatsanwaltschaften – so in Bremen – ständige Übung, mit der Änderung der gerichtlichen Instanzzuständigkeit zufolge Einlegung einer Berufung, aber auch bei Zurückverweisung aus der Revision und im Wiederaufnahmeverfahren auch den Staatsanwalt zu wechseln. Diesem Anliegen trägt Nr. 170 Abs. 1 RiStBV für ein Teilgebiet dadurch Rechnung, daß er anordnet: Der Staatsanwalt, der die Anklage verfaßt oder an der Hauptverhandlung gegen den Beschuldigten teilgenommen hat, soll in der Regel in dem vom Verurteilten beantragten Wiederaufnahmeverfahren nicht mitwirken. Gleichwohl meine ich im Gegensatz zu *Frisch*[96] nicht, daß eine solche Vortätigkeit den Staatsanwalt für die weitere Tätigkeit im Rechtsmittel- oder Wiederaufnahmeverfahren generell ungeeignet mache.

Ein solcher Schluß wäre zwingend, wenn der abschließende Antrag in einer Gerichtsinstanz einer endgültigen Sachentscheidung im Sinn der Erwägungen im vorhergehenden Absatz gleichzustellen wäre. Das ist aber nicht der Fall, wie trotz zahlreicher übereinstimmender Tätigkeitsmerkmale aus der Verschiedenartigkeit der Prozeßrollen folgt. Einerseits erfüllen Staatsanwalt und Gericht gemeinsam die Aufgabe der „Justizgewährung", andererseits gilt zwischen Angeklagtem und Staatsanwalt der Grundsatz der „Waffengleichheit". Schon dieses Spannungsverhältnis zeigt, daß Richter und Staatsanwalt nicht ohne weiteres gleich behandelt werden müssen, wenn es um ihre Mitwirkung in der nächsthöheren Instanz geht. Dagegen sprechen auch folgende Erwägungen: Aufgabe des Staatsanwalts ist es, einen Sachverhalt unter strafrechtlichen Gesichtspunkten zu ermitteln und – bei genügendem Anlaß zur Erhebung der öffentlichen Klage – dem Gericht zur Entscheidung zu unterbreiten, und zwar mit dem Ziel einer rechtskräftigen Entscheidung. Aufgabe des Gerichts ist es, die gebotene Entscheidung zu fällen. Gibt einer der Verfahrensbeteiligten sich damit nicht zufrieden und ruft die nächsthöhere Instanz an, will er damit erreichen, daß die Entscheidung noch einmal gerichtlich überprüft wird, und zwar von einem anderen Gericht mit einer neuen Richterbesetzung. Ziel des Rechtsmittels ist es nicht, einen anderen Staatsanwalt mit der Sache zu befassen; vielmehr folgt schon aus der Zuordnung der Staatsanwaltschaft zum Landgericht, die auch die staats-

[96] A. a. O. S. 400; wie dieser *Dahs* DRiZ 1971, 83 in einer Entgegnung gegen *Oppe* DRiZ 1971, 23, der sich entschieden gegen jede Auswechslung des Staatsanwalts ausspricht.

anwaltschaftlichen Aufgaben beim Amtsgericht wahrnimmt, daß in Berufungssachen dieselbe Staatsanwaltschaft mit der Sache befaßt bleibt, während das Gericht wechselt. Dabei ist es auch möglich, daß derselbe Dezernent die Sache weiterhin vertritt[97].

Dem steht nicht entgegen, daß der Staatsanwalt im Wiederaufnahmeverfahren ausnahmslos ausgewechselt werden sollte. Wie oben bemerkt, ist es Aufgabe des Staatsanwalts, der sich zur Anklageerhebung entschlossen hat, das Verfahren einer rechtskräftigen Entscheidung zuzuführen und diese alsdann zu vollstrecken. Wird aber die Rechtskraft einer Entscheidung im Wege des Wiederaufnahmeverfahrens in Frage gestellt, so ist – zumindest aus der Sicht des Verurteilten – die Befürchtung nicht von der Hand zu weisen, der ursprünglich mit der Sache befaßte Staatsanwalt werde mit allen Mitteln versuchen, die Rechtskraft des Urteils zu „retten". Dieser böse Schein sollte vermieden werden, weil Ziel des Wiederaufnahmeverfahrens die Erneuerung der Hauptverhandlung ist, wozu nicht nur ein neues Gericht, sondern (wohl) auch ein neuer Staatsanwalt gehört.

5. Umfang der Anwendungsmöglichkeit der Vorschriften über die Ablehnung wegen Befangenheit. Nachdem unter 3 und 4 bisher nur der Umfang einer entsprechenden Anwendung in bezug auf mögliche Ausschließungsgründe erörtert worden ist, ist nunmehr zu prüfen, inwieweit eine vergleichbare Regelung bei Befangenheit eines Staatsanwalts geboten ist. Die Frage ist schon wegen des grundsätzlichen Unterschieds der beiden Rechtsinstitute nicht einfach zu beantworten. Kommt es beim Ausschluß allein darauf an, daß (objektiv) der Ausschließungsgrund besteht, bleibt es mithin unbeachtlich, welche Wirkungen er (subjektiv) bei dem Amtsträger oder sonstigen Verfahrensbeteiligten hervorruft, so ist bei der Ablehnung wegen Besorgnis der Befangenheit entscheidend, daß der Betroffene Grund hat zu besorgen, der Amtsträger werde unter Einfluß des Ablehnungsgrundes sein Amt nicht in voller Unparteilichkeit ausüben[98]. Ausschließungsgründe sind darüber hinaus fest und eng umrissen; Besorgnis der Befangenheit kann dagegen aus sehr verschiedenen Anlässen bestehen. Der gleiche Umstand kann sie bei dem einen hervorrufen, bei dem anderen nicht; auch kann seine Wirkung zu verschiedenen Zeiten verschieden sein[99]. Ausschließungsgründe sind zumeist ohne größere Schwierigkeiten festzustellen; Umstände, die eine Befangenheit besorgen lassen, bedürfen dagegen wegen ihres Einzelfallcharakters im allgemeinen einer umfassenden Nachprüfung, die darüber hinaus wegen ihrer subjektiven Bezugs-

[97] Ob die Mitwirkung in der Rechtsmittelinstanz eine Befangenheit begründen kann, ist hier nicht zu entscheiden.

[98] RGSt. 33, 309; vgl. in bezug auf den Richter: LR *Dünnebier* Vor § 22 Rdn. 5.

[99] LR *Dünnebier* Vor § 22 Rdn. 3.

punkte häufig zu einem Ergebnis führt, das – verbunden mit einer Verfahrensverzögerung – selten allen Verfahrensbeteiligten einleuchtet. Diese Erwägungen mögen mit dazu beigetragen haben, daß die Entwürfe von 1936 und 1939[100] keine Befangenheitsregelung in bezug auf den Staatsanwalt enthielten und auch heute noch – entgegen der hier vertretenen Ansicht[101] – weiterhin an dem Standpunkt festgehalten wird, ein derartiges Ergebnis sei schon wegen der Rolle der Staatsanwaltschaft unhaltbar[102]. Zu erklären ist diese Meinung wohl nur aus der Befürchtung heraus, daß die Übertragung der für den Richter geltenden – zum Teil sehr weit gefaßten – Befangenheitsgrundsätze auf den Staatsanwalt eine wirksame Strafverfolgung wenn nicht ausschließen, so doch erheblich erschweren würde[103]. Daran ist sicherlich richtig, daß auf keinen Fall der gesamte von der Rechtsprechung entwickelte Katalog von Umständen, die einen Richter als befangen erscheinen lassen, unbesehen auf den Staatsanwalt übertragen werden könnte[104]. Besorgnis der Befangenheit gegenüber einem Staatsanwalt ist aber dann begründet, wenn besondere Umstände, etwa die Art und Weise seines Vorgehens, eine offensichtliche und durch die Sachaufgabe nicht gerechtfertigte Voreingenommenheit erkennen lassen[105].

III. Verfahren

1. Möglichkeiten. Im Abschnitt II 2 bis 5 ist festgestellt worden, daß die Ablösung eines Staatsanwalts wegen Vorliegens von Gründen, die beim Richter seine Ausschließung oder seine Ablehnung wegen Besorgnis der Befangenheit zur Folge haben, schon de lege lata zulässig ist. Es stellt sich sodann die Frage, ob der Beschuldigte die Ersetzung eines solchen Staatsanwalts gerichtlich – entweder unmittelbar oder nach vorheriger Durchführung eines besonderen staatsanwaltschaftlichen Überprüfungsverfahrens – erzwingen kann oder ob er auf die Überprüfung im Dienstaufsichtsweg, d.h. ausschließlich im staatsanwaltschaftlichen Bereich, beschränkt ist, wobei wiederum zu unterscheiden ist, ob das Vorliegen von

[100] Vgl. Fußn. 30.

[101] Vgl. Abschnitt II 2 c.

[102] Vgl. *Schweichel* ZRP 1970, 173 sowie *Blomeyer* GA 1970, 168f.; aber auch *Oppe* a.a.O. S. 25: Wechsel möglicherweise sogar unzulässig.

[103] OLG Karlsruhe MDR 1974, 423: Die Anerkennung von Befangenheitsgründen könnte dazu führen, die Verfolgungs- und Ermittlungstätigkeit des Staatsanwalts zeitweise lahmzulegen und die Mitwirkung des am besten Informierten in der Hauptverhandlung auszuschalten.

[104] *Bruns* GebGabe S. 47; vgl. auch *Dahs* Handbuch, Rdn. 148 und *Grünwald* a.a.O. C 38 Fußn. 28.

[105] Vgl. die Beispiele bei *Frisch* a.a.O. S. 405f. und – wenn auch etwas überpointiert – bei *Bruns* S. 47 bis 50, aber auch bei *Kuhlmann* a.a.O., S. 16, die es erlauben, hier auf eine eigene Aufzählung zu verzichten.

Ausschließungs- oder Befangenheitsgründen gegen den ermittelnden Staatsanwalt oder gegen den Sitzungsvertreter behauptet wird.

2. *Verwaltungsverfahren*

a) Anzeigepflicht. Es ist allgemein anerkannt, daß ein Staatsanwalt, bei dem die materiellen Voraussetzungen für eine Ausschließung oder Befangenheit vorliegen, verpflichtet ist, weitere Amtshandlungen in der Sache zu unterlassen[106]. Er hat darüber hinaus, und zwar unabhängig von einem etwaigen Antrag des Beschuldigten, seinem Vorgesetzten selbst das Vorliegen solcher Gründe anzuzeigen[107] und darauf hinzuwirken, daß er ersetzt werde. Bis zu dessen Entscheidungen darf er nur solche Amtshandlungen vornehmen, bei denen Gefahr im Verzug ist[108]. Der Vorgesetzte muß einem solchen Antrag entsprechen oder bei Selbstanzeige von Amts wegen die Ablösung anordnen, wenn ein Grund vorliegt, der beim Richter – abgesehen von den meisten Fällen der „Vortätigkeit" – zur Ausschließung führt, oder wenn der Beschuldigte besorgen könnte, der Staatsanwalt sei befangen[109]. Begründet wird die Amtspflicht zur Enthaltung von weiterer Tätigkeit und die damit verbundene Pflicht, die Behinderungsgründe dem Vorgesetzten anzuzeigen, überwiegend mit dem Hinweis auf § 59 BBG, wonach der Beamte von Amtshandlungen zu befreien ist, die sich gegen ihn selbst oder einen Angehörigen richten würden[110]: Aus dieser Bestimmung lasse sich durchaus der allgemeine Grundsatz herleiten, daß die Staatsgewalt – zu ihr gehören auch Richter und Staatsanwälte – dem Bürger mit größtmöglicher Unvoreingenommenheit und Objektivität gegenüberzutreten hat, damit auch der Schein mangelnder Objektivität oder gar der Parteilichkeit im Interesse einer gleichförmigen Anwendung der Gesetze vermieden werde[111].

b) Dienstaufsichtsbeschwerde. Aus der Tatsache, daß sich eine Anzeigepflicht des so vorbelasteten Staatsanwalts verbunden mit einer Amtspflicht, sich dienstlichen Handlungen zu enthalten, sowie eine korrespondierende Ablösepflicht des Vorgesetzten gegenüberständen[112], folgert *Bruns,* daß dem Angeklagten ein Rechtsanspruch auf Auswechslung des Staatsanwalts zustehe, der – zwar nicht durch Gerichtsentscheidung,

[106] So schon *Löwe* a. a. O.; aber auch *Kleinknecht* Vor § 22 Rdn. 3; *Müller-Sax* Vor § 22 Anm. 3.

[107] *Bruns* GebGabe S. 46.

[108] OLG Hamm NJW 1969, 808; OLG Karlsruhe MDR 1974, 423; LR *Dünnebier* Vor § 22 Rdn. 1; *Eb. Schmidt,* Bd. II Vor § 22 Rdn. 4; vgl. auch *Buckert* NJW 1970, 847.

[109] LR *Dünnebier* Vor § 22 Rdn. 11; *Roxin* StVR 1979, § 9 S. 49.

[110] Die gleichen Erwägungen liegen auch den in Fußn. 23 bis 29 angeführten Gesetzesbestimmungen zugrunde.

[111] *Kuhlmann* a. a. O. S. 12; *Bruns* GebGabe S. 46.

[112] *Frisch* a. a. O. S. 387.

wohl aber – durch die Aufsichtsbehörde erzwingbar sei[113]. Nur das Verfahren laufe in anderen Bahnen, an die Stelle der gerichtlichen Entscheidung trete die Entschließung des Dienstvorgesetzten[114].

Dieser Ansicht ist zuzustimmen, soweit damit die Zulässigkeit eines Antrags des Beschuldigten und daraus die Verpflichtung des Dienstvorgesetzten begründet wird, über den Antrag sachlich zu entscheiden. Grundlage des Antrags ist die allgemeine Dienstaufsichtsbeschwerde[115], Grundlage der Entscheidung § 145 GVG, der den Behördenleitern das Recht der Devolution und Substitution einräumt[116]. Die Regelung gilt in gleicher Weise für den ermittelnden Staatsanwalt wie für den Sitzungsvertreter in der Hauptverhandlung.

3. Gerichtliche Kontrolle[117]

a) Ermittelnder Staatsanwalt. Die Oberlandesgerichte Hamm[118] und Karlsruhe[119] haben eine gerichtliche Nachprüfung der Befangenheit des ermittelnden Staatsanwalts verneint: Zwar könne der Beschuldigte in einem an den Dienstvorgesetzten zu richtenden Antrag auf Auswechslung des Staatsanwalts nach § 145 GVG drängen und habe der Vorgesetzte einem solchen Antrag zu entsprechen, wenn ein Grund vorliegt, der bei einem Richter zur Ausschließung führt oder wenn vom Standpunkt des Beschuldigten die Besorgnis der Befangenheit begründet ist[120]; jedoch habe der Beschuldigte keinen Rechtsanspruch auf Ersetzung eines Staatsanwalts und könne die ablehnende Verfügung des Dienstvorgesetzten folglich auch nicht nach § 23 EGGVG anfechten[121].

Die Lehre hat dieser Ansicht teils zugestimmt[122], teils hat sie sie heftig kritisiert. So meint *Buckert*: Aus der Anerkennung eines materiell-rechtlichen Anspruchs auf Ersetzung eines befangenen durch einen unbefangenen Staatsanwalt während des Ermittlungsverfahrens folge zwingend die

[113] A. a. O. S. 45; ähnlich auch *Frisch* a. a. O. S. 410, der dem Beschuldigten für das Vorverfahren ein formelles Ablehnungsrecht zubilligt.

[114] A. a. O. S. 44.

[115] Im Sinn einer Sachaufsichtsbeschwerde mit der Möglichkeit der weiteren Beschwerde an den Generalstaatsanwalt.

[116] LR *Schäfer* § 145 GVG Rdn. 6; *Kleinknecht* § 145 GVG Rdn. 6.

[117] Die Erörterung umfaßt Ausschluß- und Befangenheitsgründe.

[118] NJW 1969, 808.

[119] MDR 1974, 423; das OLG Stuttgart (NJW 1974, 1394 r. Sp. unten) hat die Frage ausdrücklich offen gelassen.

[120] OLG Hamm a. a. O.

[121] Ebenso LR *Dünnebier* Vor § 22 Rdn. 12; LR *Schäfer* § 145 GVG Rdn. 6; *Kleinknecht* Vor § 22 Rdn. 7 und § 145 GVG Rdn. 6; *Koffka* a. a. O. S. 671.

[122] Z. B. LR *Dünnebier* Vor § 22 Rdn. 12; LR *Schäfer* § 145 GVG Rdn. 6; *Kleinknecht* § 145 GVG Rdn. 6 und Vor § 22 StPO Rdn. 3; *Roxin* StVR 1979, § 9 S. 48; offen gelassen von *Dahs* Handbuch, Rdn. 148 2. Absatz.

grundsätzliche Möglichkeit seiner gerichtlichen Durchsetzbarkeit. Dem stehe nicht entgegen, daß – mangels Außenwirkung – Maßnahmen der Dienstaufsicht im allgemeinen keine Verwaltungsaktqualität hätten; der Akt erweise sich nämlich als Gerichtsverwaltungsakt, dessen Rechtmäßigkeit an sich von den allgemeinen Verwaltungsgerichten zu überprüfen sei, hier aber wegen seines engen Sachzusammenhangs mit dem Gebiet der Strafrechtspflege als Justizverwaltungsakt anzusehen sei, zumal da der Behördenleiter bei einer solchen Entscheidung nicht als Organ der Rechtspflege, sondern als Justizverwaltungsbehörde tätig werde[123]. Auch *Bruns* wendet sich gegen die Ansicht der beiden Oberlandesgerichte, daß die „Besetzung der Staatsanwaltsbank" kein Justizverwaltungsakt im Sinne der §§ 23ff. EGGVG sei und wirft dem OLG Hamm besonders vor, daß es darauf gerade keine Antwort gebe. Anlaß dazu hätte um so mehr bestanden, als namentlich *Schäfer*[124] fast alle Prozeßhandlungen des Staatsanwalts, sogar Einstellung und Anklage, als Verwaltungsakte der Staatsanwaltschaft qualifiziere[125]. „Daß sie gleichwohl in der Mehrzahl der Fälle einer Nachprüfung gemäß §§ 23ff. EGGVG nicht unterliegen, ergebe sich teils aus § 23 Abs. 3, ... teils aus § 24 Abs. 1"[126]. *Frisch* bejaht – wiederum im Rahmen der Lückenausfüllung[127] – für das vorbereitende Verfahren ebenfalls die Zulässigkeit einer gerichtlichen Nachprüfung des Vorliegens eines Befangenheitsgrundes, weil andernfalls dem Beschuldigten – im Widerspruch zu Art. 19 Abs. 4 GG – gerichtlicher Rechtsschutz überhaupt verweigert werde. Jedoch schlägt er statt des „ohnehin verfehlten Assoziationen[128] entspringenden und unnütze Subsumtionsfragen[129] aufwerfenden schwerfälligen Verfahrens nach den §§ 23ff. EGGVG die naheliegendste und ‚schnellste' Lösung" vor, nämlich dem Gericht die Nachprüfung zu übertragen, bei dem die Staatsanwaltschaft organisiert ist[130]. Einen ähnlichen Vorschlag macht *Kuhlmann*, ohne allerdings ausdrücklich zu sagen, welchem Gericht die Entscheidung zukommen soll. Aus dem Hinweis „es dürfte richtiger sein, in analoger Anwendung des § 24 StPO durch Gerichtsbeschluß ... zu entscheiden" wird man aber wohl schließen dürfen, daß die analoge Anwendung auch das Ableh-

[123] NJW 1970, 848.

[124] LR § 23 EGGVG Rdn. 7 und 38; vgl. aber Rdn. 40, wo *Schäfer* die gerichtliche Nachprüfung einer ablehnenden Entscheidung des Dienstvorgesetzten wegen Besorgnis der Befangenheit ausdrücklich verneint.

[125] Anders BVerfG NJW 1979, 154f. (zu § 28 Abs. 1 Satz 4 EGGVG).

[126] GebGabe S. 51f.; für ein gerichtlich durchsetzbares Ablehnungsrecht auch *Grünwald* a. a. O. C 38; *Roxin* StVR 1979, § 9 S. 48 und Festschrift S. 149; *Dahs* NJW 1975, 1877.

[127] A. a. O. S. 407ff.

[128] Nämlich der These vom Ablösungsanspruch; a. a. O. S. 393.

[129] Justizverwaltungsakt oder nicht?

[130] A. a. O. S. 411, 413.

nungsverfahren nach §§ 26ff. StPO erfassen soll, zumal da er den Rechtsweg über § 23 EGGVG ablehnt und es für widersinnig hält, wenn ein Verstoß gegen einen tragenden Grundsatz des Strafverfahrens nur mit der Revision gerügt werden könne[131].

Obwohl die Zahl derjenigen zugenommen hat, die eine gerichtliche Überprüfung für erforderlich halten, ist mit der herrschenden Ansicht weiterhin daran festzuhalten, daß die Entscheidung des Dienstvorgesetzten, der Staatsanwalt sei weder befangen noch zufolge persönlicher Beziehungen zu Täter oder Tat ausgeschlossen, gerichtlich nicht nachprüfbar ist. Daß die gegenteilige Ansicht auf tönernen Füßen steht, zeigen schon die unterschiedlichen Wege, auf denen ihre Anhänger die gerichtliche Überprüfung erreichen wollen. Sie alle müssen aus folgenden Erwägungen scheitern:

Den Befürwortern eines Verfahrens nach § 23 EGGVG ist entgegenzuhalten, daß die Entscheidung nach § 145 Abs. 1 GVG weder Justizverwaltungsakt ist, noch den Beschuldigten in seinen Rechten verletzt. Nach der – soweit ersichtlich – einhelligen Rechtsprechung der Oberlandesgerichte[132], aber auch der Meinung des Schrifttums[133] sind Prozeßhandlungen der Staatsanwaltschaft, das sind Maßnahmen, die von ihr als Rechtspflegeorgan zur Einleitung, Durchführung und Gestaltung sowie Beendigung des Strafverfahrens getroffen werden, keine Justizverwaltungsakte. Wegen ihrer funktionalen Bedeutung für das Strafverfahren werden solche Handlungen sachlich dem Bereich der Rechtsprechung zugerechnet, wobei es ohne Bedeutung ist, ob die Prozeßhandlungen durch Anträge und Erklärungen an das Gericht vorgenommen werden oder selbständige Maßnahmen während des Ermittlungsverfahrens betreffen[134]. Zu dem Problem hat der verehrte Jubilar ein weiteres Argument dadurch beigetragen, daß er den Ausschluß des Rechtswegs nach § 23 EGGVG auch auf die Unanfechtbarkeit unselbständiger Einzelmaßnahmen stützt, wozu er auch die Entscheidung über die Ersetzung eines befangenen Staatsanwalts rechnet[135].

Aber selbst wenn man sich diesen Erwägungen nicht anschließt, bliebe der Rechtsweg nach § 23 EGGVG gleichwohl verschlossen, weil die Entscheidung des Dienstvorgesetzten den Beschwerdeführer nicht in seinen Rechten verletzt, und der Antrag auf gerichtliche Entscheidung alsdann

[131] A.a.O. S. 14.

[132] Vgl. OLG Hamm NJW 1965, 1241; 1966, 684; 1969, 808; 1973, 1089; OLG Stuttgart NJW 1972, 2146; 1977, 2276; OLG Hamburg NJW 1972, 1586; OLG Nürnberg GA 1968, 59; OLG Karlsruhe NJW 1976, 1417; 1978, 1595.

[133] LR *Schäfer* § 23 EGGVG Rdn. 31; ebenso *Kleinknecht* § 23 EGGVG Rdn. 6; *Altenhain* JZ 1965, 757; DRiZ 1970, 105; *Lüke* JuS 1961, 208; *Meyer* JuS 1971, 297.

[134] OLG Koblenz GA 1975, 340; LR *Schäfer* § 23 EGGVG Rdn. 32.

[135] LR § 23 EGGVG Rdn. 38f.

aus diesem Grund unzulässig wäre. Das Recht, mit der Wahrnehmung der Amtsverrichtungen einen anderen als den zunächst zuständigen Staatsanwalt zu betrauen, ist dem Behördenleiter im Interesse einer sachgemäßen und geordneten Durchführung der staatsanwaltschaftlichen Tätigkeit, d.h. im Interesse der Allgemeinheit, eingeräumt. § 145 GVG begründet mithin kein Recht eines Prozeßbeteiligten, daß der Behördenleiter seine Befugnis in einem bestimmten Sinn ausübt[136]. Zwar ist nicht zu verkennen, daß die Entscheidung des Dienstvorgesetzten die Position des Prozeßbeteiligten u. U. nicht unerheblich berührt. Jedoch rechtfertigt dieser Umstand allein keine gerichtliche Entscheidung. Es besteht kein Grund, diesen Fall anders zu behandeln als etwa den schwerer wiegenden der Bejahung des besonderen öffentlichen Interesses, das ebenfalls keiner gerichtlichen Nachprüfung unterliegt[137].

Nicht beigetreten werden kann auch den Erwägungen, mit denen *Frisch* und *Kuhlmann* eine gerichtliche Nachprüfung entweder durch die Strafkammer oder durch das erkennende Gericht schon jetzt für zulässig halten. Soweit *Frisch* seinen Standpunkt mit einer Lückenausfüllung begründet, erscheint dieser Weg aufgrund der engen Grenzen bedenklich, die jeder Lückenausfüllung gesetzt sind. Danach könnte allenfalls – wie das *Kuhlmann* wohl vorschwebt – das erkennende Gericht, nicht aber die Strafkammer des Landgerichts zuständig sein, dem die Staatsanwaltschaft zugeordnet ist. Daß auch für eine solche Auslegung kein Raum ist, dürfte der Hinweis in den Motiven bestätigen[138], wonach die Organisation der Staatsanwaltschaft gestatte, dieses Problem zufriedenstellend zu lösen, ohne daß es eines förmlichen Verfahrens bedürfe. Ausschlaggebend für eine rein staatsanwaltschaftliche Lösung ohne gerichtliche Nachprüfung dürfte darüber hinaus sein, daß die Staatsanwaltschaft in ihren amtlichen Verrichtungen von den Gerichten unabhängig[139] und dem Gericht gleichgestellt ist. Aus dieser Gleichordnung ergibt sich, daß Maßnahmen der Staatsanwaltschaft grundsätzlich nur insoweit einer gerichtlichen Nachprüfung unterliegen, als das zufolge der gemeinsamen Aufgabe der Justizgewährung und aus dem sinnvollen Zusammenwirken beider gesetzlich ausdrücklich bestimmt ist.

[136] LR *Schäfer* § 145 GVG Rdn. 6; *Kleinknecht* § 145 GVG Rdn. 6. Mit der Verneinung einer Rechtsverletzung wird auch dem angeblichen Widerspruch zu Art. 19 Abs. 4 GG die Grundlage entzogen.

[137] RGSt. 77, 20; BGHSt. 16, 225; BayObLGSt. 1949/51, 577; OLG Hamm JMBlNRW 1951, 196; OLG Stuttgart JR 1953, 348; OLG Celle NdsRpfl. 1960, 259 sowie das bei LR-*Wendisch* § 376 Rdn. 9 zitierte Schrifttum.

[138] Vgl. Abschnitt II 1 a.

[139] § 150 GVG.

[140] NJW 1974, 1394.

b) Sitzungsvertreter. Bis zur Entscheidung des OLG Stuttgart[140] hatte die obergerichtliche Rechtsprechung[141] nur die Frage entschieden, ob ein Staatsanwalt, nachdem er als Zeuge in der Hauptverhandlung vernommen worden war, sein Amt als Staatsanwalt weiterhin ausüben dürfe. Sie hat die Frage mit einem eindeutigen Nein beantwortet. Gleichzeitig hat sie festgestellt, daß, wenn der Staatsanwalt das trotzdem tue, ein solches Verhalten prozeßordnungswidrig sei und daß eine auf einen solchen Verfahrensverstoß gestützte Revision begründet sei, wenn das Urteil auf dieser Gesetzesverletzung beruhe[142]. Das OLG Stuttgart hat diesen Rechtsgrundsatz fortentwickelt und ihn auf den Ausschließungsgrund der Vortätigkeit als erkennender Richter erstreckt, weil kein Grund ersichtlich sei, einen Sitzungsvertreter, der von vornherein nicht als solcher hätte tätig werden dürfen, anders zu behandeln als einen, bei dem die Unzulässigkeit der Mitwirkung erst in der Hauptverhandlung zufolge Vernehmung als Zeuge eingetreten ist. Da diese Erwägungen auf alle Ausschließungs-, aber auch Befangenheitsgründe anzuwenden sind, ist daraus weiter zu folgern, daß auch für diese die gleichen Anfechtungsmöglichkeiten gelten. Zwar hat der 4. Strafsenat des Bundesgerichtshofs[143] weiterhin – allerdings ohne sich mit der Entscheidung des OLG Stuttgart überhaupt zu befassen – den Standpunkt vertreten, daß die für die Ablehnung von Richtern geltenden Vorschriften wegen der grundsätzlich anderen Stellung des Staatsanwalts im Strafprozeß auf ihn auch nicht entsprechend angewendet werden könnten[144]; jedoch hat das Bundesverfassungsgericht dieser Ansicht keineswegs ohne weiteres zugestimmt, wie der Begründung seines Nichtannahmebeschlusses vom 24. 4. 1978 zu entnehmen ist, wonach – wenn auch hypothetisch – die vom Beschwerdeführer vorgetragenen Gründe für die Annahme einer Befangenheit dessen weitere Mitwirkung nicht ausgeschlossen hätten[145].

Die Erwägungen des Bundesverfassungsgerichts lassen eine Änderung seiner früheren Ansicht dahin möglich erscheinen, daß das Vorliegen von Ausschluß- und Befangenheitsgründen mit der Revision gerügt werden kann und daß eine solche Revision Erfolg haben muß, wenn das Urteil auf dem Mangel der Mitwirkung eines an sich ausgeschlossenen oder befangenen Staatsanwalts beruht. Das ist allerdings nur anzunehmen, wenn die Möglichkeit besteht, daß der Staatsanwalt das Gericht beeinflußt haben könnte[146]. Dafür ist wiederum Voraussetzung, daß ein solcher Einfluß denkbar ist. Das ist in der Tat der Fall. Denn es ist Aufgabe des Staatsan-

[141] Vgl. Fußn. 88 bis 90.
[142] *Drucker* JW 1933, 523.
[143] In einer unveröffentlichten Entscheidung vom 17. 3. 1977 – 4 StR 665/76 –.
[144] *Bruns* hat diese Entscheidung in JR 1979, 31 zu Recht kritisert.
[145] JR 1979, 28.
[146] *Drucker* JW 1933, 523.

walts wie auch des Angeklagten und des Verteidigers, Einfluß auf das Gericht auszuüben, damit dieses aufgrund der verschiedenen Einflüsse um so sorgfältiger die Tatsachen würdigen und das Recht anwenden kann. Demzufolge ist es als ein zur Aufhebung des Urteils führender Mangel angesehen worden, wenn der Staatsanwalt es unterlassen hat, in der Hauptverhandlung einen Schlußantrag zu stellen[147]. Der Schlußantrag ist aber wiederum nur von Wert und der legale Einfluß des Staatsanwalts auf die Überzeugungsbildung des Gerichts von Mängeln frei, wenn der Staatsanwalt unbefangen ist[148].

Bei dieser Rechtslage stellt sich die Frage, ob während der Hauptverhandlung noch Raum für ein Verwaltungs- oder gar ein weiteres gerichtliches Verfahren ist. Ersteres hat die Praxis bejaht. Ihr ist schon deshalb zuzustimmen, weil dem Gericht nicht zugemutet werden kann, eine Hauptverhandlung durchzuführen, die auf die Rüge des Angeklagten wiederholt werden müßte. Aus diesem Grund muß – neben den anderen Verfahrensbeteiligten – auch dem Vorsitzenden die Möglichkeit einer Abhilfe dadurch eingeräumt werden, daß er bei dem Dienstvorgesetzten des Staatsanwalts auf dessen Ersetzung – notfalls mit Mitteln der Dienstaufsicht – hinwirkt. Eine Befugnis, den Staatsanwalt zu entfernen, hat der Vorsitzende allerdings nicht. Sie wäre auch zwecklos, weil ihm die Möglichkeit fehlt, einen neuen Staatsanwalt einzusetzen. Bleibt seine Anregung erfolglos, ist die Hauptverhandlung mit dem Risiko fortzusetzen, daß sie nach erfolgreicher Revision wiederholt werden muß[149]. Es ist indessen kaum anzunehmen, daß sich ein ernstlicher Streit zwischen Gericht und Staatsanwaltschaft entwickelt, sondern daß – wenn nicht ein besonderer Ausnahmefall vorliegt – der vorgesetzte Staatsanwalt den Sitzungsstaatsanwalt ersetzen wird.

Gegen eine weitere richterliche Kontrolle während der Hauptverhandlung, und zwar sowohl des Gerichts nach § 25 EGGVG als auch des erkennenden Gerichts oder der Strafkammer am Sitz der Staatsanwaltschaft sprechen nicht nur die Gründe unter a) dieses Abschnitts, sondern auch praktische Erwägungen, namentlich des Sachzusammenhangs und der Vermeidung von Verfahrensverzögerungen. Insoweit besteht auch Einigkeit mit dem Schrifttum, das – mit Ausnahme von *Kuhlmann*, der eine besondere Entscheidung des erkennenden Gerichts innerhalb des normalen Strafverfahrens für zulässig und geboten hält[150] – während dieses Verfahrensabschnitts keine gerichtliche Kontrolle für erforderlich hält[151].

[147] OLG Düsseldorf NJW 1963, 1167; vgl. auch OLG Köln GA 1964, 156.

[148] LR *Dünnebier* Vor § 22 Rdn. 15.

[149] LR *Dünnebier* Vor § 22 Rdn. 16f.; vgl. auch *Bruns* JR 1979, 32.

[150] A. a. O. S. 14 Abschnitt III.

[151] *Buckert* a. a. O. S. 848 a. E.; *Frisch* a. a. O. S. 413f. und wohl auch *Bruns* a. a. O. S. 44, 46.

IV. Entwurf eines Staatsanwaltsänderungsgesetzes

1. Notwendigkeit. Nach dem Ergebnis der Untersuchung, das von einer – wenn auch der Amtsstellung und den Aufgaben des Staatsanwalts angepaßten – Geltung und damit der grundsätzlichen Übertragbarkeit der richterlichen Ausschließungs- und Befangenheitsgründe auf den Staatsanwalt ausgeht, könnte erwogen werden, es bei dem derzeitigen Rechtszustand zu belassen. Wenn gleichwohl eine gesetzliche Regelung für erforderlich gehalten wird, welche nicht nur die Voraussetzung, sondern auch die Verfahrens- und Anfechtungsmöglichkeit umfaßt, so sind dafür gesetzliche Erwägungen entscheidend, die es verbieten, die Klärung einer Grundfrage (des fairen Verfahrens) allein der Rechtsprechung zu überlassen. Zu Recht wird daher vom Schrifttum die Frage einer gesetzlichen Regelung fast einhellig bejaht[152], teilweise mit dem Hinweis auf die erhebliche Stärkung der Stellung des Staatsanwalts[153] und der deutlichen Annäherung an die des Richters[154] durch das Erste Strafverfahrensreformgesetz.

Der Entwurf schließt sich dieser Ansicht an. Unter Hinweis auf die teilweise überholten Vorschriften über die Stellung des Staatsanwalts und seine besondere Verpflichtung zu Wahrheit und Gerechtigkeit hält er aus heutiger Sicht eine gesetzliche Regelung für angezeigt, zumal da der Gesetzgeber bei Erlaß der Strafprozeßordnung (nur deshalb) auf eine gesetzliche Regelung verzichtet habe, weil schon die Organisation der Staatsanwaltschaft es zulasse, einen Staatsanwalt aus Gründen abzulösen, die bei Gerichtspersonen zur Ausschließung oder Ablehnung führten[155]. Diesen zutreffenden Erwägungen soll noch hinzugefügt werden, daß für zahlreiche Amtspersonen schon entsprechende Regelungen gelten[156], deren Handlungen oder Maßnahmen nicht so schwerwiegende Folgen zeitigen wie die von Staatsanwälten. Eine gesetzliche Regelung erscheint aber auch geboten, um einer möglichen Rechtszersplitterung in Rechtsprechung[157] oder durch Regelungen in landesrechtlichen Ausführungsgesetzen zur Strafprozeßordnung[158] entgegenzuwirken. Eine untergeordnetere Frage

[152] Vgl. LR *Dünnebier* Vor § 22 Rdn. 18 und 25; *Bruns* Festschrift S. 484; *Frisch* a. a. O. S. 406; *Kuhlmann* a. a. O. S. 16; *Grünwald* a. a. O. C 38 und wohl auch *Koffka* a. a. O. S. 672.

[153] *Roxin* StVR 1979, § 9 S. 48; derselbe, Festschrift S. 149.

[154] *Dahs* NJW 1975, 1877; anders noch DRiZ 1971, 84 (keine Gesetzesänderung erforderlich); offengelassen Handbuch Rdn. 148; vgl. dazu auch *Frisch* a. a. O. S. 410 und *Bruns* JR 1979, 32, die beide von funktionaler Gleichschaltung sprechen.

[155] Begr. S. 27, 31, 33.

[156] Vgl. Abschnitt II 2 c.

[157] Vgl. OLG Hamm NJW 1969, 808 und OLG Karlsruhe MDR 1974, 423 einerseits sowie OLG Stuttgart NJW 1974, 1396 andererseits.

[158] So enthalten schon jetzt § 7 Abs. 2 NdsAGGVG und § 11 BWAGGVG teilweise unterschiedliche Regelungen.

ist dabei, welches Gesetz – Gerichtsverfassungsgesetz oder Strafprozeßordnung – Standort einer solchen Regelung sein sollte[159].

2. *Wortlaut.* § 145a GVG in der Fassung von Art. 1 Nr. 7 des Entwurfs lautet:

§ 145a

(1) Der Staatsanwalt darf keine Amtshandlungen vornehmen,

1. wenn er in der Sache Beschuldigter oder selbst durch die Straftat verletzt ist oder wenn er bei Straftaten, die auf Antrag des Dienstvorgesetzten oder mit Ermächtigung verfolgbar sind (§ 77a, § 77e des Strafgesetzbuches), den Strafantrag gestellt oder die Ermächtigung erteilt hat oder als Privat- oder Nebenkläger beteiligt ist;
2. wenn er Ehegatte oder Vormund des Beschuldigten oder des Verletzten ist oder gewesen ist;
3. wenn er mit dem Beschuldigten oder Verletzten in gerader Linie verwandt, verschwägert oder durch Annahme an Kindes Statt verbunden, in der Seitenlinie bis zum dritten Grad verwandt oder bis zum zweiten Grad verschwägert ist, auch wenn die Ehe, durch die die Schwägerschaft begründet ist, nicht mehr besteht;
4. wenn er in der Sache als Richter, als Anwalt des Verletzten oder als Verteidiger tätig geworden ist.

(2) Absatz 1 gilt auch für Amtshandlungen im Rahmen oder zur Vorbereitung des Wiederaufnahmeverfahrens, wenn der Verurteilte einen Antrag auf Wiederaufnahme oder zur Vorbereitung eines Wiederaufnahmeantrages gestellt hat oder wenn die Staatsanwaltschaft zuungunsten des Verurteilten ein Wiederaufnahmeverfahren betreiben will und wenn der Staatsanwalt an der angefochtenen Entscheidung dadurch mitgewirkt hat, daß er den Hauptverhandlungstermin wahrgenommen, den Strafbefehlsantrag gestellt oder ein Rechtsmittel zuungunsten des Verurteilten eingelegt oder durchgeführt hat.

(3) Liegen bei einem Staatsanwalt Tatsachen vor, die unter Berücksichtigung der Aufgaben und Pflichten des staatsanwaltschaftlichen Amtes die Besorgnis der Befangenheit rechtfertigen, so hat er diese Tatsachen dem Leiter der Staatsanwaltschaft oder, wenn er dieses Amt selbst innehat, dem nächsten Vorgesetzten anzuzeigen und in der Sache keine weiteren Amtshandlungen vorzunmehmen.

(4) Eine Amtshandlung ist nicht deshalb ungültig, weil sie entgegen den Vorschriften der Absätze 1 bis 3 vorgenommen worden ist.

(5) Die vorstehenden Absätze gelten für die § 142 Abs. 4 Satz 2 bezeichneten Personen entsprechend.

3. *Änderungen zum materiellen Prozeßrecht*

a) *Vorbemerkung.* Zu der Vorschrift ist – beschränkt auf einige wesentliche Punkte – zu bemerken: Als Folge der in § 145a Abs. 1 und 2 aufgeführten besonderen Umstände wird nicht festgestellt, der Staatsanwalt sei von der weiteren Tätigkeit ausgeschlossen, vielmehr bestimmt, daß dieser im Fall ihres Vorliegens keine Amtshandlungen vornehmen darf. Sachlich besteht darin kein Unterschied; jedoch ist die Unterscheidung wegen der unterschiedlichen verfahrensrechtlichen Folgen geboten[160].

[159] Wenn ich auch eine Regelung in der Strafprozeßordnung vorziehen würde.
[160] Vgl. dazu nachfolgende Nr. 4.

b) Zu Absatz 1 Nr. 1. Bei den „Ausschließungsgründen" knüpft Absatz 1 Nr. 1 bis 4 an die Regelung in § 22 Nr. 1 bis 4 StPO an. Er sieht darüber hinaus in Nummer 1 vor, daß der Staatsanwalt sich auch dann jeder weiteren Amtshandlung zu enthalten hat, wenn er an dem Verfahren als Privatkläger oder Nebenkläger beteiligt ist oder wenn er als Dienstvorgesetzter Strafantrag gestellt oder die Ermächtigung zur Strafverfolgung erteilt hat. Ersteres versteht sich von selbst; letzteres stellt keine Besonderheit im Verhältnis zum Staatsanwalt dar; die gleiche Regelung ist auch für den Richter vorgesehen[161]. Zu begrüßen ist sie deshalb, weil dieser Fall nach geltendem Recht, obwohl sich der Vorgesetzte durch die Stellung des Strafantrags die dem Verletzten zugefügte Unbill gewissermaßen zu eigen macht, auch für Richter keinen Ausschließungsgrund bildet[162], sondern allenfalls die Ablehnung wegen Besorgnis der Befangenheit rechtfertigt[163]. Die Gleichstellung mit den übrigen Fällen der Nummer 1 stellt eine Verbesserung des gegenwärtigen Rechtszustands dar, sie erscheint deshalb sachgerecht, weil gegen die Tätigkeit eines Staatsanwalts oder Richters, der in so naher Beziehung zum geschützten Rechtsgut steht, daß das Gesetz ihm die Entscheidung darüber überträgt, ob er in amtlicher Eigenschaft eine für die Einleitung der Strafverfolgung notwendige Initiative entfaltet, die gleichen Vorbehalte bestehen wie in dem Fall, wo ein Verwandter verletzt worden ist[164, 165].

c) Zu Absatz 1 Nr. 4. Die Bestimmung sieht – insoweit in Übereinstimmung mit der hier vertretenen Ansicht[166] – in der vorhergehenden Tätigkeit als Polizeibeamter keinen Ausschlußgrund: Weil der Staatsanwalt in der Regel im gesamten Ermittlungs- und Strafverfahren tätig werde und nicht wie der Richter auf einzelne abgegrenzte Verfahrensabschnitte beschränkt sei, könne der mehr graduelle Unterschied gegenüber einer vorangegangenen Tätigkeit als Polizeibeamter seine spätere Ausschließung mithin nicht rechtfertigen[167].

Bedauerlich ist, daß der Entwurf davon absieht, auch den Fall einzubeziehen, wo der Staatsanwalt in der Sache als Zeuge oder Sachverständiger vernommen worden ist. Das muß schon deshalb überraschen, weil dieser Umstand – im Gegensatz zu den übrigen unter Nummer 1 bis 4 aufgeführten Umständen – der einzige ist, welcher Gegenstand obergerichtlicher

161 Art. 5 Nr. 4 des Entwurfs.
162 RGRspr. 4, 209; RGSt. 30, 125.
163 RGSt. 30, 124; LR *Dünnebier* § 22 Rdn. 25.
164 Begr. S. 101.
165 Auf andere notwendige Ergänzungen wie Aufnahme eines Verlöbnisses und Anpassung an das neue Adoptionsrecht wird ausdrücklich nicht eingegangen, weil diese Fragen das hier zu erörternde Problem nicht berühren.
166 Vgl. Abschnitt II 3 b a. E.
167 Begr. S. 102.

Entscheidungen gewesen ist[168]. Die Regelung kann auch deshalb nicht befriedigen, weil die Nichtaufnahme nicht etwa mit einer anderen als der unter Abschnitt II 3 c vertretenen Ansicht, sondern mit der – wenig überzeugenden – Meinung begründet wird, daß der bewährten Rechtsprechung des Bundesgerichtshofs, die auf den Einzelfall abstelle und es daher ermögliche, für jeden Fall eine gerechte Lösung zu finden, nicht die Grundlage entzogen werden sollte[169]. Inwiefern das bei der Übernahme einer dem § 22 Nr. 5 StPO entsprechenden Regelung eintreten könnte, ist nicht ersichtlich, zumal da die bisherige Rechtsprechung zum entscheidenden Teil auf dieser Bestimmung aufgebaut und eine Unterscheidung erst in den Folgerungen getroffen hat, indem sie die Mitwirkung eines ausgeschlossenen Staatsanwalts – anders als beim Richter – nicht als absoluten, sondern nur als relativen Revisionsgrund anerkannt hat[170]. Die Nichtregelung dieses Problems widerspricht auch der Aufgabenverteilung zwischen Gesetzgebung und Rechtsprechung. Denn es ist Sache des Gesetzgebers, Gesetze zu erlassen, Sache der Rechtsprechung, auf der Grundlage solcher Gesetze Recht zu sprechen und dabei – allerdings nur hilfsweise – auch vom Gesetzgeber offengelassene Lücken zu füllen. Wenn der Gesetzgeber sich der als notwendig erweisenden Aufgabe annimmt, eine Lücke zu füllen, dann muß er das, weil ihm die Gesetzgebung obliegt, auch ganz tun.

Die nicht besonders begründete Aufnahme jeder (?) richterlichen Tätigkeit in den Katalog der Nummer 4 dürfte kaum gewollt sein, zumal da eine solche Forderung – soweit ersichtlich – bisher von keiner Stelle ernstlich erhoben worden ist[171]. Notwendig ist nur der Ausschluß des erkennenden Richters; im übrigen genügt das Ablehnungsrecht. Das sollte durch eine entsprechende Ergänzung klargestellt werden.

d) Zu Absatz 2. Er regelt – anders als § 23 StPO für den Richter – nur den Ausschluß des Staatsanwalts im Wiederaufnahmeverfahren zufolge Mitwirkung im Ursprungsverfahren, sieht dagegen keine Konsequenzen für den Staatsanwalt in der Rechtsmittelinstanz für den Fall vor, daß dieser in gleicher Eigenschaft schon in der Vorinstanz tätig war. Letzteres wird man aus den Erwägungen unter Abschnitt II 4 c bei der Möglichkeit, daß die einzelne Staatsanwaltschaft allgemein oder in besonderen Fällen immer den Staatsanwalt auswechseln kann, hinnehmen können, zumal da der Grundsatz der Einheitlichkeit des Verfahrens von der Einleitung bis

[168] Vgl. die Entscheidungen unter Fußn. 88 bis 90 sowie die Erörterungen in der Lehre unter Fußn. 91.

[169] Begr. S. 103.

[170] Vgl. RGSt. 29, 236; BGHSt. 14, 265; 21, 85.

[171] Vgl. dazu Abschnitt II 4 a.

zum (tatrichterlichen) Abschluß für die Regelung eine gewisse Rechtfertigung bietet.

e) Zu Absatz 3 bis 5. Absatz 3 sieht zu Recht von dem Versuch ab, den Begriff der Befangenheit zu definieren. Ob Besorgnis der Befangenheit gegeben ist, kann nur im Einzelfall und für jeden Betroffenen persönlich festgestellt werden[172].

Die Absätze 4 und 5 enthalten Folgeänderungen, die im Rahmen dieses Beitrags keiner besonderen Erläuterung bedürfen.

4. Änderungen zum formellen Prozeßrecht

a) Vorbemerkung. Bedauerlicherweise und im Gegensatz zu den Forderungen in der Lehre[173] sieht der Entwurf keine besonderen verfahrensrechtlichen Vorschriften vor, beschränkt sich vielmehr darauf, dem betroffenen Staatsanwalt eine Anzeigepflicht aufzuerlegen. Ausdrücklich wird dies nur für den Fall der Befangenheit verlangt; jedoch soll die Anzeigepflicht auch für den Fall gelten, wo ein Ausschließungsgrund nach Absatz 1 oder 2 gegeben ist. Begründet wird der Verzicht auf besondere Verfahrensregelungen mit dem Hinweis auf die befriedigende Lösung dieses Problems durch die obergerichtliche Rechtsprechung[174], die zu ändern kein Anlaß bestehe und es erlaube, von einer direkten gerichtlichen Entscheidung darüber abzusehen, ob der amtierende Staatsanwalt ausgeschlossen oder befangen und deshalb an der Bearbeitung eines bestimmten Ermittlungs- oder Strafverfahrens gehindert sei: Es erscheine ausreichend, daß der mögliche Streit über die Ausschließung und Befangenheit des Staatsanwalts durch dessen Dienstvorgesetzten entschieden werde[175]. Dieser Teil der Begründung ist unverständlich, weil § 145a Abs. 3 keine gerichtliche Entscheidung – die es in diesem Verfahren ohnehin nicht gibt – regelt, sondern allein das Verfahren, wie der vorgesetzte Staatsanwalt Kenntnis von einer Entscheidungsnotwendigkeit erhält. Dazu ist Gleichschaltung mit § 30 StPO erforderlich, der die Anzeige des Richters ausdrücklich nicht nur wegen Besorgnis der Befangenheit, sondern – bei Zweifeln – auch wegen eines Ausschließungsgrundes vorschreibt.

Im übrigen ist zu den verfahrensrechtlichen Regelungen zu bemerken:

[172] Vgl. dazu Abschnitt II 5.

[173] LR *Dünnebier* Vor § 22 Rdn. 18 und 25; *Roxin* StVR 1979, § 9 S. 48f. und Festschrift S. 149; *Bruns* Festschrift S. 484; *Frisch* a. a. O. S. 406; *Kuhlmann* a. a. O. S. 16; *Grünwald* a. a. O. C 38; *Dahs* NJW 1975, 1877.

[174] Für das Ermittlungsverfahren: OLG Hamm NJW 1969, 808; OLG Karlsruhe MDR 1974, 423; für die Hauptverhandlung: RGSt. 29, 236; BGHSt. 14, 267; 21, 90 und OLG Stuttgart NJW 1974, 1394.

[175] Begr. S. 104, 105; vgl. wegen der Begr. auch LR *Schäfer* § 145 GVG Rdn. 11.

b) Zu Absatz 2. Obwohl sich – mit Ausnahme des Verfassers dieses Beitrags – die Generalstaatsanwälte geschlossen[176] und die Strafprozeßreferenten der Landesjustizverwaltungen mehrheitlich[177] für die Streichung des Absatzes 2 ausgesprochen haben und auch die Standesorganisationen und -verbände bei ihrer Anhörung[178] zu keiner einheitlichen Auffassung gelangt sind[179], sollte gleichwohl an einer gesetzlichen Regelung der Ausschlußgründe für ein Tätigwerden im Wiederaufnahmeverfahren festgehalten werden. Zwar soll gar nicht in Abrede genommen werden, daß die Regelung bei Großverfahren zu einer zusätzlichen Arbeitsbelastung führen kann; jedoch sollte dieser Umstand auch nicht überschätzt werden[180], zumal da es sich dabei um wenige Einzelfälle handeln dürfte und eine solche Arbeitsbelastung auch den Gerichten zugemutet wird. Schließlich ist diesem Argument auch entgegenzuhalten, daß eine zusätzliche Arbeitsbelastung als Folge der beabsichtigten gesetzlichen Regelung deshalb zweifelhaft ist, weil sie bei einer recht verstandenen Anwendung der Nr. 170 Abs. 1 RiStBV schon jetzt regelmäßig eintreten müßte. Denn der Gesetzesvorschlag stellt letztlich nur die Gesetz gewordene Konsequenz der schon bestehenden und bewährten Richtlinie dar. Für eine Gesetzesregelung ist aber schließlich noch ins Feld zu führen, daß die gemeinsame Verantwortung von Richter und Staatsanwalt für die Richtigkeit eines rechtskräftigen Urteils auch eine im wesentlichen gleiche Ausschließungsregelung erfordert[181].

c) Zu Absatz 3. Gegen die Befangenheitsregelung des Absatzes 3 hat die (staatsanwaltschaftliche) Praxis noch größere Bedenken erhoben als gegen die des Absatzes 2: Die Fassung sei zu allgemein, teilweise auch zu ungenau und zu weit gefaßt, wenn sie den Staatsanwalt verpflichte – insoweit über § 29 StPO hinausgehend – (zugleich) mit der Selbstanzeige keine weiteren Amtshandlungen mehr vorzunehmen. Die Vorschrift sei zufolge

[176] Entschließung vom 9. 6. 1975 in Glücksburg zu § 145 a Abs. 2 und 3 GVG.

[177] S. 19 der Niederschrift über die Erörterung vom 27. bis 29. 6. 1977 in Bonn; Abstimmungsergebnis: 6 : 4 : 1; selbst eine modifizierte inhaltlich Nr. 170 Abs. 1 RiStBV nachgebildete Fassung wurde mit 6 : 5 Stimmen abgelehnt.

[178] Am 13. und 14. 6. 1977 in Bonn, an der Vertreter des Deutschen Richterbundes, der Gewerkschaft ÖTV, des Deutschen Amtsanwaltsvereins, des Bundes Deutscher Rechtspfleger und der Deutschen Rechtspflegervereinigung teilnahmen.

[179] Allerdings fand die Anregung, Absatz 2 zu streichen, keine Unterstützung; vgl. Niederschrift S. 35.

[180] Zufolge der Änderung der gerichtlichen Zuständigkeit nach § 140 a GVG dürfte dieses Argument auch deshalb an Bedeutung verloren haben, weil wegen der Sequenzzuständigkeit der Staatsanwaltschaft im Wiederaufnahmeverfahren schon jetzt regelmäßig ein anderer Staatsanwalt tätig wird.

[181] Begr. S. 103, zumal wenn man – wie *Dahs* DRiZ 1971, 84 – den Standpunkt vertritt, daß der Staatsanwalt weit mehr als der institutionell absolut unabhängige Richter den gefährlichen Auswirkungen der Vorbefassung ausgesetzt sei.

ihrer Überziehung verfehlt und für die Praxis völlig ungeeignet, denn sie zwinge den Staatsanwalt zu einer unvertretbaren Zurückhaltung und verhindere damit, daß dieser seiner Aufgabe, der Wahrheitsfindung zu dienen, in der erforderlichen Weise gerecht werde. Schon heute würde durch zahlreiche völlig ungerechtfertigte Anträge die Durchführung – namentlich von Großverfahren – erschwert und ihre Dauer verlängert; die zu allgemeine Fassung würde eine zusätzliche Belastung und Verlängerung der Verfahren zur Folge haben und damit der immer wieder betonten Beschleunigung und Straffung der Strafverfahren zuwiderlaufen[182].

Die behaupteten Tatsachen, auf denen die Bedenken aufbauen, sind weder zu bestreiten noch als bedeutungslos abzutun; gleichwohl sollten sie einer gesetzlichen Regelung nicht entgegenstehen, zumal wenn mit ihr keineswegs das Ziel verfolgt wird, die bestehende tatsächliche Übung zu erweitern. Weiterhin bestehende Bedenken gegen die zu weite Fassung können dadurch ausgeräumt oder zumindest eingeschränkt werden, daß man den letzten Satz durch einen Halbsatz „es sei denn, daß Gefahr im Verzug besteht" ergänzt[183] oder eine Fassung wählt, die der des § 21 VwVfG nachzubilden wäre[184]. Im übrigen dürften die gesetzlichen Regelungen in Niedersachsen und Baden-Württemberg[185] bestätigen, daß die Befürchtungen bei einer vorsichtigen und sachgemäßen Auslegung der Befangenheitsvorschrift keineswegs auftreten müssen.

5. Ergebnis. Als Ergebnis der vorstehenden Ausführungen zu 3 und 4 ist festzustellen: Die Absicht einer gesetzlichen Regelung ist zu begrüßen; jedoch sollte diese nicht Stückwerk bleiben, sondern nach Voraussetzung, Verfahren und Anfechtungsmöglichkeit umfassend sein. Um das zu erreichen, sind zumindest einige Ergänzungen sowohl zum materiellen wie auch zum formellen Prozeßrecht erforderlich. Bei ersterem kann sich diese auf zwei Punkte beschränken: a) die Klarstellung, daß in Absatz 1 Nr. 4 nur der erkennende Richter gemeint ist, und b) die Einfügung einer § 22 Nr. 5 StPO entsprechenden Nr. 5 in Absatz 1 (Ausschluß nach Vernehmung als Zeuge oder Sachverständiger). Umfangreichere Ergänzungen erscheinen dagegen zum formellen Prozeßrecht notwendig. Auf jeden Fall sollte gesetzlich festgelegt werden, daß a) dem Beschuldigten und seinem Verteidiger, aber auch dem Nebenkläger ein Anfechtungsrecht zusteht, b) über die Anfechtung der Behördenleiter entscheidet, c) gegen

[182] Die Bedenken stellen das Ergebnis einer Auswertung der Stellungnahmen von mehr als 20 Staatsanwaltschaften dar. Auf die Gefahr von unaufhörlichen Ablehnungsanträgen gegen den Staatsanwalt weist auch *Jescheck* ZStW 84, 838 hin. Indessen: „Völlig ungerechtfertigte Anträge" begründen niemals die Revision.

[183] Vgl. LR *Dünnebier* Vor § 22 Rdn. 11.

[184] Wie das *Frisch* a. a. O. S. 406 vorschlägt.

[185] Vgl. Fußnoten 31 und 32.

dessen Entscheidung – freilich ohne Hemmung des Verfahrens – die Beschwerde an den Generalstaatsanwalt zulässig ist, d) eine gerichtliche (Zwischen-)Entscheidung unzulässig ist, e) die endgültige Ablehnung jedoch mit der Revision angefochten werden kann, f) deren Begründetheit sich nach § 337 StPO richtet.

Zur Problematik der Wahrunterstellung

Günther Willms

I.

Die Praxis der Wahrunterstellung im Strafprozeß bildet, soweit sie Indiztatsachen betrifft, so etwas wie ein beständiges Ärgernis. In § 244 Abs. 3 StPO gestattet es das Gesetz dem Tatrichter, einen Beweisantrag, welcher dem Nachweis einer für die Entlastung des Angeklagten erheblichen Tatsache dienen soll, mit der Zusicherung abzulehnen, die behauptete Tatsache werde als wahr behandelt werden. Von dieser Ablehnungsmöglichkeit wird viel Gebrauch gemacht, mehr als von allen anderen, die das Gesetz zur Verfügung stellt. Das Ärgernis besteht darin, daß der Angeklagte und sein Verteidiger hernach in den Gründen des Urteils allzu oft vergeblich nach einer Erörterung oder überhaupt nur Erwähnung der zuvor vom Gericht als erheblich qualifizierten Tatsache suchen und in Zweifel geraten, ob der Tatrichter die dem Betroffenen unverändert beweiskräftig erscheinende Tatsache überhaupt beachtet hat, als er seine Feststellungen traf. Sicher ist auf jeden Fall, daß er die zunächst von ihm noch als erheblich bewertete Tatsache unter der Hand zur ungeeigneten im Sinne eines anderen, in der Wahrunterstellung mit entgegengesetzter Folge korrespondierenden Ablehnungsgrundes werden ließ. Vollends verworren wird die Sache, wenn das Gericht einen beim Schlußplädoyer hilfsweise gestellten Beweisantrag sogar in den Urteilsgründen noch mit der Wahrunterstellung ablehnt, um die behauptete Tatsache dann im selben Atemzuge als ungeeignet, sprich: unerheblich auszuscheiden, obwohl es doch gerade noch mit der Zitierung des Ablehnungsgrunds der Wahrunterstellung die vom Gesetz insoweit vorausgesetzte Erheblichkeit der Tatsache zu attestieren schien[1].

[1] Verwirrend ist auch die in ihrem falschen Akzent obendrein durch Unterstreichung betonte Aussage in BGHSt. 1, 139: „Das Wesen der Wahrunterstellung liegt darin, daß die unterstellte Tatsache damit als erwiesen *feststeht*." Sie ist durch die Wiederholung in BGH NJW 1961, 2069 nicht richtiger geworden. Das Gesetz umschreibt den Vorgang mit den Worten, daß die Behauptung „zur Entlastung des Angeklagten so behandelt werden kann, als wäre die behauptete Tatsache wahr". Das kann nur bedeuten, daß die Tatsache als erwiesen gilt, d. h. fiktiv wie eine als erwiesen feststehende oder kurz: festgestellte Tatsache zu be-

II.

In der Wissenschaft sind zwei Wege zur Abhilfe gewiesen worden. In seinem Beitrag zur Festschrift für Honig ist *Grünwald* für eine Austilgung des Übels mit der Wurzel eingetreten[2]. Er befürwortet eine Auslegung des Gesetzes, die Indiztatsachen von vornherein als Gegenstand für die Ablehnung durch Wahrunterstellung entscheidungserheblicher Tatsachen ausscheidet. Er will die Ablehnung mittels Wahrunterstellung allein auf Tatsachen beziehen, von denen die Entscheidung unmittelbar abhängt. In der Erkenntnis, daß damit nur noch ein sehr enger Anwendungsbereich übrig bliebe, hat er dem Gesetzgeber die völlige Streichung dieses Ablehnungsgrundes nahegelegt.

Nicht so weit ist *Schröder*[3] gegangen. Im Gegensatz zu *Grünwald* will er den Umfang der Geltung des Ablehnungsgrundes nicht einschränken. Er sieht jedoch den Tatrichter daran gebunden, die wahr unterstellte Tatsache als erheblich zu behandeln, und will dem Gericht eine Abweichung nur gestatten, nachdem es vorher unter Wiedereintritt in die Hauptverhandlung seinen Sinneswandel offenbart und dem Angeklagten damit Gelegenheit zu etwaigen ergänzenden Anträgen und Gegenvorstellungen geboten hat.

Die Rechtsprechung des BGH ist keinem der beiden Autoren gefolgt. Sie hat die Anwendung des Ablehnungsgrundes für Indiztatsachen nie in Zweifel gezogen und dem Tatrichter gestattet, eine in der Hauptverhandlung mit der Ablehnung eines Beweisantrags durch Wahrunterstellung als erheblich qualifizierte Tatsache auf der Grundlage der abschließenden Beweiswürdigung für das Urteil als unerheblich zu behandeln, ohne erst zu einer Unterrichtung der Verfahrensbeteiligten gehalten zu sein[4].

Ziel der hier angestellten Untersuchung ist es, diese Praxis im Grundsatz zu bestätigen, zugleich jedoch um eine Lösung bemüht zu sein, die dem eingangs gekennzeichneten Unbehagen abhilft und daneben Anregungen für die Gestaltung des Rechtsmittels der Revision vermittelt.

handeln ist. Der falsche Zungenschlag mag auch zu der von *Tenkhoff* NJW 1976, 1951 zutreffend kritisierten an dieser Stelle abgedruckten Entscheidung des 5. Strafsenats beigetragen haben, wo die Verwertung einer als wahr unterstellten Tatsache zu Lasten des Angeklagten hingenommen wurde.

[2] Honig-Festschrift S. 53 ff.

[3] NJW 1972, 2104.

[4] BGH NJW 1961, 2069; BGH bei *Dallinger* MDR 1971, 897; BGH GA 1972, 373. Die Oberlandesgerichte haben es, soweit ich sehe, nicht anders gehalten. Die von *Gollwitzer* in *Löwe-Rosenberg*, Die Strafprozeßordnung und das Gerichtsverfassungsgesetz, 23. Aufl. (künftig abgekürzt LR) § 244 Rdn. 218 Fußn. 93 angeführten Entscheidungen enthalten zu dieser Frage keine Aussage.

III.

Es liegt im Interesse der Wahrheitsfindung als dem „vordergründigen Ziel" des Strafprozesses[5], daß auch den Verfahrensbeteiligten, insbesondere dem Angeklagten und seinem Verteidiger, mit dem Beweisantragsrecht eine Handhabe gegeben ist, zu der dem Gericht obliegenden Gewinnung der Tatsachengrundlage des Urteilsspruchs beizutragen[6]. Aber diese Befugnis zur Mitgestaltung bei der Ansammlung des Tatsachenmaterials kann nicht schrankenlos sein. Sie muß gerade auch um der Wahrheitsfindung willen ihre Grenzen haben, wenn eine diesem Ziel abträgliche Anhäufung überflüssigen Tatsachenstoffs und eine die Übersicht gefährdende unnötige Dauer der Hauptverhandlung vermieden werden soll.

Es entspricht der Natur der Sache, daß das wirksamste, also auch wichtigste Mittel einer solchen Begrenzung darin besteht, die Beweiserhebung über Tatsachen auszuscheiden, auf die es für den Urteilsspruch nicht ankommt. Hierbei geht es in erster Linie, ja fast ausschließlich um die Fülle von Beweisbehauptungen, denen von erfindungsreichen Verteidigern mittelbare Bedeutung für die Feststellung einer unmittelbar entscheidungserheblichen Tatsache zugesprochen wird, also für die wirklichen oder bloß angeblichen Indiztatsachen. Wollte man, wie *Grünwald* es vorgeschlagen hat, diesen Komplex so gut wie vollständig bei der Anwendung des Ablehnungsgrundes ausscheiden, so wäre das Ziel einer um der Wahrheitsfindung willen unentbehrlichen Beschränkung des Prozeßstoffs verfehlt.

Wendet man sich in dieser Erkenntnis konkret der Aufgabe einer Absonderung überflüssigen Tatsachenstoffs zu, so stößt man freilich sogleich auf ein von einem wesentlichen Grundsatz unseres Strafverfahrens aufgerichtetes Hemmnis. Eine überflüssige Behauptung läßt sich ohne Willkür und nach den Gesetzen der Logik nur so ausscheiden, daß man ihre Wahrheit fingiert und prüft, ob sie eine für die Urteilsfindung unmittelbar wesentliche Feststellung beeinflussen könnte. Einer gültigen und verbindlichen Prüfung dieser Art während der Hauptverhandlung steht jedoch der Grundsatz im Wege, daß das Gericht über das Ergebnis der Beweisaufnahme und damit grundsätzlich auch über die Relevanz einer jeden Einzeltatsache erst nach dem vollständigen Abschluß der Hauptverhandlung und in freier, auch nicht durch eigene Vorentscheidungen eingeengter Würdigung des gesamten durch die Hauptverhandlung vermittelten Tatsachenstoffs entscheiden darf, so daß ihm jede in der Hauptverhandlung vorweggenommene Beweiswürdigung mit der Qualität des § 261 StPO versagt ist. Hier stößt das Unternehmen der Ausscheidung überflüssigen Tatsachenstoffs auf eine harte und unnachgiebige Schranke. Sie

[5] LR *Schäfer* Einl. Kap. 13 Rdn. 41.
[6] LR *Schäfer* Einl. Kap. 13 Rdn. 69.

gestattet zwangsläufig nur die Verwerfung von Tatsachen, denen von vornherein und ohne jede Würdigung im Zusammenhang mit sonstigen Erkenntnissen, also ohne jeden Vorgriff auf die abschließende Würdigung nach § 261 StPO ein Indizwert abzusprechen ist. Nur solche Tatsachen lassen sich, wie *Grünwald* zutreffend betont, schon während der Hauptverhandlung beiseite setzen. Sie allein können dem an die Gedankenoperation der als wahr fingierten Tatsache primär anknüpfenden Ablehnungsgrund der Bedeutungslosigkeit der unter Beweis gestellten Tatsache zugeordnet werden[7]. Wollte sich der Gesetzgeber, dem Zwang des § 261 StPO weichend, mit diesem Ausschnitt begnügt haben, so wäre das Ziel einer notwendigen Abwehr einer Überflutung des Gerichts mit einer Überfülle unausweichlicher Beweisanträge erneut verfehlt.

IV.

Der Ablehnungsgrund der Wahrunterstellung bei gleichzeitiger Betonung der Erheblichkeit der unter Beweis gestellten Behauptung überbrückt dieses Dilemma. Er gestattet es mit einem Kunstgriff, der das Prinzip des § 261 StPO achtet und gleichzeitig dem Bestreben einer Abschirmung der Hauptverhandlung gegen eine Überzahl von Beweisanträgen Rechnung trägt, den gesamten Komplex auch jener Indiztatsachen zu erfassen, denen mit Rücksicht auf die erst nach Beendigung der Hauptverhandlung statthafte abschließende Wertung nicht von vornherein ein Beweiswert abgesprochen werden darf. Er macht es dem Gericht möglich, nach pflichtgemäßem Ermessen unter den mit Beweisanträgen herangetragenen Indiztatsachen eine Auswahl zu treffen, wobei im Einzelfall etwa die schwierige Erreichbarkeit des Beweismittels, seine relativen Schwächen oder die Distanz der Indiztatsache zur unmittelbar entscheidungserheblichen Bezugstatsache den Ausschlag geben mag. Das Gericht ist insoweit frei, nach Erwägungen der Prozeßwirtschaftlichkeit vorzugehen, und nur im Sinne seiner Aufklärungspflicht eingeschränkt[8], die ja auch bloßen Beweisanregungen, die nicht zu förmlicher Entscheidung zwingen, Gewicht geben kann[9]. Diese Freizügigkeit kann in Kauf genommen werden und ist unter dem Aspekt einer Begrenzung des Prozeßstoffs erträglich. Denn dem Interesse des Antragstellers an der Beachtung der von ihm aufgestellten Behauptung einer nach seiner Ansicht relevanten Tatsache wie andererseits auch dem Bedürfnis, der abschließenden Beweiswürdigung nach § 261 StPO keinen Eintrag zu tun, ist mit der Verpflichtung des Tatrichters, die unter Beweis gestellte Tatsache bei seiner abschließen-

[7] Vgl. LR *Gollwitzer* § 244 Rdn. 192.
[8] BGHSt. 1, 137; LR *Gollwitzer* § 244 Rdn. 208 mit weiteren Nachw.
[9] BGH VRS 41, 206; BGH Urt. vom 28. 1. 1975 – 1 StR 569/74.

den Würdigung als wahr zu behandeln und in Betracht zu ziehen, voll Rechnung getragen.

Bei dieser Betrachtung der Dinge verliert das eingangs gekennzeichnete Unbehagen viel von seinem Gewicht. Es erweist sich als unbegründet, soweit es daran vorbeigeht, daß Wahrunterstellung während der Hauptverhandlung immer nur mit der Bekräftigung einer potentiellen Erheblichkeit[10] der als wahr unterstellten Indiztatsache verbunden ist und daß mit Rücksicht auf die Grundsätze des § 261 StPO immer erst die dem Urteil zugrunde liegende Schlußberatung eine endgültige Antwort dazu geben kann, ob die Tatsache erheblich oder bedeutungslos (= unerheblich) ist. Es ist hervorzuheben, daß damit zugleich die Voraussetzungen fehlen, von denen *Schröder* bei seinem Vorschlag ausgegangen ist. Man hat es nicht mit einem Sinneswandel zu tun, wenn das Gericht bei der abschließenden Beweiswürdigung zu dem Ergebnis gelangt, daß die als wahr unterstellte Tatsache nicht geeignet ist, die Entscheidung zu Gunsten des Angeklagten zu beeinflussen. Es wird vielmehr eine Entscheidung getroffen, die bei der Ablehnung des Beweisantrags mittels Wahrunterstellung mit dem in diesem Stadium allein möglichen und statthaften Zugeständnis einer *potentiellen* Erheblichkeit von vornherein offen war und die das Gericht vor der Urteilsverkündung den Beteiligten so wenig bekanntzugeben braucht wie jedes andere dem Urteil zugrunde liegende Teilergebnis dieser abschließenden Beratung.

V.

Schließlich entpuppt sich die immer wieder zu beobachtende Neigung, hilfsweise gestellte Beweisanträge zu Indiztatsachen, über die in den Urteilsgründen, also auf Grund der Schlußberatung entschieden wird, immer noch mit Wahrunterstellung abzulehnen, obwohl der behaupteten Tatsache gar keine Wirkung beigemessen ist, als ein bloßes Ungeschick. Hier wird entweder nicht gesehen, daß nunmehr das Hindernis des § 261 StPO nicht mehr besteht und daß dem Ergebnis der Schlußberatung entsprechend jede Tatsache als bedeutungslos (= unerheblich) gekennzeichnet werden darf, deren Erheblichkeit auf Grund eben dieser Beratung endgültig zu verneinen ist. Oder man hat im Grunde nur noch die fingierte Wahrheit im Auge, an die der Ablehnungsgrund der Bedeutungslosigkeit

[10] RGSt. 65, 322, 330 und neuerdings BGH 1 StR 362/70 vom 1. 7. 1971 und BGH 1 StR 625/74 vom 14. 1. 1975. Schief *Alsberg-Nüse* S. 156, wo gesagt ist, das Gericht dürfe die Frage der Erheblichkeit nicht bis in die Urteilsberatung verschieben. Richtig: Das Gericht darf eine von vornherein gegebene Unerheblichkeit, deren Beachtung § 261 StPO nicht im Wege steht, nicht zunächst mit einer Wahrunterstellung überdecken, die falsche Erwartungen hinsichtlich der Erheblichkeit der Tatsache begründet; vgl. OLG Hamm MDR 1964, 435.

ebenso anknüpft wie der üblicherweise allein als Wahrunterstellung einer Tatsache bezeichnete Ablehnungsgrund, der die Tatsache als (möglicherweise) erheblich gelten läßt. Hier wird besonders deutlich, daß man die beiden Ablehnunsgründe in ihrer Abhängigkeit von ein und derselben Gedankenoperation sehen muß. Sie stehen in einem einander komplettierenden, komplementären Verhältnis, bei dem im Stadium der Hauptverhandlung die Ablehnung wegen Bedeutungslosigkeit der Tatsache im Verhältnis zur Ablehnung mittels Wahrunterstellung wegen potentieller Erheblichkeit ganz in den Hintergrund tritt, während hernach im Stadium der Urteilsberatung der bis dahin durch § 261 StPO unzugängliche Bereich für eine Verneinung des Beweiswerts der mit dem Hilfsantrag präsentierten Indiztatsache offen steht. Wahrunterstellung im Sinne der Fingierung einer erheblichen Tatsache kann es in diesem Stadium nur noch durch Beachtung eben dieser Tatsache in der vom Hilfsantrag erstrebten Bedeutung geben.

VI.

Aber auch nach diesen Einsichten ist das Unbehagen noch nicht restlos getilgt. Das liegt daran, daß es der Revisionsrechtsprechung bisher nicht gelungen ist, die Tatrichter zu einer den dargelegten Grundsätzen voll genügenden Handhabung des Instituts der Wahrunterstellung zu bringen. Hauptgrund des Übels ist eine Entscheidung des 1. Strafsenats des Bundesgerichtshof aus dem Jahre 1952[11]. Sie sprach – was selbstverständlich richtig ist – aus, daß die Urteilsfeststellungen und die Beweiswürdigung sich nicht in Widerspruch zu einer unter Ablehnung eines Beweisantrags ausgesprochenen Wahrunterstellung setzen dürften, und fügte dem die weitere Äußerung an, daß sich die Urteilsgründe an sich nicht ausdrücklich mit einer als wahr unterstellten Tatsache auseinanderzusetzen brauchten. Das konnte im Holzhackerverständnis leicht dahin mißdeutet werden, daß der Tatrichter sich bei seiner Abschlußentscheidung nicht weiter um frühere Wahrunterstellungen zu scheren brauche und sich nur davor hüten müsse, ihnen geradezu zu widersprechen. Dabei wollte der BGH damals nur sagen, daß aus der Nichterwähnung und Nichterörterung der Wahrunterstellung in den schriftlichen Urteilsgründen für sich allein noch nicht entnommen werden könne, daß der Tatrichter die als wahr unterstellte Tatsache nicht, wozu er verpflichtet war, in seine Beweiswürdigung einbezogen habe; denn eine solche ausdrückliche Erwähnung und Erörterung sei in § 267 Abs. 1 StPO nicht vorgeschrieben, Beweiswürdigung im einzelnen und dazu gehöre auch die Würdigung einer als wahr unterstellten Tatsache sei kein wesentlicher Bestandteil der Gründe eines verurtei-

[11] LM Nr. 5 zu § 244 Abs. 3 StPO (nur Leitsatz).

lenden Erkenntnisses. Der Bundesgerichtshof wollte damit selbstverständlich nicht zum Ausdruck bringen, daß es nie Anlaß oder Grund zu einem ausdrücklichen Eingehen auf die Wahrunterstellung in den Urteilsgründen geben könne. Leider hat es in der Folge an deutlichen Klarstellungen gefehlt und ist der Satz, der Tatrichter brauche sich nicht ausdrücklich mit einer als wahr unterstellten Tatsache auseinanderzusetzen, er dürfe ihr nur nicht widersprechen, zu einer gängigen Schablone geworden[12]. Dabei wurde der Satz, daß als wahr unterstellte Tatsachen in der selben Weise wie festgestellte Tatsachen der freien Beweiswürdigung unterliegen (und notabene unterliegen müssen), weniger in seinem selbständigen Sinn unterstrichen denn als ein Argument dafür bemüht, daß sie ebensowenig wie festgestellte Tatsachen in den Urteilsgründen zu erörtern seien[13]. Als der 4. Strafsenat im Jahre 1961 ein Urteil aufhob, weil der Tatrichter bei der Beurteilung der Glaubwürdigkeit eines Zeugen eine als wahr unterstellte Tatsache nicht mit in Erwägung gezogen hatte, benutzte er diese Gelegenheit leider nicht zu dem deutlichen Hinweis, daß eben nicht bloß die Annahme des direkten Gegenteils der als wahr unterstellten Tatsache ein die Revision rechtfertigender Gesetzesverstoß sei[14]. Erst der 2. Strafsenat in einer Entscheidung des Jahres 1979[15] hat in einem Fall lückenhafter Beweiswürdigung durch Übergehen einer als wahr unterstellten Tatsache die mißverständliche Formel direkt angesprochen und korrigiert. Aber damit ist nur ein der Entscheidung des 1. Strafsenats aus dem Jahre 1952 entsprungenes Fehlverständnis ausgeräumt und noch nicht an der These gerüttelt, die als wahr unterstellte Tatsache brauche, was ihre Behandlung in den Urteilsgründen betreffe, nicht „besser" als eine festgestellte Tatsache behandelt zu werden[16].

Gerade diese These jedoch bedarf der Revidierung, wenn der letzte Rest des Unbehagens beseitigt werden soll. Sie berücksichtigt nicht den Unterschied, daß die als wahr unterstellte im Gegensatz zu einer festgestellten Tatsache schon während der Hauptverhandlung vom Gericht in ihrer rechtlichen Relevanz ausdrücklich als erheblich gewertet worden ist, daß die Ablehnung des Beweisantrags kraft Gesetzes mit der Zusicherung des Gerichts verbunden war, diese Tatsache bei seiner abschließenden Beweiswürdigung zu Gunsten des Angeklagten zu beachten. Sollte ihre förmliche Erörterung in den Urteilsgründen, deren Substanz schon lange nicht mehr an dem dürren Anspruch des § 267 Abs. 1 StPO gemessen

[12] Vgl. z. B. Urt. vom 16. 11. 1976 – 5 StR 480/76 und Urt. vom 19. 7. 1977 – 5 StR 278/279/77.

[13] Vgl. z. B. Urt. vom 14. 1. 1975 – 1 StR 625/74.

[14] Urt. vom 14. 7. 1961 – 4 StR 291/61 in NJW 1961, 2069.

[15] Urt. vom 21. 2. 1979 – 2 StR 749/78 = BGHSt. 28, 310.

[16] So neuerdings z. B. Urt. vom 26. 6. 1973 – 5 StR 212/73; Urt. vom 8. 10. 1974 – 1 StR 463/74; s. auch *Seibert* NJW 1960, 20.

wird[17], unter diesen Umständen nicht als ein Erfordernis angesehen werden, das nach den Grundsätzen eines fairen Verfahrens nicht nur als nobile officium, sondern als eine Rechtspflicht zu begreifen wäre[18]? Einen „Bergrutsch" brauchte man von dieser Korrektur, die einem berechtigten Bedürfnis des mit den Komplikationen des Verfahrensrechts unvertrauten Bürgers Rechnung trüge, nicht zu befürchten. Denn der in einer Nichterörterung der Wahrunterstellung liegende Rechtsfehler bliebe in all den Fällen durch Ausschluß des Beruhens ohne Wirkung, in denen der Zusammenhang der Urteilsgründe ergäbe, daß der Tatrichter die als wahr unterstellte Tatsache mit Fug als im Ergebnis bedeutungslos angesehen hat. Hauptwirkung wäre, daß der Tatrichter in Beachtung der strengeren Erfordernisse nicht länger den Anschein erweckte, etwas Gewichtiges und von ihm selbst vorher als bedeutsam ausdrücklich Anerkanntes kurzerhand beiseitegeschoben zu haben. Bei solchen neuralgischen Punkten des Verfahrensrechts sollte man die Sorge um das Vertrauenskapital der Justiz nicht ganz aus den Augen lassen. Schließlich haben wir es mit einem der Fälle zu tun, in denen es die mit der Fortbildung des Rechts betrauten Revisionsgerichte nicht dazu kommen lassen sollten, daß eines Tages sich der Gesetzgeber zu einer ausdrücklichen Vorschrift mit der fast unausbleiblichen Konsequenz neuer Komplikationen veranlaßt sieht, weil sie nicht das innerhalb ihres Auftrags und ihrer Macht Liegende getan haben.

VII.

Ein letztes Wort bleibt zur Rechtsnatur der Rüge nicht beachteter Wahrunterstellung zu sagen. Wir haben es hier mit einer Rüge zu tun, die ebenso dem Verfahrensrecht wie dem sachlichen Recht zugeordnet werden kann[19]. Die Nichtbeachtung der bei Ablehnung eines Beweisantrags zugesicherten Wahrunterstellung ist allemal ein Verfahrensverstoß. Sie kann jedoch, sofern darin ein beachtlicher Mangel der Beweiswürdigung liegt, auch die Annahme eines Sachmangels begründen. Wie verhält es sich, wenn der Angeklagte nur die Sachrüge erhoben hat? Sollte dann ein sachlich gleiches Vorbringen, das einer Verfahrensrüge Erfolg gebracht hätte, an dem Zufall scheitern müssen, daß die Wahrunterstellung mindestens einem nobile officium zuwider in den Urteilsgründen nicht angeführt worden ist?

Hier stellt sich die gleiche Frage, die für die Anrechnung der Untersuchungshaft nach § 60 StGB a. F. schon einmal Gegenstand der Erörterung

[17] Vgl. z. B. BGHSt. 12, 315.
[18] Vgl. OLG Hamm GA 1974, 375.
[19] Vgl. die Behandlung eines anderen Beispiels solcher Überschneidung von Sach- und Verfahrensrüge bei *Baldus,* Heusinger-Ehrengabe S. 389.

innerhalb des Bundesgerichtshofs gewesen ist[20]: Sollen außer der Urteilsurkunde und allgemeinkundigen Tatsachen auch manifeste Tatsachen der Verfahrensgeschichte im Rahmen der Sachrüge als Entscheidungsgrundlage Berücksichtigung finden? Mit einer Bejahung dieser Frage wäre sicher der materiellen Gerechtigkeit gedient. Sie läge im Sinne einer de lege lata vorstellbaren Ausschöpfung der Sachrüge, deren Leistungsfähigkeit bei der Auseinandersetzung um die „erweiterte Revision" betont worden ist. Der Preis dafür bestünde neben der Aufgabe eines schwachen juristischen Dogmas darin, daß die Revisionsgerichte in Zukunft auf die allgemeine Sachrüge das Sitzungsprotokoll des Tatsachengerichts auf etwa unbeachtete Wahrunterstellungen durchzusehen hätten. Darin läge eine zusätzliche Arbeitslast, aber bei rationeller Handhabung kein übersetzter Preis, um bis zum letzten Quäntchen zur befriedigenden Stabilisierung einer prozessualen Einrichtung zu gelangen, deren Wert für die sinnvolle prozeßwirtschaftliche Gestaltung der tatrichterlichen Verhandlung nicht hoch genug eingeschätzt werden kann.

[20] 2 StR 183/67 – Anfrage vom 18.5.1967. Die Erörterung beschränkte sich damals auf den Aspekt der Beschaffung von Unterlagen der Sachrüge im Wege des Freibeweises. Dem stand ein entschiedenes Nein entgegen. Doch fragt es sich, ob nicht mit dem Phänomen der gerichtskundigen Tatsache weiterzukommen wäre. Manifeste Tatsachen der Verfahrensgeschichte sind für den Tatrichter sicherlich gerichtskundige Tatsachen (vgl. BGHSt. 6, 292), sollten sie es nicht auch für den mit der Sache befaßten Revisionsrichter sein können?

Bibliographie von Karl Schäfer

zusammengestellt von

Bogislaw von Zglinitzki

Monographien

1923

1. Das Problem der verhältnismäßigen Befriedigung außerhalb des Konkurses. Frankfurt am Main. Diss. vom 25.7.1923/24

1930

2. Gesetz zum Schutz der Republik vom 25. März 1930 [RGBl. I S. 91]. Kommentar. (zusammen mit Sigmund Cohn und Ernst Wichards). Taschengesetzsammlung 137
   Berlin: Heymann 1930, VII, 191 S.

1931

3. Gesetz gegen Waffenmißbrauch vom 28.3.1931 [RGBl. I S. 77]. Kommentar. (zusammen mit Sigmund Cohn).
   Berlin: Heymann 1931. V, 70 S.
   [dazu Nachtr. 1932, 24 S.]
4. Das preußische Gnadenrecht. (zusammen mit Fritz Grau). Stilkes Rechtsbibliothek 111.
   Berlin: Stilke 1931, 438 S.
5. Das Polizeiverwaltungsgesetz vom 1. Juni 1931 [GS. S. 77] nebst Ausführungsbestimmungen v. 1.10.1931 [MBliV S. 923] Kommentar (zusammen mit Ernst Wichards und Kurt Wille)
   Berlin: Kameradschaft 1931, 312 S.
   11. verm. Aufl. 1944 [allein]

1932

6. Die Strafvollstreckung durch die preußischen Rechtspfleger unter bes. Berücksichtigung der neueren Verwaltungsvorschriften. 2. verm. Aufl. (zusammen mit Fritz Grau). Stilkes Rechtsbibliothek 121
   Berlin: Stilke 1932, 294 S.
7. Ausverkaufswesen und Schutz von Geschäfts- und Betriebsgeheimnissen (2. Teil d. Verordnung d. Reichspräsidenten z. Schutze der Wirtschaft v. 9. 3. 1932) Kommentar (zusammen mit Rudolf Harmening u. Otto Wagner)
   Berlin: Vahlen 1932, 110 S.
8. Die Vorschriften über Strafrechtspflege i. d. Verordnung des Reichspräsidenten über Maßnahmen auf dem Gebiet der Rechtspflege und Verwaltung v. 14. 6. 1932. Erläuterungen. Mit e. Anh.: Die strafprozessualen Bestimmungen d. NotVo. [2. Aufl.] (zusammen mit Johannes Koffka)
   Berlin: Vahlen 1932, 73 S.
   3. Aufl. 1933

1933

9. Reichsgesetz über Straffreiheit vom 20. 12. 1932. Kommentar (zusammen mit Ernst Busch, Ernst Wichards u. Dörffler)
   Berlin: Vahlen 1933, 61 S.
10. Strafgesetzbuch für das Deutsche Reich vom 15. 5. 1871 und Strafprozeßordnung, Gerichtsverfassungsgesetz. Zsgest. u. mit Einl. versehen
    Berlin: Kameradschaft 1933 XVI, 138 S.
11. Die Vorschriften über Strafrechtspflege i. d. Verordnung des Reichspräsidenten über Maßnahmen aus d. Gebiet d. Rechtspflege und Verwaltung vom 14. 6. 1932
    3. Aufl. (s. Nr. 8)
12. Das preußische Strafvollstreckungs- und Gnadenrecht vom 1. 8. 1933 nebst Verordnung über die Durchführung der Untersuchungshaft vom 1. 8. 1933. Zsgst., eingel. u. mit Sachreg. versehen zusammen mit Werner von Haacke.
    Berlin: Spaeth & Linde 1933, 120 S.
13. Das preußische Strafvollstreckungs- und Gnadenrecht vom 1. 8. 1933 unter Berücksichtigung der Dienst- und Vollzugsordnung für die Gefangenenanstalten der preußischen Justizverwaltung. Erl. zusammen mit Edgar Schmidt [u. a.]. Mit e. Anh.: Die DV über die Durchführung d. Untersuchungshaft v. 1. 8. 1933 nebst Erl.
    Berlin: Spaeth & Linde 1933, 123 S.

1934

14. Dalcke, Albert: Strafrecht und Strafprozeß. Sammlung der wichtigsten Gesetze des Strafrechts und des Strafverfahrens mit Erläuterungen. Fortgef. von Paul Dalcke. 26. neubearb. Aufl. besorgt zusammen mit Ernst Fuhrmann u. Karl Krug. [Mit. Nachtr.]
   München: Müller 1934. XII, 1392 S.
   35. Aufl. 1950 bis 37. Aufl. 1961 [mit Fuhrmann]
15. Strafgesetzbuch für das Deutsche Reich vom 15.5.1871 und Strafprozeßordnung, Gerichtsverfassungsgesetz. Kurz erläutert (zusammen mit Karl Krug). Schweitzers Textausgabe mit Anmerkungen.
   München: Schweitzer 1934. VI, 354S.

1935

16. Reichsjagdgesetz vom 3.7.1934 nebst Gesetz zur Überleitung des Forst- und Jagdwesens auf das Reich vom 3.7.1934. Textausg. mit Einl. hrsg. zusammen mit Gustav Mitzschke. 2. Aufl.
   Berlin: Parey 1935, 160 S.
   6. erw. Aufl. 1942
17. Kommentar zum Reichsjagdgesetz nebst Ausführungsverordnung, Verwaltungsbestimmungen und ergänzende Nebengesetze. Mit e. technischen Beitrag über Wildschaden v. W. Brieger. (zusammen mit Gustav Mitzschke)
   Berlin: Parey 1935. XII, 508 S.
   3. Aufl. 1942
18. Strafprozeßordnung [vom 1.2.1877] und Gerichtsverfassungsgesetz [vom 27.1.1877]. Nebst d. wichtigsten sonstigen Vorschriften aus d. Gebiet des Strafverfahrens und d. Gerichtsverfassung einschl. d. Bestimmungen f. die neuen Reichsgebiete. Textausgabe. Zsgest. u. eingel. Deutsche Reichsgesetzgebung
   Berlin: Heymann 1935. XCIX, 423 S.
19. Strafgesetzbuch für das Deutsche Reich vom 15.5.1871 und Strafprozeßordnung, Gerichtsverfassungsgesetz. Zsgest. u. eingel. Deutsche Reichsgesetzgebung.
   Berlin: Heymann 1935. LXVII, 274 S.

1936

20. Straffreiheitsgesetz [Gesetz über die Gewährung von Straffreiheit] vom 23.4.1936 mit Durchführungsverordnung und Ausführungsbestimmungen.
   Berlin: v. Decker 1936. 67 S.

1938

21. Gesetz über die Gewährung von Straffreiheit vom 30. April 1938. Mit Bemerkungen über die Besonderheiten d. Landes Österreich von Hans Hoyer. Vahlens Gelbe Hefte
    Berlin: Vahlen 1938, 111 S.
22. Lehnert, Reinhold: Kleines Strafrechts-Lehrbuch [Strafrecht u. Strafprozeß] für Polizei und Gendarmerie. Mit e. Übersicht über die Grundgedanken des kommenden deutschen Strafrechts. 23. neubearb. Aufl. bes. von Karl Schäfer.
    Berlin: Kameradschaft 1938. XVI, 365 S.
    42. Aufl. 1966

1939

23. Das deutsche Gnadenrecht (zusammen mit Fritz Grau). 1. Einf. u. vollst. Zusammenstellung d. gnadenrechtl. Vorschriften d. Großdt. Reiches. Stilkes Rechtsbibliothek 169.
    Berlin: de Gruyter 1939. IX, 119 S.
24. Reichsjagdgesetz vom 3.7.1934. Hrsg. zus. mit Gustav Mitzschke.
    Berlin: Parey
    Bd. 1. Große Textausgabe. 4. neubearb. Aufl. 1939. XVI, 355 S.
    Bd. 2. Kommentarteil [ohne Gesetzestext]
    2. neubearb. Aufl. 1939, S. 247–672
25. Strafrechtliche Verwaltungsvorschriften. Sammlung der vom Reichsminister der Justiz erlassenen Verwaltungsvorschriften und wichtige Einzelerlasse auf dem Gebiet des Strafrechts und des Strafverfahrens. Systematisch zsgest. zusammen mit Karl Krug u. Frdr. Wilhelm Stolzenburg. Unter Mitw. von V. Behrens. 2. neubearb. Aufl.
    Berlin: v. Decker 1939. XXXI, 850 S.
    3. völlig neu bearb. Aufl. 1943

1942

26. Reichsjagdgesetz vom 3.6.1934 nebst Gesetz zur Überleitung des Forst- und Jagdwesens auf das Reich vom 3.7.1934
    6. Aufl. (s. Nr. 16)
27. Kommentar zum Reichsjagdgesetz nebst Ausführungsverordnung, Verwaltungsbestimmungen und ergänzende Nebengesetze
    3. Aufl. (s. Nr. 17)

1943

28. Strafrechtliche Verwaltungsvorschriften
    3. völlig neu bearb. Aufl. (s. Nr. 25)

1944

29. Preußisches Polizeiverwaltungsgesetz vom 1. Juni 1931
    11. Aufl. (s. Nr. 5)

1950

30. Maß, Konrad: Grundbegriffe der Rechtskunde. Eine Einf. i. d. Rechtswissenschaft f. Beamte und Studierende. 7. völlig neubearb. Aufl. von Karl Schäfer
    Braunschweig: Gersbach 1950. 215 S.
    10. Aufl. 1969
31. Dalcke, Albert: Strafrecht und Strafprozeß. Sammlung der wichtigsten Gesetze des Strafrechts und des Strafverfahrens mit Erläuterungen
    35. Aufl. (s. Nr. 14)

1951

32. Willenbücher, Heinrich: Das Kostenfestsetzungsverfahren und die Deutsche Gebührenordnung für Rechtsanwälte nebst ergänzenden landesrechtlichen Vorschriften. 15. völlig neubearb. Aufl. hrsg. zus. mit Paul Hofmann u. J. A. Graf Westarp
    Berlin, München: Schweitzer 1951. XII, 540 S., Anh. 1951. 28 S., Nachtr. 1952, 27 Bl.
    16. Aufl. 1959

1953

33. Kommentar zum Bundesjagdgesetz vom 29. November 1952. Mit Hinweisen auf die Ausführungsvorschriften der Länder (zusammen mit Gustav Mitzschke)
    Hamburg, Berlin: Parey 1953. 208 S.
    3. völlig neu bearb. u. erw. Aufl. 1971 [allein]

1957

34. Lux, Walter: Schulung für die juristische Praxis. Ein induktives Lehrbuch. Abt. 4. Strafsachen einschl. Bußgeldverfahren, Schutzaufsicht u. Fürsorgeerziehung. Bearb. von Karl Schäfer
    Berlin: Schweitzer 1957. S. 744–961
    5. Aufl. 1961

1958

35. Löwe-Rosenberg. Die Strafprozeßordnung und das Gerichtsverfassungsgesetz mit Nebengesetzen. Kommentar. 20. völlig umgearb. Aufl. hrsg. von Emil Niethammer in Gemeinschaft mit Wilhelm Geier [u. a.]. Bd. 1 u. 2
    Berlin: de Gruyter
    [Von Karl Schäfer bearb.]:
    Bd. 1. Sechstes Buch. Besondere Arten d. Verfahrens. 1958. S. 1004–1256
    Bd. 2. Gerichtsverfassungsgesetz, Nebengesetze. 1956. XI, 549 S.
    23. Aufl. 1976–1979
    Bd. 1. 1976. Einleitung. S. 1–320
    Bd. 4. 1978. Sechstes Buch. §§ 407–474: EGStPO S. 1–204
    Bd. 5. 1979. GVG, EGGVG, Anh.

1959

36. Willenbücher, Heinrich: Das Kostenfestsetzungsverfahren und die Deutsche Gebührenordnung für Rechtsanwälte nebst erg. landesrechtlichen Vorschriften
    16. Aufl. (s. Nr. 32)

1961

37. Dalcke, Albert: Strafrecht und Strafprozeß. Sammlung der wichtigsten Gesetze d. Strafrechts und d. Strafverfahrens mit Erläuterungen
    37. Aufl. (s. Nr. 14)
38. Lux, Walter: Schulung für die juristische Praxis. Ein induktives Lehrbuch
    5. Aufl. (s. Nr. 34)

1966

39. Lehnert, Reinhold: Kleines Strafrechts-Lehrbuch. Strafrecht und Strafprozeß für Polizei und Gendarmerie
42. Aufl. (s. Nr. 22)

1969

40. Maß, Konrad: Grundbegriffe der Rechtskunde
10. Aufl. (s. Nr. 30)

1971

41. Kommentar zum Bundesjagdgesetz vom 29. Nov. 1952
3. völlig neubearb. u. erw. Aufl. (s. Nr. 33)

1974

42. Ebermayer, Ludwig: Strafgesetzbuch. Leipziger Kommentar. Begr. von Ludwig Ebermayer, Adolf Lobe und Werner Rosenberg. 9. völlig neubearb. Aufl. Hrsg. von Paulheinz Baldus u. Günther Willms. Bd. 1–3
Berlin: de Gruyter
[Von Karl Schäfer bearb.]:
Bd. 1. 1974. Erster Teil. § 37 S. 111–119, Vorbemerkungen zu den §§ 40–42 S. 124–191
Bd. 2. 1974. Zweiter Teil. §§ 123–124 S. 64–94; §§ 239–241 S. 173–230
Bd. 3. 1977. Zweiter Teil. §§ 288–290, 292–295 S. 15–77; §§ 296a–297 S. 77–82; §§ 301–302, Vorbemerkung z. §§ 302a–302f S. 96–120;
§ 316a S. 249–257; §§ 341–342 S. 38–42
§§ 354–355 S. 81–90; § 358 S. 126–129;
§ 366a S. 25–26
10., völlig neu bearb. Aufl. hrsg. von Hans-Heinrich Jescheck, Wolfgang Ruß, Günther Willms. 1978 ff.
§§ 44, 73–76a, 123, 124, 288–302a, 316a.

1975

43. J. von Staudingers Kommentar zum bürgerlichen Gesetzbuch mit Einführungsgesetz und Nebengesetzen. Hrsg. von Günther Beitzke u.a. 10./11. Aufl.
    Berlin: Schweitzer
    Bd. 2. Recht der Schuldverhältnisse. Teil 5.
    §§ 823–853. Erl. von Karl Schäfer.
    1975. S. 2837–3257, S. 1–631.

1976

44. Löwe-Rosenberg. Die Strafprozeßordnung und das Gerichtsverfassungsgesetz mit Nebengesetzen.
    23. Aufl. (s. Nr. 35)

1979

45. Ebermayer, Ludwig: Strafgesetzbuch. Leipziger Kommentar
    10. Aufl. (s. Nr. 42)

Aufsätze

1929

46. In welche Kasse fließt in Preußen die auf Grund des Schulpflichtgesetzes durch polizeiliche Strafverfügung rechtskräftig festgesetzten Geldstrafen?
    Juristische Rundschau, 5. Jg. 1929, S. 265 ff.
47. Kann ein Gericht eine Hauptverhandlung an einem Ort außerhalb seines Bezirks abhalten?
    Juristische Rundschau, 5. Jg. 1929, S. 243 ff.

1931

48. Polizeiliche Strafverfügungen nach dem neuen preußischen Polizeiverwaltungsgesetz.
    Zeitschrift f. d. gesamte Strafrechtswissenschaft,
    51. Bd. 1931, S. 957–981

1932

49. Die Behandlung der Rechtsbehelfe gegen polizeiliche Strafverfügungen
 Staats- u. Selbstverwaltung, 13. Jg. 1932, S. 150
50. Die Neuordnung der Strafrechtspflege nach den Notverordnungen
 Staats- und Selbstverwaltung, 13. Jg. 1932, S. 257–259
51. Anfechtung von polizeilichen Strafverfügungen
 Die Polizei, 29. Jg. 1932, S. 467

1933

52. Wiederaufnahmeverfahren und Erlöschen des Strafanspruchs
 Juristische Rundschau, 9. Jg. 1933, S. 6ff.
53. Gesetz zur Änderung der strafrechtlichen Vorschriften v. 26. 5. 1933
 1. Die Polizei, 30. Jg. 1933, S. 389–391
 2. Staats- und Selbstverwaltung, 14. Jg. 1933, S. 349–353
54. Neues preußisches Strafvollstreckungs- und Gnadenrecht
 Die Polizei, 30. Jg. 1933, S. 512–515
55. Beschränkung der Beweisaufnahme im Strafprozeß
 Deutsche Richterzeitung, 25. Jg. 1933, S. 106
56. Neues Strafrecht und Strafprozeßrecht
 1. Die Polizei, 30. Jg. 1933, S. 555–557
 2. Die Polizei, 31. Jg. 1934, S. 5–7
 3. Staats- und Selbstverwaltung, 15. Jg. 1934, S. 7–9, 29
57. Das neue preußische Strafvollstreckungs- und Gnadenrecht v. 1. 8. 1933
 1. Juristische Wochenschrift, 62. Jg. 1933, S. 1919–1924
 2. Staats- und Selbstverwaltung. 14. Jg. 1933, S. 409–413
58. Das Gesetz zur Abänderung strafrechtlicher Vorschriften vom 26. 5. 1933
 Staats- und Selbstverwaltung, 14. Jg. 1933, S. 349–353
59. Das neue preußische Strafvollstreckungs- und Gnadenrecht
 Staats- und Selbstverwaltung, 14. Jg. 1933, S. 409–413
60. Grundzüge der neuen Zivilprozeßordnung
 Staats- und Selbstverwaltung, 14. Jg. 1933, S. 501–503

1934

61. Einige Zweifelsfragen aus dem Straffreiheitsgesetz v. 7. 8. 1933
 Deutsche Justiz, Rechtspflege und Rechtspolitik 96. Jg. 1934, S. 1049–1050

62. Zur Auslegung des Straffreiheitsgesetzes
Deutsche Justiz, Rechtspflege und Rechtspolitik 96. Jg. 1934, S. 1077–1078

63. Bemerkungen zum Gesetz über die Gewährung von Straffreiheit v. 7. 8. 1934
Juristische Wochenschrift, 63. Jg. 1934, S. 2298–2302

1935

64. Neuregelung des Gnadenwesens
Juristische Wochenschrift, 64. Jg. 1935, S. 900–909

65. Das Gesetz zur Änderung des Strafgesetzbuchs vom 28. 6. 1935
Juristische Wochenschrift, 64. Jg. 1935, S. 2323–2326

66. Gesetz gegen gefährliche Gewohnheitsverbrecher und über Maßregeln der Sicherung und Besserung v. 24. 11. 1933 in Rechtsprechung und Vollzug
Staats- und Selbstverwaltung, 16. Jg. 1935, S. 117–119, 139–141, 185–187

1936

67. Das Gesetz über die Gewährung von Straffreiheit vom 28. April 1936
Deutsche Justiz, Rechtspflege und Rechtspolitik, 98. Jg. 1936, S. 672–679, 719–726

68. Strafrecht im Zeichen des Umbruchs
1. Die Polizei, 33. Jg. 1936, S. 5, 29, 47, 120–121, 136–138, 185–187, 202–204
2. Staats- und Selbstverwaltung, 17. Jg. 1936, S. 45–47, 75–76, 118–120, 138–140, 178–179, 225–227, 247–249, 311–314, 332–334, 354–357

69. Die Verordnung über die Vereinnahmung gerichtlich erkannter Geldstrafen
Deutsche Justiz. Rechtspflege und Rechtspolitik 98. Jg. 1936, S. 1435–1437

70. Die neuesten Änderungen des Strafgesetzbuches
1. Die Polizei, 33. Jg. 1936, S. 358–361, 375–377, 406
2. Staats- und Selbstverwaltung, 17. Jg. 1936, S. 420–422, 467–468, 488–489, 512–513

1937

71. Kann die wissentliche Vortäuschung einer strafbaren Handlung ohne Berechtigung einer bestimmten Person nach §§ 2, 164 StGB bestraft werden?
    Juristische Wochenschrift, 66. Jg. 1937, S. 381–384
72. Bemerkungen zur ärztlichen Schweigepflicht
    Deutsches Strafrecht, N.F. 4. 1937, S. 197–200
73. Wann liegt eine leichtfertige falsche Anschuldigung im Sinne des § 164 Abs. 5 des StGB vor?
    Die Polizei, 34. Jg. 1937, S. 279ff.
74. Kann das Gauleitungsamt für Volkswohlfahrt in entsprechender Anwendung des § 196 StGB wegen Beleidigung eines Amtswalters die NSV, die gegen diesen mit Bezug auf Betätigung in der NSV gerichtet ist, Strafantrag stellen?
    Die Polizei, 34. Jg. 1937, S. 368ff.
75. Inwieweit sind im Sinne des Strafrechts die Dienststellen und Amtsträger der NSDAP den staatlichen Behörden und Beamten gleichgestellt?
    Die Polizei, 34. Jg. 1937, S. 358–361
76. Das beschränkte Jagdausübungsrecht der Eigentümer befriedeter Grundflächen
    Die Polizei, 34. Jg. 1937, S. 405–409

1938

77. Verordnung über die Verordnungen der Reichsminister v. 14.11.1938
    1. Die Polizei, 35. Jg. 1938, S. 477–488
    2. Der Gendarm, 37. Jg. 1939, S. 61–64
78. Berufszurücknahme und Amnestie. Bemerkung zu dem Aufsatz von *Ehrenspeck*.
    Deutsche Justiz, 100. Jg. 1938, S. 942–944

1939

79. Die Verordnung über die Polizeiverordnung der Reichsminister vom 14.11.1938
    Staats- und Selbstverwaltung, 20. Jg. 1939, S. 6–11
80. Neuordnung der deutschen Polizei
    Die Polizei, 36. Jg. 1939, S. 65, 91, 123–126

81. Zum Gesetz gegen Straßenraub mittels Autofallen
1. Die Polizei, 36. Jg. 1939, S. 163ff.
2. Der Gendarm, 37. Jg. 1939, S. 168ff.
82. Strafregister und polizeiliche Liste
Die Polizei, 36. Jg. 1939, S. 273–278, 301–304
83. Die besonderen Einnahmequellen zum Kriegshaushalt des Reiches
Staats- und Selbstverwaltung, 20. Jg. 1939, S. 358–360
84. Der Begriff der Öffentlichkeit im Strafrecht insbes. i. § 183 StrGB
Der Gendarm, 37. Jg. 1939, S. 213ff.

1940

85. Strafrecht der Ernährungs- und Wirtschaftsämter
Staats- und Selbstverwaltung, 21. Jg. 1940, S. 161ff.
86. Kriegsstrafrecht
Der Gendarm, 38. Jg. 1940, S. 193, 204, 213

1950

87. Zur Rechtsvereinheitlichung auf dem Gebiet der Gerichtsverfassung und des Strafverfahrens
Die Polizei, N.F. 3. 1950, S. 278–280, 301–307
88. Die kleine Justizreform
Staats- und Selbstverwaltung, 23. Jg. 1950, S. 254–256, 286–289

1951

89. Zur Anfechtung amtsgerichtlicher Urteile in Strafsachen
Neue Juristische Wochenschrift, 4. Jg. 1951, S. 461–464
90. Das Strafrechtsänderungsgesetz vom 30. August 1951
Die Polizei, N.F. 4. 1951, S. 221–224, 249–252

1952

91. Ein Wendepunkt in der Strafrechts-Entwicklung
Staats- und Selbstverwaltung, 25. Jg. 1952, S. 194–196
92. Das Gesetz über Ordnungswidrigkeit
Staats- und Verwaltungsrecht, 25. Jg. 1952, S. 216–218

1953

93. Das Dritte Strafrechtsänderungsgesetz vom 4. August 1953
Die Polizei, N.F. 6. 1953, S. 171–174, 195–198, 213–216
94. Die Deliktsnatur der besonders schweren Fälle
Die Polizei, N.F. 6. 1953, S. 38–39
95. Die familienrechtlichen Auswirkungen des Grundsatzes der Gleichberechtigung von Mann und Frau
1. Das Standesamt, 6. Jg. 1953, S. 266–268
2. Staats- und Verwaltungsrecht, 27. Jg. 1954, S. 32–35

1954

96. Das Jugendgerichtsgesetz vom 4. August 1953
Die Polizei, N.F. 7. 1954, S. 1–4, 23–24

1956

97. Neuerungen auf dem Gebiet des Strafrechts
Die Polizei, N.F. 9. 1956, S. 277–288, 304–307

FSC
www.fsc.org
MIX
Papier | Fördert
gute Waldnutzung
FSC® C083411

Kolibri 360 GmbH
Ferdinand-Jühlke-Straße 7
99095 Erfurt, Deutschland
produktsicherheit@kolibri360.de